作者简介

孙绪芹 男，1982年10月出生，江苏沭阳人，民建会员。南京大学历史学院博士研究生，研究方向：中国近代社会文化史。南京大学EMBA，南京大学校友众筹茶肆领筹人，南京肆茶文化传播有限公司董事长。

本书为国家社会科学基金重点研究项目（批准号16AZS013）的前期成果

Enterprise Management Art

当代人文经典书库

企业管理艺术

孙绪芹◎著

光明日报出版社

图书在版编目（CIP）数据

企业管理艺术 / 孙绪芹著 . -- 北京：光明日报出

版社，2017.11（2022.9 重印）

ISBN 978 - 7 - 5194 - 3622 - 3

Ⅰ.①企⋯ Ⅱ.①孙⋯ Ⅲ.①企业管理—研究

Ⅳ.①F272

中国版本图书馆 CIP 数据核字（2017）第 277836 号

企业管理艺术

QIYE GUANLI YISHU

著　　者：孙绪芹

责任编辑：许　怡　　　　　　　　责任校对：赵鸣鸣

封面设计：中联学林　　　　　　　责任印制：曹　净

出版发行：光明日报出版社

地　　址：北京市西城区永安路 106 号，100050

电　　话：010 - 67078251（咨询），67078870（发行），67019571（邮购）

传　　真：010 - 67078227，67078255

网　　址：http：// book. gmw. cn

E - mail：gmrbcbs@ gmw. cn

法律顾问：北京市兰台律师事务所龚柳方律师

印　　刷：三河市华东印刷有限公司

装　　订：三河市华东印刷有限公司

本书如有破损、缺页、装订错误，请与本社联系调换

开　　本：710×1000　1/16

字　　数：368 千字　　　　　　　　印　张：20.5

版　　次：2017 年 11 月第 1 版　　　印　次：2022 年 9 月第 2 次印刷

书　　号：ISBN 978 - 7 - 5194 - 3622 - 3

定　　价：95.00 元

前　言

　　本书所说的艺术，不是人们常见的唱歌跳舞，那是文化艺术。艺术里头的艺，其实指的是工种、某个行当，或者叫某项工作。有句老话：七十二行，行行出状元。说的是：有七十二个行当（现在远远不止七十二行，如导演、导购、导游等，行当多得不得了），行行都有高人（或叫高手）。艺术里头的术，其实指的是工作（或做某件事或干某行当）时使用的方式方法。例如，算术、美术、技术、战术、权术、医术、手术、马术、武术、拳术、魔术、巫术、相术等。艺术则是指人们在社会的各种活动中富有创造性的方式、方法和窍门等。

　　各行各业、各个门道都有高人，这个高人说的就是这个行当里掌握了艺术的人，也就是我们常说的行行出状元里头的状元。之所以称他为状元，是因为他第一，他最棒，他所说、所想、所做的事与众不同，有创意、有新意、有特点、有用处、有市场、有高见。所以说，掌握了艺术的人是很有本事的人，是很受人尊敬的，对社会的贡献比常人要大得多。

　　现代企业高度发达，分工越来越精细，产品越来越尖端，服务越来越周到，对管理的要求也越来越高，不断出现越来越多的管理艺术家，即企业家。管理艺术，就是具体化了的艺术——管理方面的艺术，谁掌握了管理艺术，谁就是管理界出类拔萃的人。所谓管理艺术，是指人们在管理活动中富有创造性的方式、方法、窍门、点子和策略。所谓企业管理艺术，则是指企业在管理活动中富有创造性的方式、方法、窍门、点子和策略。由此可见，企业管理艺术是更加具体化的艺术。

　　事实上，随着社会的飞速发展、经济的快速腾飞，管理在各行各业都显得非常重要。经济的发展，国家的振兴，需求大批的管理艺术家、企业家。管理作为一门学科已发展并形成一套系统的科学理论知识体系，具有很强的实践性，在实际应用中又是一门很复杂的艺术。如何运用好这门艺术服务于企业，提升企业竞争力，已成为我国企业关注的焦点。经济全球化、市场复杂化、需求多样化的新形势需要我们努力学习和汲取国内外优秀的管理成果，博采众长，融合提炼，从企业管理的实践中，创新出富有现代气息和中国特色的企业管理艺术。

　　针对我国企业的现状，本书在介绍相关管理理论的基础上，结合企业的特点编写而成。本书在内容、结构、观念和写法上力求体现"精""新""广""用"四个字。

　　"精"——精心准备，用心思考。充分收集与企业管理有关的原理、方式、方法、技巧、艺术等第一手资料，悉心研究，用心完成本书的写作。

　　"新"——大胆思维，创新写作。大胆引用已有的管理前沿的新成果、新理论，尽可能用新的观念、新的视角、新的思路，有创意地写好本书。

　　"广"——广泛涉猎，博采众长。以企业管理为平台，博采吸纳有关专家、学者的观点，力求写成一本内容丰富，属于企业的有关管理艺术方面的书。

　　"用"——实用管用，通俗易懂。注重理论与实践的结合，精研企业管理的艺术，倾力为企业管理者和广大员工提供一本管用、好用和实用的通俗读物。

　　本书在写作过程中尽管对"企业管理艺术"做了一些探讨，但深谈"管理艺术"并形成理论还远远不够。"管理艺术"博大精深，本书只能起个抛砖引玉的作用。祈盼企业界的企业家与专家、学者共同努力，不断研究、探索企业管理的艺术，为加速我国经济的飞速发展，实现企业管理现代化做出不懈的努力！

　　本书由南京大学历史学院孙绪芹博士研究生著成，经南京邮电大学管理学院范鹏飞教授审校定稿。南京大学硕士研究生吴秋怡、李伟豪、李剑星、于雷、成一帆和南京信息工程大学孙亚卿同学参加了本书初稿的撰写；本书在写作过程中还得到了企业界有关领导、专家和学者的大力支持和帮助，并对本书的写作提出了许多有价值的宝贵意见；此外，本书在写作过程中参考了许多国内外专家、学者有关企业管理艺术的观点和资料，在此一并表示诚挚的感谢。

我们希望本书能与国内外企业管理的发展与实践保持同步，并期待着企业在具体管理中不断完善，使其能为培养企业高素质管理人才尽一份绵薄之力！最后，我们要特别指出的是，本书在写作过程中难免会出现差错，请各位专家、学者批评斧正。

2017 年 5 月于南京

目 录
CONTENTS

第一章

企业领导艺术

第一节　企业领导艺术概述

一、企业领导艺术的基本概念

随着全球化和后工业化的不断推进,企业管理变得日益复杂、更具不确定性。激烈的市场竞争对企业领导艺术提出了更高的要求,如何提高企业领导艺术成为企业领导的重要任务。为了实行有效的企业领导,企业领导不但要掌握基本的领导方法,而且应该具备高超的领导艺术,只有这样才能充分发挥主观能动性,创造性地解决企业运转过程中的各种问题,以便出色地完成各项领导任务,达到企业管理的预期目标。什么是企业领导艺术? 概括地说,就是领导者基于一定的知识储备,在技术理性和经验理性的基础上,富有创造性地运用领导原则和方法的特殊领导才能。这种才能是企业领导者的领导智慧、谋略、经验、品格、方式、能力的综合体现,对于提高领导效能具有重要意义。

企业领导艺术的内涵不是简单的企业管理,而是综合运用包括管理学、经济学、社会学等多种层面的领导技能进行卓越领导的过程。作者认为,企业领导艺术是指在受到企业内外环境影响下,具有企业家精神的个人,基于企业目标的合理判断和依托企业资源的审慎思考,理性地形成具有建设价值的企业战略,在执行企业战略、提高企业绩效、实现企业目标、评估企业绩效过程中表现出的卓越的领导才能。可以说,高度复杂性和高度不确定性并存的当下,企业领导艺术对于企业发展至关重要,是企业保持永续活力的重要条件。

二、企业领导艺术的内涵与特征

企业领导艺术,作为企业各级领导者都应该熟练掌握和巧妙运用的基本领导技能,虽然和企业领导的主观合理使用有很大的关系,但也必须符合企业领导的客观规律,遵循科学的管理原理。企业领导艺术不仅体现企业领导的艺术性,也不能脱离企业领导的科学性。因此,企业领导艺术作为技术理性和经验理性的综合体现,具有自身的内涵与特征。

(一)企业领导艺术的内涵

领导艺术的内涵很丰富,概括起来主要包括以下含义:

第一层含义,企业领导艺术的前提条件之一是,企业领导是一个不断汲取先进领导经验、勇于攀登管理高峰的卓越领导者。想要获得企业领导艺术必须有上进求学的强烈意愿和与之相对应的实际行动。一个不求上进的企业领导不在企业领导艺术的讨论范畴内。

第二层含义,企业领导艺术的前提条件之二是,企业领导需要有丰富的领导实践经验。古人云,"纸上得来终觉浅,绝知此事要躬行",传统的领导方法不足以培养最优秀的企业领导,想要成为卓越的企业领导必须深入企业实践过程。

第三层含义,企业领导艺术的前提条件之三是,企业领导应该充分发挥主观能动性。在企业领导过程中,企业领导创造性地解决企业运转过程中的多类疑难杂症,用创新的领导艺术有效地帮助公司得以良好运转。

第四层含义,企业领导艺术的前提条件之四是,企业领导应该具有良好的应变能力。在瞬息万变的企业竞争环境中,企业领导艺术本身具有超规范和非模式途径获得的内生要素,不会灵活处理问题的领导对于领导艺术的获取而言可谓是望尘莫及。

第五层含义,企业领导艺术的前提条件之五是,企业领导能够解决高度复杂和高度不确定的领导工作中的矛盾。在每个企业中,各类复杂矛盾都是广泛存在的,如何解决这些复杂矛盾的经验总结对于提升领导艺术来说十分必要。

第六层含义,企业领导艺术的前提条件之六是,企业领导对于时间管理有很好的把握,在工作中可以分清主次、分清轻重缓急,把有限的时间妥善安排在紧急且重要的工作任务上。

(二)企业领导艺术的特征

企业领导艺术有不同的特征,多种多样的特征具体表现在以下几方面:

1. 企业领导艺术的特征是管理实践的艺术提升

实践对认识具有决定作用。企业领导艺术具有很强的实践性,这不仅是因为企业领导艺术来源于领导实践环节,并在领导环节予以体现,不断地进行检验、不断地发展,更在于企业领导艺术不同于固定的程式,企业领导艺术有很多需要企业领导内在领会的领导美学。企业领导艺术可以说是来源于实践,经过实践检验，又不断提升的才能，是管理实践的艺术提升。

2. 企业领导艺术的特征是企业领导的经验内化

除了来源于企业领导的实践，也来源于领导者的人生阅历、知识和经验，这些都是领导实践过程中的直接经验或者间接经验的内在升华。作为一个企业领导，不论自身的领导艺术多么的高超，往往具有一定的感情投资，不可避免地带上"路径依赖"的经验色彩。企业领导艺术绝不可能是亦步亦趋的模仿，一定是结合自身特点而形成的。因比，企业领导艺术的可复制性比较弱，需要企业领导不断揣摩，不断将自身企业领导的经验进行深度内化。

3. 企业领导艺术的特征是企业领导的灵活应变

企业领导艺术与传统的规范化领导方法和工作方式存在差异，传统的规范化领导方法和工作方式具有严格的程序和固定的模板，呈现出较为僵化的特征。企业领导艺术是指根据不同场景下的时间、地点和条件，以开放的心态来面对不断地变化，对不确定事件采取灵活的应对方式。因比，企业领导艺术对于灵活应变的要求非常高，需要时刻保持灵活应变的工作状态。当我们欢迎这些变化的时候，我们才可以不断进步。

4. 企业领导艺术的特征是企业领导的有效沟通

沟通分为正式沟通和非正式沟通，正式沟通最重要的是情报信息的交流，非正式沟通最重要的是情感的交流。沟通过程中的讲话艺术对于企业领导而言是至关重要的，晓之以理，动之以情，通过有效沟通拉近领导和员工之间的距离，促进企业的良好生态。

5. 企业领导艺术的特征是企业领导的与时俱进

企业领导艺术不是简单地机械操作，需要不断地推陈出新。随着信息技术的迅速发展和商业环境的日益变化，企业领导应该准确把握时代特征，坚持与时俱进，了解最新的市场行情，始终站在时代前列和实践前沿，始终坚持解放思想、实事求是和开拓进取，在大胆探索中继承发展，使得企业始终保持欣欣向荣的蓬勃生机。因此，企业领导艺术是企业领导与时俱进的产物。

6. 企业领导艺术的特征是企业领导综合素养的全面体现

企业领导艺贯穿于领导活动过程的始末，因而相应地在每个环节都在考验企业领导的领导能力，是一个全面的检测和综合的体现。企业领导艺术不仅要以技术理性和经验理性作为依托，还要以企业领导自身的才能和气质为基础，表现为领导过程中综合运用的领导技能，是一个企业领导综合素养的全面体现。

7. 企业领导艺术的特征是企业领导对于科学的尊崇

企业领导艺术虽存在着自身内化的主观能动性的特点，同时，也不能违背领导实践活动的客观规律。领导艺术是有一定的规律可以遵照的,是领导经验和领导科学的综合运用,与领导科学中的基本原理、原则和方法相一致,只是更多地强调了如何主观能动地进行应用。

三、企业领导艺术和企业领导方法的联系与差异

目前,学界常常把企业领导艺术简单化、模式化,将企业领导艺术局限为解决企业管理问题的具体策略,而没有进行理论提升。随着社会经济的发展,这样的观念日益与社会现实不相符合,理论化企业领导艺术显得尤为重要。需要特别指出的是,企业领导艺术和企业领导方法虽然都是领导学原理的一个重要组成部分,企业领导方法是企业领导完成领导任务时的方式和手段,企业领导艺术是经验理性和技术理性基础上的领导技能的灵活使用,但是有联系也有所差别,需要我们站在更高的高度进行严格的审视。

(一)企业领导艺术和企业领导方法的联系

在一定的条件下,企业领导艺术中相对规范的成分可以成为企业领导方法。将企业领导方法进行灵活使用,又可以成为领导艺术。因而,两者在特定媒介的影响下可以进行一定的转换。重要的领导方法,如果企业领导者能够熟练、巧妙地使用,就可以成为企业领导艺术中的重要组成部分。

(二)企业领导艺术和企业领导方法的差异

企业领导艺术不仅和企业领导的实践经验有关,也和企业领导的综合素质、领导智慧、谋略、经验、品格、方式、能力有相关性,是对企业领导方法的熟练而又巧妙的使用。企业领导方法相对于企业领导艺术来说更为常规,是企业领导在长期的领导工作实践中形成和发展的产物,并且回到实践之中进行再次的实践检验,具有一定的规范性。因此,企业领导艺术和企业领导方法存在着差异,不能简单等同。

四、企业领导艺术的重要价值

在领导工作中,领导者会自觉或不自觉地使用多种多样的方法解决工作问题。解决问题的方式、方法体现出是否具有企业领导艺术。企业领导通过协调和监管他人的工作活动,从而使企业员工能有效地达到组织既定的目标。20世纪早期,法国工业家亨利·法约尔提出,所有的管理者都从事五种管理职能:计划、组织、指挥、协调和控制。领导是一种资源,是现代文明社会不可或缺的支柱。随着全球化、后工业社会的到来,世界正经历着经济剧变和发展动荡。信息时代的到来,计算机行业的迅猛发展,生物技术的产生,都不同程度地影响着人际关系。在

这样的背景下,机会和挑战并存,不断提升企业领导艺术对于企业而言意义重大。

1. 唤起企业生命动能,增强企业工作效能

企业领导艺术可以唤起一个企业的生命动能,增强这个企业的工作效能。可以说,企业领导艺术这个词语本身包括了价值观的元素,包括了领导过程的预期,包括了关于企业发展的美好愿景。在自然界,生命的进化从未停止。在商业领域,企业的生命动能决定企业是否可以在激烈的竞争中立于不败之地。正如,商学院和管理学院通常从组织效率的角度来定义领导的有用性。企业领导者在进行企业领导时,应当恰当地提出符合企业利益的合理期望,协商合适的计划安排,给予企业员工适度的工作压力,督促企业员工充分发挥主观能动性完成计划安排。

2. 增强企业内在凝聚,提升企业竞争实力

企业领导艺术可以增强一个企业的内在凝聚,帮助企业增强竞争力。企业凝聚力不仅仅是企业员工之间的凝聚,也体现在对企业共同目标的认可程度和对企业领导的认同程度两方面。当有人问:"你希望企业员工把你看作是一个领导者,还是管理者? 一个追随者,还是领导者?"对这个问题的回答通常是"领导者"。领导的本质是被领导者追随的意愿,领导作为一种影响他人的能力,既来自于职位赋予领导者的合法权利,更多地来自于个人魅力。企业领导艺术直接影响企业员工对于企业领导的认同程度,好的企业领导艺术为认同程度加分,缺乏企业领导艺术就会对认同程度产生负面影响。企业凝聚力属于企业文化范畴,决定企业员工的工作积极性,进而影响企业的总体竞争力。企业领导艺术可以凝聚企业,激发企业员工的工作热情,提高企业员工的工作积极性,从而提升企业的核心竞争力。

3. 创设企业沟通平台,增强共同体效应

企业领导艺术可以搭建良好的企业沟通平台,增加企业员工之间的正式沟通和非正式沟通。缺乏沟通可以说是现代企业的通病,严格的等级体系、严格的奖惩机制都让企业内部的沟通变得越来越少。企业领导艺术背景下的沟通有三大优势:第一,可以起到信息传递的作用。信息传递对于一个公司的有效运转而言是极其重要的。管理学有一句名言"下属对我们的报告永远少于我们的期望",上级都希望从下属那里得到更多的报告,在这个过程中如何发挥企业领导艺术让报告变得更为充分是十分有必要的。第二,可以充当情感交流的媒介。企业领导艺术强调情感的沟通,马斯洛需求层次理论指出,社交需求是人的第三层需求。第三,可以发挥行为调节的功能。有的时候,企业领导需要以身作则,通过自身的示范行为来引导企业员工。可以说,沟通对于企业的发展来说如同两翼,不可或缺。

一个好的企业领导会用自己的沟通艺术打破这些藩篱，用情感和用理性的沟通，让多元的声音可以在企业内部流动。

4. 构建企业用人网络，让人才充分发展

企业领导艺术可以构建一个企业的用人网络，让人才在企业内部安心地得到充分的发展。人类活动最基本的要素是资源、资本、劳动力和企业家才能，如何用人已经成为企业领导艺术中的重要组成部分，值得每一位优秀的企业家不断思考。企业领导艺术要求企业领导有渴求人才之心、有吸引人才之法、有使用人才之术、有保护人才之能。在这样的企业领导艺术下，企业的用人网络将会是一个充满活力的人才共建平台和信息共享的互动系统。在这样的平台之下，企业员工没有后顾之忧地创造企业的利益最大化。

5. 提供员工归属感，确保良好用户体验

企业领导艺术可以给企业员工最好的归属感，给企业员工以家的温暖。同时，企业领导艺术也可以给顾客最好的用户体验，让顾客宾至如归。人是感情动物，需要企业的情感关怀，需要有群体归属感。不少领导会表现出"我是公司领导，你不过是来给我打工"的态度，都会导致员工之间的情感疏离。企业家也应注重提升处理人际关系的能力，通过协调人际关系培育企业内部的社会资本，信任企业员工、支持企业员工、激励企业员工，使自己与企业员工保持友好关系，形成企业内在的凝聚力。

五、企业领导艺术的综合建构

在商业领域，保持创新是企业成长的内在动力。在管理领域，企业领导艺术是企业进步的有效保障。企业领导艺术要求企业家秉持良好的管理理念，通过远见、一套共同的价值观念和共同的战略目标来实现有效领导。通常，企业领导艺术的综合建构，应该采取以下的具体措施进行完善：

1. 企业领导者要有更为高远的公司格局和商业战略

企业领导者要有远见卓识，要有更为高远的公司格局和商业战略。领导者常犯的一个错误就是，把自己定位为一个简单的企业管理者，把自己的时间耗费在日常性的琐碎事务和一般性的管理工作上。可以说，这样的行为没有分清工作的主次，没有考虑事务的轻重缓急。企业领导若纠缠于琐碎的小事，诸事事必躬亲有时候会导致时间、精力的高度分散，不利于顾及组织真正的大事，不利于企业领导者把握更为高远的公司格局和商业战略。企业领导者应该保有远大的理想，形成自己独特的领导艺术和风格，在工作中志存高远，在战略上要有全局的观念，这样才可以在日益变幻的商海中保持势不可当的卓越领导才能。

2. 企业领导者要善于学习管理理论

企业领导者要善于学习管理理论,重温经典理论的同时也应该保持理论的与时俱进。美国管理学家德鲁克说过:"或者真有所谓'天生的领导',但可以确定的是,这样的例子太少见了。"针对德鲁克所言,我们可以知晓,真正天生的领导者十分少,大部分优秀的领导者都是后天不断学习管理理论、不断精进领导技能而产生的。唯有经过学习,一个领导者才能不断超越自我,不断走向卓有成效的领导高地。企业领导者在闲暇之余,应该通过阅读、听讲、思考、研究等途径学习经典理论和最新理论,不断充实自己的理论储备,保持学习的高昂热情。学习的时候应该注重理论的应用前提和相关背景,不要不经选择地误用不恰当的理论。在学习的过程中企业领导者也要兼收并蓄,学习众理论之所长,保持创新的领导理念,不要禁锢自己的思维。值得强调的是,学习的目的是更好地服务于现实,在学习的过程中应该注意学以致用,在实践中检验学习的效果,在实践中总结,在实践中提高。

3. 企业领导者要坚持唯物辩证法的观点反省自身

企业领导者要懂得反省自身,坚持唯物辩证法的观点。企业领导者的决策对于企业的发展来说起着决定性作用,企业领导的方向决定企业前进的方向。企业领导对于企业前行方向的影响就如同舵手对于船只航道的影响一样。因此,企业领导者践行"吾日三省吾身"的理念显得十分必要。企业领导者应当严于律己,对自己的日常领导工作进行客观分析,冷静分析哪些工作环节存在不足,哪些工作环节可以做得更好,冷静思考未来如何进行提升。企业领导者对自身的反思,对于企业的发展来说意义非凡。

4. 企业领导者要巧于把握沟通技巧、提升领导效能

首先,企业领导在和企业员工沟通的过程中应该增强同理心,做到将心比心。不管是在公司开会的正式场合,还是私下交流的非正式场合,如果想要感动对方,首先需要感动自己;如果想要说服对方,首先需要说服自己。其次,企业领导在和企业员工沟通的过程中应该做到以理服人,保持实事求是的精神,把事情说清楚、讲明白,不要在沟通中增加不必要的沟通成本。最后,企业领导在和企业员工沟通的过程中应该简明扼要地表达自己的想法,尽量少赘述。不要东也说,西也说,让沟通的受众听得十分疲乏。有能力的情况下可以使用比喻的修辞手法,把复杂的情况用简单的语言来表达。不得不说,简明扼要地表达有利于沟通的高效,对于沟通的受众来说更容易把握谈话重点。

5. 企业领导者要勤于领导实践活动

领导艺术必须在马克思主义的科学理论的指导下不断实践,以辩证唯物主义和历史唯物主义为依据。为什么企业领导者应该勤于领导实践活动呢？因为实践是人们能动地改造和探索现实世界一切客观物质的社会性活动，实践在社会生活中的作用日益明朗，它是领导艺术的直接来源，也是领导艺术的依托基础。我们常会说，艺术来源于生活，可以说，没有领导实践活动就没有企业领导艺术出现的可能性。我们在企业领导实践的过程中提炼形成了企业领导艺术。因此，要求企业领导者勤于企业领导实践活动，这对于提升企业领导艺术具有重要价值。

6. 企业领导者要知人善任、人尽其才

对于企业领导艺术而言，企业领导者必须要让人才这个生产要素在企业内部充分涌流。我们在管理学中经常会提到"知人善任"，善任的前提是对人才的了解与甄别。在对人才进行评估的时候，我们应该秉持"君子用人如器，各取所长"的观念，不能过分苛责，应当用心发现每一个企业员工的不同优势，发挥企业员工的自身特长，让他们可以在不同的岗位上施展自己的才华。当今世界最主要的竞争就是人才的竞争，领导知人善任、留住宝贵的专业人才、调动专业人才的工作积极性就变得十分重要。

通过以上六方面的对策建议和路径选择，本书对企业领导艺术进行综合建构，旨在进一步完善企业领导艺术的相关理论。企业领导艺术是实施领导实践活动中提高企业领导效能的重要手段，对于企业的内部凝聚和企业的战略实施都有深远意义。因此，各级企业领导者都应该在研究和掌握科学研究方法的前提下，深刻认识企业领导艺术的内涵与特征，切实把握提高企业领导艺术的对策，将企业领导艺术运用于日常的企业领导实践活动中。

第二节　企业领导用权艺术

一、企业领导权力观的概念

权力是一个经久不衰的话题，是构建人类社会制度的脊梁。权力这个概念，无论是在管理学、政治学、社会学或法学等学科中，在整个社会体系中都属于基石般的范畴。可以说，权力是一个多元的概念，不同的学者对其内涵都进行过探讨。法国哲学家福柯认为："权力是各种力量关系的集合。"德国哲学家马克斯·韦伯认为："权力意味着在一定社会关系里哪怕是遇到反对也能贯彻自己意志的任何机会，不管这种机会是建立在什么基础之上。"法国社会学家孟德斯鸠认为："一切有权力的人都容易滥用权力，它是万古不易的一条经验。有权力的人们使用权力一直到遇到界限的地方才休止。"可以说,虽然权力这个概念看似寻常,但是确实有十分丰富的内涵。从历史上看,国家权力高居于社会各种力量之上,成为神圣、威严、荣耀和万能的象征,有一层神秘的面纱。随着时间的推移,人们对于权力的向往从来没有停止过,正如英国哲学家罗素曾经说过:"人类最大的、最主要的欲望是权力欲和荣誉欲。"

对于企业领导权力观的讨论十分有价值。众所周知,企业领导权力观是一把双刃剑。一方面,优良的权力观可以为企业整体谋福利,能够起积极的作用,促进企业的稳定、有序发展,帮助企业创造更为辉煌的业绩;另一方面,不当的权力观可能会腐蚀企业,带来破坏性的影响,导致组织的无序、涣散,甚至是导致组织的分崩离析。什么是企业领导权力观? 概括地说,企业领导权力观是一个企业领导世界观、人生观、价值观的集中体现。企业领导所树立的权力观,是企业领导是否能够正确使用权力的逻辑前提,直接影响着企业领导的领导行为、领导水平和领导效能。正是因为企业领导权力观的重要影响,因此特别希望企业领导可以理智地认识这一点,树立正确的权力观,避免误入权力的误区。

二、正确的企业领导权力观

对于企业领导而言,能否树立正确的权力观,是关乎企业能否持续、健康发展的重要议题。在实际领导活动中,企业领导可能同时受两种及以上的企业领导权力观影响。企业领导者应该根据相关理论和实际感悟,树立正确的企业领导权力观。

(一)企业领导者应有代理权力观

企业领导并不是天生的,企业领导是受到企业董事会和企业员工的委托来参与领导和管理工作的。实际上,领导者与被领导者之间存在的是"委托—代理"关系,被领导者让渡部分权力给领导者,领导者通过领导进行对被领导者的保护。当领导者自身高度认同这样的一种"委托—代理"关系的时候,企业领导能够在职权面前保持清醒,自然会珍惜来之不易的权力,审慎地使用被授予的权力。出于代理的回馈,企业领导者会努力为企业的发展做出自己的贡献。代理权力观可以帮助企业领导戒骄戒躁,将自身放置于一个正确的领导位置上,更好地为公司服务。

(二)企业领导者应有责任权力观

成为企业领导的因素有很多,其中责任感是一个人能否成为领导者的关键因素。责任感使得企业领导在日常领导工作中,特别是危机事件出现的时候挺身而出,完成企业所赋予的工作使命。责任是热情工作的基点,没有责任心是无法认真工作的。如果从这个责任的角度进行考虑，企业领导从企业员工中脱颖而出，可能也是受到责任感的内在驱使。俄国思想家托尔斯泰曾经说过："人生只有一种确凿无疑的幸福——就是为别人而生活。"英国作家毛姆曾经说过："要使一个人显示他的本质，叫他承担一种责任是最有效的方法。"因此，企业领导应该树立责任权力观，谨记自身对企业的责任，先企业后个人，真真切切对企业负责任。责任权力观也可以帮助企业领导更为审慎地认真履行自己的职责。

（三）企业领导者应有自律权力观

企业领导在领导实践活动中应该保持高度的自律，该做的工作一定要做，要做到止于至善；不该做的事情一定不做，要做到全面抵制。意大利诗人但丁曾经说过："一个知识不全的人可以用道德去弥补，而一个道德不全的人却难以用知识去弥补。"古往今来，道德的自律一直被国内外仁人志士所强调。所谓立志言为本，修身行乃先。自律是一种道德品质，企业领导在领导实践活动中的高度自律有利于企业领导在树立正确的权力观后行使正确的权力观，对于企业的发展来说十分必要。企业领导要树立正确的权力观，务必要做到严格自律，这样才可以排除个体利益的影响，全心全意为企业做事。自律权力观可以帮助企业领导大公无私，树立正确的权力观。

（四）企业领导者应有奉献权力观

奉献精神是一种对自身事业不求回报的全身心付出的精神，奉献权力观是随时为企业发展全身心付出的权力观念。对于企业领导来说，奉献精神是企业领导积极工作的必须具备的品质，努力做好企业的领导工作，认真对待企业的每一位员工。企业领导的权力来源于企业董事会和企业员工。领导者应该珍惜这样的权力，树立奉献权力观，达到"衣带渐宽终不悔，为伊消得人憔悴"的精神境界，完成"鞠躬尽瘁，死而后已"的工作使命，随时愿意为企业集体牺牲自己的个人利益，永远秉持着大局观念。

三、企业领导使用权力的艺术

由于权力经常戴着面纱出现，很多人很难透过面纱来看待权力。其实，权力不但没有那么神秘，而且是有规律可循的。作为企业领导，掌握企业领导使用权力的艺术是十分必要的。在权力操作过程中艺术化地进行权力的分配与管理，灵活地使用企业赋予的权力以完成企业的工作目标。在实际领导实践活动中，企业领导一般会采用比较妥善的方法进行权力的优化使用。

（一）企业领导使用权力也需巩固权力

企业领导可以多渠道地巩固自身的权力，更好地使用权力，为企业的发展励

精图治。企业领导巩固权力的方式多种多样,但常用的巩固权力的方式有以下几种:

1. 创造自己的企业领导的传奇形象

创造传奇形象对于巩固权力来说源远流长。早在马克斯·韦伯的论述中就提到,魅力型领袖带来的权威,周围的人们会自觉或者不自觉地服从。企业领导本身是领导形象建设的组织者和实施者,是企业领导形象的设计师。企业领导形象是企业员工对于企业领导的价值选择、精神气质、工作能力等多方面形成的整体印象和综合评估,企业领导需要在日常工作中时刻保持、不能懈怠。增加企业领导形象的传奇化色彩有利于让企业员工心悦诚服,保证企业领导权力的稳定,让企业领导这个职务具有生命。在企业领导的传奇形象中,比如美国苹果公司的创始人乔布斯的传奇形象就已经深入人心。

2. 和企业的员工之间保持适度的距离感

企业领导者如果想巩固自己的权力,也应该和企业员工保持适度的距离感,不要把时间和精力过多地牵制于和企业员工之间的私人事务上,应更多地把时间和精力放在组织的规划和发展上。企业员工对于企业领导通常会有适度的依赖,当遇到新问题无法解决的时候、当人际关系处理出现麻烦的时候,企业员工都可能会向企业领导求助。在这个时候,企业领导应该给予企业员工的是抽象的战略指导而不是具体的解决措施,企业领导如果希望巩固权力的话切忌任何小事都亲自去做。适度的距离感可以带来适度的神秘感,正如人们对神秘的事物充满敬畏一样,带了些神秘感的适度距离有利于权力的巩固。

3. 塑造充满力量的企业领导形象

塑造充满力量的企业领导形象有助于巩固权力。在新公共管理运动中,充满力量的英国撒切尔夫人在大刀阔斧进行改革的时候曾说过:"你愿意屈服就尽管屈服,但我不会。"这样的形象,为新公共管理运动的有效开展做出了巨大的贡献。对于企业领导来说,留下果敢坚毅的领导形象是十分必要的。企业领导的性格对于企业的性格具有无形的塑造作用。企业其实也是有生命的,很大程度上受企业领导潜移默化的影响。充满力量的企业领导形象同时也可以为企业员工带来自信,激励企业员工时刻充满信心。

4. 协调各方的人际关系

企业领导如果希望巩固权力就必须协调好各方面的关系,在企业的人际关系网络中占据重要的地位。企业领导应当将企业内部的各种关系进行协调,通过面商协调法、信息沟通法和文字协调法等多种方式使组织内的人际关系损害降到最低,形成企业人际交往的共同体,最终降低企业内部沟通的成本。企业领导优秀的协调各方人际关系的能力,会让企业员工内心信服,进而巩固个体权力。

(二)企业领导使用权力也应分配权力

领导者的权力分配艺术,是融用权和用人等艺术于一体的艺术,是领导者灵活有效地运用各种权力分配方法的艺术。权力的分配需要艺术,既不能分出去之后大权旁落,又不能不分出去导致事必躬亲。如何协调大权旁落和事必躬亲之间的界限,如何做到集权和分权的完美统一?都是值得我们不断探讨的话题。在分配权力的时候,企业领导应该根据企业管理工作的实际情况。一般说来,将以下的原则有机结合地使用:

1. 企业领导需有知人善任的用人艺术

所谓因事择人,视能授权,就是知人善任。权力分配如何能够得到,知人善任的用人艺术是一种解决方法。《老子》有云,"知人者智,知己者明",说明知人并不是一件简单的事情。知人,并不是简单地了解企业员工的情况,而是全面地评估企业员工的优势和劣势,深入了解企业员工的道德品质和工作能力。知人是善任的前提调节,做好识别人才的工作十分重要,对于合理分配权力产生深远的影响。善任指的是什么?善任指的是企业领导不能任人唯亲,而应该任人唯贤,善于识别人才、最合理地选用人才到最合适的岗位。

2. 企业领导需有恰当放权的用人气魄

企业领导的精力是有限的,在有限的时间内不能事必躬亲。企业领导应该分清需要处理问题的主次,把握领导工作的重点。有人将放权的过程比喻为放风筝,要"舍得放,敢于放,放而要高,高而线韧,收放自如"。在授予权力的过程中,授出小权,保留大权。企业员工希望得到权力,可能指的是调动资源的权力。企业领导只有恰当放权给企业员工,才会有利于激发他们的创造能力,让创造的活力在企业内部流动。但是,企业领导也必须充分了解企业员工的能力之后,才可以真正地恰当放权。

3. 企业领导需有以退为进的分权理念

企业领导必须学会以退为进,将繁杂的工作委托给其他员工完成,择人授权。从组织的演变历程来看,人类组织都存在着从集权走向分权的趋势,企业这样的经济组织也不例外。分权已经是企业领导必须掌握的技能,在工作中以退为进未尝不是一件好事。拥有这样以退为进分权理念的企业领导才能够将自己的时间和精力投入于领导的本职工作,才能够把领导的本职工作做到止于至善的状态,取得最佳的领导效果。

(三)企业领导使用权力也得管理权力

企业领导想要艺术化地使用权力,除了巩固权力和分配权力之外,还必须学会管理权力。管理权力是一门学问,在企业中,什么是企业领导对权力的管理?概括地说,企业领导对权力的管理,实际上是对掌权人、用权人的管理。对于权力的管理,归根结底来说,就是对不同层级的企业领导的管理,需要加强不同层级企业领导的综合素质。管理权力需要呼唤制度,通过规章制度的完善可以为管理权力提供合适的指导,帮助权力运行于最佳的轨道。在对权力进行管理的时候,应该对不同层级的领导有所区分。比如,高层领导更多地将权力范围界定在企业决策和指挥层面,重点是整体的企业领导。中层企业领导更多地将权力范围界定在企业关系协调层面,负责协调企业内部的关系。低层企业领导更多地将权力范围界定在具体政策执行的层面,负责企业的政策实施。总之,权力的管理多种多样,我们应该根据实际情况进行科学调整,让管理权力变得更具价值。

四、企业领导授予权力的艺术

企业领导是企业的负责人,处于企业的中心地位,有很多重要的事情需要处理。如果企业领导关注过多的琐碎小事,则会耽误对重要事务的处理,这种情况容易造成"捡了芝麻,丢了西瓜"的处境,不利于企业利益的最大化。在这样的现实背景下,企业领导如何艺术化地授予权力就变得尤为重要了。

(一)企业领导授予权力的含义

什么是企业领导授予权力?概括地说,指的是企业领导将自己职责范围内的若干工作任务委派给特定的企业员工,让这位特定的企业员工了解工作任务的相关信息,在委派工作任务的时候根据实际情况给予相应的权力与责任,使得这位特定的企业员工有权有责地完成企业领导交代的任务。通俗地说,就是企业领导根据情况把某些方面的权力和责任都分享给了特定的企业员工。如果企业领导恰当地授予权力,这将是一个双赢的结果。对于企业领导来说,掌握授权不仅是一项基本技能,更是帮助自身集中力量解决重要问题的必由之路。有了权力的授予,企业领导可以轻松许多,腾出精力处理重大事务。对于被授予权力的企业员工来说,这是企业领导对自己工作能力的高度肯定,有利于培养企业员工"主人翁"的精神。在这样的精神激励之下,同时也可以帮助提升企业员工的自我效能感,提高企业员工的工作绩效。因此,企业领导授予权力绝对是一个双赢的过程,值得理论界和实务界持续关注。

(二)企业领导授予权力的原因

授予权力是企业领导艺术中常用的一种方式。为什么会出现企业领导授予权力这种现象呢?原因有很多,主要包括以下三种情况:

1. 领导行为与工作目标的间接关系

众所周知,领导行为与工作目标之间存在着间接关系,领导并不是直接指挥工作,需要企业员工的配合才能实现工作目标。企业领导制定方针政策,企业员工根据企业领导的方针政策进行落实。有效的授予权力,可以帮助企业领导减轻工作负担,摆脱繁杂的事务,也能够帮助企业员工发挥专业所长,增强企业员工的责任心和荣誉感,调动工作的积极性和创造性,培养更多的业务骨干。

2. 领导活动多元参与的内在要求

现代的企业领导活动已经不再是以企业领导为原点的具有垄断性质的活动了,而是一种提倡多元参与的互动模式。具有垄断性质的企业领导活动已经成为历史,多元参与的领导活动正成为主流。在这个多元参与的过程中,企业事无巨细都亲自做是不可能的。因此,授予企业员工权力就成了多元参与的内在要求。此外,企业员工在这个过程中可以增加自我归属感,促进自我价值的实现。

3. 领导工作的专业要求与面对的情况复杂

随着社会分工的进一步完善,每一项工作的专业化要求变得越来越高。任何一个企业领导不可能在有限的时间内穷尽所有的知识、具备所有的技能。因此,企业领导需要专业的人才进行协助。随着全球化和后工业化的逐步推进,商业竞争日益激烈,企业领导活动也变得更为复杂。每一个问题都可能是曾经没有出现过的,缺乏借鉴的基础。在这种情境下,每一个企业领导都是有所长有所短,不可能对所有突发的企业事务都十分了解,授权给企业员工处理变得十分必要。

(三)企业领导授予权力的形式

所谓,"天下之至柔,驰骋天下之至坚"。一般来说,企业领导授予权力的形式主要有以下两种:

1. 企业领导刚性授权的形式

什么是企业领导刚性授权的形式? 刚性授权指的是企业领导在授予权力的时候交代得十分明确,对于权力是什么、责任是什么、完成任务的具体要求和任务的跟进汇报等内容都有明确的规定,被授权人必须严格地遵守,不得对于这些要求擅自修改。这是一种较为严格的授权方式,对一些重大事项的授权一般采用这种方式。

2. 企业领导柔性授权的形式

什么是企业领导柔性授权的形式? 柔性授权指的是企业领导在授予权力的时候交代得十分模糊,对于权力是什么、责任是什么、完成任务的具体要求和任务的跟进汇报等内容一般都不做明确的规定,被授权人有较大的自由裁量权。被授予人可以根据实际情况进行调整,没有明确的限制要求。这是一种较为宽松的授权方式,适合使用在情况复杂多变、缺乏固定流程的场合。

（四）企业领导授予权力的准则

企业领导授予权力时,必须遵循相应的准则。企业领导在授予权力的过程中,应该熟练、灵活地使用这些准则。

1. 工作相近准则

企业领导在授予权力的时候,应该把适当的权力授予工作性质最接近的企业员工。这些企业员工对于工作的熟识程度是最高的,只有这些企业员工可以最有效地运用被授予的权力。通过获得的权力,为企业创造经济效益。

2. 责权明晰准则

企业领导在授予权力的时候,必须向被授予者明晰权力和相应的责任。权力和责任存在伴生的关系,没有权力是不伴随责任的。明晰权责也有助于被授予者更加珍惜这份权力、更加审慎使用这份权力。

3. 分层分类准则

企业领导在授予权力的时候,必须注意分层分类准则。分层指的是企业领导向自己的直接下属授予权力,而不是跨级授予。授权一般是一事一授,工作完成之后再进行收回。分类指的是为了提高工作效率,可以按照工作程序、类别来分设工作机构,进行分类授权。

4. 比例适当准则

企业领导在授予权力的时候,应该因事择人,视能授权。有什么样的事情交给什么样的人,有多高的才能就做多少事情。授权的工作量不应该超过被授予者的实际工作能力,不能超过被授予者所能承受的范围。

5. 适当激励准则

企业领导在授予权力的时候,要学会对于被授予者的适当激励。激励不仅是物质上的激励,也应该重视精神上的激励。通过企业领导的双重激励,被授予者的积极性可以被充分调动。根据实际情况,企业领导灵活地对被授予者进行激励。

第三节 企业领导激励艺术

一、企业领导激励艺术的概念

企业领导在用人的环节需要使用各种有效的方式调动企业员工的积极性,鼓励企业员工把事情做得最好,使得企业员工积极主动地尽其所能、发挥专业所长。在用人过程中,企业领导指导企业员工达到其前所未有的高度,激励企业员工为企业发展作出相应的贡献。企业领导不仅是一个职位,更是一种工作态度、一种重大的责任感。如何有效调动企业员工的积极性,是企业领导艺术中的重要组成部分。激励作为一种提升积极性的方式,可以运用在用人的整个过程,包括企业员工的录用和选拔阶段。

一般来说,对于企业领导而言,如果要让激励变得效果显著,激励过程需要包括以下六个步骤:

第一步,企业领导必须明确企业目标所在,明晰希望达到什么样的目标?分析这个目标能够为企业带来什么样的发展。

第二步,企业领导需要从多方面了解对应的企业员工的实际需要,因为每一个个体的需要都是不同的,自然产生的激励效果就会不同。所以,切实地掌握不同企业员工的相关信息显得格外重要,有助于针对性地采取激励措施。

第三步,企业领导根据目标和企业员工的实际需要,确定需要向企业调度哪些资源?不同的需要涉及不同的企业资源,企业领导需要预先进行评估。

第四步,企业领导根据调度的资源,最优地确定有效激励的因素,制订合理的激励方案。

第五步,实施制订的激励方案,充分调动企业员工的积极性,完成企业领导设定的目标。

第六步,企业领导将激励机制与反馈机制、约束机制进行相互的协调,达到有效的信息反馈。需要特别指出的是,激励也需要把握一定的原则,不能任意满足企业员工不切实际的要求。

综上所述,企业领导激励艺术指的是,在确定企业目标的情况下,企业领导真诚地关心企业员工,充分了解企业员工的需要,衡量企业目标和员工需要之间的关系,使用多种方式激励员工把事情做到最好,最终顺利完成企业目标。

二、企业领导激励的重要价值

企业领导激励的重要价值体现在企业运行的方方面面。对于一个现代企业来说,企业员工的工作绩效是企业可持续发展的重要因素。企业领导作为企业的掌舵人,如何恰当地使用各种激励方式调动企业员工的主观能动性,提高企业员工的工作效率,把企业带入更好的发展状态,是一个重要的研究主题。

(一)企业领导激励可以激发企业员工的工作热情

企业领导的有效激励有利于鼓舞企业员工的工作士气,引导企业员工在饱满的工作热情中开展工作,进而提高企业员工的工作绩效。古人有云:"明察秋毫而不见车薪,是不为也,非不能也。"可以说,是否有充足的工作热情对于工作的绩效有直接的因果关系。一个有能力的企业员工如果得不到足够的激励,可能会缺乏热情,甚至可能出现职业倦怠感。一个能力平平的企业员工如果有足够的激励,就会焕发工作的热情,进而出现超乎寻常的工作绩效,有很大的可能性取得令人满意的成绩。工作态度积极的人可以在困难面前迎难而上,工作态度消极的人在困难面前就会感到畏惧而放弃。正如组织行为学所强调的那样,企业员工的工作绩效和员工受到的激励程度密切相关。

(二)企业领导激励可以提升企业员工的综合素质

企业领导的有效激励有利于提高企业员工的综合素质,提升企业员工的工作能力。企业员工素质不是固定不变的,处在流动的变化过程中。《资治通鉴·孙权劝学》卷 66 中记载,吕蒙初次和鲁肃讨论军事问题的时候,尚且学识浅薄、见识不广,鲁肃认为吕蒙不值得交往,没有可取之处。第二次再见的时候,吕蒙已经有勇有谋、很有见地,把军事问题说得头头是道。从《资治通鉴》的故事中可以看到,有效的领导激励对于一个下属来说是多么的重要,全面提升了下属的综合素质。个人的素质包括先天因素和后天因素,其中后天因素随着学习积累和工作实践而有所精进。企业领导如果能够把握这一点,可以帮助企业员工提升综合素质和工作能力。

(三)企业领导激励可以发挥企业员工的榜样力量

企业领导的有效激励有利于发挥企业员工的榜样力量,让这种力量间接影响周围的人,提升企业员工的工作绩效。企业领导在给企业员工设定激励目标的时候,也是组织期望员工达到的工作标准。在这个潜移默化的激励过程中,企业中可能会涌现一批敬业的劳动榜样,成为其他员工积极效仿的对象。优良的示范就是最好的说服,榜样的模范价值远比惩戒的警示效果要好,当企业员工看到榜样的时候,就会充满动力地去学习榜样的先进经验。在这样榜样力量的带动和感染之下,企业的员工都在朝着一个共同的方向而努力,从而发挥企业的合力作用。

(四)企业领导激励可以增强企业员工的团队协作

企业领导的有效激励有利于增强企业员工的组织凝聚力,增强团队协作水平,发挥团队的合作价值,为共同的愿景而奋斗。领导激励,就是从一个目标出发,采取多种方式和措施来引发企业员工的某种动机和工作愿景,激发企业员工集体行动。通常情况下,组织中难免存在搭便车的行为,如何有效地激发企业员工的集体力量是一个重要的课题。俗话说得好:人多力量大,柴多火焰高。正如孙权说的那样,"能用众力,则无敌于天下矣;能用众智,则无畏于圣人矣",万众一心齐奋斗,就能够完成一个人无法完成的工作。独木难成林,一个优秀的企业不可能仅仅依靠某个或者某几个人的努力就能取得成功,需要整体的通力配合才能成功。

三、企业领导激励的理论基础

企业领导激励艺术的激励理论基础十分深厚,包括美国管理学家弗雷德里克·温斯洛·泰罗的经济人理论、美国管理学家乔治·埃尔顿·梅奥的社会人理论、美国心理学家亚伯拉罕·马斯洛的需求层次理论与优势需求理论、美国心理学家麦克莱兰德的需要理论、美国心理学家维克多·弗隆姆的期望理论、美国管理学家爱德温·洛克的目标设置理论、美国行为科学家麦格雷戈的"X理论"和"Y理论"、日裔美籍管理学家威廉·大内的"Z理论"等经典的激励理论。这些激励人的经典理论,即便社会发展到知识爆炸的今天,对企业管理仍然具有指导借鉴意义。

(一)泰罗的经济人理论

美国工程师弗雷德里克·温斯洛·泰罗被誉为"科学管理之父",他的《科学管理原理》标志着划时代的管理思想的产生。纵观泰罗的管理体系,对于人的作用的重视贯穿始终。泰罗重视对人的激励和发掘人的潜能,目的在于提高生产效率,发挥人的积极性和最大生产潜力。泰罗提出,人是需要金钱和奖励的,如果想要企业员工发挥积极性,必须"给他的工人以一般企业所没有的一些特殊的刺激,要给予这种刺激,可以有若干种不同的方法,例如,快速提拔和晋升,提高工资——形式可以是计件活的优厚报酬或是由于出活好而快而给予津贴或红利,提供更好的环境和工作条件"。对此,他提出企业领导在和企业员工建立良好关系的情况下实行奖励制度,特别强调任务和奖金这两个因素的激励作用,这两个激励因素构成了科学管理的结构基础。因此,泰罗的激励思想影响甚广。

(二)梅奥的社会人理论

乔治·埃尔顿·梅奥在美国芝加哥大学西方电气公司所属的霍桑工厂进行了长达10年的"霍桑实验",经过实证研究发现:首先,人是独特的社会性动物,如果希望了解工作对员工的影响,就必须充分考虑人的需求、态度、动机和人际关系等因素的综合作用。其次,企业为了实现目标而明确规定具有特定职能的正式组织之外,还存在着非正式组织。正式组织的评价标准为效率,非正式组织的评价标准为情感。最后,优秀的领导能力表现之一是通过提高企业员工对公司的满意度、激励企业员工的工作士气,从而提高工作效率。根据梅奥的理论,企业领导应该注重人际关系,和企业员工进行信息交流和情感沟通,在正式组织的经济效率需要和非正式组织的社会情感需要之间达到平衡。企业员工在这样的领导之下，可以更好地发挥自己的主观能动性，从而提升工作效率。

（三）马斯洛的需求层次理论与优势需求理论

伯拉罕·马斯洛在《人类激励理论》中提出需求层次理论与优势需求理论，将人的需求分为五个不同的层次，从低层次到高层次分别是：生理上的需要、安全上的需要、情感和归属的需要、尊重的需要和自我实现的需要。这五个层次的需要如阶梯一般，体现了变化的过程。企业领导只有在了解这五个层次的需要后，才可以更为有效地把握企业员工的需求，为企业领导激励提供了清晰的路径选择，引导企业领导分门别类地进行适当激励。作为企业领导，要恰当地把握员工的真实需求，保持激励的功能。当满足低层级的需求之后，可以激发企业员工的内在潜能、适当开发企业员工更高层级的需求。

（四）麦克莱兰德的需要理论

麦克莱兰德的需要理论将需要进行了切分：成就需要、权力需要和合群需要。针对这三类不同的需要，麦克莱兰德具体问题具体分析，提出了三种对应的激励方式。面对一个成就需要强烈的企业员工，提供一个权责清晰、反馈及时以及充满一定挑战的工作环境十分必要，在这个过程中容易激发其内在的成就需要；面对一个权力需要强烈的企业员工，需要进行适度的引导，帮助企业员工树立正确的权力观；面对一个合群需要强烈的企业员工，提供一个团结协作、互帮互助的工作环境十分必要，可以激发其内在的合群需要。针对不同类型需要的企业员工，采取不同的措施，能够帮助企业领导达到事半功倍的效果。

（五）弗隆姆的期望理论

维克多·弗隆姆的期望理论提出，个体行为可能带来的结果的心理预期强度以及这种结果对于个体的吸引力决定了行为者的倾向强度。具体来说，当个体认为努力工作、得到良好的工作绩效可以得到更丰裕的激励时，个体会充分发挥自己的工作潜能，最大限度地采取相应的行为去达到这个目标。在这种情况之下，一个优秀的企业领导应当设立良好的公司奖惩制度，勾画美好的图景，让企业员工有信心去合理期望。在设立良好的公司惩戒制度之后，企业领导应当根据企业员工不同类型的心理预期制订合理的激励方案，尽可能地调动企业所有员工的工作积极性。

（六）洛克的目标设置理论

爱德温·洛克的目标设置理论提出，一个人的工作意向是工作激励的主要源泉。艺术地进行企业领导激励需要了解企业员工的工作意向。目标设置理论指出：第一，具体的、充满挑战的工作目标比模糊的、固定不变的工作目标更具有激励价值;第二,当目标在能力范围内越困难,绩效水平就会相应地得到提升;第三,当企业的回馈及时且可靠的情况下,企业员工的工作绩效会越高;第四,企业员工参与目标设置不一定能够产生激励作用;第五,这一理论存在外在影响因素,如目标承诺、自我效能和民族文化等。企业领导激励需要把握这些因素,因地制宜地激励企业员工。

（七）麦格雷戈的"X理论"和"Y理论"

麦格雷戈的"X理论"和"Y理论"是在对企业中人的特性进行深入研究以后提出的,他把传统的理论称为"X理论",把在此基础上精细化的理论称为"Y理论"。无论是其中的哪一个理论,都是基于人性假设提出的,前者的人性假设是消极的假设,后者的人性假设是积极的假设。"Y理论"指出,企业员工是乐于工作并且愿意承担责任的,多数人拥有良好的想象力、创造力和创新力,关键在于企业领导如何把企业员工的这种潜能进行充分的挖掘。由此可见,麦格雷戈的理论为激励提供了新的视角。

（八）威廉·大内的"Z理论"

威廉·大内经过比较日本和美国的管理经验后,提出"Z理论"。大内认为一切企业的成功都离不开信任、敏感和亲密,因此主张开放和沟通作为基本原则的管理模式,只有这样才能激发企业员工的聪明才智和创造精神。这个理论鼓励企业领导在企业内部树立牢固的整体观念,使得企业员工可以同甘共苦。企业领导在工作环节中应当合理吸纳企业成员进行协商、探讨,在集思广益的模式下进行对应的激励。

四、企业领导激励的艺术方式

由于企业领导激励艺术的重要价值,企业领导应该充分重视对企业员工的激励问题,积累激励的管理实践经验,不断学习激励的相关最新成果,在用人过程中恰当地使用激励艺术。只有真诚地关心企业员工,恰当地使用激励艺术,才能充分激发员工的工作热情和提高员工的创造能力。在进行激励的时候,企业领导务必保证典型事迹和各类数据都真实可信,经得起时间的考验和他人的验证。在奖励的时候,要公平公正公开,必须有章可依。总体而言,企业领导的激励艺术若能充分展现,必将给企业带来巨大的经济效益。

（一）需要动机激励的艺术

企业领导发现企业员工的需要动机、满足企业员工的需要动机,是调动企业员工积极性的重要方法。根据马斯洛需求层次理论与优势需求理论可以知道,企业员工的需求在不同的时间段有不同的层次,是一个渐进的过程。作为企业领导,如何深入企业员工群体、了解企业员工的需求动机、制订相应的激励方案,都是需要特别注意的环节。

1. 仔细调查企业员工的需要动机,是正确激励的前提条件

企业领导要采用科学的方式仔细调查企业员工的需要动机,正确认识下属的需要是正确激励的前提条件。科学的调查方式有助于了解企业员工的真正需要动机,企业领导应该重视使用合适的调查方式,提高调查结果的可靠性。需要是激励的逻辑起点,找准了企业员工的需要,对于正确激励发挥重要的作用。

2. 综合分析企业员工的多种需要,是正确激励的必备环节

企业领导要综合分析企业员工的多种需要,这是需要动机激励的关键环节。企业员工的需要多种多样,有的是有形的,有的是无形的,有的是显性的,有的是隐性的。分析企业员工的多种需要是正确激励的必备环节,厘清哪些需要是合理且可以满足的,哪些是不恰当的且不能解决的。对此,企业领导应该进行合理的评估。

3. 分类激励企业员工的需要动机,是正确激励的关键步骤

对于企业员工的需要动机,应该采取分类激励的原则。对于企业员工的物质需要,在考虑工作绩效的情况下,可以考虑采用多种策略进行物质激励。在进行奖励的时候,应当注意及时地奖励。在奖励的时候,也应该注意场合,创造良好的奖励气氛。除了物质激励之外,精神激励也是重要的方式,如情感激励、尊重激励和支持激励等精神激励方式。

(二)工作价值激励的艺术

正如"Y理论"所说的那样,企业员工是乐于工作并且愿意承担责任的,多数人拥有良好的想象力、创造力和创新力,关键在于企业领导如何把企业员工的这种潜能进行充分的挖掘。所以说,工作本身是一种重要的激励资源,作为企业领导应该充分把握这一激励资源,通过工作价值的激励来挖掘企业员工的潜能。

1. 企业领导进行综合评估,安排员工最合适的工作岗位

企业领导如果想让企业员工在工作的时候充满热情,首先,需要了解企业员工的综合素质、工作能力和个人兴趣等情况。其次,在了解企业员工的情况之后,在企业内部寻找最合适的工作岗位。再次,和企业员工进行沟通,征求其工作意愿。最终,在合适的情境下,安排企业员工到最合适的工作岗位。

2. 企业领导进行理念引导,让员工认识巨大的工作价值

工作价值是企业员工实现价值的重要媒介。企业领导有责任进行理念引导,让企业员工充分了解自己工作的重要性。也许有的时候,企业员工觉得自己的工作微不足道,就会出现消极怠工的心理。认识是人们实践的指导,在这个时候,让

企业员工了解到自己工作的巨大价值充满意义,帮助企业员工重新热情地投入本职工作。

3. 企业领导给予自主权力,给员工更多机会去施展才华

企业领导在实施工作价值激励的时候,可以适当地给予企业员工自主权力,鼓励企业员工把握机会施展自己的才华。当企业员工获得自主权力的时候,企业员工就获得了参与管理的机会,有利于激发员工的工作荣誉感和内在潜能,帮助企业员工积极地工作。

(三)团队标杆激励的艺术

管理学中对于团队标杆的激励,有时候也会称为榜样激励。在工作中,团队中的标杆通常是企业员工行动的参考系。作为一个企业领导,如果可以建立一个科学完善的参考系,有助于引导企业员工朝这个方向努力。合理的参考系,可以帮助企业员工发掘自身的潜能,更好地实现企业目标。

1. 企业领导应该明确树立榜样的动机

在建立团队标杆的参考系的时候,企业领导应该明确树立榜样的动机,让企业员工真正了解自身的良苦用心。树立榜样的动机在于为企业员工提供合适的学习对象,让企业员工"以人为镜",旨在鼓励企业员工向优秀的团队标杆看齐。

2. 企业领导应该引导辩证地看待榜样

面对企业员工,企业领导有必要在说明动机之后,引导下属一分为二地看待榜样。企业员工应该积极主动地追随、效仿优秀的榜样,而不是对优秀的榜样进行排挤、打压。特别需要说明的是,不能让团队标杆自身受到不必要的压力。

3. 企业领导引导下属进步的正确路径

在明确树立榜样的动机和引导辩证地看待榜样之后,企业领导可以以团队标杆为研究对象,综合分析团队标杆的成功要素以及榜样形成的条件和成长的进程,为企业员工的进步指明正确的路径。

第四节　企业领导关系处理艺术

一、企业领导关系的内涵界定

企业领导关系,作为一种在企业内部的特殊人际现象,不能简单地等同于一般的人际关系和公共关系。企业领导关系,是企业领导在进行领导实践的过程中,与上级领导、同级领导和企业员工之间发生、发展和建立起来的一种正式和非

正式的关系,具有多种特性。如果要厘清企业领导关系的概念,我们需要对人际关系和公共关系的基本概念进行一定的梳理和对应的比较,从而更好地把握企业领导关系的内涵。

(一)企业领导关系和人际关系的异同

人际关系这个词首先由美国人事管理协会提出,也被称为人际关系论。人际关系是人和人之间的一种普遍的交往形式和复杂的社会关系,由认知、情感和行为三个层级的心理组成,在彼此的交往过程中建立和发展,包括的内容十分丰富。按照奥尔特曼的过程分析,人际关系的建立和发展需要经历定向阶段、情感探索阶段、感情交流阶段和稳定交往阶段。通常,人际交往必须遵循相互原则、交换原则、自我保护原则、平等原则、相容原则、信用原则和理解原则等基本原则。人际关系包括领导关系在内的所有类型的交往形式以及背后的整个人际关系现象。人际关系的范围更加广泛,领导关系深深植根于人际交往的体系中。同时,又因为企业领导在领导实践过程中,与企业成员之间存在着错综复杂的动态人际关系,因而领导关系又是一种特殊的现象,是人际关系中的一个分支体系。

(二)企业领导关系和公共关系的异同

国际公共关系协会曾给公共关系下过定义,"公共关系是一项经营管理的功能,属于一种经常性与计划性的工作,不论公私机构或组织,均通过它来保持与其相关的公共之了解、同情和支持,亦即审理出公共的意见,使本机构的政策与措施尽量与之配合,再运用有计划的大量资料,争取建设性的合作,而获得共同的利益"。公共关系是一个组织运用各种传播方式和外界进行沟通的活动,是在复杂的交往中体现出来的多种关系。当这种关系被界定为公共的时候,表明公共关系只能是组织在复杂交往中与社会公众或者由部分公众组成的群体之间建立的非个体的、非私人的、公开的关系,具有开放的特征。公共关系的领域较宽,包括领导关系这一范畴,但又不能完全等同。

(三)企业领导关系的多种特性

经过和人际关系、公共关系的比较之后,可以部分了解企业领导关系的独特之处。企业领导关系作为独特的社会关系,旨在探求企业领导在领导实践过程中如何处理多边关系的具有规律性的工作方法和行为准则。通常,企业领导关系主要有以下几个特点:

第一,企业领导关系具有动态变化的特性。企业领导关系的形式多种多样、各具特色,它的建立与演变是一个动态变化的过程,随着企业领导的领导实践的变化而变化,不是一成不变的固定形式,而是一个与时俱进的动态形式。

第二,企业领导关系具有复杂多变的特性。企业领导关系的复杂特性,可以体现在方方面面,比如企业领导实践环节中工作职能的多样属性、企业利益的得失情况、人际关系的现实流变以及企业内部和外部环境的影响等多方面。

第三,企业领导关系具有社会交往的特性。企业领导关系是企业领导与企业成员交往的集合关系,本身就反映了内在的社交特性。企业领导关系需要处理的是与上级领导的关系、同级领导的关系和下属的关系,体现了社会交往的特质。

第四,企业领导关系具有客观呈现的特性。企业领导关系作为企业领导实践过程中的一种交往方式的现实结果,是实践的客观呈现。它不是主观的产物,而是客观的必然产物。它不是人为的假想,而是真实的管理存在。

二、企业领导关系对领导活动的影响

企业领导关系作为领导实践活动中的重要因素,贯穿于整个领导实践活动中,对领导实践活动有着潜移默化的影响。如果能够正确地处理企业领导工作中的相互关系,可以帮助企业领导活动有序进行,保证企业领导工作的有效实现。如果不能正确地处理企业领导工作中的相互关系,则会损害企业内部的关系、造成不必要的企业内耗,极大地影响企业领导工作的开展。因为企业领导关系的特性的多样,所以企业领导关系对企业领导活动的影响也是多维度的。

（一）领导效能方面的影响

首先,企业领导关系对领导活动的影响体现在对于领导效能的影响。领导效能理论的研究源于20世纪初的人格特质理论研究,后来的行为理论、结构理论和权变理论等研究理论进一步丰富领导效能的相关研究。领导效能作为领导关系的最终体现,与领导关系有密切的相关关系,受到领导关系的影响和制约。

良好的企业领导关系帮助企业内部形成互帮互助、相互支持的工作关系,形成团队的合力。在团队精诚合作的情况下,可以调动企业员工的工作积极性,提高企业员工的工作效率、发挥企业员工的比较优势,最大限度地发挥企业领导工作的有效性。反之,如果企业领导关系恶化,容易造成团队的疏离。疏离的团队缺乏相应的信任基础和合作热情。在这种情况下,可能会出现工作推诿、推卸责任的严重问题。

（二）领导行为方面的影响

其次,企业领导关系对领导活动的影响体现在对于领导行为的影响。领导行为是组织行为学关注的重要问题。目前,理论界和实务界对于领导行为的关注主要集中在四方面:第一,领导行为的不同类型以及相关影响;第二,领导行为的前后因果关系的相关变量;第三,领导行为与下属之间的互动模式以及影响因素;第四,领导行为作为中介变量的影响。

领导行为作为领导关系的一种具体体现形式,是结合企业经济、社会、文化等背景因素外化的直接结果。可以说,有什么样的领导关系就会有什么样的领导行为。作为企业领导应当明确领导关系建立的根本目的,正确看待企业领导关系,根据实际情况调整自己的行为,把企业利益置于个人利益之上,时刻想着如何满足工作的需要。

(三)领导力量方面的影响

最后,企业领导关系对领导活动的影响体现在于对领导力量的影响。在管理学中,企业领导关系对于领导力量的影响是一个重要的研究课题。领导力量作为领导关系功能的直接体现,决定着企业领导过程的有效与否,进而影响整个企业的运行绩效。

领导力量,从某种意义来说,是领导关系功能的具体体现。在领导实践过程中,如果企业内部关系融洽,工作配合,那么就会产生部分之和大于整体的效果,形成无法比拟的整体领导力量。正如德国哲学家叔本华所说:"单个的人是软弱无力的,就像漂流的鲁滨逊一样,只有同别人在一起,他才能完成许多事业。"如果关系没有处理好,不仅会影响正常的领导力量的发挥,还会出现内部资源损耗的情况,无法形成有效的领导力量。在内部资源出现损耗的时候,甚至可能会产生严重的消极影响,导致领导活动的失败。

三、企业领导关系的处理艺术

领导关系是企业领导实践环节中的各种关系的抽象概括,是一个被高度归纳的管理学概念。领导关系的对象是不同层级的企业成员,因此企业领导需要运用不同的方式进行关系的处理。在不同层级的企业成员的关系中,最为常见的关系包括和上级的关系、和同级的关系以及和下级的关系。在处理不同关系时,需要有极大的管理智慧和处理艺术。特别需要说明的是,在这个过程中,企业领导应该把握灵活性和原则性相统一的基本思路。

(一)和上级关系的处理艺术

对于企业领导来说,和上级关系的处理艺术需要注意把握分寸和力度。对于企业的上级,企业领导应该保持尊重的工作态度,根据自身的实际情况积极向上级领导学习,学习上级领导在领导实践中的宝贵经验。企业领导在和上级领导相处的过程中,应当服从上级领导的正确指挥,维护上级领导的工作权威。当上级领导布置工作任务的时候,企业领导应该认真分析上级领导布置的工作任务,准确把握完成这个工作任务的重点和难点,思考完成这个工作任务所需的相关资源,积极寻找与资源相匹配的最优解决方案。当提出相应的解决方案后,企业领导应该及时向上级领导汇报工作计划,得到上级领导同意之后尽快保质保量地完成上级领导布置的任务。如果上级领导认为计划仍然需要进行完善,企业领导应该虚心接受上级领导的批评,反思存在的问题,并再次提交工作计划。如果和上级领导的工作方式存在不同意见,应当采取合适的方式进行理性反馈。

(二)和同级关系的处理艺术

对于企业领导来说,和同级关系的处理艺术同样需要注意进退自如、相互配合。对于企业的同级,企业领导应该保持互相尊重、互相支持的共同进步的工作关系。当同级之间出现意见分歧,企业领导要采取互相包容的原则,在工作中换位思考,相互补充以达到最佳的合作状态。对于同级来说,互相尊重是一个重要的工作前提。作为本部门的企业领导,应该尊重其他部门企业领导的工作内容和工作方法,维护其他部门企业领导的工作权威。对于其他部门企业领导所辖的工作范围,尽量坚持不干预的工作原则。当不得不进行干预的时候,也应当排除个人的情感倾向,保持客观公正的态度去予以处理。在工作合作中,同级之间应该做到辩证看待权力,认真看待责任和义务。当企业中困难来临的时候,同级之间应该主动承担工作责任,避免相互推诿。在一个领导群体中,只有保持精诚合作的关系,才能取长补短进而形成一股合力。所谓"天时不如地利,地利不如人和",因此只有把握了和同级关系的处理艺术,才可以减少内耗,充分发挥同级领导的各自优势。

(三)和下级关系的处理艺术

对于企业领导来说,和下级关系的处理艺术显得十分重要。实践证明,企业领导的领导艺术直接影响下级的工作积极性、主动性和创造性。所以,可以说企业领导和下级关系的处理艺术就变得尤为重要。在和下级关系的艺术处理过程中,应该注意掌握三点:第一,企业领导在和下级进行沟通的时候,应当善于使用激励方式,调动下级的工作积极性。关于企业领导如何激励下级的方式,具体参考前一节的内容。第二,企业领导在和下级进行沟通的时候,也应该合理地使用批评的方式。如果确实发现是下级的工作失误导致了企业的损失,就应当在注意分寸的情况下指出下级的问题,引导下级采用合适的方式解决问题。第三,企业领导在和下级进行沟通的时候,应该保持开放的心态,所谓"海纳百川,有容乃大"。当下级的工作意见是科学合理的时候,企业领导应该虚心接纳并明确支持下级。如果下级的工作意见存在问题,应该实事求是地进行修改,帮助下级不断完善工作意见。

四、企业领导时间管理的艺术

时间作为一个抽象的概念,是物质变化的持续性、顺序性的表现。时间对于企业领导来说至关重要。陶渊明曾经说过:"盛年不重来,一日难再晨,及时当勉励,岁月不待人。"鲁迅曾经说过:"时间就像海绵里的水,只要愿挤,总还是有的。"华罗庚曾经说过:"凡是在事业上有所成就的人,无一不是利用时间的能手。"莎士比亚曾说过:"放弃时间的人,时间也会放弃他。"可以说,正是由于时间的重要性,时间的管理也是衡量企业领导是否有效的重要标杆。

对于企业领导的时间管理艺术而言,企业领导的时间管理不仅是对于自己本职工作事务的时间管理,也包括对于企业内部各类工作事务的统筹管理。一方面,企业领导应当处理自己的本职工作;另一方面,企业领导也应当进行战略规划。

总的来说,领导者在高度复杂和高度不确定的竞争环境中,如果想要保持竞争实力,必须学会时间管理的艺术以便能够同时完成两方面的工作任务。是否能够有效实现时间管理、提高领导的工作效能,企业领导需要遵循一定的原则来实现这些目标。

（一）科学运筹时间的原则

企业领导应该掌握科学运筹时间的原则,对于自己本职工作事务的时间管理和企业内部各类工作事务的统筹管理都有帮助。首先,企业领导应该对工作事务进行重要性和紧急性的两个维度进行坐标划分,区分紧急事务和重要事务。一般来说,紧急事务往往是短暂性的,重要事务往往是长期性的。在这个过程,如果意识到有些事务是没有必要且没有意义的,应该及时进行删除。其次,科学运筹时间需要企业领导有计划地使用时间,根据两个维度的划分,开始按优先程度并根据截止时间进行先后处理。需要说明的是,处理事情的时候可以进行罗列并分析可行性。最后,在这个高度复杂和高度不确定的企业环境中,很多事务无法提早预见。在这样的情况下,作为企业领导需要留出一部分的时间用以灵活处理企业内部的突发事件。

（二）有效安排工作的原则

企业领导应该掌握有效交代工作的原则,对于自己本职工作事务的时间管理和企业内部各类工作事务的统筹管理都有帮助。在进行安排工作的时候,企业领导容易出现错误。领导者应该根据重要性和紧急性进行归类,安排工作的时候有计划。针对紧急且重要的工作,企业领导应该安排尽快完成;针对不紧急但是重要的工作,企业领导应该安排稍后完成;针对紧急但是不重要的事情,企业领导应该合理授权给下级;针对不紧急且不重要的工作,企业领导可以安排不做或者以后再授权。在安排工作的时候,也应该重视开会的艺术。会议是企业领导进行领导实践活动的重要方式,任何领导活动都无法离开这样的形式。开会的时候,企业领导应当遵循有效的原则,保持言简意赅的说话风格,尽量用最简洁的语言表达内容,这不仅可以节省企业领导的时间,也可以节省企业员工的时间——在时间管理上取得双赢的效果。开完会之后,也应该有后续的跟进工作。开会的意义在于会议之后的执行,而不是会议的流程。

(三)提高工作效率的原则

企业领导掌握提高工作效率的原则,对于自己本职工作事务的时间管理和企业内部各类工作事务的统筹管理都有帮助。企业领导的时间管理可能受到很多因素的干扰,比如企业成员的电话干扰、安排之外的不速之客和悬而不决的低效会议等等。作为企业领导,每天都要面对各种各样的人和事,在这个过程中,事必躬亲、过分客套、犹豫不决等因素都是时间陷阱,都是时间管理的障碍。时间的特性决定我们进行时间管理的根本方式是提高工作效率,以相对节约的时间来更高效地完成更多的工作任务。对于企业领导来说,应该如何出神入化地把握提高工作效率的艺术呢?对于这一问题,答案是需要企业领导遵循自己的工作效率的客观规律。可以说,每一个人的工作效率的峰值出现的时间都是不一样的,每一天的工作状态也都是有所差异的。企业领导应该在自身工作效率最高的时候处理需要优先办理的重要事务,在相对效率低下的时间段里处理次要的工作。对于企业领导来说,时间管理艺术意味着:把事情做好,不只是完成工作,更是意味着高质量、高效率地完成工作。

第二章

企业决策艺术

第一节　企业决策概述

一、企业决策的基本概念

企业作为一个经济组织,其目标经常被假定为经济效益和社会效益最大化。企业决策意味着企业作出决定,理想的企业决策意味着正确的决定。企业决策的具体目标经常是通过一定的方式来干预企业资源,并达到最佳的资源配置。随着经济全球化和后工业化的不断推进,国内外市场环境发生了巨大的变化,不确定性越来越成为企业决策的时代背景。在高度复杂和高度不确定的竞争环境中,企业随时可能遇到各种类型的问题,都需要想办法进行解决。在这个过程中,解决问题的方法通常是存在多种途径的,这就需要企业在多个方案中进行最优选择,根据最优选择进行相关的决定,并在此基础上付诸行动。

美国著名的管理学家、诺贝尔经济学奖获得者西蒙曾经说过,"管理是由一系列决策所组成的,管理就是决策"。企业决策是领导的核心工作,领导的各项职能都是围绕决策而展开。现代管理学一般把管理的主要职能概括为三项:计划职能、组织职能和控制职能,决策贯穿始终。可以说,对于任何一家企业来说,企业决策都是其全部经济活动的先导,发挥着引导的价值。比如,企业将生产什么样的产品,这种产品的生产标准是什么,如何为这个产品进行定价以及采取何种方式进行销售,采用什么样的销售人员等与经济活动相关的问题都离不开企业决策。

企业决策是企业管理的生命源泉,科学的企业决策能够为企业带来活力,失误的企业决策将会使得企业陷入困境。因此,企业决策事关企业的发展。那么,什么是企业决策? 不同的视角会产生不同的界定,概括地说,企业决策就是企业为了达到某种管理目标,在充分预测各种不可控因素以及综合考虑各项资源的基础上,形成备选方案、分析备选方案、挑选特定方案、实施所选方案以及评估所选方案。科学决策指的是,在前期充分调研的基础上,以最少的资源投入取得最大的企业效益,要求决策群体从实际出发,制订科学的决策方案。

二、企业决策的重要价值

随着全球化和后工业化的不断推进,企业管理变得日益复杂、更具不确定性。在全球化和经济环境不断流变的当下,国内外的市场竞争压力都在不断增强,需要企业决策者不断适应这个新的竞争环境。当前,一个企业如果想要在激烈的市场竞争中保持核心竞争力,在每一个时间阶段把握时机、做出科学合理的企业决策十分重要。在任何一个企业中,每年、每月、每日都会需要企业决策者做出各种大小不同的、性质多样的、影响程度不同的决策。企业决策分门别类,有的比较简单,有的则十分复杂;有的可以公开,有的则必须保密;有的影响甚微,有的则影响甚广;有的风险较小,有的则充满风险。在一个运行的企业中,企业决策无处不在,是一个必须重视的中心工作。美国著名的管理学家、诺贝尔经济学奖获得者西蒙曾说过:"管理是由一系列决策所组成的,管理就是决策。"美国管理学家德鲁克也曾说过:"虽然决策是管理者的工作之一,但可以说,决策是一项关键的管理任务。"因此可以说,正确的企业决策意味着企业成功的重要前提。企业决策是企业管理的核心,关系到整个企业的兴衰。

在企业中,企业管理的所有环节实际上是由各种各样的企业决策构成的。不论是涉及企业战略发展的高层决策,还是涉及企业战术研究的中层决策,还是涉及具体企业运作的基层决策,都蕴含在企业的计划、组织、领导和控制等环节。因此,企业决策无处不在,时刻发挥着自身的独特影响。在进行计划的过程中,无论是市场营销计划、企业生产计划、人事调整计划,还是投资战略计划等,企业管理者都需要设定明确的工作目标,并根据这个工作目标来制订具体的实施方案(包括时间进度计划),并在资源限制的情况下使用最恰当的方法和措施,这其中每一个环节都需要企业决策。正确的企业决策需要制订正确的决策方案并以正确的方法加以实施,具有多层次的重要价值。

(一)提高企业的管理水平

正确的企业决策对于提高企业的管理水平具有巨大的帮助。正如西蒙所说的"管理是由一系列决策所组成的,管理就是决策",企业管理的过程就是企业决策的过程。正是由于企业管理的过程就是企业决策的过程,所以企业决策水平和企业管理水平可以相互促进。因而,企业决策水平的提高直接或间接地可以推动企业管理水平的提高。

　　企业在不同的时间段都需要做出各种各样的影响企业发展的决策,有些是短期的决策,有些是长期的决策。霍姆兹曾说过:"我们处于什么方向不要紧,要紧的是我们正向什么方向移动。"没有正确的企业决策,企业就会失去正确的前进方向,误入歧途的企业将离自身工作目标渐行渐远,造成无可避免地资源浪费。有了好的企业决策,企业管理者将有更好的工作环境发挥自身的管理能力。

（二）提高企业的经济效益

　　正确的企业决策对于提高企业的经济效益具有重要的影响。企业经济效益指的是企业生产总值同生产成本之间的比例关系,是企业发展的重要衡量指标。企业决策的正确与否,对于一个竞争性的工商企业而言非同小可。如果决策错误,执行得越好,损失就越惨重。正确的企业决策能够为整个企业指明前进的道路,能够最大限度地调动企业员工的积极性,使得整个企业的精神面貌和工作绩效都将产生向好的巨大变化。

　　毫无疑问,正确的企业决策可以提高企业的经济效益。需要说明的是,企业决策不仅是一个追求自身经济效益的过程,也是一个追求社会效益的过程;不仅是一个追求当前目标的过程,也是一个追求长远目标的过程。在评估企业决策价值的时候,不能仅仅以企业的绩效来衡量企业决策的成败,应该将社会效益纳入考虑范畴。

（三）提高企业的内部稳定

　　正确的企业决策对于提高企业的内部稳定具有非凡的意义。现代生产力的高度发展,生产规模不断扩大,企业活动变得日趋复杂,团结协作在应对复杂活动时具有不可替代的优越性。虽然现代社会日益复杂导致决策日益困难,偶尔的决策失误变得可以接受。但是如果一个企业的决策频繁失误,企业员工就难免出现质疑企业的整体能力。在企业决策频繁失误的情况下,企业可能出现离心的迹象,从团结协作走向团队涣散。如果情况严重,甚至可能会出现企业员工频繁离职的情况,这样的人才流失直接阻碍企业良性发展。

　　英国生物学家达尔文在《人类的由来》中提到,"自私自利和老是争吵的人是团结不起来的,而没有团结便一事无成"。正确的企业决策则会带来截然不同的影响,让企业员工凝聚在一起,为企业决策下的工作目标团结协作,共同完成企业的共同计划。古罗马的普卜利利乌斯·绪儒斯在《警句》中指出"胜利属于精诚团结的一方",因此可以说,企业能够及时根据实际情况做出合理的决策,能否保持企业内部的团结,是决定企业成败的关键因素。

三、企业决策的不同类型

企业决策作为企业管理的核心内容,根据不同的划分标准可以进行不同类型的划分。比如,企业决策可以根据管理层次、管理过程、管理领域、决策方法、决策环境、决策目标等内容进行划分。

（一）根据管理层次进行划分

对于每一个企业来说,企业决策都处于企业发展的重要地位。当企业决策根据管理层次进行划分,可以根据企业管理层次的高低依次划分为高层决策、中层决策和基层决策。这三个层次的决策各有特色,对于企业的生产经营活动影响深远。

1. 高层决策

高层决策指的是企业高层管理者所做出的决策,有时候也会被称为战略决策。这一类型的决策目的是适应变化的商业环境而作出的关于企业长远发展的重要决策,对于企业的发展起到关键的作用。高层决策的影响范围最为广泛,影响周期最为长远。什么是高层决策？除了应当考虑决策主体之外,也应当根据企业决策的内容进行判断,如企业的经营方向和经营目标、企业的产品研发计划、企业的市场开拓等属于高层决策的范畴。

2. 中层决策

中层决策是企业中层管理者所做出的决策。和高层决策不同,中层决策的决策内容更多的是企业实施组织战略决策的实现路径。中层决策的关注内容较为具体,影响时间也没有高层决策那样持久。什么是中层决策？中层决策具有承上启下的重要价值,除了应当考虑决策主体之外,也应当根据企业决策的内容进行判断,如企业部门的结构组合、人事调整、生产计划以及销售计划等属于中层决策的范畴。

3. 基层决策

基层决策是企业基层管理者所做出的决策。和高层决策、中层决策不同的是,企业的基层决策更为具体,具有鲜明的特点:第一,企业基层决策关注的内容十分具体,通常为了帮助企业中层决策的有效落实。第二,企业基层决策的影响范围十分有限、影响时间比较短暂。第三,企业基层决策带有常规性的特点,很多基层决策基于企业成文规章或不成文的惯例,有些基层决策也会演变为企业成文规章或不成文的惯例。什么是基层决策？除了应当考虑决策主体之外,也应当根据企业决策的内容进行判断,如企业部门的具体作业情况、某次特定的培训方案等属于基层决策的范畴。

（二）根据管理过程进行划分

管理过程向来受到管理学理论界和实务界的重视,是企业决策的重要组成部分。企业决策根据管理过程进行划分,一般可以分为领导决策、计划决策、组织决策和控制决策等。

1. 领导决策

领导决策指的是企业领导在履行领导职能过程中所需制定的具有影响力的决策。领导决策一般指的是,企业领导旨在基于自身经验理性和价值理性的基础上,根据企业的实际情况采取最符合企业总体利益的决策,用最合适的企业领导方法、沟通方法、激励方法等具体措施提高企业员工的工作积极性和提升整个企业的工作绩效的决策方式。

2. 计划决策

计划决策指的是企业领导在履行计划职能过程中所制定的各类计划类决策。计划决策的目标十分明确,一般是通过建立战略决策计划、战术决策计划、销售决策计划、人事决策计划、投资决策计划等计划类决策,有效帮助企业能够在最合适的时间进度的指导下完成各类工作,进而实现企业目标。

3. 组织决策

组织决策指的是企业领导在履行组织职能过程中所制定的关于组织优化的决策。组织决策的内容包括:组织的职务设计、组织的结构调整、组织的层级分配、组织的授权模式等,涉及组织运行的方方面面。组织决策的目标既是为了激发企业生产力,也为了推倒那些正在损害公司的组织界限。

4. 控制决策

控制决策指的是企业领导在履行控制职能过程中所制定的关于控制的决策。在高度复杂和高度不确定性的流变环境下,控制决策变得日益重要。控制决策指的是控制目标方案的合理性、控制目标方案的运行情况、控制目标方案的反馈信息以及进行调整等。

（三）根据管理领域进行划分

每一个企业都有不同的管理领域,这些管理领域既有差异性又有共同点,常见的管理领域包括企业财务领域、企业生产领域、企业市场领域和企业人事领域等。

1. 企业财务领域决策

企业财务指的是一个企业在生产经营过程中客观存在的资金活动及其所体现的经济利益关系,包括财务活动和财务关系。企业财务的主要指标有变现能力比率、流动比率、速动比率、变现能力分析总提示等。企业财务领域决策指的是制定和实施企业财务管理相关的决策。

2. 企业生产领域决策

企业生产领域决策指的是制定和实施与生产管理活动相关的决策,关于企业在这个决策计划时间内为社会提供某种产品或劳务能力的强弱。企业生产领域决策涵盖的范围十分广泛,从企业生产领域的选址和布局、生产领域产品的设计、生产领域产品的选择到最后的产品投放。

3. 企业市场领域决策

企业市场领域决策指的是制定和实施与市场营销管理相关的决策。在这个决策过程中,企业以对应客户的需要为决策的基本出发点,根据经验理性和技术理性获得顾客需求的数据,根据获得的数据进行市场营销,为顾客提供满意的产品并实现企业的营销目标。

4. 企业人事领域决策

企业人事领域决策指的是制定与实施与人力资源管理相关的决策。人事决策直接关系到企业优秀人才的去留问题,需要得到充分的重视。企业人事决策的范围十分广泛,涵盖从企业人力资源规划的制定与完善、人才的公开招聘到人才的绩效评估等整个流程。

(四)根据决策方法进行划分

根据决策方法区分企业决策的时候,通常可以分为定量决策和定性决策两类。定量决策偏重于科学的计量方法,基于科学的理论和方法进行定量的指标体系,进行定量评价,最后根据定量技术做出决策。定性决策偏重于经验的积累,基于企业决策者或者相关专家学者的经验及其内在偏好,体现得更多的是经验导向的决策艺术。

(五)根据决策环境进行划分

根据决策环境区分企业决策的时候,通常可以分为确定型决策和风险型决策两类。

1. 确定型决策

确定型决策指的是决策所处的环境是明确的,所有的环境变量未来的取值都是清晰可见的。每一个方案都会产生一个确定的结果,这个结果是符合企业原先的预期。确定型决策对于企业决策者的理性提出了严格的要求,需要企业决策者事先做好所有准备并了解未来的任何变化。

2. 风险型决策

风险型决策指的是决策所处的环境是变化的,部分环境变量未来的取值是需要商榷的。正如当前的竞争环境高度复杂、高度不确定那样,风险性决策说明每一个决策都带有一定的风险,决策者需要做的是尽可能多地了解现实环境并积极调整。

(六)根据决策目标进行划分

根据决策目标区分企业决策的时候,通常可以分为单目标决策和多目标决策两类。

1. 单目标决策

单目标决策在企业决策的现实应用中较少,指的是只有一个决策目标的决策,追求的是单目标的最优化。由于单目标决策的目的只是满足某个指标要求,与当前的多元环境背景有所冲突。在经济、社会、生态、文化等变量的综合影响下,单目标决策容易出现严重的偏差,甚至会导致错误的决策。

2. 多目标决策

多目标决策在企业决策的现实应用中特别常见,绝大多数企业管理者在进行决策的时候都是基于两个及两个以上的目标进行考虑的,追求多目标的最优化。

四、企业决策的科学性与艺术性

企业管理具有科学性和艺术性的双重属性,科学和艺术之间往往存在着互相补充的功能。同样,企业决策作为企业管理的重要组成部分,也具有科学性和艺术性的内在双重属性,既是科学取向的也是艺术导向的。特别是对于一些复杂的决策问题,只有将科学性和艺术性相结合才能获得最佳的决策方案。为什么必须将两者相结合?这和企业决策的相关因素紧密相关。企业决策的客观对象、决策目标、决策限制环境、决策方式、决策方案选择等都部分具有柔性的特点。

(一)以决策方式为分析视角

以决策的方式为例,企业决策的科学性与艺术性存在着差异。从企业决策的科学性来说,企业决策会按照严格的决策分析步骤,建立精准严密的数学模型,通过拟建的数学模型进行优化、拟合、预测和决策分析,应用当前最先进的信息技术进行决策。与此不同的是,如果从企业决策的艺术性来说,企业决策则会按照不同的思路进行。企业决策的艺术性基于企业决策者的经验理性进行模糊分析,凭借经验、理念、灵感、直觉、思维等非定量的媒介进行定性的决策判断。

(二)以决策限制环境为分析视角

以决策的限制环境为例,企业决策的科学性与艺术性存在着差异。从企业决策的科学性来说,企业决策会严格按照数学的逻辑进行。企业决策者根据约束函数和约束界限,建立科学的约束模型并在约束条件下寻求最佳的结果。与此不同的是,如果从企业决策的艺术性来说,企业决策者则会跳出环境限制的枷锁,在实事求是的基础上打破传统的固有思维,力求打破条条框框的环境限制以追求高质量的企业决策。

(三)以决策方案选择为分析视角

决策方案的选择是决策过程的重要步骤,以决策方案的选择为例,企业决策的科学性与艺术性存在着差异。从企业决策的科学性来说,企业决策会运用相关的专业知识进行信息的收集、整理、加工和分析,建立决策的数学模型,根据某种规则选择最符合数学模型的对应方案。与此不同的是,如果从企业决策的艺术性来说,企业决策者会将经验理性贯穿于企业决策的始末,通过联想思维、发散思维、逆向思维等思维的创新来进行方案的优化选择。

第二节　企业决策过程艺术

一、企业决策过程的基本概述

对于任何企业的管理者来说,在进行管理的时候都需要进行企业决策。进行决策可以说是企业管理的核心工作,是每一位卓越的企业管理者必须不断在做且需要不断学习的事情。每一位卓越的企业管理者都希望取得最好的决策,因为几乎所有的企业都是以此为工作绩效的衡量标准,是体现自身工作价值的重要体现。

经验决策和科学决策是现代决策理论产生后出现的专业术语,代表了不同的决策基础。经验决策是相对于现代科学决策而提出的概念,指的是企业决策者依据个体经验制定决策的过程。科学决策意味着把科学技术及其方法运用于决策分析,是现代工业社会蓬勃发展和现代技术快速进步的产物,将企业的决策活动提升到新的高度。一个科学的企业决策离不开充分的前期准备,离不开科学的市场调查。在传统的企业经营活动中,企业领导要科学地预测市场并进行决策是十分困难的。现代科学技术的发展,为科学决策提供了技术条件。一方面,控制论、概率论、运筹学等学科开始形成,大数据时代中的信息技术为定量分析创造了条件;另一方面,心理学的发展也为决策提供了新的思路。

虽然企业决策过程经常被简单化描述为在不同的备选方案中进行最优选择,但这种说法过于简单。在新的时代背景下,企业决策过程主要包括企业决策过程的前期准备、中期准备和后期执行,企业管理者将决策艺术贯穿于决策过程的前期准备、中期准备和后期执行三个阶段。

二、企业决策过程的前期准备

随着现代信息技术和心理学的发展,科学决策应运而生,进行前期市场调研成了共识性的前期准备。科学合理的前期市场调查所获取的市场信息有利于实现企业的科学决策,反之则会带来决策的失误。什么是市场调查? 市场调查指的是企业决策者在预算允许的条件下,直接或者委托企业成员使用科学的调查方法,为了全面、准确和及时地掌握信息,有目的地进行系统的信息收集工作、信息记录工作和信息整理工作,将整理所得的市场现状作为企业决策的参考依据。科学的调查方法种类很多,比如定性调查方法、定量调查方法、观察技术方法和实验技术方法等。在现实的市场调研中,市场调查员一般会综合使用这几种方法以获取最全面的调查数据和追求最佳的调查效果。

(一)市场调查抽样方案的设计

正是由于市场调查中的调查对象都是市场中的客户,因此,抽取一定规模同时又对总体具有很好代表性的客户群体,就成为市场调查过程中一项重要的工作。在进行市场调查抽样的时候,首先要根据企业决策的目标来明确调查的对象和调查的总体,并根据总体的结构以及企业所有的资源条件选择最合适的抽样方案。在设计抽样方案的时候,市场调查者应当明确是需要进行描述性的现状统计还是进行解释性的因果统计,不同目标的统计对应的抽样方法是不同的。

抽样方法多种多样,分为概率抽样和非概率抽样两大类。概率抽样指的是根据概率论的基本原理,按照等概率的原则进行抽样,尽可能地保证样本的代表性。抽样概率主要包括简单随机抽样、系统抽样、分层抽样、整群抽样、多段抽样等。非概率抽样则是主要根据市场调查者的主观意愿进行抽取对象的选定,往往难以保证样本的代表性。非概率抽样主要包括偶遇抽样、判断抽样、定额抽样等。

需要说明的是,市场调查的样本统计值推论总体参数值的精确程度,也就是常说的误差大小,在其他条件不变的情况下,与市场调查的样本规模成正比。推论的把握性程度在其他条件不变的情况下,所要求的把握性程度越高,对于样本的要求就越高。也就是说,市场调查所希望的精确程度越高,所需要的样本量也就需要越大。市场调查员可以根据企业决策者提供的人力、物力和时间限制进行选择。

(二)市场调查问卷的设计流程

市场调查要从具体的客户那里收集量化的资料,一个重要的前提就是掌握市场调查问卷这种特殊的工具,应用这种特殊工具来对市场环境中各种各样的目标客户群体的特征、行为和态度进行系统的、客观的、精确的测量,这就涉及企业决策目标的操作化、测量指标的选择、市场调查问卷的设计以及资料收集方法的制定等。

1. 企业决策目标的操作化

首先,市场调查要对企业决策目标进行操作化分析,具体了解企业决策目标所涉及的调查内容是什么。服务企业决策是市场调查的最终目标,市场调查要始终牢记这一点。一旦没有了解具体的调查内容是什么,市场调查的开展就犹如海底捞针,效率将十分低下。

2. 选择市场调查测量指标

其次,市场调查要对测量指标进行选择。根据企业决策的目标,选择与目标相关的指标进行测量。在测量的过程中,有不同的测量方法,主要包括定类测量、定序测量、定距测量和定比测量等。这四种测量方式的层次逐步上升,功能各不相同。

3. 市场调查的问卷设计

再次,进行市场调查问卷的设计。问卷是市场调查中用来收集有效信息的重要工具。无论在市场调查的过程中,采取自填式问卷还是结构式问卷,都离不开问卷的使用。问卷设计的实质是根据企业决策的目标,将企业决策所需的信息、所希望询问的问题进行问题编制,以书面的形式便于系统地、客观地并且定量地收集信息。

在语言方面,尽量避免设置有倾向性的问题。问题应当简单明了,避免有多重含义。在问题的数量方面,市场调查员应当进行控制并予以合理的顺序进行展示。关于问卷质量的提升,主要有以下几个建议:

第一,要对市场调查问卷的适用范围有明确的认识;

第二,设计问卷的时候,应当将受调查者的情绪纳入考虑范围;

第三,在进行问卷设计的时候,应当保持着精益求精的严谨态度。

在问卷形成之后,市场调查员可以进行试用。通过试用找出问卷存在的问题,进行修改、定稿和印发。

4. 市场调查的资料收集

最后,进行资料收集方法的选定,确定如何收集市场调查的资料。资料的收集方法多种多样,企业的市场调查员应当熟悉各种方法的优点和缺点,在不同的场合选择最适合的收集方法。首先可以确定采取自填式问卷还是结构式问卷,然后确定是采取线上调查还是线下调查,再确定是个别发送还是集中填答,最终选择最合适的一种问卷。与资料收集相关的工作也同步展开,比如市场调查员的组织、培训、管理和评估等工作也要缜密做好。

（三）市场调查的资料处理过程

在获得市场调查的原始资料后，首先，需要对原始资料进行审核和复查。审核和复查指的是根据问卷的逻辑性等内设条件进行校正错填、误填的答案，剔除乱填、空白或严重缺答的问卷。其次，进一步提升原始资料的准确性、完整性和真实性。在完成上述工作之后，开始对原始资料进行转换与数据录入的工作，借助现代信息技术系统地进行分析。最后，根据前期的分析，进行统计表和统计图的制作。统计表和统计图是对调查资料经过整理、汇总、分组统计之后所得的市场调查结果的表现形式，为后期的企业决策提供直观的视觉体验。

（四）市场调查的重要价值

随着互联网时代的到来，尤其是电子商务、社交媒体等各类媒介蓬勃发展之际，传统的市场调研的方式也正在受到冲击并发生变化。每天，各种基础数据的收集、各种传感器的增多、高清晰度的影像资料的迅速应用，使得所需的市场数据以指数般地快速增长。大数据时代造就了新型的商务智能，能够帮助企业对信息进行细化、归类和再次挖掘，帮助企业深层次地了解客户的行为模式、消费偏好以及潜在的消费需求，以便进行"量身定制"的企业决策。可以说，大数据时代的来临为企业决策者提供了实时分析数据的可能性，能够开展更为精准的市场调查。

任何一个企业决策者只有在了解市场实际情况的条件下，才能制定出最合适的发展策略。在企业决策的过程中，首先需要进行市场调查。市场调查的有效运用有多种优势：第一，良好的市场调查可以为企业决策者提供决策依据。企业决策者需要相应的市场调查数据以制订科学合理的方案。没有数据支撑的决策不是一个完善的决策。第二，了解市场的最新动向可以提高企业在市场的竞争力。了解瞬息万变的市场环境，有助于激发企业的工作热情，保持企业的市场竞争力。第三，可以有效吸纳国内外的先进经验，提升企业的综合实力。

三、企业决策过程的中期准备

针对不同的问题，采取不同的决策方式。具体来说主要有以下几类：

第一，针对结构化问题应当采取程序化决策，针对开放式问题应当采取非程序化决策。

第二，针对作为数量指标的决策目标的决策采用数量决策，针对作为定性的描述或抽象的表达的决策目标的决策采用非数量决策。

第三，针对确定性问题和确定性结构的决策采用确定型决策，针对问题存在概率可能的决策采用非确定性决策。

第四，针对行动方案的多少决定是单项决策还是序贯决策。

第五,根据目标的多少决定是单目标决策还是多目标决策。

根据理论回顾和经验总结,企业决策一般包括以下几个主要步骤:

1. 确定企业决策的目标

在开展前期的市场调查之后,企业决策者就应当确定目标。决策目标指的是在内外环境共同作用、在市场调查和企业资源缜密衡量的情况下,企业所预期达到的目标。为了确定企业决策的目标,首先需要了解企业需要解决的问题是什么。只有把握了需要解决的问题的性质和特征之后,企业决策才可能明确决策目标,才可以把握决策的难点和重点。

在管理学中,目标明确一直是企业决策中的重中之重。从根本上说,如果没有明确的企业决策的目标,就无法深入讨论实现这个目标所需的对应方案以及执行策略。只有在有了目标的情况下,才可以集中讨论如何形成备选方案以及如何付诸实施。

然而,在现实的过程中,可能会出现目标随着外部环境的变化而变化的情况。由于外部环境的不确定性以及决策者自身的有限理性,目标确定之后不是固定不变的,在实践过程中可能会发现在确定目标时没有考虑的因素而进行调整。比如,某公司刚开始打算选购一批厨具,在考虑了价格、型号和性能等多种因素之后,企业决策者以为已经确定了购买目标。但当企业决策者真的到了厨具专卖店之后,他买了一套有别于原定购买目标的天蓝色厨具。企业决策者的解释非常简单:因为这套厨具是天蓝色的。到了厨具专卖店之后,企业决策者才发现在进行购决策制定的时候,没有考虑添加颜色这一审美指标。所以,制定决策目标是重要的,事先尽可能多地了解清楚影响决策目标的标准也很重要。

2. 确定企业决策的标准

企业决策的标准对于企业决策来说,是非常关键的步骤。新古典经济理论认为企业决策者处在"完全理性"的状态,决策者采取最优的策略,即以最小的代价取得最大的收益。在实践中我们也会发现,完全理性是一种理想的假定状态,真实生活中难以企及。对于这一点,赫伯特·西蒙的"有限理性"为决策理论提供了很好的补充。西蒙以蚂蚁的比喻向大家证明,由于视野的有限,很难对外部世界进行全面的了解,更加无法做出最优的价值选择。

在决策制定的过程中,如果决策者一味地盲目追求最好,可能连好的标准都达不到。如果为了追求最优的决策方案而导致了极大的资源损耗,那是得不偿失的。有效的信息确实可以为我们的选择提供帮助,但是也应该注重取舍、有所选择。

必须承认的是,无法达到"完全理性"的决策者们应当意识到挑选重要的标准进行拟合的必要性。决策技术包括传统技术和现代技术,是一个可以靠理论阐述和经验积累进行完善的可靠成熟的技能。提升知识储备和信息处理能力,在一定程度上可以拓展看待问题的视野。在这个时候,决策者提升自身的知识储备显得尤为重要。

3. 为各项标准进行赋值

在企业决策的时候,不仅应该考虑决策的各项标准,也应该考虑为不同的标准进行赋值。每个决策的最终选择,都是由于多种因素的共同作用而决定的。这些因素对于企业决策的影响程度不一样,有些影响很大,有些影响甚微。在这个时候,企业决策者可以尝试经过横向比较和纵向比较确定哪些影响因素比较重要,依因素的重要程度进行赋值。

作为一个优秀的企业决策者,应当根据对影响企业决策的程度大小进行排序,给予各项标准恰当的赋值。所谓赋值,指的是根据一定的标准将某一数值赋给某个变量的过程。如何确定企业决策中各项标准的赋值是一门企业决策者必须学会的艺术,这种能力是在企业决策者日积月累的体验和判断中不断培养、不断进步的。

四、企业决策过程的后期执行

在进行前期准备和后期准备过后,企业开始决策过程的后期执行。

(一)形成不同的备选方案

在进行前期的市场调查、确定企业的决策目标、确定企业决策的标准、为各项标准进行赋值等各项工作都确定之后,企业决策者应当根据市场竞争和企业资源的实际情况和自身的经验理性与技术理性来进行审慎思考,形成不同的备选方案。什么是备选方案?备选方案是企业决策者为了实现企业目标而选取的可供选择的方式、方法。每一次成功的企业决策,都应该具备足够多的、可以选择的优秀备选方案。

备选方案形成的过程是一个企业决策者或者企业决策群体借鉴以往经验并巧妙创造的过程,有时候会采取头脑风暴的方法汇聚集体的智慧。老子曾经说过:"天下大事,必做于细。"松下创始人松下幸之助曾经说过:"无视细节的企业,它的发展必定在粗糙的砾石中停滞。"麦当劳总裁弗雷德·特纳曾经说过:"我们的成功表明,我们的竞争者就是因为他们缺乏对细节的深层次关注。"因此在形成不同的备选方案的时候,企业决策者应当对细节进行打磨。细节不是所谓的"细枝末节",而是一种态度,一种至善至美的工作态度。通常,备选方案具有以下特点:

第一,备选方案是平行的,也就是不同的备选方案之间不可同时被采用;

第二,备选方案都有自身的优势和劣势,难以简单地割舍;

第三,备选方案是多种多样的,一般具有创新的色彩。

(二)分析不同的备选方案

企业决策者在形成不同的备选方案之后,应当对方案进行综合分析,根据实际情况进行提炼和修改,分析各个备选方案的优势和劣势。企业决策者在了解不同备选方案的优势和劣势之后,根据前期的市场调查结果和各项标准的赋值情况,将优势和劣势进行综合评估,为不同的备选方案提供详细的可行性分析报告。

针对企业内部的决策,企业员工是公司从事经营和发展业务的基石,企业员工是企业决策智慧的来源。运用专业的调查技巧可以通过对一定比例的员工进行大规模的广泛调研,深入了解每一年度员工们的意见和建议,对于分析不同的备选方案大有裨益。针对企业外部的决策,还应当加入顾客的想法,帮助分析更具市场价值。

(三)选择特定的认同方案

企业决策者在这个环节应当对备选方案进行再次删减,对数个较有前景的方案进行进一步的论证。进行论证的时候可以遵循一定的标准,比如是否符合企业的客观情况、是否有利于企业目标(经济利益和社会效益)的实现、是否切实可行等。

企业决策者进行选择的时候,需要使用正确的选择方法,避免出现主观随意选择的情况。在进行选择方案的时候,通常应当做到以下几点:

第一,不要过分地依赖过往的经验,要保持与时俱进的学习热情;

第二,不要过早形成个人偏好,要善于倾听企业其他成员的建议;

第三,不要因为对企业其他成员的刻板印象而影响判断,应当保持理性判断的公正态度;

第四,不要急于否定他人的建议,要保持多元包容的工作理念。

当发现两个或多个方案都不尽如人意的时候,可以考虑将两个或多个方案的优点与合理部分进行吸纳,形成一个更为完善的方案。

(四)实施特定的认同方案

进入实施特定的认同方案的阶段说明方案得到了肯定,已经进入立项实施的下一阶段了。在实施企业决策选择的特定方案时,需要企业决策者对决策目标、决策内容、方案实施步骤等内容做出全面、具体的计划,在规定的时间、预算和资源限制下实施方案。在这个阶段,最重要的是"如何实施",如何将企业决策的方案执行到最佳状态。在实施的过程中,需要注意以下几点:

第一,实施过程中应当避免内容过于抽象、过于理论化的倾向,应当把执行的步骤进一步细化、更符合实际;

第二,实施过程中应当把握好方案实施的时间节点,制订合理的工作计划。在有条件的情况下,及时根据现实情况进行调整;

第三,实施过程中应当把握创新性和务实性的结合,不要盲目追求新意而忽视客观现实。

(五)评估企业决策的效果

评估企业决策的效果是衡量企业决策的合理路径,能够帮助分析这次企业决策的亮点和有待改进的部分。企业决策效果的提升,离不开科学有效的绩效评估体系的构建。世界各国的企业都已经逐渐认识到对企业决策进行测量和控制的绩效评估体系的必要性和重要性。虽然在开展各类实践探索之后取得了一定的成果,但是仍然存在不少问题。

在评估企业决策效果的时候,应当对评估主体和评估标准等评估问题进行合理设置。以评估主体为例,作为理性经济人的行为主体,企业内部的行动者都会基于自身的目标效用函数,在特定的限制条件下分析各自的收益值,不同评估主体之间可能因为存在利益冲突而得出有失公允的结论。因此,对于评估主体的选择就变得十分重要。

第三节 企业理性决策艺术

一、企业理性决策艺术的概述

在现代管理理论中,"决策"这个管理学术语最早出现在 20 世纪 30 年代,由美国著名的管理学家巴纳德提出。巴纳德不仅是一个优秀的实践管理者,也是一个优秀的理论管理者。决策理论是现代管理理论的一种重要理论,是在吸收了行为科学、系统理论、运筹管理和信息技术的基础上发展起来的理论。

通常,企业理性决策艺术应该包括以下几点要素:

第一,聚焦于重要事项。作为理性决策的一部分,企业决策者应当充分了解自己的偏好和所希望达到的目标。

第二,符合逻辑并始终保持一致。企业决策者应该在确定之后始终如一地想办法实现,而不是遇到困难时就出现意志动摇的现象。

第三,承认主观思维和客观思维方式,并且融合分析型思维和直觉思维。

第四,只要求获得摆脱特定困境所必需的信息和分析。

第五,鼓励并指导相关信息和意见的收集。信息和意见的收集是企业理性决策艺术的重要环节,在任何情况下都应该加以重视。

第六,是可靠的、灵活的、直截了当的和简单易行的。

因此,企业理性决策艺术指的是企业决策者根据企业内外资源和内外环境的综合考虑,做出合乎逻辑的、前后一致的选择以实现价值最大化。企业决策者科学严谨地使用各种各样的工具和技术并掌握及时、充分和准确的信息之后做出理性判断。在此情景下,决策者具有清晰的、具体的目标,并且了解所有可能的备选方案及其后果。在这些备选方案中,选择一个最有利于实现特定目标的方案。需要说明的是,理性地制定决策将会导致决策者始终如一地(或者根据实际情况的变化进行调整)选择最有可能实现该目标的那个备选方案。

二、企业理性决策艺术的重要价值

决策理论是管理学的重要分支,向来受到理论界和实务界的重视。决策理论的研究方向众多,我们仅从企业理性决策艺术的视角进行补充说明。企业管理者理性决策艺术具有重要的价值,尤其是涉及企业发展的战略决策,关系到企业一段时间内的发展方向和发展战略,决定着企业这段时间甚至更久时间内的发展趋势。在和国外大型公司进行比较的时候会发现,我国的企业普遍来说周期较短,缺乏长久发展的生存能力。近年来,我国企业的技术水平和投资实力都在不断增强,但仍然没有改变周期较短的事实,究其原因主要是企业管理者的决策出现失误,没有符合理性决策的标准。

经济全球化不断深入发展,后工业化社会正在到来。在高度复杂性和高度不确定性的当下,企业管理者的决策能力越发成为企业成败的关键因素,决定着企业的发展周期与核心能力。对于企业来说,企业管理者的决策能力直接影响决策质量,进而影响企业的经营绩效和发展潜力。什么是决策质量?决策质量指的是企业管理者的决策能为企业目标的实现和组织绩效的提升做出贡献的程度,是企业决策者能力评估的最直接的衡量标准。根据以往学者的总结,企业决策质量的指标常常包括:第一,战略决策执行期间企业产生的经济效益;第二,战略对策对企业本身、企业职员以及社会等各方利益的满足程度;第三,战略决策能否在市场竞争中推陈出新,是否具有创新能力。

不同的企业管理者拥有不同的决策风格,不同决策风格之下的决策模式有不同的侧重点,代表不同的决策取向,无法加以简单地进行优劣比较。每一种决策风格都有背后的产生逻辑,一般与企业管理者本人的综合素质、企业的组织文化和内外部的环境等有密切关系。从传统的管理过程进行划分,决策是决定组织、领导、控制等环节的重要部分。在现代企业的职能设置中,决策的地位日益重要,在组织结构中扮演核心角色。正如绝大多数全球的跨国公司都把集团战略放在总部,并由总裁进行全面负责。

因为企业决策不当,而使得企业陷入被动困境,甚至倒闭的事例十分常见。在这样的案例中,我们通常会发现企业制度中存在着非理性的决策模式,存在着决策理念的误区。一方面,如果一个企业是按照现代企业制度建立的,那么就不应该连续出现一系列的非理性决策。当出现一系列的非理性决策时,首先应当完善的是现代企业制度。很多时候,企业决策失误都是由于独断专行引发的。因此,建立一套完善的制约和监督机制至关重要。另一方面,当企业管理者出现重大决策失误的时候,应当进行及时的补救。及时的补救包括以下的程序:第一,针对出现的问题,提出可以弥补企业决策失误的应急方案,及时地纠正决策失误。第二,在补救过程中不断寻求最佳的解决方法。第三,进行反思,用事实评估原先的企业决策者是否有能力胜任这份工作。第四,如果发现原先的企业决策者不再适应这份工作,应当进行恰当的人事调整,保证最有效的决策安排。

三、企业理性决策艺术的基本原则

决策既是领导工作的核心事务,也是领导者的主要职能。企业决策者要重视决策科学化、决策民主化、决策制度化、决策责任化,更要重视决策理性化。决策者既要认识到决策的多种影响因素以及决策者的认知偏差因素,也要重视理性的、定量的决策技术在决策分析中所起到的重要作用。为了掌握企业理性决策艺术,企业决策者在实践中应当保持举一反三的工作创造性,还应当注重把握基本原则。

(一)内外环境的分析原则

企业决策者熟练掌握并运用理性决策艺术,就必须熟练掌握内外环境的分析原则。企业决策者在进行决策的时候,无法离开对于决策环境的分析、判断和巧妙运用。企业决策是根据企业目标而制定的,企业目标又是内外环境综合影响的产物,因而对于内外环境的分析原则不可忽视。在企业决策的时候,内外部环境都会产生一定的影响。

1. 外部环境

企业理性决策的外部环境包括政治法律环境、经济环境、社会文化环境、生态环境等。政治法律环境通常指的是政府采用的方针政策、法律法规、计划、决定等方式,尤其是一些国家层面的宏观政策,都是企业决策的风向标,是企业决策的重要参考。如果是一个跨国企业,也应当注意公司所在的国家的政治法律环境的重要变化,以便做出及时的科学调整。经济环境指的是国民经济发展速度、财政政策、货币政策、物价水平、劳动力市场等,对于企业决策产生直接的影响,是企业理性决策的必要参考。社会文化环境指的是社会的总体特征和文化价值的总体氛围,每一个国家和地区的社会文化都是有所差异的,把握当地的社会文化对于理性决策至关重要。随着生态文明的日益重要,生态环境也是企业决策不可忽视的重要成分,应当追求可持续发展的决策模式。

2. 内部环境

企业理性决策的内部环境包括企业文化、企业预算、企业人际关系等。企业文化指的是,企业经历不同的成长过程、不同的环境背景之下形成的特定文化,整合了企业成员的价值取向,是一种组织的理念。企业预算指的是企业决策所愿意承担的决策成本,理性的决策追求最好的效果和最少的成本。企业人际关系对于工作效率以及决策的制定和实施有着极大的影响。正如著名的霍桑实验表明的那样,企业员工不仅是经济人,也是处在企业普遍联系中的社会人。企业决策者考虑人际关系可能给决策带来积极的影响,也可能会带来消极的影响。比如,存在问题的人际关系可能会降低团结协作的可能性。因此,决策者应当处理好人际关系,进行沟通和适当的激励。

(二)全局考虑的系统原则

企业决策者如果希望运用理性决策艺术,就必须熟练掌握全局考虑的系统原则。决策科学的发展历程告诉我们,运用全局考虑的系统原则指导决策工作,是科学决策的重要特点,是企业理性决策艺术的重要保证。全局考虑的系统原则客观上要求决策应该注重整体、综合考虑和力求最佳。总体来说,企业理性决策艺术要求企业决策者坚持全面地、系统地看待问题,在这个基础上,利用经验理性和技术理性最大限度地认识问题,掌握和预见这个问题的发展方向和发展前景,达到最佳的决策效果。

注重整体要求企业决策者应该从整体的视角进行分析,不能仅仅从某些部分、某些指标出发,而是要从整体、全局的观点来看待决策问题。综合考虑要求企业决策者对决策的各项指标和利益得失进行全面衡量,综合分析。不仅分析决策对象,也应当将内外部环境的动态变化和相互关系纳入考虑范畴。力求最佳要求企业决策者在这些动态变化中调整好整体和部分的关系、内部和外部的关系,调动最少的企业资源达到最佳的工作绩效。

(三)比较择优的优化原则

企业决策者如果希望运用理性决策艺术,就必须熟练掌握比较择优的优化原则。企业决策的优化原则又被称为满意原则。在过去,企业决策者常常被视为绝对理性的人,所以指导原则务必是最优的原则。什么是绝对理性?绝对理性指的是,企业决策者了解企业决策所需要的所有信息、对内外部环境的变化具有预见能力、不受时间和预算的限制、了解企业决策的所有风险并对企业决策可能产生的结果十分了解。

但是,由于内外部环境的高度复杂性和高度不确定性,企业决策者无法达到绝对理性的严苛条件,在企业决策过程中必然也只能是有限理性。因此,追求比较择优的优化原则是一个合理的选择。在执行比较选择的优化原则时,应当注意以下两点:

第一,企业决策者应该尽可能地将各种条件进行分析,将符合条件的备选条件进行有序的拟定。

第二,每一个备选的决策方案之间应当存在排斥性,执行了甲方案就无法执行乙方案,执行了乙方案就无法执行丙方案。如果不存在排斥性,只能说明备选方案的设定存在问题。

比较择优的优化原则体现的是一种科学的决策思维、体现至善至美的工作态度。比较是理性认识的起步,是企业决策理性艺术的基础。在比较择优的优化原则指导下的决策不是简单地对备选方案进行肯定或否定。而是企业决策者审慎地在几个符合企业目标的备选方案之间,进行利益得失的权衡和可行性评估分析,从中选择最为满意的备选方案。

(四)跨越层级的沟通原则

企业决策者如果希望实现企业理性决策艺术,就必须熟练掌握跨越层次的沟通原则。分权导致每一个独立核算收益和损失的单位太小,以至于削弱了竞争力。分权也导致了太多层次的批准和其他职责界限。比如,工程部门只负责设计,结果发现制造部门在生产时困难重重,销售部门不能为其找到销售的出路。当产品被销售之后,服务部门发现很难维修。

企业决策者如果希望进行理性决策,就必须意识到这些问题并提出对应的解决方法。在企业内部,没有横向交流的等级界限降低了决策效率,浪费了太多的时间。同样,过多的管理层级会减缓决策的制定,不利于企业理性决策。

(五)信息技术的运用原则

企业决策者如果希望实现企业理性决策艺术,就必须熟练掌握全局考虑的系统原则。信息技术对于理性决策具有重要的帮助。20世纪90年代以来,随着信息技术在西方发达国家的快速应用,许多旨在通过现代信息技术来提升企业决策水平的思路在企业管理的实践中得到了有效的支持。1993年美国"国家绩效评估委员会"提交的《运用信息技术改造政府》的报告中有 13 项应用信息技术以改革政府的对策建议,取得了良好的效益。英国、新西兰、澳大利亚等国开始了信息技术改造政府的过程。

与此同时,信息技术也正在改造着企业的决策。企业决策的科学性需要建立在信息技术运用的基础上。企业决策者获取信息的目的在于指导决策、用于决策、控制决策和评估决策。信息技术不仅影响着信息数据的产生和传递方式,也深刻影响着信息数据的挖掘和使用方式。企业决策者直接或委托企业员工开展市场调查,从各种渠道获取大量的信息数据。获得信息数据之后,企业决策者运用信息技术加以处理并为决策提供服务。

因此,在进行市场调查的时候,企业决策者必须注意调查信息的真实可靠、及时准确以及调查方式的科学合理。信息的生命力在于它的真实可靠,在于是否尊重事物的客观特性和反映事物变化的准确性。万事万物都处在不断变化的过程中,事物变化速度越快,信息的时间价值就更为凸显。因此,及时准确地掌控信息意义深远。可以说,在企业决策活动中,企业决策者能否不失时机地做出正确的选择,在于能否及时地掌握信息。

四、企业理性决策艺术的决策方法

在企业管理决策过程中,提升企业管理者的理性决策能力,需要从问题识别能力、创新创业能力和风险感知能力三方面进行综合提升。在理论界,企业理性决策受到重视。美国哈佛商学院、沃顿商学院的教程中,就将训练企业管理者的决策理性和决策效率作为重要的内容。在实务界,企业理性决策同样受到高度重视。各个跨国公司不同程度地斥资购买相关的企业决策程序和企业决策辅助软件,都是为了提升企业管理者的理性决策水平,保证企业决策的决策质量。

在当前激烈的市场竞争环境下,单目标决策越来越少。大多数企业决策都属于多目标决策,要求企业决策者同时实现两个及两个以上的决策目标。当出现两个及两个以上的决策目标时,由于目标众多且目标之间存在某种不同的关系,往往无法找到一个可以满足多个目标的最佳方案,而只能在多个方案之中做一个综合的均衡。近年来,理性决策领域出现了关于如何综合衡量的决策方法的探究,称为企业理性决策的决策方法。不同的决策方法有不同的适用性,很难进行简单的比较。在进行企业理性决策的过程中,可以组合使用多种决策方法以提高决策质量。

(一)运用多属性效用理论的决策方法

企业理性决策的重要决策方法之一是多属性效用理论,指的是在偏好相对独立的条件下,多属性效用可以成为单属性效用的函数,并且证明加法公式和乘法公式是其重要的形式。在多属性效用理论的体系中,企业决策的各目标处于相对独立的状态,多属性的总效用可以在先计算各属性效用的基础上通过一定的公式进行具体的求解。

需要说明的是,决策目标具有定量和定性的区别。对于定量目标来说,其效用值的测量是通过一定的换算公式(把原来的属性值换算为效用值)。定量目标的效用换算,是通过一定的效用函数曲线来进行换算的,需要确定相关关系是线性关系还是非线性关系,然后根据不同的关系进行处理。与之不同的是,定性目标本身不能用数量进行代替,其效用是通过估算的方式进行的。估算的方式比较多样,常见的有主观估算法、排序评定法、简单编码法、等比编码法和逐步调整法等。

(二)运用理想点法理论的决策方法

企业理性决策的重要决策方法之一是理想点法理论,指的是一种简单的、不必费心研究各个目标特点极其适合对应特点的具体算法,便于计算机规范处理的决策方法。简单来说,理想点法指的是接近理想解的排序方法。如果把决策目标的属性值的最好数据联合起来形成一个理想的方案"甲方案",把所有决策目标的属性值的最坏数据联合起来形成一个假定最坏的方案"乙方案"。理性决策就是尽可能地靠近"甲方案"并远离"乙方案"。理想点法帮助企业决策者进行优劣顺序的科学排序,是企业理性决策的重要决策方法。

(三)运用代换法理论的决策方法

企业理性决策的重要决策方法之一是代换法理论,指的是把某一属性值的变化换算为另一属性值的变化,这样即可通过减少做出评价的目标数目的方式进行简化。决策行为是管理的核心所在,代换法理论中换算的标准是属性代换率,当该代换率为一常数时属于线性代换,当该代换率本身是一变化的函数则是非线性代换。需要说明的是,在使用代换法理论的决策方法时,企业决策目标只能包括收益性目标和成本性目标,也就是各个目标对于决策效用都呈现单调性,而不是有峰值的曲线。

(四)运用优序图和层次分析法理论的决策方法

企业理性决策的重要决策方法之一是优序图和层次分析法理论,指的是在不同的决策目标之间寻找优先级的排序,了解各目标之间的重要性差异。决策的关键是比较评价,不同方案之间应当进行比较,以确定不同方案的优劣。优序图和层次分析法都是确定方案优劣或者确定目标重要性顺序的办法。

优序图由美国运筹学家穆蒂于 20 世纪 80 年代提出,是一种棋盘格局的分析工具,共有 n 乘以 n 个空格, n 的数量取决于需要比较的对象的数目。层次分析法由美国运筹学家萨蒂于 20 世纪 70 年代提出,是一种把定性分析与定量分析相结合的多目标决策方法。层次分析法把决策问题按总目标、各层子目标、评价准则直至具体的备选方案的顺序分解为不同的层次结构,然后根据求判断矩阵特征向量的办法,求得不同元素的赋值情况,再用加权的方法进行选择最佳排序方案。

（五）运用优劣系数法理论的决策方法

企业理性决策的重要决策方法之一是优劣系数法理论,优劣数法理论最早来源于法国管理学家鲁瓦。在真实的管理世界中,企业决策者的理性是有限的,在这个风险和动荡的环境中保持着有限理性,无法做到全知全能地了解所有的信息。对此,需要提出一些决策方法进行弥补,帮助企业决策者的有限理性可以得到进一步的提升。

优劣系数法理论的创始人鲁瓦认为,既然已经淘汰掉劣解,就无法再用原来的标准来直接淘汰掉任何方案,为了要从劣解集合中进一步淘汰相对较劣的方案,就不得不另立一个较弱的优劣比较条件。鲁瓦进一步认为,这个条件关系的建立在于两两对比中计算出来的"优系数"和"劣系数"这两个作为淘汰标准的指标。

第四节　企业决策审核艺术

一、企业决策审核艺术的基本概念

在了解企业决策的基本概念、具体流程之后,我们需要对企业决策的重要环节——企业决策审核进行深度的理解。在探讨什么是企业决策审核这个概念之前,我们先回顾企业决策的相关重要概念。企业决策事关企业的长久发展,什么是企业决策? 不同的视角会产生不同的界定,概括地说,就是企业为了达到某种管理目标,在充分预测各种不可控因素以及综合考虑各项资源的基础上,形成备选方案、分析备选方案、挑选特定方案、实施所选方案以及评估所选方案。企业决策是一个做出决策的动态过程,具体来说,企业决策是一个涉及企业决策输入、输出和决策系统的动态过程。

众所周知,对于重要的事项应当进行反复的审核、保证重要事项的顺利完成。什么是审核? 审核在不同的话语体系中代表了不同的意义。在会计学中,审核代表的是审查核定,代表的是重要的管理手段,分为内部审核和外部审核两大类。在银行学中,审核代表的是获得审核证据并对其进行客观的评价,以确定满足审核准则的程度所进行的系统的独立的并形成文件的过程。同样,在企业管理中具有关键作用的企业决策自然也需要进行慎重的审核,帮助企业管理的有效开展。

企业决策审核不是模糊的管理学概念,而是在理论界和实务界都着力探究的具体的管理学概念。什么是企业决策审核? 我们认为,企业决策审核作为决策审核的专业领域,指的是在企业决策过程中,企业决策审核者从企业决策内容的合法性、企业决策程序的规范性、企业决策效果的真实性和企业决策资料的完整性等多个维度,对企业决策进行全面审核,防止企业决策出现失误,采取有效措施,提升企业决策的质量。企业决策审核的过程包括企业决策审核的前期准备、现场执行、审核报告撰写和纠正报告撰写四个步骤,是一个循序渐进的综合流程。

二、企业决策审核艺术的基本要素

在全球化和后工业化的时代背景下,企业成为国家治理体系中的重要组成部分,是促进社会发展和进步不可缺少的重要力量。目前,我国部分企业的决策水平相对较低,成为阻碍企业发展的原因。企业决策对于企业的发展来说至关重要,因而需要使用科学的决策工具和方法以提升企业决策水平。在复杂的决策环境下,企业决策审核作为决策工具对于企业决策来说大有裨益。

企业决策审核作为企业管理的重要方式,能够及时发现决策过程中存在的问题,组织相关力量加以纠正或预防。由于企业决策审核的内容极为复杂,对此我们仅对四个维度的内容进行具体的讨论。

（一）企业决策内容的合法性

企业决策审核艺术所需要审核的内容包括方方面面,其中之一就是企业决策内容的合法性。在进行企业决策审核时,企业决策内容是否与合法性的标准相一致是衡量企业决策质量的重要指标,内容合法性程度与审核评分呈现正相关关系。以往,我们更多地关注决策内容的完备性和准确性,认为决策内容的完备性和准确性是决策科学性的重要问题。相对来说,在决策内容方面对于合法性的关注相对较少。

合法性在社会科学中使用得十分广泛,在管理科学中逐渐受到重视。什么是合法性? 合法性从不同的视角来界定有不同的含义。从心理层面的视角来看,心理层面的合法性是针对权力对象来说的,意味着权力对象认可权力或权力系统的存在,或接受权力的制约或影响,在这种情况下可以认为权力符合合法性的标准。从经验层面的视角来看,需要从权力和权力对象两方面来理解。从规范层面的视角来看,需要在经验层面取得合法性之后再在价值层面进行合法化评估。

决策的概念是决策学的元概念,对于决策学的元概念,不能就概念论概念,应该从决策学的基本公理出发。合法性作为社会科学的元概念,在整个理论建构中发挥着基石的作用。企业决策内容是否体现合法性,是企业决策审核的基本内容。企业决策审核的过程中,审核者应当从心理层面、经验层面和价值层面对企业决策内容进行合法性的分析,这对于企业决策的完善具有重要的意义。

(二)企业决策程序的规范性

企业决策审核艺术所需要审核的内容包括方方面面,其中之一就是企业决策程序的规范性。在进行企业决策审核时,企业决策程序是否规范是衡量企业决策质量的重要指标,程序规范度与审核评分呈现正相关关系。企业决策程序又叫企业决策过程或企业决策步骤,是企业决策民主化和科学化的外在表现。

企业决策程序是一个提出问题、分析问题、解决问题的动态过程。什么是程序规范?在政治哲学中,从原初状态到社会正义,程序规范性的讨论一直在理论界和实务界存在。在法律体系中,程序性规范有别于实体性规范,指的是保证权利和义务得以实现或职权指责得以履行的有关程序为主的法律。

企业决策程序是否规范,是企业决策的基本内容。企业决策审核的过程中,审核者应当进行规范性的审慎核对。所谓"不以规矩,不能成方圆",规范的影响不在于短期,更在于长期。程序规范不仅是一种实践形式,也是一种价值追求。

(三)企业决策效果的真实性

企业决策审核艺术所需要审核的内容包括方方面面,其中之一就是企业决策效果的真实性。在进行企业决策审核时,企业决策效果是否真实是衡量企业决策质量的重要指标,效果真实度与审核评分呈现正相关关系。什么是企业决策效果?概括地说,企业决策效果指的是决策实施后接近决策目标的程度以及社会、经济、生态、科技等综合影响下体现出的企业决策的质量。

企业决策效果直接体现接近决策目标的程度,结果的真实与否直接影响企业决策的判断。决策效果真实性的重要性不言而喻,是企业决策审核的重要目标。英国诗人弥尔顿曾经说过:"通往真实之路,既严酷又艰险。"既然追求真实如此的困难,为什么要对决策效果的真实性进行审核?因为追求真实是一种实事求是的科学态度,是一种止于至善的探求精神。决策效果的真实性审核有助于让决策者更清晰地了解企业决策的本质,避免受到虚假决策信息的误导。

(四)企业决策资料的完整性

企业决策审核艺术所需要审核的内容包括方方面面,其中之一就是企业决策资料的完整性。在进行企业决策审核时,企业决策资料是否完整是衡量企业决策质量的重要指标,资料完整度与审核评分呈现正相关关系。

成熟的企业决策过程中,会有关于方案选择诸多基础数据和详细记录,包括备选方案的形成、备选方案的分析、特定方案的挑选、所选方案的实施以及所选方案的评估等全部内容。没有相关资料的企业决策通常是较为随意的决策,企业决策者未能充分理解战略环境分析、战略选择、战略实施及控制的重要性。

数据库技术、网络技术和办公自动化等各种新技术的出现为企业决策资料的详细记录和完整保存提供了更多的可能性。企业决策审核对于资料完整性的审查有助于帮助企业形成决策记录的良好习惯,在记录中发现问题、总结问题、反思问题,进而提升企业决策的水平。

三、企业决策审核艺术的重要价值

正如每一条赛道上都挤满了参赛选手一样,每一个行业里都挤满了竞争对手。在经济环境不断发生变化和竞争环境不断强化的形势下,一个企业如何在高手如林的市场竞争中立于不败之地,企业决策变得日益重要。有效的企业决策帮助企业长盛不衰,失败的企业决策可能导致企业走向式微。正是由于企业决策的重要性,帮助优化企业决策的企业决策审核艺术同样至关重要,能否发挥自身的工作价值对于企业决策来说举足轻重。企业决策审核艺术的重要价值体现在方方面面。

（一）提高企业决策的科学性

企业决策审核艺术对于企业决策来说至关重要,有利于提高企业决策的科学性。企业决策审核有利于避免企业决策失误。企业决策科学性的提高离不开很多因素,这些因素包括:第一,信息作为决策的依据。企业决策的重要前提就是从科学合理的市场调查中所获取的决策信息。第二,实践依据作为决策的基础。实践依据来源于企业决策者不断累积的现实经验,具有实践参考价值。第三,理论依据作为决策的基础。理论依据来源于企业决策者在理论积累过程中的学术素养,具有理论参考价值。第四,对于内外部环境的充分认识。在高度复杂和高度不确定的时代背景下,不断变化的内外部环境应当作为决策的重要变量。

企业决策是一项高度复杂的工作,不能依靠决策者的凭空猜想,而是必须遵循企业决策的一系列理论和方法。企业决策审核帮助企业领导进行重新思考,慎重地判断是否符合以上的四大类的要求。在审核的过程中,可以审慎地思考信息是否全面、实践依据和理论依据是否充分、内外部环境是否充分认识。只有这样,才能提升企业决策的科学性,降低企业决策失误的风险。

（二）提升企业决策的规范性

企业决策审核艺术对于企业决策来说至关重要,有利于提升企业决策的规范性。什么是规范性？概括地说,企业的规范性指的是企业从建立、运行到分立、撤并,从运行中的物质供应、生产制造到产品销售,每个环节、每个步骤、每个流程、每个岗位、每次预算、每次决策,都有一定的基于企业预期的准则,旨在规范企业的有效运行。

正是由于企业决策审核艺术的审核内容包括企业决策内容的合法性、企业决策程序的规范性、企业决策效果的真实性和企业决策资料的完整性等内容,所以企业决策审核可以全方面地检查企业决策是否符合规范。如果原先的企业决策不符合规范,企业决策审核就会针对性地提出建议以提升企业决策的规范性。

企业决策审核的落脚点是保证企业目标的有效实现,让企业员工最大限度地满意。由于企业决策审核的时候将会对企业决策内容、企业决策程序、企业决策效果和企业决策资料这些事项进行重审,随着时间的推移,这些措施都将潜移默化地推动企业决策越来越接近规范的标准。

（三）促进企业决策的透明性

企业决策审核艺术对于企业决策来说至关重要,有利于促进企业决策的透明性。透明性最早的时候适用于建筑领域,指代的是"透明性不仅仅暗示着图形的一种光学特性,它还暗示着一种更宽广的空间秩序。透明性暗示着人们对不同空间位置的同时感知",后来逐渐被引用到社会科学领域,更多地指代信息公开透明的价值理念。

企业决策审核艺术对于提高企业决策的透明性有积极作用。当我们探讨企业决策的透明性的时候,首先要对这个概念进行理解。企业决策的透明性有什么价值？在现代企业的决策活动中,科学化是正确决策的前提和基础,民主化是正确决策的条件和保证。如何能够达到民主化的程度,除了听取不同的意见,保证企业决策的透明性也是重要的补充方式。因此,企业决策的透明性对于企业科学决策有着深远的影响。

企业决策审核的过程中,关于决策内容、决策程序、决策效果、决策资料的反复审核。正是由于反复审核的平台设置,在这个环节中除了涉及商业机密的决策信息之外的信息得到公开审阅的机会,这些都有助于企业内部形成公开透明的决策文化,进一步推动企业决策的透明化进程。一般来说,一个企业的决策越民主、越公开、越透明,这个企业内部员工对于企业的支持度就会越高,吸纳的企业员工的集体智慧就越多,工作进展也会相应地越顺利。

四、企业决策审核艺术的有效实施

企业决策审核艺术的有效实施,是一个层层递进的工作流程,体现了科学性和艺术性的交汇。一般来说,企业决策审核艺术包括了企业决策审核的前期准备、企业决策审核的现场执行、形成企业决策审核的审核报告和形成企业决策审核的纠正报告四个步骤。

(一)企业决策审核的前期准备

经验说明,企业决策审核前的准备工作尤其重要,审核前的准备工作做得越细致,审核就可以变得越有效。俗话说,磨刀不误砍柴工,找到最恰当的工具或方式是顺利完成工作的前提条件。对于任何一件工作来说,做好前期的准备都是相当重要的,直接影响做事情的效率。如果可以做好良好的规划,不仅可以提高效率,还可能降低成本,避免因为计划缺失而出现的人力、物力和财力的浪费现象。

对于前期的准备而言,首先要有明确的规划和把握规划的重点。一方面,前期准备需要有明确的规划。明确的规划可以帮助整个前期准备过程方向更加清晰,帮助整个前期准备过程的效率有所提升。有计划地做事,要求做什么事情都应当有预先的谋划。另一方面,前期准备也应当注意轻重缓急,根据重要性和紧迫性对准备工作进行区分。由于每个人或每个团队的时间成本都是有限的,所以在准备的过程中不能不加选择地涵盖眼前所有的事情,应当精准地做最需要做的事情,把握规划的重点和难点。

除了主要内容的准备(明确的规划和把握规划的重点)之外,企业决策审核的前期准备也应注意细节问题。在管理学中,对于细节的探讨可谓是不胜枚举。细节是一种创造,细节是一种功力,细节是一种修养,细节是一种艺术。古往今来,我们常常会说细节决定成败。老子曾说过:"天下难事,必做于易;天下大事,必做于细。"企业决策审核的前期准备应当在细节方面保持精益求精的态度,将事情做到最合理。

正是由于前期准备工作的重要性,企业决策审核的前期准备工作可以提升审核的成功率、降低审核失败的风险。如果希望企业决策审核艺术的有效实施,就务必关注企业决策审核的前期准备。在这个前期准备的过程中,企业决策审核者除了要有明确的规划和把握规划的重点和难点,还要注意细节问题。

(二)企业决策审核的现场执行

做好企业决策审核的前期准备是企业决策审核艺术的第一步,还有其他几个环节也十分重要。企业决策审核艺术的第二步在于如何将前期准备转换为实际的行动。可以说,对于企业决策审核艺术来说,即使前期准备完美无缺,如果不进行现场执行都只停留在计划层面,在这样无法付诸实践的情况下,做再多的前期准备工作都是无用的。

在一个优秀的企业中,精益求精的执行者会越多。优秀的企业员工知道,执行力在企业中是重要的能力。执行代表的是做或者不做,更进一步的是探讨做好还是做坏。因此,企业决策审核的现场执行具有重要的意义,是计划和实践之间的转换点。

（三）形成企业决策审核的审核报告

在进行企业决策审核的前期准备、现场执行之后,企业决策审核者应该根据获得的实证数据形成企业决策审核的审核报告,用自身专业的审核能力最客观地呈现这个企业决策的优势和劣势,指明企业决策的优化方向。

审核报告是企业决策审核者与企业决策者进行沟通交流的一种对话方式,是信息传达的文本途径。在审核报告中,企业决策审核者以问题为导向,根据企业实际情况提出问题并解决问题。审核报告不仅体现审核者的工作量,更是展现审核者的工作成果。

在无组织边界的情况下,信息可以自由地流通,信息的交易成本降低。那么当一个企业的信息无法自由流通的时候,企业决策审核就应当指出这方面的问题并予以调整。比如,美国企业家韦尔奇认为公司的界限正在损害公司利益。韦尔奇想尽办法改变以前的企业决策,推倒每一个界限,包括内部边界(比如不同职能部门之间的界限)和外部边界(比如任何阻碍在通用电气与其客户及供应商之间的事物)。通过减少管理层次为实现一个更开放的组织铺平了道路。更少的管理层次意味着更好的交流和沟通、更灵活和更迅速的反应机制。

（四）形成企业决策审核的纠正报告

在企业管理中,发现问题非常重要,解决问题同样重要。当发现问题之后,最重要的是在考虑综合条件的情况下尽快找到对应的方法解决问题。企业决策审核者应当根据前期的调查结果形成纠正报告,分析问题产生的原因,根据问题产生的原因从相应的视角提出切实可行的解决办法。

在提交纠正报告的时候,需要注意以下几点:

第一,企业决策审核者提交的纠正报告中的内容应当真实可靠。在写报告之前,应当把问题的前因后果进行深入的探究。企业决策审核本身基于纠正的出发点而展开,不能出现错误的数据而背离了初衷。

第二,企业决策审核者提交的纠正报告中的观点应当是客观理性、不夹带私人情感的。纠正报告作为工作的表达,力求陈述客观事实。如果一定要夹带私人情感的内容,最好应该注明。

第三,企业决策审核者提交的纠正报告中的语言应当是简明扼要、一目了然的,使得阅读者可以在最短的时间内了解到最重要的信息。

第三章

企业用人艺术

第一节　企业用人艺术概述

一、人力资源的概念

任何企业的创建资本除了原始资金以外,最重要的就是"人"。人是企业最重要的资产,是企业生存发展的命脉。一个快速成长的企业,必定是以人才为基础,具有合理的人力资源结构和完善的人才队伍。这些企业的领导者往往深谙选人、育人、用人、留人之道,把人才效用发挥到极致。事实上,企业的工作人员的选择几乎可以直接影响一个企业的工作质量、工作效率。人在社会中的分工同时又被称作"人力资源",企业用人艺术主要就是企业领导者对于人力资源的管理和分配的能力。

(一)资源的概念

所谓资源,就是可以被人类开发和利用的物质、能量、信息等的总称。地球上的资源一般可以被分为自然资源和社会资源。自然资源是指包括空气、水、阳光、土地、石油等在内的大自然本身存在的物质。而社会资源则是指与社会发展息息相关的资源,包括人力资源、信息资源等。

(二)人力资源的概念

人力资源是指国家或地区中能够为社会创造物质财富或精神财富的人的总称。人力资源一般包括从事体力劳动和脑力劳动的工作人员,并且人力资源包括数量和质量两部分。一般情况下,人力资源的概念包括以下几方面的含义:

1. 员工劳动能力的总和

员工人力资源是指所有员工相互协作所产生的劳动力量的总和。一方面,企业对于员工的使用也就是对于员工劳动能力的使用,离开了劳动人就只是普通的

"人",而非"人力";另一方面,企业不是一个员工的工作能力所撑起来的,而是一个团体共同协作劳动的结果。

2. 可控员工能力的总和

可控员工强调企业对员工的管理。企业可以控制职工能力的使用方向,拥有对它的支配权,而不能够被控制的员工不能够被算入该企业的人力资源,因为他对企业造不成任何集体性的利益。

3. 员工可以创造效益的能力的总和

企业之间的雇佣关系的本质就是劳动力的交换。而劳动力能够用于被交换的资本就是能够给企业创造更大的利益,不能够创造利益的劳动力就等同于无效的资本。企业员工能力的获得需要耗费企业的其他资源,因此企业人力资源也就是能够获得经济效益的劳动力的能力总和。只有带来效益大于获取能力时所投入的成本,才是包括创造经济效益能力的员工,才是真正意义上的企业人力资源。

二、人力资源的特点

企业的发展离不开精兵强将,人力资源对于企业的发展极其重要,具有其他资源无法取代的特点。

(一)劳动能力

人的劳动能力,就是指人类通过改造周围环境来满足自身需要的一种能力,主要具有自觉性、客观性、社会性三方面的特点。

1. 自觉性

自觉性即是劳动者的意志能量。任何一项劳动活动都有其执行的目的,这个目的引导劳动者为实现目标而努力。自觉性就是劳动者能够通过自我意识了解现状、形成目标并采取措施实现目标的能力。

2. 客观性

劳动能力的客观性体现在能力本身不随人的意志为转移,即人劳动所需要的体力与智力因素往往具有稳定的特征结构,不能够随意地转换与改变,这就是一种客观的、稳定的能力。

3. 社会性

劳动能力体现劳动者的社会关系。劳动能力常常是在一定的社会关系中展现的,也是社会发展过程中的经验流传的结果。因此,劳动能力一定是具备社会性的,同时协作能力是劳动能力中最重要的组成部分。

(二)能动性

相比于其他资源的被动性,人力资源在开发过程中,人能够有意识地进行自主选择的活动,主动适应外部环境,具有能动性。而其工作效果则在某种程度上能够反映一个人能动性开发的效果。当开发人力资源时,不能将开发对象当成一味的接受者,而要采取手段,比如政策、情感等措施来调动其积极性,进一步开发其能动性。

（三）消耗性

无论人力资源是否被使用,都是处于消耗阶段的。尤其当储而不用时,人才极易荒废退化。任何工作都有其工作的黄金年龄段,而不同年龄则由工作性质决定,并且一般情况下,身强体壮时是一个人工作能力最强的时期。因此,人才开发与使用必须及时。另外,相比于其他资源,人力资源不仅本身具有消耗性,还会消耗其他资源。简而言之,企业在人力资源管理时,尤其是当职工闲置时,还应考虑到职工的消耗性,重视对于白白消耗问题的研究。

（四）创造经济效益

作为一种组织系统的整体能力,企业人力资源的价值在于能够从劳动力利用的角度促进企业效益增长。也就是说,企业对于员工劳动能力的支配,只有能够促进企业效益增长时,才成其为真正的要素资源,否则可能只是人工成本。

任何企业组织都需要雇佣劳动者,都必须向劳动者支付相应的劳动力使用代价;在很多企业中,由此产生的人工费用是很高的,甚至占有企业运营费用的一半以上。但这么高的人工费用未必一定给企业带来收益,甚至可能因为人工费用过高而造成企业破产。因此,理解企业人力资源,要与企业经济效益联系起来,才能理解作为一种组织整体资源的根本含义。

在现代企业中,建立在员工能力有偿转让基础上的企业人力资源,已经成为提高企业竞争力的关键。也就是说,在企业各种要素资源中,人力资源相对于财力资源、物力资源,具有更为重要的地位,是更为稀缺和关键的资源。企业竞争归根结底是人才竞争,已经成为人们的共识。综上所述,所谓人才竞争,是指对于提高企业经济效益最为重要的员工劳动力转让的重视,以及围绕这种稀缺劳动力转让方式所进行的竞争。

三、人力资源管理的作用

对于企业来说,要实现企业目标,必须有人力资源、物资资源、财力资源和信息资源四种资源的投入。而在这四种资源中,人力资源是最重要的资源,也是最关键的因素。企业人力资源管理的作用即企业用人艺术的作用,就是要给企业带来更好更快的发展。

（一）改进员工队伍状况

企业人力资源管理就是调节企业中"人"的关系，即通过合理的分配使得员工能够才尽其用，也就是使得员工队伍配置的状况达到最优，从而提高企业经营效率。

（二）提高企业经济效益

对于企业员工队伍组织与管理的直接目的就是通过合理的分工来提高企业的经济利益，从而在市场竞争中占据优势地位。同时，经济效益也是人力资源管理的方向所在，能够促进企业领导者适时调节人事匹配。

（三）企业与员工共同发展

企业人力资源管理的直接目的是增加企业效益，但事实上，企业效益最终的受益人除了企业领导者以外，最终还是员工本身。现代企业中，员工的报酬与工作绩效是直接挂钩的，而工作绩效高，企业的收益自然也就高了，那么员工也能够得到更多的回报与发展。此外，企业效益变高则市场竞争力变强，这也能够使员工获得更好的发展平台，同样有利于员工的发展。

第二节　企业选人艺术

一、员工选择标准

员工工作情况与在职工作人员直接相关，善用、巧用人才是企业管理者必须具备的技能，也是企业长久发展必须的结构要求。而如何选取合适员工是人力资源管理的首要环节，当公司职位出现空缺时，企业首先应了解公司的人事匹配需求，在制定一定的标准之后进行录用，与公众进行双向选择，从而为职位筛选出最适合的人。此外，公司常常设定"职工试用期"，即对筛选出的人员进行重复检验，从而选择出最适合的人。

企业在选人时必须以"德"为先，"才"为后。一个人的才能可以靠后天的努力去弥补，但倘若本身的素质有问题，那么只会成为企业的蛀虫，危害整个团体的利益。选用正义之才，企业才能健康的发展。

企业面对员工的选择时，往往有一套自身的衡量标准，并且标准往往随着职业本身性质的差异而各有侧重。

（一）知识标准

企业对于员工挑选的知识要求很严格，除了日常生活中所必备的常识外，主要是职业方面的专业知识。

专业知识是特定领域经过多次整理的知识,具有较为严密的逻辑结构,往往通过专门学习才能掌握。出于社会分工的原因,劳动者常常只选择去接受某一至两个领域来持续发展,作为自身技能。因此,特定领域的领导人员在人员选拔过程中,常常会强调专业知识,要求职工在某些方面能够接受过系统的教育。而这一标准通常的表达方式是学历,尤其是专业学历。在某种程度上,学历是企业衡量人员知识水平的主要参照物,也是员工证明自己的重要手段。在我国,学历在员工选择标准中占有重要的位置。

(二)能力标准

所谓能力,是指人完成某一工作的主观条件。一般来说,能力主要包括以下几方面:

1. 单一性能力。包括记忆力、感受力,甚至明显超于常人的听力、视力、嗅觉等。

2. 身体素质水平。对于某些对身体素质要求高的职业来说,体能是公司招聘时看重的必要条件,比如保镖、工程师等。

3. 智能。主要是指人的智力的表现能力,在不同职业中,对人的智能要求也不尽相同。一般而言,技术性要求较高的职业对于智力要求相对更高。

在人员选拔中,能力是一项重要内容,具有许多专门的测试手段。一般情况下,企业选择参考职工过往履历来推测其工作能力。

(三)行为标准

行为是指个体在一定目标的推动下所进行的有意识的、自觉的生命活动。行为具有客观性,因此其很大程度上能够体现人的知识、能力、修养等多方面的素质,体现一个人的目标、选择、追求,体现人们的价值观倾向。行为习惯能够构建出一个人的社会价值,因此一个人的行为习惯也能够体现一个人的社会价值。企业可以依据应试者的行为习惯,按照用人标准判断出其是否具备职业所需素质和其价值所在。

(四)个性标准

个性是人们在行为过程中表现出来的性格特征。由于人的行为总是在社会中进行,会对社会产生影响。因此,对于人的行为特征要从社会角度进行考察和描述。在现实生活中,个性通过人的价值观、气质、需要、情绪、自我认知、角色行为等方面表现出来。在现代社会中,企业领导者也越发重视员工的个性特质与职业性质本身的契合程度。与此同时,关于这方面的科学研究也越发深入并且取得了不错的成果。

通常情况下,现代企业中公司招聘通常更愿意选择外向的工作人员,热情、自信、进取的人通常更容易吸引到公司招聘人员的青睐。

(五)形象标准

一个人的外形、礼仪、气质、穿着、谈吐等方面体现出了这个人的外在形象,倘若一个应聘者有出众的外形、彬彬有礼、谈吐得体,那么企业也会优先选择这样的人才。

二、招聘录用程序

(一)企业招聘原则

人员招聘是根据企业人力资源规划对于人才的需求数量增多的需求来进行的企业活动。企业会通过多种渠道、多种手段来广泛吸引具备资格的人才来向本公司求职。通常,企业人力资源主管在组织人员招聘时,主要遵循以下基本原则:

1. 双向选择

双向选择是人才市场最基本的特征。一方面是指企业根据经营的实际要求,自主选择企业所真正需要的工作者;另一方面则是指应聘者自由选择自身期待的职业。

2. 效率优先

事实上,常规轻松的岗位往往引来众多求职者,其中不乏浑水摸鱼之人,而有些相对要求较高的职业又无人问津。因此,企业招聘必须在能够广泛招揽各界贤士的同时还能尽力屏蔽掉资历太差的人。因为企业招聘是一项有成本的活动,所以,企业人事部门需要根据招聘要求灵活选择招聘形式和方法,尽力提高企业招聘效率。

3. 公开招聘

招聘是一种规模较大,对符合招聘条件的人完全平等的竞争。因此,必须遵守公开招聘、平等竞争、全面考核、择优录用的原则。公开招聘的程序是:由企业主管成立招聘专门工作小组,确定招聘对象、招聘原则、录取标准,拟定招聘简章,并向社会公布。

(二)企业招聘渠道

企业招聘渠道多种多样,根据招聘规模、招聘方向等差异,企业招聘渠道一般分为内部招聘与外部招聘两种。

1. 内部招聘

很多时候由于企业招聘规模较小,公司内部人事调整即可解决公司需求。此时,公司就会采取内部招聘。实施内部招聘,一般采用以下三种方法:

（1）自荐法

即人事负责人将企业内部招聘消息通过公告栏或公司内部网站、群等通知到公司内部人员，鼓励有能力、有想法的内部人员进行自我申请，人事部门从中选择，从而确定工作人员的方法。

（2）推荐法

本企业职工按照企业需要，向人事部门推荐其熟悉的、可以胜任某项工作的人员，在征求确认双方意见之后进行人事调动。

（3）档案法

企业的人事部门根据平时公司内部对于员工的考勤、教育、经验、技能、培训、绩效等综合素质对相关员工进行综合分析，从空缺职位所需能力角度对员工进行筛选择优，来进行人事调动。

2. 外部招聘

外部招聘是现代企业最常见的招聘方式。同时，外部招聘的方式方法也多种多样，主要包括以下几种：

（1）校园招聘

校园招聘即为企业内部招聘人员针对高校应届毕业生在高校内部设点招聘。校园招聘是现代专业技术人员招聘的主要来源，因此其针对性极强，且招聘与高校毕业生是双向选择的，因此校园招聘的成本相对而言也比较低。

（2）广告招聘

广告是常见的传播手段，因此它也很容易受到企业招聘团队的青睐。广告通常是以报纸、杂志、广播、电视甚至街头字报等公众化程度较高的媒介为载体，吸引求职者来公司应聘。

（3）人才市场

人才市场是一个大型的、相对固定的平台与地点，因此常常能够吸引大量的求职者来寻找机会，也成为企业招聘的重要场所之一。

（4）中介机构

随着社会的发展，中介渐渐变成一种专门的职业，工作中介机构也就因其供求关系应运而生了。对于企业而言，中介机构虽然需要支付一定的费用，但对于企业本身来说，进行大规模的招聘同样需要成本，甚至更高，并且中介机构往往掌握着更多的人才信息，能够更高效地为企业提供需要的人才。

（5）招聘网站

随着互联网的快速发展，现今公司招聘往往不再是单一的面对面递交简历，现代求职者常常愿意在网络上寻找工作机会。有人才的地方就有招聘，企业开始将公司的职业需求放到招聘网站中,便于求职者投递简历。

(6)个人联系

当企业招聘的工作人员通过人际关系等途径了解到某些人才能够胜任本公司工作时,企业也常常会特别地向个人抛出橄榄枝,争取这些优秀的人才来本公司求职。

(三)企业招聘程序

企业招聘不是一蹴而就的事情,必须要有步骤地进行。

1. 制订招聘计划

企业主管在制订招聘计划时需要有依据参考,而参考资料多种多样,主要包括以下三方面:

(1)企业的生产经营规模

企业规模决定招聘规模。倘若一个企业的经营规模较大而工作人员数量偏少,则极有可能出现企业生产效率滞后的情况;反之,企业规模小而员工数量过分冗余,从工资成本与日常消耗成本角度来说,企业的经营成本太大,而小的生产规模只能带来低的利润,企业资金入不敷出,对企业的未来发展会带来极其不利的影响。

(2)企业内部人员的变动情况

招聘团队应充分调查企业离职、退休人员数量等企业人员流动情况。通过调查人员变动,确定企业招聘数量及质量要求。

(3)新项目所需人才

企业由于扩大规模等需要,常常会有新的项目或部门需要一些专门的人才。招聘工作人员应及时收集资料与数据,按照职位种类、工作性质、人员的数量要求统计出需要的人员,从而确定招聘计划。

2. 组建招聘团队

大规模招聘工作常常需要一个团队。团队工作人员包括人力资源主管、宣传招聘信息人员、面试应征者的专家学者等,必须同时吸收各方面的工作人员,考虑到招聘时的多种可能性,来组建出一个万无一失的团队。

3. 发布招聘信息

通过上面所说的招聘渠道将企业的招聘信息发布出去,从而吸引有质量的求职者来公司或指定地点进行应聘。

4. 招聘测试

在企业人员招聘过程中,招聘测试是重要的一环。招聘测试是指在招聘过程中,运用各种科学方法和经验对应聘者加以客观鉴定的过程。通常,招聘测试主

要包括以下两个步骤:

(1)笔试阶段

笔试是企业对应征者对于职业所需技能、知识广度、深度等的考核,主要包括专业知识、英文能力、文字表达能力等。

(2)面试阶段

面试阶段能够测量应征者多方面的水平,包括心理能力、口头表达能力、反应能力等。招聘面试人员通过设定不同的题目对应征人员进行综合考评,择优录用。

5. 征选录用决策

在经过初筛、面试、再测试等程序后,便进入人员征选录用的最后程序——做出录用决定。这一阶段的主要任务是对求职者个人信息与素质进行综合分析与评价,并且经过试用期的观察进一步确定其工作态度与工作能力,从而由参与征选的主要管理人员甄选得出最终录用名单。

6. 签订劳动合同

签订劳动合同是招聘的重要环节。所有通过招聘方式进入企业的新职员,都必须同企业签订劳动合同,确定用工期限与试用期限,明确双方的资、权、利。劳动合同一旦生效,新录用人员即为企业的新职工。劳动合同是劳动者与企业的劳动契约,也是建立劳动关系的依据,具有法律效力,并成为当事人的行为准则。

三、企业人事匹配的方式

所谓人事匹配,是指通过进行职位与员工之间的特点比较来建立合适的劳动关系,从而更有利于员工发挥自身优势,提高企业运作效率。

(一)人事匹配的概念

人事匹配是市场经济条件下的一种开发利用劳动力的方式,人事匹配的重点在于工作任务与工作人员之间的共性特点的配置问题。在职场中,工作任务和工作人员都有其自身的特点,而人事匹配则是通过工作与职员的双向选择来实现工作与职位的黄金搭档,进而使企业利益获得最大化。

(二)人事匹配的作用

人事匹配是市场经济条件下提高企业资源配置效率的重要原则。从人力资源开发的角度看,可以从发挥员工能力和激发员工动力两方面理解这一原则的作用。

1. 发挥员工能力

员工能力是员工履行工作责任的技能,具有个体特殊性。人的特点在于能够自觉地为实现一定目标而努力。一般而言,这种努力过程也就是人的能力发挥的过程。因此,人的能力结构包括确立目标和实现目标两方面内容,通过感受力、思维力、意志力、行动力、执行力等方式体现出来。

员工能力不同于一般能力的地方,是与分工协作的特定要求相联系,表现为理解工作目标和完成工作任务的能力。由于先天和后天因素的影响,每个人的工作能力都有自身特殊性,能够较好地从事某种工作的人,不一定同样适宜于承担其他工作任务。如果所承担的任务与自身特点相吻合,在同样努力程度下能够取得更高的工作效率。

企业作为一个以经济效益为中心的组织,把生产经营活动分解成为有计划的分工协作体系,其中不同环节具有不同的工作内容和形式,要求具有不同能力的员工承担。因此,企业组织为员工提供了发挥自身长处的空间,表现为不同员工可以根据自身特点选择相应的工作职位。这是一个自觉的人事匹配过程,能够把不同职位的工作和不同员工的工作能力互补结合起来,以组织形式整合不同员工的比较优势,提高企业整体的工作效率。

2. 激发员工动力

员工动力是员工承担工作责任的积极性,具有个体倾向性。从起源来说,员工动力来自人的渴求。人类作为生命存在物,必须依赖一定生存条件,并为获取这些条件而努力,这是人类行为动力的来源。员工动力的特点,在于把一般的生存需求转化为从事特定工作的行为要求。在这种要求中,既包括通过工作获得经济报酬的内容,也包括通过工作获得社会地位和成就感的内容。

员工的行为动力与工作职位相关。这是因为,人们总在现实条件约束下寻找最有效的工作方式,而实际存在的工作职位则是人们现实的选择对象。对于职位的合理选择,不仅仅是引导人们获得较高劳动报酬,而且选择本身就能够满足员工的社会归属和成就需求。因此,当人们从事自己选择的工作时,会更有责任性和主动性,这才是工作积极性的根源。

(三)人事匹配的方式

人事匹配是职业与个人之间动态结合的过程,包括初次匹配和持续匹配,与企业和员工的变化相关,具有不同的匹配特点和方式。

1. 人与事的初次匹配

人与事的初次匹配,是指特定组织与特定劳动者的初次结合,通过双方的劳动合同进行最终确认。初次匹配的特点,在于以外部市场的劳动交易为基础,双方的彼此了解程度不高,没有经历过相互适应的过程。

与此相应,在初次匹配过程中,企业和劳动者之间的双向选择主要受价格机制引导。就企业而言,关注的是劳动能力的市场价格,关注如何以恰当的职位待遇吸引和保留劳动者;就劳动者而言,关注的是企业提供的劳动报酬,关注自己的能力在什么地方以什么样的方式转让能获得更高的回报。因此,初次匹配是一个理性选择的博弈过程,以比较明显的讨价还价的方式体现出来。

劳动经济学的工作竞争模型,对人事之间的初次匹配做出了理论解释。按照这一模型,劳动力转让价格不是取决于劳动力使用价值,而是取决于企业和劳动者之间的相互了解。在此过程中,一方面,企业向劳动者显示可以提供的职位,以及不同职位的待遇。其中待遇高的职位排在前面,具有更强的工作吸引力。另一方面,劳动者向企业显示自己可以转让的能力,以及与此相应的期望报酬。其中能力大的劳动者排在前面,具有更多的就业机会。而人事匹配的过程,也就是具有不同竞争力的职位和劳动者之间有序结合的过程,其中待遇高的职位和能力强的劳动者先结合,依次排列下去,形成一定的就业秩序,便人事匹配得以实现。

2. 人与事的持续匹配

人与事的持续匹配,是指员工在组织中与企业之间不断匹配磨合,相互适应共同实现价值的过程。这是因为,劳动者进入企业之后,为了使自己更好地发挥作用和增加收益,必须深入了解企业的要求,并以此为依据改进自己的能力和素质状况。反过来,企业为了更好地利用员工的能力,调动员工的积极性,也需要了解和适应员工的特点,并以此为依据不断调整生产经营的管理方式。

与此相应,在持续匹配过程中,企业和员工之间的双向选择主要受管理机制引导。也就是说,员工作为企业的组织成员,需要接受企业的安排、服从企业的指令。因此,员工对于企业要求的选择权,主要通过工作方式和工作态度的选择体现出来。如果认同企业的安排和指令,员工会以积极主动的方式开展工作,反之则会出现消极怠工现象。而企业对于员工的选择,则以奖励和处罚、辞退和保留、培训与晋升等方式体现出来。

由于企业在市场竞争中不断变化,员工在工作过程中也在不断变化,因此人事之间的持续匹配过程,也是企业和员工在相互适应中共同发展的过程。随着二者之间由一次博弈向多次博弈的转变,相互之间的理解和信任会不断增强,有可能发展成为具有强大凝聚力的利益共同体。

第三节 企业育人艺术

企业职工不能仅仅停留在重复每天工作的阶段,任何一个职工在职业生涯中都需要发展,发展一方面是员工本身的自我发展,对自己职业生涯有明显的规划;另一方面就在于企业对于职工的教育,即公司除了薪资以外还能给职工的未来发展带来什么。事实上,企业育人的最高境界是文化育人,即利用企业的文化来熏陶工作者。

企业育人艺术主要包括企业帮助员工一起进行职业生涯规划、给员工进行培训、开展人才建设活动三方面工作来进行企业职工的发展教育。

一、企业职业生涯的管理

(一)职业生涯的概念

职业生涯是指一个人一生中的职业生命周期,是一个人一生中所有的工作经历的总和。职业生涯包括从第一份职业的任职前培训到完全脱离职业的时间之内的所有职业发展、职业变更、职业类型和职业成果等。从一个人的生命周期来看,职业生涯占据着人成年以后的大部分的生命活动。同时,职业生涯获得的成果也很大程度上能够决定一个人的生存空间、生活状态。

(二)职业生涯管理的概念

职业生涯规划是指员工对于自己本身的未来职业发展进行规划的过程。而职业生涯管理则是对于企业而言的,企业帮助职工职业的设计、执行、评估、反馈与修正,帮助职工构建职业生涯通道的同时,也能够有意识地将企业发展目标与职工职业发展目标进行有机融合。职业生涯管理往往需要通过员工和企业双方的共同努力才能完成,因为职业生涯的规划往往包括职工本身的自我管理和企业提供援助两方面。通常,职业生涯管理包括以下四方面的含义:

1. 职业生涯管理是企业对职工的规划进行辅助

职业生涯规划是员工本身以自我价值和增值为目的而进行的计划,而个人发展目标的实现并不仅仅局限于特定的企业。因此,企业对于员工的职业生涯发展规划往往只能够提供帮助。职业生涯管理则是以企业的角度为出发点,根据企业发展计划对职工的需要,指导职工进行自我定位,而企业同时也尽可能多地给予他们发展机会,在此过程中谋求双方的共同发展。

2. 职业生涯管理是为了达到双方的目标

职业生涯管理不仅仅只着眼于满足员工的职业发展需要,同时包括企业的发展目标。要实行有效的职业生涯管理,必须了解员工的职业目标,以及在实现职业目标过程中会遇到的问题、解决问题的方法等。企业只有在对这些信息有充分了解之后,才可能相应地制定出有关政策和措施帮助员工解决这些问题,并为员工提供相应的发展机会。同样,在满足员工职业发展需求的同时,还必须满足企业自身发展的需要。这可以通过两方面的工作来实现：一方面，在满足员工职业发展需求的时候，使全体员工的职业技能得到提高，进而带动企业整体人力资源水平的提升；另一方面，在职业生涯管理中对员工的有意引导可使与企业目标方向一致的员工脱颖而出，从而为企业培养高层经营、管理、技术人员提供人才储备。

3. 职业生涯管理形式多样、内容广泛

凡是企业对员工职业活动的指导和帮助，都可列入职业生涯管理中。其中，既包括针对员工个人的，比如各类培训、咨询，以及为员工自发地想要扩充技能、提高学历的学习给予便利等，同时也包括针对企业的诸多职业发展政策和措施的，比如规范职业评议制度、建立和执行有效的内部晋升制度等。从时间上来看，职业生涯管理从招聘新员工进入企业开始直至员工流向其他企业或退休而离开企业的全过程都存在。

4. 职业生涯管理贯穿于员工和企业职业发展的全过程

每一个企业成员在职业生涯的不同阶段及企业发展的不同阶段，其发展特征、发展趋势以及应注意的问题都是不同的。因此，对每一阶段的职业生涯管理也应有所不同。由于决定职业生涯的主客观条件的变化，企业成员的职业生涯规划和发展也会发生相应的变化，职业生涯管理的侧重点也应有所不同。

（三）职业生涯管理的作用

职业生涯管理的受益者主要是员工个人与企业。

1. 对员工的作用

（1）增强员工对职业的把握能力

职业生涯管理及其所开展的职业生涯规划等各方面的工作，不仅可以使员工个人了解自身的长处和短处，养成对环境和工作目标进行分析的习惯，还能够使员工合理规划、安排时间与精力，有效开展学习与培训，以胜任本职工作、提升职业技能。这些活动的开展都有利于增强员工对职业环境的把握能力和对职业困境的控制能力。

（2）协调员工职业与家庭的关系

有效的职业生涯管理和规划可以帮助员工从更高的角度看待职业生活中的各种问题和选择，将相互矛盾的事件结合在一起，使之联系起来，共同服务于职业目标，使职业生活更加充实和富有成效。同时，职业生涯管理可以帮助员工综合地考虑职业生活同个人追求、家庭目标等其他生活目标的平衡，避免陷入顾此失彼、左右为难的境地。因此，职业生涯管理可以帮助员工协调好职业生活与家庭生活的关系，更好地实现人生目标。

(3)实现员工自我价值的提升与超越

员工寻找职业的最初目的可能仅仅是找一份可以养家糊口的工作,进而追求的可能是财富、地位和名望。职业生涯管理对职业目标的多次提炼可以逐步使员工的职业生涯目的超越财富和地位之上,追求更高层次自我价值实现的成就感和满足感。因此,职业生涯管理可以发掘出促使员工努力工作的内在的动力,使员工实现自我价值的不断提升与超越。

2. 对企业的作用

(1)促使员工发展目标与企业发展目标相吻合

职业生涯管理可以帮助企业了解其内部员工的情况,比如性格、特长、兴趣、价值观、能力、目标等,也可以帮助员工了解和掌握企业的相关信息,比如企业的经营理念、发展战略、人力资源的供需状况、职位的空缺、晋升情况等。双方了解之后能够更充分地协调员工存在于企业中的未来的职业机会与挑战,使员工个人的职业生涯目标与企业发展目标相一致,使企业的发展和员工的发展相吻合。

(2)有效合理地利用人力资源

合理的企业结构、企业目标和激励机制都有利于人力资源的合理利用。但是同薪酬、待遇、地位和荣誉的单纯激励相比,针对员工个人进一步开发人力资源的综合价值更为重要。而且,职业生涯管理由于针对企业和员工的特点量身定做,同一般奖惩激励措施相比具有较强的独特性和排他性。因此,职业生涯管理有利于企业更加合理有效地利用人力资源。

(3)提高企业人力资源水平

职业生涯管理考虑了员工不同的特点和需要,并据此设计不同的职业发展通道,以利于不同类型员工在职场中扬长避短。在职业生涯管理中,对待员工年龄、学历、性别、性格等的差异,不是采取歧视态度,而是帮助员工确定不同的职业发展方向和途径,这就为员工在企业中提供了更为公平的就业和发展机会。因此,职业生涯管理的深入实施,有利于企业人力资源水平的稳定和提高,这对于促进企业的持续发展具有至关重要的作用。

二、企业员工培训的方法

培训是企业最赚钱的投资,对于一个企业来说,倘若职工对于自己的工作一无所知、毫无实践经验,那么这样的员工对于企业来说就是"赔钱货",因为企业不仅要承担员工的薪资,还包括日常消费、五险一金等,而员工却不能够给企业带来任何的利润,倘若这样的员工数量过多,则极易导致企业的破产。因此,对于员工而言,上岗前的培训尤为重要。

（一）员工培训的目的

对于不同的员工来说，培训目的不尽相同，包括长期与短期培训，而对于工作的针对性培训，主要包括以下几种目的：

1. 帮助员工胜任本职工作

对于新招聘的员工来说，他们对于新工作、新职位的熟悉程度较低；同时，在职员工也常常需要更新知识技能，更好地为企业服务。企业通过培训，能够能使员工的知识和技能提高一个层次，从不懂到懂、一般到较高水平，从而能够改善工作质量、规范工作规程，提高劳动生产率，使员工更好地胜任本职工作。

2. 提高企业竞争力

随着科技的发展，知识更新的周期越来越短，新的管理理念、管理方法层出不穷，技术和管理在竞争中的地位日益重要。特别是在知识经济的条件下，企业的生存和发展更是取决于其技术创新能力和管理团队的领导能力，而技术创新能力和管理创新能力的载体是具有高知识技能含量的人力资本。企业的人力资本既形成于社会的普通教育，更是企业技能培训的结果。企业的培训对象不仅仅局限于专业技术人员和操作工人，还包括管理者，特别是高层管理者。通过员工培训，能够使企业的技术队伍和管理队伍不断更新知识、更新观念、更新技术和方法，从而能够形成企业最根本、最主要的竞争优势。

3. 增强员工职业竞争力

员工培训对员工个人同样具有重要意义。企业通过培训，能使员工掌握适应未来工作的新知识和技能，接受新的观念和理念，拓宽知识面和视野，使员工学会知识共享，学会创造性地运用知识来提高自己的能力，从而为员工的职业生涯发展创造条件，为员工找到更符合自己兴趣的工作提供可能，为员工获得更高收入、得到更快的晋升提供更多机会，最终大大增强员工的职业竞争能力。

4. 激励员工

现代企业中的员工虽然因学历背景、个性的不同而有不同的需求，但就其大多数而言，都渴求不断充实自己、完善自己，使自己的潜能充分发挥出来。越是高层次的员工，这种要求就越迫切。实现自我价值已成为员工工作的主要目的之一。企业如能满足员工的这种自我实现的需要，将会激发出员工深刻而又持久的工作动力。通过培训，能使员工适应或胜任具有挑战性的工作，为员工实现自我成长和自我价值提供条件。这样，不仅使员工在物质上得到满足，而且在精神上获得成就感，从而能够充分地激发他们的积极性和创造性。

5. 创建优秀企业文化

优秀的企业文化能够把员工的行为动机引导到企业目标上来,能够和谐地把员工行为规范为符合企业目标的需要,能够把员工凝聚在企业目标下,使全体员工对企业目标产生深刻的认同感。员工培训的重要内容之一就是宣传、讲解和强化企业文化,通过培训能够调整员工的思想意识、价值观和行为规范,能够使员工更深刻地理解和接受企业的文化,理解和贯彻企业的战略意图,能给员工满足感、成就感和荣誉感,从而能更好地创建企业文化。同时,企业内形成全体员工学知识、学技术、比贡献、争发展的良好氛围,其本身也是优秀的企业文化的形成过程。

(二)员工培训的程序

1. 确立培训目标

培训目标是指组织培训的目的及预期成果。确立好一个正确的目标才能引导企业开展培训工作。一般情况下,培训目标的确立主要应遵循以下几个原则:

(1)使每项培训都能够有直接、具体的工作表现目标,受训结果可操作性强;

(2)目标应针对具体的工作任务来明确,培训效果应是可以测量的;

(3)目标应与企业的战略目标相一致。

培训目标能为培训项目提供方向和依据,并可在培训之后,对照目标对培训工作进行效果评估。

2. 设计培训项目

培训项目的设计是培训目标的具体化和操作化。有效的培训项目设计的内容主要包括设计培训课程、明确培训目标、选择培训的形式与方法、选择培训对象、选择培训教师、选择培训教材、确定培训项目的负责人、选择培训的地点和场所、确定培训的时间和步骤、确定经费预算等。

制定培训项目必须兼顾企业各方面的情况,比如行业类型、企业规模、客户要求、技术发展水平与趋势、员工现有水平、政策法规、企业宗旨等,而关键的因素之一则是企业高层管理者的管理价值观和对培训重要性的认识。

(1)培训课程设计

设计培训课程是对培训期间的各项培训项目及其先后顺序做出更具体的安排。通常,课程设计的主要内容包括培训课程名称及其大纲、目标学员、课程目标、各门课程的培训时间和地点、培训方法、教师的活动、学员的活动、对受训者的评估方法、培训教师名录、培训教材以及必备的培训设备和设施等。

(2)培训形式与方法的选择

培训形式和方法多种多样,各有千秋,适应不同的情况和需求。根据培训目标和培训项目的要求,选择适用的形式和方法。

（3）培训对象的选择

即工作的需要和个人的需要。通常,可以通过培训渴求分析来确定。

（4）培训教师的选择

应选择那些有教学愿望、表达能力力强,有广博的理论知识、丰富的实践经验、扎实的培训技能,热情且受人尊敬的培训教师。

（5）培训教材的选择

培训教材一般由培训教师确定。教材有公开出版的、企业内部的、培训公司的以及教师自编的四种。培训的教材应该是对教学内容的概括与总结,包括教学目标、练习、图表、数据以及参考书等。

（6）培训地点和场所选择

培训的地点和场所应具备交通便利、舒适、安静、独立而不受干扰、有足够的自由活动空间等特点。教室的灯光照明适当,墙壁及地面的颜色要协调,座位的安排便于交流和讨论等。

（7）培训时间和步骤的确定

应确定合适的培训时间,明确培训项目和每门课程的开始和结束的时间、进度、程序、步骤等。

3. 实施培训

将培训计划及其培训项目进行充分讨论、修改,报给上级部门和主管领导审核批准后,就形成企业的人力资源培训计划,并交给企业的培训部门或培训主管负责执行。

培训计划的实施是整个培训过程的关键环节,培训工作主要包括以下内容:

（1）依据培训计划的要求,具体准备落实培训的形式与方法、培训对象、培训教师、培训教材、培训地点和场历、培训时间和步骤、培训的设备和设施、受训者和培训教师的食宿、培训教师的交通;明确培训的负责人、联系人以及培训期间的规章制度等。

（2）针对员工的实际渴求,帮助他们确立合适的学习目标。通过学习目标来规范受训者的学习行为和学习动机,充分启发、调动员工学习的积极性、自觉性和主动性。

（3）在培训过程中,保持培训人员和受训者的良好沟通,观察并随时反馈受训者的课堂表现。

（4）采取各种激励措施,提高受训者的学习兴越,比如采取灵活多样的教学方法,紧密联系实际工作中的问题进行学习,在培训过程中进行考核、评比和奖励,让参加培训的员工展示掌握的新技能,宣传参加培训后员工得到提升和加薪的事例等。

(5)保证培训设施的便利使用,保持培训场所的干净整洁,适当安排娱乐活动等。

4. 评估培训效果

评估培训效果是指收集培训成果以衡量企业和受训者从培训中获得的收益以及培训是否有效的过程。为了提高培训效果,在培训的每一个项目或每门课程结束后,都要进行评估。这一环节不但是培训工作的最后阶段,更重要的是要检查和评价培训是否达到了预期目标,培训计划是否具有成效,同时总结培训的经验与教训等,然后把评估结果反馈给相关部门,作为下一步培训需求分析和制订培训计划的依据之一,使企业的培训工作不断发展、提高。通常,对培训效果的评估可在以下四个层面上进行:

(1)反应评估

反应评估是最低层面的评估,它是在课程结束时,由培训部门的人员了解受训者对培训项目的主观感觉或满意程度。评估目标往往是对培训项目的满意度和培训计划的完成情况。主要内容包括课程、教师、方法、资料、设施、场地、培训组织等。对这个层次的评价,首先要有总体的评价,比如直接询问受训者感觉该程课如何,但是这样容易产生一些问题,比如以偏概全、主观性强、不够理智等。因此,还必须有涉及以上内容的更细致的评估方法。比如适合的方式有问卷、座谈、电话调查等。这个层面的评估易于进行,是最基本、最普遍的评估方式。但它的缺点显而易见,比如因为对老师有好感而给课程全部高分,或者因为对某个因素不满而全盘否定课程。

(2)学习评估

学习评估是第二层面的评估,它是在课程进行时或课程结束后,由教师或培训辅导员实施,评估受训者在知识、技能、态度或行为方式等方面的收获。评估的方法很具体,主要有提问法、笔试法、口试法、撰写报告和发表文章等。

这一层面评估的优点是:对受训者有压力,使他们更认真地学习;对培训教师也是一种压力,使他们更负责地准备课程和讲课。学习是行为改善的第一步,但问题是,正因为有压力,所以受训者对这种评估可能不赞同,而且这些评估方法的可靠性、可信度和难度都值得推敲。

(3)行为评估

行为评估是第三层面的评估,它是在培训结束后的三个月或半年之后,由受训者的主管、客户、同事等实施,评估受训者在工作中的行为方式有多大程度的改变。评估的方法主要有问卷调查法、行为观察法、访谈法、绩效评估法和360度评估法等。

这一层面评估的好处是:评估结果可以直接反映课程的效果,可以使企业高层管理者和直接主管看到培训的效果,从而使他们更加支持培训工作。但问题是:这个层面的评估要花很多时间和精力,问卷的设计非常重要却比较难做,不容易得到大家的配合;员工的表现多因多果,如何剔除其他因素的影响也是一个问题。

(4)结果评估

结果评估是第四层面的评估,它是在培训结束后半年或一年后,由受训者的主管结合绩效评估来实施,评估由培训项目引起的企业业务结果的变化情况。评估的招标主要有质量、数量、生产率、缺勤率、离职率、安全、销售额、成本、利润、投入回收率等。通过这些大家最关注的并且可记录的指标来考查、判断培训成果的转化,与培训前进行对比。

(三)员工培训的方法

1. 讲授法

讲授法是指由专业的培训人向受训者讲授培训内容。讲授法较适合大规模的培训,对于企业而言,讲授法的成本较低;对于个人而言,虽然在理论知识层面较为系统全面,但几乎没有实践性的训练,并且冗长的课程极易造成受训者很难消化。总体来说,利用讲授法进行培训,受训者的接受程度较低。

2. 影视法

影视法是指利用投影设备、电影、纪录片、录像等视频材料开展培训。影视法教学生动形象,对于员工而言接受程度更高,但事实上,员工依然得不到真正有用的训练,并且影视法受到场地、设备费用的限制,培训成本相对较高。总体来说,影视法可以用于辅助培训,不建议作为核心培训方法。

3. 案例教学法

案例教学法即提出案例,受训者自主研究分析去解决问题的方法。案例教学法中员工的参与性极强,且能够相互学习、相互交流,在提高工作人员的沟通能力的同时,还可以开阔思维方式;与此同时,教学成本低。因此,是一种效果较好的方法,可以广泛使用。

4. 情景模拟法

情景模拟就是受训者即兴表演,并及时做出反应,来提高受训者处理问题的能力。情景模拟法参与性强,受训者和教师互动交流充分,在相互模拟的过程中可以感受并学习对方的技能技巧;同时,情景模拟法实践效果较强,能提高受训者的反应能力和心理素质;还能增进双方感情与合作能力,是一种效果较好的培训方法。

5. 户外培训法

户外培训法是指利用设计好的室外活动来开发受训者的团队协作和领导技能的培训。户外培训法能够有效调动群众的积极性,但同时对参与人员的身体素质也有较高要求。培训费用较高,时间较长,使用范围有一定的局限性。总体来说,户外培训法能够有效提高职工技能、生活素质、心理健康等,但对于企业而言,成本较高,不宜长期使用。

6. 针对性指导法

针对性指导法就是一对一指导的方法。挑选资历较深的员工对新员工进行言传身教的辅导,能够使员工尽快掌握工作技能,且利于优良工作作风、严谨工作态度的传递,并且能够帮助新员工尽快融入团队。但另一方面,引导者的不好的习惯、恶劣的态度等也会对新员工造成影响。总体来说,针对性指导法适用于对操作技能要求比较高的职业,普通职业不建议使用。

7. 网络培训法

网络培训法是指培训者利用网络的便捷来将培训内容传递展示给受训者。网络培训法最大的优点就是便捷,并且极为节约成本。但网络培训缺乏面对面的交流,不利于员工人际关系的发展。总体来说,网络培训法的优势显著,并且发展势头迅猛。企业可以积极创造条件,充分利用网络的便捷,但是网络培训不可能完全替代其他培训方法,只能作为主体使用。

8. 工作轮换法

工作轮换法是指让企业员工定期交换担任不同部门的职务的培训方式。工作轮换对于员工而言能使其尽早了解工作运作,为今后的协作配合打下基础,同时也有利于公司员工的横向流动。另一方面,工作轮换使得公司的培训成本提高,同时影响公司运作的效率。总而言之,工作轮换法适合于开发受训者的多种工作能力,立足长远来看,也不失为一个好方法。

三、企业人才建设的方略

有目的的人才建设能够帮助企业强化人员配置,充分挖掘员工潜力,做到才尽其用,可以显著增强企业竞争力。就长久而言,企业人才建设项目的实施无论是对企业而言还是对员工自身的发展而言都有着不可替代的好处。企业要想获取人才建设的成功,就应该采取切实可行的人才建设方略。

(一)人才梯队建设

对于企业而言,由于工作内容与工作性质的差异,企业的人才分布往往多种多样。对于不同类别的员工,企业要采取不同的建设策略,以培养高层次、复合型的优秀人才为目标,同时平衡好各个人才队伍的建设步伐,以保证企业的可持续发展。具体来说,企业人才主要包括以下四个方向:

1. 行政管理方向的高层人员

对于企业决策层的培养方案,重点应该在于加强对 MBA 核心课程的学习,比如重点学习人力资源开发管理、企业未来发展战略规划等。即加强决策层的管理能力和管理方法方面的学习,能够人尽其用,使企业利益达到最大化,同时工作人员幸福感达到最大化。

2. 技术研发方向的技术人员

对于技术人员的人才建设而言,着重点应在于对专业技术的加强,最直接的方法就是增加专业课程的培训,同时积极与技术相关的工作人员联系,互相学习、共同进步。

3. 市场营销方向的业务公关人员

对于公关工作人员来说,他们的提升方向就是不断提升自己的知识水平、社交水平与创新水平,在工作过程中能够辅助领导者与各个部门共同塑造良好的企业形象,并且能够给企业带来更多的利益。而对于营销业务人员来说,他们的发展方向就是能够增强自己的交际能力,参与相关课程的学习,进而提高自己的工作能力和工作水平。

4. 生产制造方向的工作人员

对于主要工作是生产制造方向的员工而言,建设这类员工的手段就是要增强职工的技术水平,即给他们的生产工作进行进一步的具体指导,员工之间要提倡互帮互学,共同进步。企业则要组织经常性培训指导工作,使员工掌握过硬的生产本领,从而提高工作效率,在自己的本职工作领域成为一名出类拔萃的生产能手。

(二)继续教育培训

企业员工的再发展过程如果要有质的飞跃的话,首先应该要从学历着手,即公司组织员工进行继续教育。企业可以探索加强企业与高校之间的合作关系,定期向高校或研究机构输送企业本身优秀的员工进行再次进修。长此以往,企业就能够建立一个成熟的员工继续教育培训网络,便于企业长期组织员工接受教育活动的开展。同时,鼓励员工积极学习,培养其进取心,主动参与与其业务相关的知识学习与培训,企业可以视情况而定给员工一定数量的经济补贴与时间安排方面的支持。

（三）建立考核机制

进一步实行以绩效考核为核心、企业经营效益为依据的定期考核制度。必要情况下采取优胜劣汰的淘汰机制。给予优秀的人才充分的晋升空间和奖励机制，充分放大人才效应。同时充分引用"鲇鱼效应"，调动职工的竞争意识和危机意识。同时注重行之有效的激励措施，使得人员的业绩水平与所获奖励合理挂钩。在合理的基础上调整工资结构，向有知识、有技能、勤奋的优秀员工方向倾斜，从而增强员工的工作动力，吸引员工往更理想的自己为之奋斗的方向迈进。

（四）头脑风暴法

头脑风暴法是由美国创造学家奥斯本提出的一种激发创造性思维的方法。通过学习并掌握这种方法，可以大大激发人的灵感，发明许多具有创造性的事物，因而备受教育管理者的青睐。企业在因持久发展而建设人才队伍的过程中，引入头脑风暴法，充分挖掘职工潜力可以得到事半功倍的效果。对于知识型员工而言，任何一项工作都很难独立完成。因此，员工之间的交流和互帮互学就显得尤其重要。员工之间的任何一场交流都可能碰撞出不可思议的火花，在共同进步的过程中更能够增强团队的凝聚力，这对打造一个高效率的团队来说有着很大的作用。同时，在企业给员工进行分工时，给员工分配一些拔高型的工作同样也能激发员工的头脑风暴，充分发挥思维的敏捷性，并且能够不拘泥于传统的解决办法，能够使员工的工作能力、思维能力都再上一个台阶。

（五）循序渐进，逐步提升

对于人才的培养不可能一蹴而就，必须从长计议。任何一项技能的掌握都是慢功夫，必须面面俱到，经过日积月累的学习与训练才能成就出一个所向披靡的卓越人才。企业培养人才机制一定要循序渐进，切不可操之过急，更不能够只贪图眼前的利益，看不到立竿见影的成效就选择放弃。总而言之，企业育人，人才自育，从来都没有捷径，必须长期坚持，扎扎实实做好人才建设工作。

第四节　企业用人艺术

对于企业而言，明确、妥善的分工是企业发展最重要的工作。企业用人是一门艺术，合理地使用、分配人才就能使人才资源结构的发展得到质的飞跃。新时期的人才选择上，人们有了越来越多的明显倾向，比如年轻化、专业化等。在经济高速发展的今天，拥有人才是任何企业发展的保证，而才尽其用也是对人才最大的尊重。事实上，用人是一门艺术，用好了人，必将为企业创造更大的财富。

一、用人所长，容人之短

随着经济全球化的进程进一步加快，企业领导者在企业招聘过程中要求越来越严格，甚至达到苛刻的地步。但金无足赤，人无完人，对于人才过于求全责备很容易磨光人才的棱角，而一个没有棱角的人，注定是平庸的。尤其在企业改革开放时期，勇于开拓者对未知领域充满好奇，大展宏图之际遇到意想不到的偏差的时候，面对企业领导者的种种疑问和否定，最终只会造成人才的离开或人才最终沦为庸才。因此，企业领导者应该用人所长。

（一）尊重员工个人兴趣

研究表明，人们对符合自己兴趣爱好的工作往往更有热情，并且工作起来往往轻松而有效。企业领导者应注意观察总结员工的兴趣所在，以此来给员工安排最适合于本身爱好的工作，这更有利于员工及企业发展。

（二）努力挖掘员工潜力

一般情况下，一个人可能有多方面的才能，同时一定有一项是极其突出的，我们通常称这一项为"最擅长的领域"。企业领导者对于职工的运用就在于此，要求一个擅长营销的人去搞设计，往往适得其反，人才也只会变成庸才，在长久的职业失败中丧失斗志，影响了人才一生的发展。因此，将人才安排到最适合他的岗位上，才是最负责的领导者。

（三）容纳员工天性

人的个性常常是矛盾的，有着极高语言天赋的人可能在生活中自卑胆小，工作严谨的人日常生活却极其不拘小节。对于企业来说，应最大限度地容纳员工的天性，释放员工的热情与创造力，才是真正的"用人所长"。

二、用得其所，人才适用

人才的使用最重要的就是"知人善任"。所谓"知人"，并非片面的"这个人能力很强""这个人很棒"这样的笼统印象，而是真正地从人才的实干能力来把握。具体来说，人才哪里优秀？有多优秀？企业用人的人对此应当充分了解。在确定人才能力后，在分析这样的能力是不是公司所需要的，更适合企业中什么职位？在确定能力之后，企业就应该因其材以取之，审其能以用之。

（一）因其材以取之

"其材"即其所适用的领域，这是什么样的人才。因其材以取之可以避免企业用人造成"人才错位"的现象出现。所谓术业有专攻，让一个在学术研究领域造诣很深的人去当院长显然是不合适的，擅长研究的人不一定擅长管理。以此类推，人们往往会出于对于人才的尊重与珍惜去采取一些捧高人才的行为,殊不知这样反而会误了人才。

(二)审其能以用之

所谓"其能"是指人才的能力大小。根据人才的层次的分层授职。大材大用、小材小用是发挥人才最大才能和获得最大经济效益的基础。相反,倘若小材大用、大材小用则可能产生较大的不利影响。

1. 大材小用

大材小用首先是对人才资源的极大浪费,并且可能极大的挫伤人才的积极性。大材小用往往造成人的价值难以实现,而无论是从企业还是个人来说,都是一种损失。因此,大材小用于企业导致埋没人才,伤害人才;于个人导致自尊受伤,耽误前程。

2. 小材大用

小才大用则是对于岗位的浪费,最终的结果不仅仅是贻误团体的工作,还可能给员工本人带来巨大的心理压力,极端者甚至怀疑自我,最终产生不可挽救的后果。因此,小材大用是企业领导者在用人过程中特别需要注意与避免的。

三、破除常格,善用新人

纵观我国职业发展历史,不难发现,企业对于职工的衡量有一个很重要的标准就是"资历",而根据人们的固有思维,"资历"往往跟"年龄"有着直接关系,这也就是年轻有为的人却得不到及时发展的重要原因。虽然目前这一现象得到了很大的改善,但藏在人们心底的定格思维却很难破除。在这一方面,企业应拒绝墨守成规,打破陈旧的条条框框,大胆起用优秀的青年人,从而增添企业氛围、思维等各方面的活力。

此外,千百年来还有一种"常格"就是"伯乐"与"千里马"之间的关系,千里马往往是由伯乐发掘的。但是在现代企业中,员工之间更适宜群众选人,公平竞争的制度。这样一方面可以给予那些不擅长在领导面前展示的人才一定的发展空间,另一方面也可以让领导学习识别人才的方法,有利于企业更好地招聘。

四、适量放权,明责授权

明责授权是企业用人的重要原则,也是企业正常运行的重要保证。一般来说,明责授权的好处非常明显。

(一)企业人员共同分担责任

一项企业项目常常需要涉及企业多个部门人员的配合,而此时企业领导者就要进行分工,将每一项工作分配给各个层次的干部,干部再将工作细化,分配给下属。明责授权能够保证企业工作井井有条、有秩序,按部就班很轻松地完成。

(二)企业领导者更准确地识人

明责授权的工作执行过程往往是各自为战,这对于职工来说是一个很好的展示自己的平台,也是企业领导者考察员工工作精神、处事作风、运用知识能力等各方面的水平。通过考察之后领导者能够更好地认识、了解员工,从而提炼出更有才能的员工来重用与重点培养。同时,明责授权也能够在独立的工作环境中使领导筛选出企业的无能之人,来进行处理与再分配。

在这样的工作流程中,就要求企业的领导环环相扣,领导者给下层干部充分的授权,干部再给自己统领的员工充分授权,同时有着相同的工作方向,更能够增加企业职工之间的默契程度与企业凝聚力。

五、用人不疑,用则信之

"用人不疑,疑人不用"是用人艺术的最高境界。从古至今都不乏这样的例子:因为谗言流布,或是不良人的恶意污蔑,使得领导者对于人才的信任动摇,甚至造成人才的悲剧。事实上,谣言、污蔑确实真假难辨,而这就更要求领导者要实事求是,坚持一切以事实为依据,不随意怀疑甚至处置人才。相信、关心、体贴、理解员工是新时期领导者必须具备的素质,也是增强团队凝聚力,提高团队战斗力的一项重要措施。从普遍的角度来看,用人不疑能起到事半功倍的效果。

(一)能够充分调动员工的工作积极性

一个人对另一个人的信任不仅仅表现在他的工作能力上,更包括对于一个人品行、素质等多方面的信任。而人往往容易受到周围人的看法的影响,当被充分肯定时,人才就有足够的动力与自信去执行工作,从而为企业做出积极的贡献。

(二)有利于吸引人才,留住人才

对于在职场中有远大理想的人来说,他们最想要的是大展身手的机会,而最难以接受的就是没有发挥的空间与机会。因此,领导者的充分信任对于人才来说极其重要,是他们选择企业时的重要考虑因素之一。而能够提供这样机会的企业也一定会受到人才的青睐,进而使企业笼络到更多的人才,在市场竞争中占据主动地位。

(三)能够增强企业凝聚力

对于领导者来说,给予员工充分的信任能够很明显地表现出领导者的绝对自信,而领导者的自信是稳固民心的关键,能够增强员工对于老总领导能力的信任。员工与领导者彼此之间的信任是企业凝聚力的重要表现,倘若一个企业面朝一个方向,那么团结起来的力量无疑是所向披靡的。

六、任人唯贤,理性用人

在我国5000多年的历史发展长河中,对于人才的选择大概只有两种:任人唯亲或任人唯贤。显然,这是两种相互对立的路线,后者相对而言更正派一些,也更公道一些。但对于企业来说,尤其是家族企业而言,企业中重要的领导者往往都是家庭内部成员,甚至一些不太重要的领导者都选择家族亲朋好友等。这样的企业格局往往会给员工没有晋升空间的印象,从而丧失动力,而事实也确实是这样,任人唯亲注定导致了人才无处安放;另一方面,一个领导者全部都是亲人的企业极易造成某些亲属员工不成熟的、骄傲放纵的局面,这对于稳定企业凝聚力有着非常恶劣的影响。

而理性地选择有才能的员工一方面可以给企业创造更高的经济效益,还能够展示出企业对待人才珍惜的态度,从而吸引更多的有才之人来参与企业的发展。

第五节　企业留人艺术

随着全球经济一体化进程的加快,企业人才流失现象越发严重。而在当代,企业之间的竞争其实就是人才的竞争,人才的高流动率极易给企业带来负面影响。因此,企业留人艺术的研究显得尤其重要。

一、企业劳动力的流动

劳动力流动是指劳动者与原企业双方结束劳动关系,重新进入新企业进行劳动的过程。劳动力流动是现代企业的常见现象,但人才的大规模流动会给企业造成严重的负面影响。劳动力流动的原因有很多,企业应该全面地分析劳动力流动的原因,从而采取针对性措施,有效避免企业员工的流失。

劳动力流动根据离职的主动方是否为劳动者分为自愿离职与被迫离职。自愿离职是指劳动者主动离开企业另寻工作机会,而后者则是劳动者因各方面原因而被迫只能请辞再去寻找工作机会。员工离职的原因有很多,企业领导者应根据离职造成的影响针对性地制定不同的措施来控制企业劳动力流失的现象。

(一)劳动力流失的原因

劳动力流失的原因多种多样,主要包括社会因素、个人因素和企业因素三方面的因素。

1. 社会因素

社会因素是指企业以外的社会环境对于职工工作的影响,社会因素错综复杂,同时国家政策、社会意识形态等的变动也会直接导致企业劳动者的流动。具体来说,社会因素主要包括以下两方面:

(1)高素质人才的供需差异

事实上,现代社会并不存在职位供不应求的现象,所谓供不应求基本上都是高素质人才面临的局面。正因为如此,高素质人才成为企业之间的争夺重心。

(2)社会普遍高薪招聘

对于企业而言,他们常常不惜一切代价地去挖掘更能够创造经济效益的员工,企业之间的招聘竞争形势严峻,而最明显的争夺手段就是提高薪酬,而面对高的薪资,人们常常无法拒绝。

2. 个人因素

(1)新进入社会的职工往往对即将到来的职业生涯充满期待,但真正就业以后却发现现实与理想差距太大,从而产生离职念头。

(2)同事之间因为种种原因而有不和谐的因素,导致某一方选择离职。

(3)员工对于企业的忠诚度低,没有强烈的归属感,认为离职无关紧要。

(4)员工心态浮躁,总觉得自己职位、收入等配不上自己的能力,从而选择离职。

(5)人口统计学因素,即包括年龄、收入、性别、婚否、收入等方面的差异而造成的离职取向差异。

3. 企业因素

企业因素是指由于企业内部原因导致的员工流动。企业内部政策导致员工离职的案例屡见不鲜,同时也是对员工流动造成影响力最大的原因之一。通常,主要表现在以下几方面:

(1)薪资水平

企业薪资不合理是造成员工流动的主要原因。一方面由于企业自身发展格局的局限性,企业不能够给员工开出更高的薪资,员工通过比较两个企业所能够提供的薪资水平,往往选择更高的薪酬;另一方面,由于企业分配不合理造成的企业员工薪资水平与其创造的效益不匹配,也会造成员工的反感情绪,从而做出请辞的决定。

(2)发展前景

当员工意识到自己在企业之中不会有自己想要获得的发展前途时,就会对工作丧失热情,以至于以离职收场。一个有抱负的青年不会将自己桎梏为一个井底之蛙,对于没有发展前景的企业,他更愿意选择将其作为自己职业生涯的跳板,因此离职也是计划之内的终点。

(3)管理制度

管理制度是指由于管理者的要求过高或态度恶劣等对员工造成心灵创伤而导致的职工离职。管理制度还包括合理的上下班时间和加班制度等。此外,领导者不分情面的指责也会对员工的自尊心造成巨大的创伤,从而直接导致员工不愿意工作下去的负面情绪,最终离职。

(4)工作环境

工作环境的原因一方面是企业内工作环境恶劣,包括空间太小、工作所需设备、条件等不全面等;另一方面则是职工住所与企业相距太远,这也会导致企业员工因厌倦于奔波而选择离职。

(二)劳动力流失的影响

员工流动是企业与员工之间关系的集中体现,员工的不正常流动会给企业的生产经营带来极大的负面影响。

1. 影响企业经营

对于企业来说,关键职位的职工离职很有可能带走与其相关的技术、客户及身边关系亲密的同事,这对于企业而言,不仅仅是一个人的离职,更是相当于企业人力资源的损失,可能直接影响企业的持续发展。

2. 影响工作秩序

在员工离职率高的企业,某些岗位的人员过多更换必然影响工作。因为新员工对岗位有一个适应过程,如销售代表需要熟悉产品和客户。一个工作得心应手的员工走了,换了一个新员工,一段时间内新员工很难达到老员工的水平。不仅如此,还容易造成工作中断。如果离职人员当中出现不辞而别等现象,那么工作秩序则将大打折扣。

3. 增加招聘、培训费用

企业员工离职必然要求重新招聘、重新进行岗前培训来保证企业正常运行,而招聘又涉及一系列的招聘费用,包括广告费、中介费、工作费用等,培训也涉及一系列的费用。人才流失越多,则招聘、培训的次数越多,长此以往,也会对企业造成不小的经济负担。

4. 降低企业凝聚力

职工离职最容易造成的结果就是企业之间人心涣散。因为对于员工来说,想要离职十之八九会找身边的同事商讨,这是有一种多米诺骨牌效应的趋势,每一位员工的离职都可能造成企业中至少两名以上的员工产生离职的想法。这样一来,企业凝聚力大大下降,而没有凝聚力的公司很难产生共同的价值观,没有共同价值观就很难提高企业竞争力,也极易导致企业的人事崩溃。

二、企业人才的筛选

对于企业留人来说,首要目标就是企业应该清楚要留下那些人,这就涉及企业综合素质考评的问题。一般情况下,企业人才筛选通常着重于员工的工作绩效与其未来发展目标两方面。

(一)绩效考评筛选

1. 绩效考评的含义

绩效是指员工对其所承担的工作的完成程度。定期考核人才能够全面了解企业的人才现状,领导者能够做到心中有数;同时有利于进一步筛选人才,监督职工更好的履行职责,增强人才的责任和事业心。

定期考核人才是企业人力资源管理的重要环节。企业进行绩效考评时,首先应做好前期的准备工作,包括考核范围、考核内容、考核标准等。其中考核内容包括人才的思想政治表现、工作态度、业务水平、综合能力、业绩成就、身体状况、心理素质等多方面。

2. 绩效考评的程序

(1)制定考评标准

根据员工的工作性质确定绩效考评的指标和标准。考评指标通过职位的分析得到,能够反映出岗位特殊性。一般来说,企业的考评指标主要包括以下四方面:

①业绩标准

业绩标准是企业最常用的考评方式,通常是指企业直接为企业创造的利益、价值等。业绩标准就是对员工日常工作的成果进行综合评价。

②资格标准

资格标准是指职业的某些硬性标准,比如注册会计师资格证,或某些硬性的学历要求,资格标准的达到不是一朝一夕能够获得的,必须经过专业的培训。

③行为标准

行为标准则是指员工日常工作的出勤率、对上级领导指示的服从程度、平时行为中所表现出的责任心等,行为标准是衡量一个员工是否遵守企业秩序的一个重要手段。

④相对标准

相对标准是指员工之间的内部竞争,相当于员工之间相互比较,共同进步。

但这样的方式可以用于日常工作中,但不适宜用于员工考评,一方面考评程序太过复杂,另一方面在公平性上有失稳妥。

(2)收集绩效信息

绩效信息就是平时对于员工的考评产生的一系列结果,主要以数据的方式呈现。比如,出勤率以员工每天的刷卡报到数据为依据、业绩效果以业务创造的价值数据为依据等。除了数据以外,还包括员工主要的工作事件,即对企业内部甚至企业形象造成影响的员工事件,这都是属于绩效考评的信息资源。

(3)确定考评方式

员工考评方式多种多样,常用的手段包括以下几种:

①简单排序法

简单排序法就是将员工需要考核的各项指标综合起来进行排序,这种考评方法成本低,但由于比较方式过于粗糙,容易造成同类型职工之间评价不公平。

②相互比较法

相互比较法就是从员工之间一对一进行比较。然后胜者、负者再一一相互比较,最终判定出绩效排名。相互比较法相对而言较为公平,但考评成本太高,比较适用于员工较少的企业。

③关键事件法

关键事件法是指在工作中,由于员工行为取得了不同寻常的成功或失败。并且事件必须是与工作绩效相关的,较为典型的事件,而非一些琐碎的、无关紧要的小事。将关键事件进行收集、归纳、总结,从而得出可信的考评结果。

除了以上三种最常见的手段之外,企业还会采取行为锚定等级量法、交替分级法等各种复杂的考评手段,从而能够更公平地为员工的职业价值进行综合排序。

(4)反馈考评结果

绩效考核的目的是能够帮助员工找出工作中的不足,并与之进行沟通,来进行改进,以提高员工的工作绩效,保证员工的工作不偏离既定的绩效目标。因此,绩效反馈是绩效考核必不可少的程序,也是绩效考核过程中最为重要的部分。绩效反馈主要包括根据考核结果实施考评面谈、根据绩效面谈制订绩效改进计划以及根据绩效改进计划进行绩效改进指导。

大多数的员工都希望能够得到关于对自身工作绩效好坏评价的反馈,并希望能够说明为什么好或不好。因此,企业管理者有责任向下属及时准确地提供信息反馈,这需要管理人员同下属人员就他们的绩效和进步情况进行面谈讨论。

一旦发现绩效低下,最重要的就是找出原因。绩效不佳的因素可以分成两类。一类是个体因素,如能力与努力不够等;另一类则是组织或系统因素,比如工作流程不合理、官僚主义严重等。绩效诊断应当先找出组织或系统因素,再考虑个体因素。一旦查出原因,管理人员和员工就需要齐心协力排除障碍。由于个体的因素导致绩效不高时,管理人员要充当导师、帮助者的角色,来帮助员工制订绩效改进计划。绩效改进计划主要包括三方面的内容:一是明确的改进目标,二是改进绩效的具体方案,三是达到改进目标的时间期限。

绩效改进计划制订出来后,管理者就要随时进行追踪、支持、帮助和指导。要进行动态、持续的绩效沟通,即管理人员与员工双方在计划实施中随时保持联系,全程追踪计划进展情况,及时排除遇到的障碍,必要时修订计划。

面对绩效长期较差的员工,企业就要对其进行筛选,从而优化企业人力资源团队,为企业创造更高的效益;对于绩效居高不下的潜力员工,企业则应才尽其用,留住人才。

(二)职业选择筛选

所谓职业选择筛选就是员工除了自己本身的优秀业务能力、工作水平之外,是否还有与企业一样的发展目标。这也是企业是否需要留下人才的重要衡量标准。

对于企业而言,可用的人才才是企业的人力资源,可用的人才是人才,倘若职工虽然绩效优异,但对企业忠诚度低,这样的人倘若被重用,甚至会给企业带来灭顶之灾。因此,企业对于员工的筛选还包括职工与企业互相惺惺相惜,有着共同的方向,才能携手走得更高、更远。

三、企业留人的方略

5D性格分析专家宋联可博士曾总结出企业留人的12条策略:使命留人、福利留人、制度留人、利益留人、薪酬留人、前途留人、培训留人、文化留人、机会留人、荣誉留人、成就留人、感情留人。这12条策略可以说是极其全面地总结了企业留人的方略,每一种方案根据人的差异也会产生效果的差异。在现代企业中,通常通过合同留人、薪酬留人、文化留人、前景留人、情感留人、体制留人六方面来控制企业优秀人才的流动。

(一)合同留人

合同留人要求企业招聘人员在招聘新人时,要把握好招聘大关,精准、全面地识人。根据受聘人员各方面品质和条件,录取员工并签订一定时间的合同。通过签订合同,给企业输入新鲜血液,使企业始终保持一支稳定、有战斗力的配备齐全的员工队伍。

（二）薪酬留人

高额的薪水是最常见的留人的方法，也是见效最为明显的留人方法。薪酬一方面可以解决人"生存"的第一要义。另一方面，还是一个人个人价值的表现形式，同时也是地位的象征。"高薪留人"是很多企业为避免人才流失而采取的必要策略。通常，薪酬主要包括工资与福利两部分。高额的薪水是与员工的绩效息息相关的，在公平的前提下，高薪有利于激励员工稳定工作。除了固定的薪水之外，企业良好的福利策略有利于激励人才积极工作。固定的薪水可能会让员工觉得工作一成不变、没有挑战，但是良好的福利政策为员工提供了挑战自己的可能性。相关奖项，比如法律规定的五险一金、表现奖、全勤奖等促使员工处于激励状态下。

（三）文化留人

企业文化属于企业的软实力之一，包括企业在经营过程中形成的价值追求、运行体制、经营理念等。独特而富有人性味的企业文化可以感染、同化员工，彰显出企业的内涵，优秀的企业文化如责任制度、奖惩分明、人才培训计划等，可形成优良的企业风气，增强员工对企业的归属感，进而留住员工。

（四）前景留人

前景留人包括企业前景和员工自身前景，企业前景即企业未来的发展空间，这与企业的文化息息相关。除了服务企业，员工也重视自身未来的规划和发展，使自身"升值"。企业除了提供相关的培训途径之外，最好采用科学的用人机制，给优秀的员工担任更高职务的机会，职位提升能激励、留住优秀员工。

（五）情感留人

员工对于企业的重要性不言而喻，除了以上涉及的利益性较重的留人策略之外，企业需要加大对员工的情感投资，将利益化作感情的基础。在企业日常运行中让员工感受到企业的人文关怀，多与员工交流沟通，了解员工的现状并为其解决相关的实际生活困扰，让员工感受到企业对其的重视，增强员工的忠诚度。

（六）体制留人

企业要想长久的留住老员工、吸纳新员工，不能够仅仅靠一对一的投资，企业必须要有真正吸引人的体制，才是长久之策。而对于体制的建设要从上下级关系、激励机制、职工工作条件、职业水平提升条件等多方面进行完善，营造更适宜人才发展的环境。

第四章

企业理财艺术

第一节 企业理财概述

一、企业理财的目的

（一）企业理财的概念

企业理财目的,亦称企业理财目标,是指企业在进行财务活动所要达到的根本目的,是评价企业财务活动是否合理的标准,它是一切财务活动的出发点和归宿。因此,企业理财的目的决定着企业理财的基本方向。企业理财目的与企业的组织形式、管理结构等因素密切相关,这些因素直接影响到与企业相关的各个利益集团及各个利益集团的利益来源,利益集团的不同和各利益集团的利益来源的不一致必然会对企业理财的目的产生直接的影响。不同的企业组织形式存在着不同的利益主体,不同的管理结构导致不同利益主体之间的利益矛盾方式的变化,企业理财目的正是各种利益主体间对利益争斗的产物。

（二）企业理财的基本目的

综上所述,企业理财目的会受到与企业相关的各种利益主体的利益矛盾的影响。一般来说,如果某种利益主体能将其目的作为企业理财的目的,那该利益主体的经济就最容易得到满足。根据企业理财的实践,具有代表性的企业理财的基本目的主要有下列几种形式:

1. 完成计划

以完成计划为基本目的的财务管理,可进一步分为以完成国家计划为目的的财务管理和以完成上级企业计划为目的的财务管理两类。

（1）以完成国家计划为目的

以完成国家计划为目的的财务管理在计划经济年代普遍存在。在此种经济模式下,企业并不是个独立的商品生产者,而是国家机关的附庸,其本身并没有独立的财权、物权和人权,也没有独立的经济利益。企业的一切生产行为都是按照国家计划行事,其经济利益也与完成国家计划任务的好坏密切联系在一起。完成了计划就会有奖励,未完成则受罚。此时的国家计划是以产品设计为中心的包括生产技术财务计划在内的全面计划,是从国家整体上考虑经济效益,并不与企业的经济利益相联系,企业在执行具体的生产计划时既无权也不需要全面考虑企业的经济效益。这样一来,企业要想提高经济效益的途径就是降低成本,特别是要通过提高劳动生产效率来降低生产成本。

(2)以完成上级企业计划为目的

随着计划经济被市场经济所取代,以完成计划为目的的财务管理仅存在于以完成总公司或母公司计划为目的的分公司或子公司的财务管理中。企业总部或母公司通过编制计划限制下属或子公司的财权,要求下属单位为整个企业服务,会按照计划的完成情况对下属单位进行奖惩,其目的就是保证企业整体利益的最大化。这一现象在实行现代化管理的企业中极为普遍,所以也应成为企业理财目的的研究内容之一。

2. 利润最大化

(1)利润最大化的含义

利润是企业经济效益的一种表现形式,具体来说,就是按权责发生制和收入与费用的配比原则计算出的企业全部收入与全部成本和费用之差。利润最大化,包括利润额最大化和利润率最大化两类指标。其中,利润最大化是利润指标与某种形式的投资的比率,比如总资产利润率、净资产利润率等。

(2)以利润最大化作为理财目的的优点

从经济学层面看,经济学家多以利润最大化这一概念来分析企业行为、评价企业的业绩,他们认为经营企业的目的就是追求最大利润。因此,企业理财的目的相应地就是追求利润的最大化。

从会计学层面看,利润是可以通过财务会计体系计算出来的财务指标,利润的确定具有可操作性。而行为目的的可计量性,是控制行为的前提条件。因此,以利润最大化作为企业理财目的是具有可操作性的。

从利益对不同利益主体的经济利益影响的层面看,利润在一定程度上反映了企业的经济效益,不同利益主体的经济利益都与利润指标有关。利润既是国家税收的基础,又是股东获取投资回报的基础,也是经营者与职工获取经济利益的基础,还是企业资本积累和扩大再生产的源泉。

正因为与企业相关的众多的利益主体的共同关注,将利润最大化作为企业理财的目的才被普遍接受。

(3)以利润最大化作为企业理财目的的缺点

第一,利润最大化没有充分考虑风险问题,可能会导致企业在进行财务决策时采纳利润最大化但风险也最大化的方案。

第二,利润产生的方式是多样的,既可以通过正常的增加收入和降低成本的途径取得,也可以通过选择会计政策的方法取得。比如,通过减少必要的维修成本、科技开发成本等方法来减少会计的账面成本,使会计账面利润最大化。但这种方式只会使企业产生不必要的现金流出,给企业的生产经营带来不利的影响。

第三,利润并不代表投资者的全部利益,更多的是经营者的利益,因为经营者的收入在很大程度上与利润有关。比如,在实行按利润计提经营者奖金的情况下,经营者的利益就与企业利润的高低密切相关了。此时,很容易促使经营者利用各种办法增加利润,从而导致企业行为的短期化,最终损害到投资者的利益。

第四,利润是按照权责发生制计算得出的,与按收付实现制计算的现金净流入量并不相等,很难与货币的时间价值相联系。这样,以利润作为决策目标,极易造成决策失误。

3. 企业价值最大化

(1)企业价值的含义

企业价值是指企业对其所有者而言的价值,具体说就是企业能为其所有者带来的盈利能力的价值。企业价值是企业盈利能力和风险水平的函数,即企业价值=f(盈利能力,风险水平),该函数最一般的表达是企业价值等于企业未来现金净流入量的折现值。

(2)以企业价值最大化作为理财目的的利弊

以企业价值作为企业经营的目的,考虑的因素比利润最大化多。在经营过程中,企业除了要考虑盈利能力,还要考虑企业的风险水平以及市场对企业价值的评价。同时,外部社会的评价会直接影响到企业价格,企业价格又是投资者获利最直接的表现,而企业的价格还受到市场上供求关系的影响。这种供求关系不可避免地会受到社会对企业盈利能力和风险水平评价的影响,进而影响到企业的经营环境。由于考虑到上述众多因素,内涵极为丰富,摆脱了利润最大化的局限,有利于企业的长期稳定发展。

从理论上,以企业价值最大化为企业的理财目的有很多优点,但它仍存在若干不足之处。其中最主要的便是企业价值难以准确地计量。如果以抽象的企业价值作为企业理财的目的,可能会因其操作性差而无法在具体的过程中实施。如果以具体的企业价格作为企业理财的目的,又可能由于市场价格的不稳定性,使企业无所适从。同时,站在投资者角度看,企业价值最大化未必就会使股东权益最大化,因为随着股东的不断加入,利润的再分配会给部分股东带来利益,使另一部分股东产生损失,而以企业价值最大化作为企业理财目的,无法揭示这一现象。

4. 股东财富的最大化

(1)股东财富的含义

股东利益的来源包括股利收益和资本收益两方面,股利收益是指股东凭借手中的股份从企业分得的股利;资本收益是指股东持有股份的现实价值或出售股份所得与购买股份所费之间的差额。以股东财富最大化作为企业理财的目的,就是要求企业通过科学、合理的理财,使现有股东的财富达到最大化。

(2)以股东财富最大化作为理财目的的利弊

在股份制企业中,由于股东进入或退出企业实质上都会产生股东权益的再分配,再分配的存在可能会给不同股东带来股东权益的盈利或亏损,使得股东权益的稀释和浓缩现象频繁发生,这说明企业价值最大化仅是股东财富最大化的前提条件之一。为了保证股东财富最大化的目标实现,就要关心企业价值在不同股东之间的分配问题,以确保企业现有股东权益的最大化。这样才能有利于保证投资者的利益。

但是股东财富与企业价值一样,难以准确地计量。如果以股东财富作为企业理财的目的,可能因其操作性差,无法具体实施;如果以具体股份的市场价格作为企业理财目的,又可能因市场价格的不稳定性,使企业理财无所适从。另外,该理财目的只强调了股东及其利益,忽视了其他利益集团的利益,如果处理不当会使各个利益集团间产生冲突,不利于企业经营。

5. 不同理财目的的区别与联系

(1)三者之间的区别

利润、企业价值和股东财富的区别,从利益主体看有一定的区别。其中,利润指标和企业价值指标与众多的利益主体相关,而股东财富最大化只与股东的利益密切相关。从计算角度看,股东财富考虑的因素众多,企业价值次之,利润考虑的因素最少。

(2)三者间的联系

利润、企业价值和股东财富之间,具体看就是计算企业价值的基本前提之一,而企业价值又是确定股东财富的基本前提之一。当公司风险不变时,利润最大化就代表着企业价值的最大化;股东结构不发生变化时,企业价值最大化就代表着股东财富的最大化。

二、企业理财的基本内容和特征

(一)企业财务的含义

企业财务是指企业资金运动和由资金运动所引发的企业与各有关利益主体之间的经济利益关系,该经济利益关系又被称为财务关系。要认识企业财务的特征,就要了解企业资金运动和由此引发的各种财务关系。企业的现金流转运动如图4-1所示。现金运动是资金流动的主要形式,现金收付是连接各次资金循环的纽带,每一次现金的支付表示一次资金循环的开始,每一次现金的收回表示一次资金循环的结束。因此,图4-1较完整地表示了企业资金运动的全过程。从图4-1可以看出企业资金运动可分为资金筹备(资金流入)、资金运转(资金在内部循环和周转)、盈利分配(资金流出)三个主要阶段。

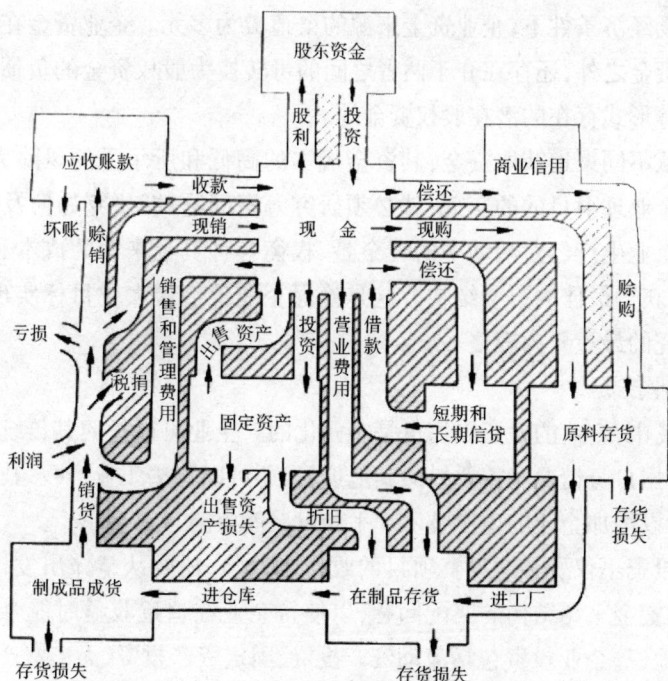

图4-1　制造企业的现金流转全图

在资金筹集阶段,企业通过发行股票获得自有资金,通过借款获得负债资金,是企业一项连续不断的理财活动,是保证企业生产经营活动得以正常进行的基础。企业自有资金和负债资金构成了企业资金的最基本来源。

在资金运转阶段,企业首先将现金转变为各种固定资产、原材料等非现金资产;原材料经过加工、销售再转变为现金;固定资产等长期资产通过折旧或摊销转变为成本经过销售,最后转变为现金;各种人工、管理等费用通过各种形式进入产品成本和期间费用,最后在销售中收回。重新流回的资金可分为补偿企业生产经营耗费的资金和增值部分的资金。

在盈利分配阶段,部分资金增值额流出企业不再参与循环和周转,剩余部分继续参与企业的生产经营过程。

(二)企业理财的基本内容

企业理财,或称企业的财务管理,是对企业财务活动的管理。它受企业财务活动的特征制约,根据企业财务活动的特征,企业理财的主要内容相应地分为企业筹资、企业投资和盈利分配三方面的内容。

1. 企业筹资

在市场经济条件下,企业资金来源的渠道极为多元。企业资金在分为股权资金和负债资金之外,还存在介于两者之间的可转换为股权资金的负债资金以及以认股权证等形式存在的潜在股权资金等。

企业从不同渠道获取资金,其资金成本的高低和所承受的风险大小就不同。为了保证企业理财目的的实现,就必须研究筹资问题,即研究如何及时和足额地筹集满足企业生产经营活动中的资金量、权衡各种资金来源的成本和风险,通过有机结合,获得最佳的资金结构。这是确保企业价值最大化目标实现前提,是企业理财研究的最重要内容之一。

2. 企业投资

在市场中,企业的投资渠道也是多元化的。企业可以投向其传统生产经营领域,也可根据自身情况和需要投向其他项目,还可以购买工业产权、技术专利和无形资产等,以增加企业的生产技术水平和发展能力。

企业投资不仅要考虑投资项目的收益和风险,还要从整体出发,考虑企业的资产结构、资金来源结构的匹配问题,以使得企业在追逐收益时能合理地控制风险。具体地说,企业投资包括流动资产投资、固定资产投资、无形资产投资以及对外的短期和长期投资等,其中每一类投资又可以进一步分为多种具体的投资。总之,资产负债表的资产方的所有项目及其明细的项目均属于企业投资研究的对象。

3. 盈利分配

利润是企业生产经营的最终财务成果,投资者向企业投资就是为了使其资本获得增值。企业在将利润以股利形式分配给投资者后,留存收益将会减少,两者成反比关系。一般来说,在资金市场体系健全的情况下,盈利分配的方式和方法会影响到投资者的股利收益和股票的市场价格,即影响投资者的资本收益。任何盈利分配方案都会对股东的经济利益带来不同的影响,备受股东和与企业相关联的各类利益集团的关注。

盈利分配涉及股东财富最大化和企业价值最大化问题,也是协调股东利益关系、股东与债权人利益关系、股东与经营者利益关系、股东与职工利益关系以及股东与企业利益关系的重要手段。

三、企业理财的方法体系及影响因素

（一）企业理财的方法体系

为了完成企业理财的目标,企业必须建立一套专门的企业理财方法体系,按照管理学的基本原理和企业理财的主要内容,该体系由财务预测、财务决策、财务计划、财务控制和财务分析五方面组成。

1. 财务预测

财务预测是在掌握企业的外部环境和内部条件的基础上,对企业未来的财务活动过程和结果进行的推论。它是进行财务决策的基础,预测的准确程度将直接影响到财务决策的正确性,从而对企业理财目的的实现产生重要的影响。

一般情况下,应该尽可能地进行定量分析,要考虑企业的内外部环境、历史和现有条件的资料,建立数学模型,来推论企业未来的财务活动过程和结果。也可根据经验进行定性分析,估计企业未来的财务活动过程和结果可能落入的区间范围。

财务预测涉及企业财务活动的全过程,主要包括总资产和各种具体资产需要量预测,不同筹资方案的筹资成本和筹资风险预测,不同投资方案的投资收益和投资风险预测,不同筹资与投资相配合的方案收益和风险预测,不同盈利方案对企业价值影响的预测等。

2. 财务决策

财务决策是根据企业理财目的的基本目标和具体目标的要求,运用专门的方法从多种备选方案中选择最优方案的过程。财务决策是编制财务计划的前提,是企业理财的核心内容。

财务决策首先要确定决策目标,在决策之前,决策者必须将决策目标明确化。然后用确定性决策方法、不确定决策方法、风险决策方法等专门的决策技术对备选方案进行择优。与财务预测一样,财务决策内容包括筹资决策、投资决策、盈利决策三方面。

3. 财务计划

财务计划是企业组织财务活动的纲领性文件,是在财务预测和财务决策基础上运用专门的方法,对各利益主体的利益进行协调和对不同财务目标进行综合平衡后制定出的一系列财务指标体系。它由项目计划和期间计划组成,基本目的是确保企业理财总目标的实现。

财务计划包括确定计划指标、制定保证措施、具体编制计划三方面。在实务中财务计划多是以财务预算的形式表示,因此财务计划又称为财务预算。财务预算是反映企业未来一定预算期内预计的财务状况、经营成果和财务收支等各种预算的总称。具体的财务预算由项目预算、全面预算、日常预算三大类组成。

4. 财务控制

财务控制是根据财务计划目标运用专门的方法及时发现实际结果和计划目标的差异,通过分析查找产生差异的原因,针对原因寻找纠正偏差的方法,使实际执行结果与计划目标保持一致。

财务控制是企业理财的一项日常性工作,贯穿企业理财的始终。在实务中,财务控制涉及与企业相关的各类经济利益主体的经济利益,是处理各种财务关系的过程。

5. 财务分析

财务分析是利用企业的财务报表和构成财务报表的相关明细资料,对企业财务活动过程和结果的分析,目的是通过揭示企业盈利能力和风险水平来判断企业价值。

由于企业理财的基本目的是企业价值最大化,因此判断企业价值就成为完成企业理财任务中不可缺少的分析工作。通过财务报表评价企业价值,可使估计企业价值的工作简化,适应企业外部对企业价值判断的需要;又可评价企业经营业绩及经营中存在的问题,为改进企业经营管理提供可行的方案。

(二)企业理财的影响因素

1. 货币时间价值

货币时间价值是理财学中一个重要概念,是企业筹资、投资和盈利分配等环节必须考虑的因素之一。货币资金获取利息额的多少与时间成正比,因此,又称为货币的时间价值。货币的时间价值会直接影响到企业价值。通常,货币时间价值的计算主要考虑以下几方面的问题:

(1)单利是指只对本金计息,对本金产生的利息不再计息的利息。货币时间价值有终值和现值之分。终值是指现在一定量的资金在未来某一时间的价值;现值是指未来一定量的资金的现在价值。两者是一个相对的概念,若利息率和期限固定,两者互为逆运算。

(2)复利是指不但本金要计算利息,而且本金产生的利息也要计算利息,即包括利滚利在内的利息。在现实中,有些存(贷)款利息是以单利计算,但当其到期后,再转存(贷)款时,就转化为复利了。

(3)不等额系列现金流量的终值和现值的计算。系列现金流量是指在不同的时间连续分次流入或流出的现金,因每次现金流量的差异,分为不等额和等额的系列现金流量。实际上,系列现金流量的终值和现值就是系列现金流量中每次现金流量终值和现值之和。

(4)年金的终值和现值。等额的现金流量称为年金,是现金流量中的特例。根据不同年金特征,可分为先付年金、后付年金、递延年金和永续年金四类。

2. 币值变动风险

(1)币值变动对资产和负债的影响

币值变动对资产的影响可分为对货币性资产和对非货币性资产的影响。货币性资产是指在物价变动的情况下,金额是固定不变的,或是以货币直接反映的资产;非货币性资产是指在物价变动情况下,金额或价格随物价增减变化而变动的资产。在通货膨胀条件下,持有货币性资产会损失,而持有非货币性资产,会取得价值升值。在通货紧缩时则相反。

币值对负债的影响,可分为对货币性负债和对非货币性负债的影响。货币性负债是指在物价变动情况下,金额是固定不变的,或是以货币直接反映负债;非货币性负债是指在物价变动情况下,金额随物价变化而变动的负债。

(2)币值变动对实际收益的影响

实际收益是指在不考虑币值变化率和其他风险因素时的纯利率,理论上它是资金需要量和资金供应量在供需平衡时的均衡点利率,该利率是每个人在确定最优投资量的折现率。在货币削弱或增加货币的实际购买力,相应地也降低或提高了投资项目的收益率。在通货膨胀条件下,货币资金的供应者会要求提高利率水平,以补偿购买力的损失。通货紧缩情况则相反,由于购买力增加,货币供应者可能会降低利率水平。所以,名义无风险收益率的高低由实际收益率和币值变化率共同决定。

(3)通货膨胀率对现金流量终值和现值的影响

通货膨胀会导致币值下降,币值下降会冲淡货币收益的价值,使得盈利转为亏损,从通货膨胀对现金流量的终值和现值的影响原理看,是对其价值以通货膨胀率为折现率再进行一次折现。

3. 信用风险

信用风险是指借款人不能履行还本付息责任所产生的风险。投资者在风险的环境中从事投资,均会要求获得风险补偿。信用风险越大,市场上所要求的风险补偿就会越多。

由于投资者对不同风险水平投资要求的收益率不同,为了让投资者把握不同的风险水平,伴随金融市场的逐步成熟和完善,专门评价证券信用的评价机构就随之产生。证券评级是从行业分析、财务分析和信用契约分析三方面,通过对若干因素定量和定性的分析,最后给出证券级别。证券级别越高,风险越低,收益率也越低。因此,企业在筹资时应充分考虑到评信公司的评级结果,根据企业自身特征选择最佳筹资方式,以降低筹资成本。

4. 流通风险和期限风险

证券的流通能力强弱和到期时间的长短对证券价值有很大影响。证券流通能力就是证券的转售能力,是指其所有者将证券转换为现金的能力,包括证券实现的价格和所需的时间两方面,两者息息相关。就金融性资产而言,其变现了的强弱是由在不作大幅度价格让步的条件下,能在短期内出售的该类证券的能力决定。证券的价格让步幅度越小,出售期越短,转售能力就越强;反之,让步幅度越大,出售期越长,转售能力就越弱。

证券到期日的长短与市场利率变化的可能性成正比,到期日越长,市场利率变化的可能性就越大,反之越小。为弥补可能的损失,就必须对到期日长的证券要求更高的收益率。期限越长,就越难估计市场率的变化程度,期限风险的补偿收益率就难以精确确定。期限风险补偿率的高低受证券期限的长短、实际收益率的高低影响。

第二节　企业筹资艺术

一、企业筹资艺术概述

筹集资金是企业一项连续不断的理财行为,是企业理财的三大基本内容之一。企业为满足正常生产经营活动所需的铺底资金而产生筹资动机,它包括新建筹资动机、扩张筹资动机、偿债筹资动机、混合筹资动机四方面。而企业筹资又是一项复杂的工作,为了有效地筹集资金,必须遵循规模适当、筹措及时、来源合理、方式经济的原则,以确定合理的资金结构,降低成本,减少风险。

　　一般情况下,企业在确定筹资时机时,首先必须对筹资的内外部环境进行评价,并在此基础上确定最佳筹资时机。为满足良好的投资机会对筹资的要求,企业在确定与选择筹资时机时,必须选择和把握那些投资收益高、资本成本相对较低的时期进行筹资。企业在进行投资时,首先利用的是企业内部资金,在内部资金不足时才考虑对外筹资的需要,随业务量变动而变动的资金占用,与企业临时采用的筹资方式所筹集的资金规模相对应,筹资是为了服务于投资。因此,企业筹资规模必须要与投资需求时间相对应。

二、企业筹资分类

　　掌握企业资金的来源分类,有利于根据资金的不同需要,安排筹资结构。

　　(一)按筹集资金使用期的长短分类

　　掌握筹集资金使用期限的长短,有利于企业安排资金的使用,或根据资金的需要筹集资金,使企业在控制风险的前提下,追求收益的最大化。这样筹集资金可分为长期资金来源和短期资金来源。

　　长期资金来源,在会计上是指使用期限在一年以上的资金来源,包括所有者权益和长期负债。这种资金来源使用期限长、灵活性大,企业的财务风险低,但筹集的成本高。

　　短期资金来源,在会计上是指使用期限在一年以内的资金来源,即企业的短期负债,包括短期银行借款、短期应付票据、应付账款和其他各种短期应付款等。一年内到期的长期负债也属于短期负债。这种方式筹集成本低,但使用期限短、灵活性低、财务风险高,一般不用于长期投资。

　　(二)按筹集资金的性质分类

　　按照筹集资金的性质划分,资金来源可分为所有者权益资金和负债资金。

　　所有者权益是指所有者在企业资产中享有的经济利益,其金额为资本减去负债后的余额。在资产负债表上,所有者权益按照实收资本(或股本)、资本公积、盈余公积、未分配利润等项目分项列示。这种方式的资金来源风险低,甚至没有财务风险,但会稀释股东权益,筹资难度大,成本高。

　　负债是过去的交易、事项形成的现时义务,履行该义务预期会导致经济利益流出企业。在资本负债表上,负债按照流动性分类分项,包括流动负债和长期负债等。这种资金来源筹集相对容易,成本低,不会稀释股东权益,当资本收益率大于负债成本率时,可以获得财务杠杆利益,但财务风险大,特别是当负债率过高时会降低企业价值。

（三）按资金提供者的性质分类

按照资金提供者性质划分，企业筹集资金可分为国有资金、法人资金、自然人资金。

国有资金包括财政和主管部门拨给企业的各种专项资金，有权代表国家的政府部门向企业投资形成的资本，有权代表国家投资的投资公司、资产经营公司、国有集团公司等机构对企业的投资等。其占用时间长、筹集成本低、风险小，但其管理链条长，企业的自主性差。在我国，随着市场经济的发展，国有资金占企业的总资金来源逐渐下降。

法人资金是企业从其他法人企业处筹集来的资金，包括股权资金和负债资金。其筹集面宽、方式灵活，相对容易，利于企业长期发展，但投资者对企业的监管较严，企业的管理成本高，一旦出现问题，其他投资企业会通过各种方法收回资金或接管企业，因此风险较大。

自然人资金是自然人以个人的名义借给企业或投入企业的资金。这种方式因自然人投资踊跃，筹集相对容易，可以扩大企业影响，但因此会变为公众性企业，自然会受到较严的监管，增加管理成本。一旦出现问题，会给企业的形象带来不利影响。

（四）按资金提供者的国别分类

按照资金提供者国别划分，企业筹集资金可分为国内资金和国际资金。

国内资金是指从国内投资者和债权人处筹集的资金，包括从国内各级政府或国有资本代表机构、企业、公民处筹集的国有资金、法人资金、自然人资金。其筹集相对容易，成本较低，但筹资量会因资金市场限制而无法扩大。

国际资金是指企业通过国际资金市场或直接从国外投资者处筹集到负债金和股权资金，理论上包括国外的国家资金、法人资金和自然人资金。其筹集量大，但筹集难度大、成本高、风险大。

（五）按筹集资金是否通过金融机构分类

按照筹集资金是否通过金融机构划分，企业筹资可分为直接筹资和间接筹资。

直接筹资是指企业不通过银行等金融机构为中介，直接从资金供给者处筹集资金，包括发行股票、债券、商业票据，接受商业信用等。其筹资面广，方式和对象选择余地大，成本较低，但对企业要求较高，所有风险均由筹资企业承担，风险较大。

间接筹资是指企业从银行等金融机构筹集资金，包括银行借款、非金融机构的借款、融资租赁等。其获得较容易，效率高，但筹资成本高，方式单一，选择面窄。

（六）按筹集资金是否由内部产生分类

按照筹集资金是否来源于企业内部划分，企业筹资可分为内部筹资和外部筹资。

内部筹资是指企业从经营活动过程中筹到的资金，包括留存收益、折旧基金、形成在前支付在后的应计费用等。其筹资容易、成本低、风险小，带有自然筹资性质，但受企业经营状况限制，很难满足企业发展需求。

外部筹资是指企业从企业外部通过负债或吸收股权资金筹集资金，是企业的主要资金来源。其筹资量大，但成本高、风险较大。

三、企业资本金筹集的方式

资本金是企业投资者创办企业时投入企业的本钱。法律规定办企业必须要投入一定量的资本金，因为资本金是企业设立和从事经营活动的前提，是国家维护社会经济秩序的手段，是企业对外借债的基础，是投资者权益的保障。其方式多样，包括非股票式的资本金、普通股票、优先股票等。

（一）非股票方式的资本金筹资

非股份制公司制企业资本金是采用非股票方式筹集资金的，具有独有的特征和鲜明的优缺点。

1. 非股票方式的资本金筹资的特征。非股票方式的资本金筹资是企业直接与各类投资者之间签订投资合同融入资本金的筹资方式，包括不以股票为媒介和出资方式多样化两个基本特征。不以股票为媒介是该种筹资方式的最显著特征，企业给投资者的出资证明不是股票而是收据，广泛适用于各类非股份制企业。在此类资本金筹资时，股东出资方式十分灵活，包括现金和非现金出资，可以直接形成企业经营所需资产，有利于缩短经营筹备期，提高效率，但价值估计困难，不能根据企业需要灵活地改变资产结构。

2. 非股票方式的资本金筹资的优点。非股票方式资本金筹资的法律程序简单，筹资速度快，可迅速解决企业资金不足问题。同时，因筹集资产的种类多样，在很大程度上将企业的筹资过程和投资过程统一起来，缩短了生产经营的准备周期。

3. 非股票方式的资本金筹资的缺点。非股票方式的资本金筹资方式的资本金筹集的交易市场活跃，转让程序复杂，转让成本高，转让能力差，变现能力差，产权关系无股票明确，容易产生产权纠纷，不利于吸引投资者。

(二)普通股票筹资

普通股是构成股份制企业的最基本股份,普通股票的持有人是企业的最终所有者,离开了普通股,股份企业将不会存在,普通股票也是企业向外借款的基础。普通股票代表对企业剩余资产的所有权。

1. 永久性资金来源和有限责任。普通股票是没有规定最后到期日的有价证券,其持有者不能将持有的普通股票卖给企业,收回自己的投资,只可以转让给其他投资者,从二级市场上收回投资,只有在企业清算时,普通股的持有者才能从企业分得剩余资产。普通股股东作为企业的所有者之一,只承担其投资额为限的有限责任。

2. 股份。按企业章程中规定的普通股票的最大发行量称为定额股份,也称为法定股份;在定额股份中已发售出去的部分叫已发行股份;已发行股份中被社会大众持有的股份称为流通中的股份;由企业收回的已发行在外的部分股份叫库存股份。库存股份必须是已发行后购回的股票,因此已发行股份是库存股份与流通中的股份之和。需要注意的是,库存股份没有选举、收取股利或其他方面的股东权利。

3. 价值。有关法规明文规定,普通股票必须标明票面价值,且不得低于票面价值的价格发行。而全部普通股票的账面价值等于企业资产账面值减去流通在外的优先股票权益之差,每股普通股账面价值等于全部普通股的账面价值除以在外流通的普通股票股数之商。当前在市场交易的价格称为市场价值,可采用一段时间股票的加权平均市场价格表示股票的市场价值。

(三)优先股票筹资

优先股票的优先是相对于普通股票而言的,一是对剩余资产的要求权的优先,优先股票在企业清算时对偿付债务后所余净资产的要求权要优先于普通股票;二是获取股利的权利优先,即其股利支付应先于普通股票股利的支付。

1. 优先股票的特征。优先股票的收益是股票面值与其规定股利率的乘积,一般不参与企业剩余利润的分配,但它没有到期日,不需要还本,具有债券和普通股票性质的混合性筹资方式。另外,优先股票规定有固定股利,这种股利并不是必须支付的。企业在优先股股利支付方面有较大的自主权,不支付优先股股利,并不会像不支付债券利息会使企业面临破产。

2. 优先股票的种类。优先股票按发行条款和股利的分配条款不同,可以分为若干种类。按照股利能否累积为标准,可分为累积优先股票和非累积优先股票;按照能否参与剩余利润分配为标准,可分为参与分配优先股票和非参与分配优先股票;按照是否可转换为普通股票为标准,可分为可转换优先股票和不可转换优先股票;按照是否有收回优先股的权利为标准,可分为可收回优先股票和不可收回优先股票。

四、企业流动负债筹资的方式

流动负债指企业在一年内或者超过一年的一个营业周期内需要偿还的债务合计,包括短期借款、应付票据、应付账款、应交税金、其他暂收应付账款、预提费用等,是企业的短期资金来源。

(一)短期银行借款筹资

短期银行借款是企业通过与银行签订借款合同,从银行取得的一种短期资金来源,是绝大多数企业流动负债中最重要的组成部分。按照是否需要担保分为无担保贷款和担保贷款两类。

无担保贷款是企业凭借自身的信誉从银行取得的贷款,又称信用贷款。企业申请此类贷款时,需要将企业近期的财务报表、现金预算和预测报表等送交银行。银行据此对企业风险和报酬进行分析后,决定是否向企业贷款,并拟定具体的贷款条件。贷款条件主要包括贷款额度、周转信贷协定、逐笔贷款、利息率、最低存款额等内容。

担保贷款是企业通过财产担保或第三者担保取得的贷款,具体可分为保证贷款、抵押贷款和质押贷款三类。保证贷款是指第三者承诺在借款人不能偿还贷款时愿意承担一般保证责任或连带责任的贷款。抵押贷款是指以借款人或第三人的财产作为抵押物发放的贷款。质押贷款是指借款人或第三人的动产或权利作为质押物发放的贷款。

(二)应付票据筹资

应付票据是企业应付的商业汇票,而商业汇票是指企业之间根据购销合同进行延期付款的商品交易时,由收款人或付款人(或承兑申请人)签发,由承兑人承兑,委托付款人在到期日无条件支付确定的金额给收款人或持票人的票据。该票据是一种反映债权债务关系的期票。根据承兑人的不同,商业汇票分为商业承兑汇票和银行承兑汇票两种。

商业承兑汇票是由付款人承兑的汇票,付款人应该在商业承兑汇票到期前将票款足额交存其开户银行,银行在到期日凭票将款项划给收款人或贴现银行。银行承兑汇票是由承兑申请人向开户银行申请,经银行审查同意承兑的票据。银行承兑汇票由于银行的参与,比商业承兑汇票的信誉程度高。

(三)应付账款筹资

应付账款筹资是卖方为了促销,向买方提供赊销而形成的信用。从买方的角度看,应付账款是一种短期的资金来源。影响应付账款筹资的主要因素有产品的经济特征、产品的供求关系、供销商与销售商的经济实力等。

应付账款可按信用期的长短、信用是否有成本等多种标准进行分类。应付账款的成本是指卖方给予了现金折扣的信用。这种信用条件以"2/10,n/60"这类方式在发票上注明。"2/10"表示在10天内付款可以获得2%的折扣,"n/60"表示如不享受折扣可以延期至60天付款。

(四)应计费用筹资

应计费用是在生产经营过程中产生、形成在前支付在后的各种费用,是一种最典型的自然筹资方式。只要企业的生产经营活动在不断地进行,就会产生应计费用,产生一定的内部筹资量,一般没有资金成本。企业中最常见的应计费用有应交税金、应付工资、应付租金等。

应计费用筹资主要是计算出企业应计费用筹资量的大小,以便企业能将它作为等同股东权益资金使用。应计费用虽是一种无成本的资金来源,但这种筹资方式不是由企业自主利用的筹资方式。比如,应付税金支付期由税法规定,需按时缴纳;职工工资应及时发放;应付租金一般无法推迟等。应计费用筹资量的多少,主要取决于企业生产经营规模的大小,在一些规模庞大的企业,应计费用的筹资量会有相当的规模。

第三节　企业投资艺术

一、企业投资考虑的因素

企业投资是指企业的对外投资,即企业将资产投资到其他企业作为其他企业的股份。因为企业资产本身来自股东的投资及投资收益,如果再次投资到其他企业,其所有权即不再属于本企业,本企业无法对该资产的使用及收益施以充分的控制,与当初股东投资预期也有所差距。为了保证公司资产的安全,各地法律往往都会对此做出一定的限制。因此,在企业投资活动中应考虑多种因素,但从财务角度考察,最基本的因素就是风险和收益,投资的风险和收益又受投资结构的影响。

(一)投资风险

投资风险是指投资所形成的收益或资产价值面临的在市场上实现的不确定性。它也是一种经营风险,通常指企业投资的预期收益率的不确定性,只要在风险和效益相统一的条件下,投资行为才能得到有效的调节。

投资风险的大小通常用投资收益水平的不确定程度来计算,估计风险最常用的方法是主观概率法。主观概率法就是先估计某一事件在不同条件下发生的概率,再根据估计的概率计算期望值、方差、标准差、变化系数等指标,最后根据期望值、方差、标准差、变化系数等数值的大小来判断风险的大小。其数值越大,风险就越大。

投资风险识别是风险管理人员运用有关的知识和方法,系统、全面和连续地发现投资活动所面临的风险的来源、确定风险发生的条件、描述风险的特征并评价风险影响的过程。通常,投资风险的识别具有以下几个特点:

1. 投资风险的识别是一项复杂的系统工程。由于风险无处不在,为了准确、全面地发现和识别风险,需要企业风险管理部门和生产部门、财务部门等方面密切配合。

2. 投资风险识别是一个连续的过程。投资活动及其所处的环境随时都处在不断地变化中,所以根据投资活动的变化适时、定期进行风险识别,才能连续不间断地识别各种风险。

3. 投资风险识别是一个长期过程。投资风险是客观存在的渐变的过程,所以在投资风险发展、变化的过程中,需要进行大量的跟踪、调查。

4. 投资风险识别的目的是衡量和应对风险。投资风险识别是否全面、准确,直接影响风险管理工作的质量,进而影响风险管理的成果。识别风险的目的是为衡量风险和应对风险提供方向和依据。

(二)投资收益

企业从事投资活动就是为了追求投资收益。投资收益是企业对外投资所取得的利润、股利和债券利息等收入减去投资损失后的净收益。严格地说,所谓投资收益是指以项目为边界的货币收入等。它既包括项目的销售收入,又包括资产回收(项目寿命期末回收的固定资产和流动资金)的价值。投资可分为实业投资和金融投资两大类,人们平常所说的金融投资主要是指证券投资。

证券投资的分析方法主要有基本分析、技术分析、演化分析三种,其中基本分析主要应用于投资标的物的选择上;技术分析和演化分析则主要应用于具体投资操作的时间和空间判断上,作为提高投资分析有效性和可靠性的重要补充。

投资收益在税收上是作为企业所得税的应税项目,应依法计征企业所得税。投资方企业从被投资的联营企业分回的税后利润,如投资方企业所得税税率低于联营企业,则不退还已缴纳的所得税,如投资方企业的适用税率高于联营企业的税率,投资方企业分回的税后利润应按规定补缴企业所得税。

为了使投资收益建立在可比的基础上,最常用的判断投资收益大小的指标是投资收益率。投资收益率是投资收益额与平均投资额之比。在企业理财中,最常用的投资额指标是资产,如果用资产表示投资额,那么投资收益率就是税后利润与税后利息之和与总资产平均余额的商。根据资产的不同,资产收益率有总资产收益率和各种具体资产收益率之分。

(三)投资结构

企业投资结构是指企业在一定时期的投资总量中,各种投资用途的构成及其数量比例关系,它是企业资产结构的重要表现形式与特征反映。在企业投资总额既定的前提下,不同的投资结构存在着不同的投资收益和投资风险。总体来说,投资的流动性越大,风险越低,相应的收益也越低。

投资流动性的强弱可从资产负债表的排序中看出。在资产负债表左方,即资产方,资产是按照流动性的大小排列的,流动性大的排在前面,流动性小的在后面。因此,可用资产负债表的资产方简略揭示各类投资的风险和收益。具体解释如表4-1所示。

表4-1　各类资产风险水平与收益水平比较表

资产分类	风险水平		收益水平	
	风险水平	基本原因	收益水平	收益来源
流动资产	低		低	
现金		不需变现		无收益或低收益的存款利息
短期投资(短期有价证券)		近似于现金,市价波动小,易于转让		利息高于存款利息
应收账款		销售完成后,处于收回投资的最后阶段		扩大销售,增加利润
存货		收回投资需通过生产和销售环节		有利于生产安排和扩大销售
长期投资		到期时间长,市价波动大		高利息或高股利,以及资本价差

资产分类	风险水平	收益水平		
	风险水平	基本原因	收益水平	收益来源
固定资产		通过折旧进入成本,分期变现,转让能力差		生产经营的基本物资基础
无形资产	高	通过摊销进入成本,分期变现。对企业的依附性强,转让困难	高	降低生产成本,提高销售价格,扩大市场占有率

资产结构的风险与收益水平除了上述表格描述之外,同一类资产的内部也存在着投资结构问题,如库存内分为原材料存货、在制品存货和产成品存货等。在这些分类基础上,还可以更细分类,形成不同的资产组合,是企业能在追求收益的过程中分散风险。

二、企业流动资产投资管理

流动资产投资属于短期投资,是企业连续不断的投资行为,流动资产投资管理的好坏直接关系到企业经营的成本。

(一)现金管理

严格地说,现金不属于投资,因为所谓投资就是将现金转变为非现金形态的资产。但从持有现金会丧失投资机会角度,也可以将现金作为一种机会性的投资损失看。

现金是指立即可以投入流通的交换媒介,具有普遍的可接受性,可以有效地立即用来购买商品、货物、劳务或偿还债务。它是企业中流通性最强的资产,可由企业任意支配使用。现金管理的主要目的就是要在现金流动性与收益性之间进行选择,将现金的余额降低到足以维持企业运营的最低水平,并充分利用暂时闲置的现金去获取尽可能高的收益,使其持有量既能满足企业生产经营的需要,又能使风险降低到合理水平。具体说,企业持有现金主要意义有:第一,满足交易性需要;第二,满足预防性需要;第三,满足投资性需要;第四,满足补偿性需要。

企业的现金支出意味着一次现金运动的开始,现金收入意味着一次资金运动的结束,现金收支是资金循环的纽带。为了合理有效地使用资金,就必须进行全面地安排和调度。现金预算正是对现金支出进行管理的一种有效方法。有了现金预算就可以了解企业各期现金收支情况,估算现金富余或短缺的金额和时间,为现金管理提供依据。

现金管理的目的有两个,一是保证足额和及时地满足企业生产经营对现金的需要;二是尽量缩减企业闲置现金数量,提高资金收益率。但两者互相排斥,财务人员要进行周密的计划,确定最佳现金持有量,使二者有机结合,并能同时实现。加强现金流量管理是实现现金管理第二个目标的前提,其主要任务是尽可能地在合理的范围内延缓现金支出的时间。主要是充分利用各种商业信用。

(二)应收账款投资管理

应收账款的投资和管理是企业流动资产管理的一项重要内容。

企业的信用策略是决定企业应收账款投资水平的最主要和最直接的因素。企业在确定应收账款投资量时,需要考虑的主要因素有信用标准、信用期限、现金折扣、坏账损失、收账费用等。在充分考虑这些因素后,企业就可以全面估计应收账款投资的效益,制定出合理的信用策略。

通过应收账款投资收益与应收账款的投资成本比较,可以计算出应收账款投资的效益。应收账款的投资效益是追加应收账款投资而增加的销售利润,应收账款的投资成本是增加应收账款而发生的机会成本、收账费用、坏账损失等。

产品赊销出去后,企业应当加强对应收账款的管理工作,及时掌握信用动态,采取各种必要的措施催收越期贷款,确保企业的经济效益。

(三)存货投资管理

存货包括各种原材料存货、在制品存货和产成品存货等,它是一般工商企业中占用资金量最大的一类资产之一,其管理复杂得多。

存货投资总量的大小直接影响到企业的收益和风险,决策应该在权衡存货投资的收益和风险的条件下做出。企业在进行存货投资决策时,首先要计算存货投资的边际投资收益率;其次要注意存货投资面临的风险。

存货结构首先可分为原材料存货、在制品存货、产成品存货三类,每一类又可分为若干小类。因在制品收益极不确定,在存货结构安排时,尽量减少其占有比重。对存货投资结构的管理是一项日常性的工作,三类存货比重会随生产活动周期而不断变化,在实际管理中,应为不同的生产周期制订不同的结构标准。

在决定存货量的比重时,还应考虑各类存货品种的投资额的决策,它是确定各类存货的最佳持有量的决策,包括四个步骤:一是选择决策对象;二是取得最佳订货批量或经济量;三是决定存货保险量;四是确定各类存货的最佳持有量。在实际操作中,存货最优投资额应充分考虑多种因素的综合影响,通过收益与风险或不同成本的权衡求得。

三、固定资产投资的决策和管理

固定资产是企业从事生产经营活动的物质基础,虽然固定资产投资是所有投资中风险最大的,但是企业不可能为回避风险不进行固定资产投资。为了避免固定资产投资失误,企业必须重视固定资产投资的决策和管理,主要是做好两方面工作:一是事先对固定资产投资项目的可行性进行科学的预测和论证;二是加强固定资产投资过程的管理,降低投资成本。

（一）固定资产投资的特征

在会计上,固定资产是指企业使用期限过一年的建筑物、机械、工具及与生产、经营有关的设备、器具等。不属于生产经营主要设备的物品,单价在规定价值标准以上且使用年限超过两年的,也应作为固定资产。投资是建造和购置固定资产的经济活动,即固定资产再生产活动。

固定资产是具有在使用过程中保持原来物质形态的那部分资产,具有以下几个特征:

第一,固定资产的回收时间较长。固定资产投资决策一经做出,便会在较长时间内影响企业,一般的固定资产投资都需要几年甚至十几年才能收回。

第二,固定资产投资的变现能力较差。固定资产投资的实物形态主要是厂房和机器设备等固定资产,这些资产不易改变用途,出售困难。

第三,固定资产投资的资金占用数量相对稳定。固定资产投资一经完成,在资金占用数量上便保持相对稳定,而不像流动资产投资那样经常变动。

第四,固定资产投资的实物形态与价值形态可以分离。随着固定资产的磨损,固定资产价值便有一部分脱离其实物形态,转化为货币准备金,而其余部分仍存在于实物形态中。在使用年限内,保留在固定资产实物形态上的价值逐年减少,直到固定资产报废,其价值才得到全部补偿,实物也得到更新。

第五,固定资产投资的次数相对较少。固定资产投资一般较少发生,特别是大规模的固定资产投资,一般要几年甚至十几年才发生一次。

（二）固定资产投资的项目分类

为了计算固定资产投资项目现金流量的方便,一般以固定资产投资项目间的关系为标准,对固定资产投资项目进行分类。按照固定资产投资项目的关系,固定资产投资项目可分为独立投资项目、互不相容的投资项目、先决投资项目和重置投资项目等类别。

独立投资项目,是指一个投资项目的现金流量变化不影响另一些投资项目的现金流量变化的项目。互不相容的投资项目,是指在一组投资项目中,各项目之间具有排他性,其中一个项目的收益将会因采用另一个投资项目而完全丧失。先决投资项目,是指接受某一投资项目的同时或在前必须接受另一个投资项目的投资项目。重置投资项目,是指为了能更有效地生产同一产品或者发挥同样作用而进行的取代现有资产的投资。按照这类标准分类的好处是有利于预测投资——项目与不投资——项目的情况时,企业现金流量的差异,这样就为准确计算每一投资项目可能产生的现金流入量和现金流出量提供了方便,为正确的投资决策奠定了基础。

(三)固定资产的管理

固定资产在生产过程中可以长期发挥作用,长期保持原有的实物形态,但其价值会随着企业生产经营活动而逐渐地转移到产品成本中去,并构成产品价值的一个组成部分。因此,在企业生产经营过程中需要对固定资产进行管理,一般有建设过程的管理和使用过程的管理。

1. 固定资产建设过程的管理

固定资产建设过程的管理直接涉及固定资产建成后的成本,影响到投资效益,是固定资产管理工作的重点之一。固定资产的建设分为自行建设和委托他人建设两种。对于前者,首先应编制详细的固定资产投资、施工等预算,然后从固定资产投资项目的设计开始严格按照预算执行,在以后的物资采购、建设安装、环境工程等投资实施过程中,都必须严格按照预算执行,不得随意更改,要保证预算的严肃性。为保证投资项目能保质保量和低成本完成,企业还应加强核算工作,激励各单位和个人为最优完成预算而努力。而委托他人建设的固定资产,首先要按照投资预算与建设单位签订有利的建设合同,然后是加强监督,按进度拨款,并结合奖励和惩罚的方式,控制建设单位可能发生的不利行为,确保固定资产投资项目能按照预算顺利进行。企业应该对不同的固定资产建设项目采用不同的具体管理方式,分别设置不同的责任单位,以保证优质、高效、低成本地完成固定资产建设项目。

固定资产的建设项目,在实际中必然涉及众多单位或个人,因此财务上必须加强对建设项目的成本控制,为了达到此目的,财务上应对其进行专门的核算,进行深入的成本分析,考核建设单位的业绩,并通过资金调度支持和控制固定资产建设项目的建设进度和成本,从价值方面加强对固定资产建设过程的管理。

2. 固定资产使用过程的管理

固定资产投入使用后,财务上需要对它的价值进行管理,主要的管理内容包括:制订固定资产目录、确定固定资产的折旧年限和折旧方法、固定资产的处理等。

企业应根据实际情况,按照固定资产定义,制定适合企业的固定资产目录。固定资产目录主要是按照固定资产的不同特征对固定资产进行分类,在会计上,固定资产可按照多种标准进行分类。如按照是否折旧为标准,可分为计提折旧和不需计提折旧的固定资产等;按照经济用途为标准,可分为生产经营、销售使用、科研开发、生活福利用固定资产等;按照使用状况为标准,可分为使用中、未使用、不需用固定资产等;按照所以关系为标准,可分为自有、融资租入固定资产等。

企业必须在固定资产分类的基础上,根据固定资产的性质和消耗方式,合理地确定不同固定资产的预计使用年限和预计净残值,并根据科技发展、环境因素等,选择合理的固定资产折旧方法。企业制定的固定资产目录、分类方法、折旧方法等,应编制成册,按照管理权限,经企业股东或董事会批准,按照法律法规保送相关方备案,同时也需备置于企业,供投资者等相关方查阅。企业还需对固定资产的处理权限做出明确的规定,建立规定资产使用和保管的责任制度,以确保投资者对固定资产投资的利益。

四、证券投资的技巧

证券投资不是生产性投资,而是金融性投资。企业运用金融性投资来获取利益,要求管理者既需要有足够的胆略,更要有娴熟的投资技巧。

按照金融资产的类别,证券投资可分为债券投资、优先股票投资、普通股票投资、权益交换性证券投资,以及其他衍生性金融资产投资等。限于篇幅,这里只讨论债券和普通股票的投资问题。

(一)债券投资

对任何一种证券进行投资,首先是要确定它的价值。证券价值是其未来现金流入量的折现值。证券现金流入量、流入期、适用折现率是证券最重要的特征。

证券是发行者按承诺条款还本付息的债务凭证。债券上标明了票面值、利息率、付息期、还本期,债券应该支付的利息额等于债券面值乘以票面利息率,应该偿还的借款金额等于票面值。因此,债券的基本特征是现金流量和现金流动的时期是已知的。这样,计算债券价值的关键因素就只剩下确定适用折现率的问题了。

债券是还本付息的有价证券,其投资仍是存在风险。债券风险包括信用风险、利率风险、币值变动风险、变现利风险和再投资风险。反映信用风险的信用级别是由专门的信用评级机构评定的。债券的信用等级反映了债券偿债能力的强弱和信用风险的大小。债券等级对企业和投资者都很重要,债券级别越低,债券购买者就越少,发行企业筹资就越困难,并且债券的资金成本就越高。

(二)普通股票投资

股票分为优先股票和普通股票,由于优先股票可视为永久性债券,其投资方式与债券相似,且在现实中交易量较少,故只讨论普通股票的投资问题。

普通股票是股份优先公司发给普通股东的所有权凭证,是投资人入股并借以取得股利的一种有价证券,投资风险大,收益高。企业进行普通股票投资,既可能取得来自于股利收益和资本收益,也可能带来资本的巨额亏损。因此,企业投资时需要有周密的策略。

按照普通股票投资风险产生的原因看,主要有两类:一是系统风险,系统风险是来自于证券市场上供求关系不平衡而引起的价格波动,是有价证券投资中最常见的风险,一般是整个政治经济形势变化造成的;二是非系统风险,此类风险是企业特有的风险,是由企业的法律诉讼、专利申请、高级管理层变动、收购和兼并等企业内部事件所引起的,可以通过证券投资组合来分散这种风险。此外,通过市盈率也可对普通股票的风险进行简单的分析,一般来说,市盈率的高低与普通股票风险的大小成正比,此分析必须与股票的成长性分析相联系,才能得出正确的结果。

第四节　企业收益分配艺术

一、企业盈利分配的形式

盈利分配是投资者最关心、又最有发言权的问题,是企业理财的重要内容。企业在经营活动过程中取得盈利后,需要进行分配,其分配形式是多种多样的。

(一)参与企业盈利分配的利益主体

参与企业盈利分配的利益主体与盈利定义的范围有密切关系。理论上讲,企业在经营活动中创造的收益应该是增加值,增加值在销售收入中扣除外购商品和劳务后的余额,包括企业员工的工资、借款利息、税收、股东的股利、留存未分配的利润等。如果以增加值定义盈利,那么参与企业盈利分配的利益主体包括企业员工、债权人、投资者、国家税收机关、企业法人等。

增加值扣除员工工资和税收后的余额就是企业的息税前收益,包括利息和所得税在内的收益。因为在现实中,利息是按照借款合同固定从费用中支付的,所得税是国家凭借政治权力从税前利润中强制征收的,在会计处理上,并没把它们纳入盈利分配的范围。有时,企业中可能存在收益债券等负债形式,这样债权人也成了企业的盈利分配的主体之一。

息税前收益扣除利息和所得税之后,成为税后利润,或称净利润,此部分盈利分配的主体有作为法人的企业、员工、优先股股东、普通股股东等。作为法人的企业分得的盈利称为盈余公积金;企业员工分得的盈利称为职工福利基金、奖励基金等,可以现金形式发给员工,也可以基金形式留在企业;优先股股东分得的盈利称为优先股股利,是一种现金股利;普通股股东分得的盈利称为普通股股利,又可分为现金股利和普通股股票股利两种形式。

盈利分配的最初方案由企业董事会提出,经企业股东大会同意后实施。企业董事会提出的企业年度利润分配方案,在股东大会召开前,应当列入利润分配表。如果股东大会批准的利润分配方案,与董事会批准的年度利润分配方案不一致时,其差额应当调整会计报表有关项目的年初数。

(二)企业盈利分配程序

企业当期的净利润并不等于当期可供分配的利润,可供分配的利润在当期的净利润的基础上调整得到的。利润分配程序是指公司制企业根据适用法律、法规或规定,对企业一期间实现的净利润进行分派必须经过的先后步骤。根据我国《公司法》等有关规定,企业当年实现的利润总额应按国家有关税法的规定作相应的调整,然后依法交纳所得税。通常,交纳所得税后的净利润按以下顺序进行分配:

1. 弥补以前年度的亏损。按我国财务和税务制度的规定,企业的年度亏损,可以由下一年度的税前利润弥补,下一年度税前利润尚不足于弥补的,可以由以后年度的利润继续弥补,但用税前利润弥补以前年度亏损的连续期限不超过五年。只有可供分配的利润大于零时,企业才能进行后续分配。

2. 提取法定盈余公积金。根据《公司法》的规定,法定盈余公积金的提取比例为当年税后利润(弥补亏损后)的10%。当法定盈余公积金已达到注册资本的50%时可不再提取。法定盈余公积金可用于弥补亏损、扩大企业生产经营或转增资本,但企业用盈余公积金转增资本后,法定盈余公积金的余额不得低于转增前企业注册资本的25%。

3. 提取任意盈余公积。根据《公司法》的规定,企业从税后利润中提取法定公积金后,经股东会或者股东大会决议,还可以从税后利润中提取任意公积金。

4. 向投资者分配利润。根据《公司法》的规定,企业弥补亏损和提取公积金后所余税后利润,可以向股东(投资者)分配股利(利润),其中有限责任公司股东按照实缴的出资比例分取红利,全体股东约定不按照出资比例分取红利的除外;股份有限公司按照股东持有的股份比例分配,但股份有限公司章程规定不按持股比例分配的除外。根据《公司法》的规定,在企业弥补亏损和提取法定公积金之前向股东分配利润的,股东必须将违反规定分配的利润退还企业。

(三)企业股利分配政策

企业股利分配政策是指当期可供普通股东分配利润的分配政策。制定股利政策需要考虑许多因素,并按照企业价值的最大化或股东财富最大化的标准选择具体的股利分配策略。

企业股利分配政策按照股利占税后利润或可供普通股东分配利润比率大小分类,理论上可分为以下几类:

1. 全额发放股利政策。指企业将全部的盈利用于发放股利。在企业盈利分配的法定程序中,股利分配是放在最后一个关节的,在支付股利前,企业必须提取各种公积金和公益金,因此这种分配政策在现实中很难行得通。

2. 高股利分配政策。指企业将税后利润的大部分用于发放股利。一般来说,股利支付率达到税后利润的一半以上时,就称为高股利分配政策。处于企业生命周期中成熟阶段的企业,由于投资少,现金溢余量增多,就会采取这种政策。

3. 低股利分配政策。指企业将税后利润的大部分留存下来,仅用一小部分支付股利。一般处于发展阶段的企业,由于投资机会多,筹资需要量大,多采用此政策。

4. 不支付股利分配政策。指企业将税后利润全部留存下来,不支付任何股利的盈利分配政策。处于创建时期的企业,由于筹资需要量大,但对外筹资能力弱,内部留存收益筹资成为一种重要的筹资手段。这类企业为了保持应对各种意外情况的机动性,多采用此类分配政策。

二、盈利支付对股东的影响

(一)盈利分配对企业经营和股东的影响

从参与企业盈利分配的利益主体看,企业盈利分配首先会影响不同利益集团的经济利益;其次根据管理学的基本原理,不同的利益集团的行为又受其经济利益的影响,而不同的利益集团的行为又直接影响到企业的经营活动,影响到企业未来的盈利水平。

盈利分配对企业的盈利能力和风险水平的影响,是通过对企业员工的激励作用和对企业资金来源两方面起作用的。企业如果能在盈利分配时充分考虑到企业员工的利益,并将它同员工的贡献相联系,就会激励员工,提高他们的积极性,为企业创造更好的效益,投资者就会从中获得应有的经济利益。企业不同的盈利分配政策,会使企业留存收益的量发生变化,进而影响企业的发展后劲。企业应该考虑如何平衡企业与各种利益主体间的利益关系、各种利益主体的眼前与长远利益关系,才能使企业有良好的发展前景。

在现实中,由于企业的股东各异,各自的利益来源多少存在差异,企业股利分配政策对他们实现利益的目标会造成不同的影响,因此,企业股利分配会影响到股东财富,至少是不同股东的财富。

(二)股利支付方式对股东财富的影响

股利分配政策与股利支付方式有联系也有区别,其区别是,股利分配研究的是企业应该将税后利润的多少用于发放股利,多少留存企业的问题;股利支付方式研究的是如何和怎样将股利支付给股东的问题,偏重的是支付的技术性问题。两者联系是股利支付的金额受企业股利分配政策的制约。

在其他因素不变的情况下,企业股利支付的稳定性会影响到股票投资者的投资风险,使投资者用不同的折现率对股利进行折现,从而得到不同价值,不同的股票价值自然会对股票市场价格产生影响。一般来说,股利支付越稳定,股票投资者的风险就越小,此时,投资者就会愿意用较低的折现率对股利收益进行折现,从而使股票价格上升。因此,企业必须重视股利支付的稳定性,确保股东财富的最大化。

三、现金股利支付的策略

在现实中,各企业的现金股利支付策略千差万别,但总的来说,有固定股利或稳定增长股利、固定股利支付率、正常股利加额外股利、筹资剩余额股利支付等策略。

(一)固定股利或稳定增长股利

固定股利支付策略首先规定了每股的年股利额,并保持不变;其次,在确信未来企业收益可维持新的更高股利时,才增加每股固定的年股利额。在确信每股收益增长后,新的股利确定下来,又会保持相当长时间,是呈稳定增长的趋势。

固定股利支付策略的优点:第一,表明企业经营状况的稳定性。在企业利润减少甚至亏损时,企业都不削减每股股利情况下,会增加投资者对企业经营状况的信任,克服暂时性困难,有利于增加投资者购买企业股票的信心。第二,满足希望获得固定收入的投资者的需求,许多投资者(包括退休基金组织、保险公司等)是以股利为生,当企业支付固定股利时,就减少了这类投资者的风险,有效地激励了投资热情。第三,因以上两点,当企业支付固定股利时,会有更多的投资者愿意购买股票,从而使股票价格上升,降低了成本,促使股东财富最大化的实现。

固定股利支付策略也有不足之处:第一,固定股利会成为企业一项财务负担,当企业处于经营不利时,此负担可能会影响企业发展。第二,企业为了回避过重财务负担,往往会尽量减少每股年股利,会使股利支付额过于保守。

(二)固定股利支付率

这一股利支付方法不同于前者,它固定的是股利占收益的比重,而每股股利完全随企业当年的收益而定。

对于一般上市企业的普通股股东而言,从长期来看,每股股利之和并不低于固定股利支付策略所得的股利之和,但每年波动很大,普通股股东获取股利的风险就大。对于普通股票的短期持有者来说,难以得知持有股票期间的获利情况;对于长期持有者(如退休基金和保险公司等单位)来说,不利于他们财务收支的安排。这样投资者不愿意对该类股利支付进行投资,势必会影响股票的市场价格,不利于股东财富最大化目标的实现。

但这种固定股利支付率的策略很适应企业内部职工股比例较大的股份制企业(包括上市公司),因为这种策略可以将职工的个人利益与企业利益紧密联系在一起,产生巨大的激励性,充分调动了职工的积极性和创造性,必然会增强企业活力,有利于提高企业的经济效益,为企业盈利的逐年增长创造了良好的条件。也相应地使企业外部股东获取的股利增加,减少了投资的风险,保证了股东财富最大化目标的实现。

(三)正常股利加额外股利支付策略

这种股利支付策略的特征是企业首先将每年支付的股利固定在一个较低的水平,这个较低水平的股利称为正常股利;然后视企业盈利水平高低支付额外股利。

这种股利支付策略介于前两种支付策略之间,既为企业的股利支付提供了灵活性,又可以使投资者得到获取最低股利的保证。其优点可从企业和投资者两方面看:首先从企业角度看,一是这种股利支付策略给予企业较大的灵活性,当企业盈利状况不佳时,可以不必支付额外股利,减去了企业负担;二是正常股利通常低于固定股利支付政策的每股股利,就使企业在盈利不佳时也能够负担,而在盈利状况佳和资金充实时,才多付股利,具有很强的灵活性。其次从投资者的角度看,这种股利支付策略保证了投资者获取股利的最低数量,使获取股利的风险低于固定股利支付的风险,使不少投资者愿意购买此类股票。

该股利支付策略的弊端是相对于固定股利支付和固定股利支付率两类策略来看的。首先,该种股利支付方法灵活性不如固定股利支付率,在企业盈利状况不佳时,仍要承担支付政策股利的负担,势必会影响到股东财富最大化目标的实现。其次该种股利支付方法,每股正常股利没有固定股利支付方法多,对期望获得较高稳定股利收入的投资者的吸引力没有后者大,使得股票价格可能低于采用后者的价格。在西方,这种股利支付策略是各年收益变化较大企业股利支付的最佳策略。

(四)投资剩余额股利支付策略

这种股利支付策略完全不同于上述三种股利支付策略,它是建立在股利无关论基础上的,其特点是只要投资收益率大于资金成本率,企业就应尽可能地用留存收益满足投资需要,在满足投资需要后的剩余,才能向股东支付股利。

该股利支付策略的主要优点是将投资所需资金放在首位,有利于投资计划能够正常进行,为企业未来的盈利的稳定增长奠定了良好的基础,可以使企业股票价值上升。但该策略受盈利水平的制约,还直接受投资机会的制约。即使企业的盈利水平不变,或者增加,也不能保证股利的不变,会造成股利多少与盈利水平高低脱节,影响股利收益的稳定性,不易受追求稳定股利收益的股东欢迎。

四、股票股利

(一)股票股利的本质

股票股利是指企业不以现金的形式支付股利,而是以增发股票的形式付给股东股利。从本质上看,股票股利并不属于企业将利润分配给股东的事件,仅是企业收益的资本化。股票股利是按原股份的比例发给股东的新股,不会使股东所有权比例发生变化,也不会使股东权益的总数发生改变,仅是股东权益中的股本增加和留存收益的金额相应地减少而已。

(二)股票股利的利弊

首先,股票股利可以在企业没有支付任何现金或其他有价值的东西前提下,使股东感觉到获得了股利,至少使他们感觉是在进行投资,满足了股东获利的心理期望。其次,企业采用分配股票股利的办法,可以使股票价格维持在合乎需要的范围。如股票价格过高,会失去对小额投资者的吸引力时,通过股票股利分配的办法,可以使股票价格调整到企业满意的范围内。

但是,股票股利对于企业而言,其管理费用比现金股利高得多,包括注册会计师的验资费用、工商行政管理部门的注册登记费用、证券登记企业的股份登记费用等。对于股东而言,此类分配与支付现金股利一样必须支付所得税。支付股票股利,仅是企业资本结构的变化,没有给股东带来任何好处,却引起税收形式的现金流出,无论是由企业还是股东支付,最终都会给股东造成实质性的损失。

第五节　企业成本控制艺术

　　企业降低成本可以提高盈利水平,增强产品的竞争力,扩大市场占有率,这是所有企业的共识。如何将每一分钱花得恰到好处,将企业的每一种资源用到最需要它的地方,企业从事生产经营的目的是盈利,实现利润的最大化。目前,对于大部分企业来说,利润微小的同时还要实现快速扩张,不实行低成本运营就难以生存,可谓成本决定存亡。那么,一些企业要做到科学地控制成本,首先就是要正确地认识"成本"的意义,进而才能有效地做到控制成本。

一、企业成本

(一)成本的概念

　　成本是生产和销售一定种类与数量产品以耗费资源用货币计量的经济价值。企业进行产品生产需要消耗生产资料和劳动力,这些消耗在成本中用货币计量表现为材料费用、折旧费用、工资费用等。企业的经营活动不仅包括生产,也包括销售活动,因此在销售活动中所发生的费用,也应计入成本。而且,为了管理生产所发生的费用,也应计入成本。同时,为了管理生产经营活动所发生的费用也具有形成成本的性质。成本是为取得物质资源所需付出的经济价值。企业为进行生产经营活动,购置各种生产资料或采购商品,而支付的价款和费用,就是购置成本或采购成本。随着生产经营活动的不断进行,这些成本就转化为生产成本和销售成本。

(二)资金成本

1. 资金成本的概念

　　资金成本是指企业为筹集和使用资金而付出的代价,是资金使用者向资金所有者和中介机构支付的占用费和筹集资金,它包括资金筹集费用和资金占用费用两部分。资金筹集费用指资金筹集过程中支付的各种费用,如发行股票、发行债券支付的印刷费、律师费、公证费、担保费及广告宣传费。需要注意的是,企业发行股票和债券时,支付给发行公司的手续费不作为企业筹集费用。因为此手续费并未通过企业会计账务处理,企业是按发行价格扣除发行手续费后的净额入账的。资金占用费是指占用他人资金应支付的费用,或者说是资金所有者凭借其对资金所有权向资金使用者索取的报酬。如股东的股息、红利、债券及银行借款支付的利息。

2. 资金成本的性质

资金成本是在商品经济条件下资金所有权和使用权相分离的结果,它具有特定的经济性质。

(1)资金成本是资金使用者向资金所有者和中介机构支付的费用。当资金所有者的资金闲置时,可通过直接或间接地将闲置资金的使用权转让给急需资金的人。这种转让,从资金所有者角度来说,由于他放弃了一段时间的资金使用权并相应地承担了一定的风险,必然会要求获得一定的补偿,这种补偿就是资金使用权转让者的收益;从资金使用者的角度来说,由于他获得了资金使用权并享受了运用资金使用权获取利益的机会,必然要向资金使用权转让者支付一定的费用,这种费用就是资金成本。

(2)资金成本必须以使用资金产生的收益来补偿。资金成本作为一种耗费,最终需要通过资金使用所获得的收益来补偿,这种补偿实质上是一种利益分配关系。

(3)资金成本是资金时间价值与风险价值的统一。由于资金占有成本是与资金所有权者放弃资金使用权的时间长短成正比,因此货币时间价值是计算资金成本的基础。但资金成本还受各种风险和总风险水平的影响,资金成本在数量上与货币时间价值不一致。资金成本是货币时间价值与风险水平的统一。

二、成本控制的主体结构

(一)成本控制的概念

成本控制就是指以成本作为控制的手段,通过制定成本总水平指标值、可比产品成本降低率以及成本中心控制成本的责任等,达到对经济活动实施有效控制目的的一系列管理活动与过程。它是企业根据一定时期预先建立的成本管理目标,由成本控制主体在其职权范围内,在生产耗费发生以前和成本控制过程中,对各种影响成本的因素和条件采取的一系列预防和调节措施,以保证成本管理目标实现的管理行为。成本控制降低成本支出的绝对额,故又称为绝对成本控制;成本降低还包括统筹安排成本、数量和收入的相互关系,以求收入的增长超过成本的增长,实现成本的相对节约,因此又称为相对成本控制。

成本控制(Cost Control)的过程,是运用系统工程的原理对企业在生产经营过程中,发生的各种耗费进行计算、调节和监督的过程,也是一个发现薄弱环节、挖掘内部潜力、寻找一切可能降低成本途径的过程。科学地组织实施成本控制,可以促进企业改善经营管理,转变经营机制,全面提高企业素质,使企业在市场竞争的环境下生存、发展和壮大。

成本控制是成本管理的一部分,致力于满足成本要求。满足成本要求主要是指满足顾客、最高管理者、相关方以及法律法规等对组织的成本要求。成本控制的对象是成本发生的过程,包括设计过程、采购过程、生产和服务提供过程、销售过程、物流过程、售后服务过程、管理过程、后勤保障过程等所发生的成本控制。成本控制的结果应能使被控制的成本达到规定的要求。为使成本控制达到规定的、预期的成本要求,就必须采取适宜的和有效的措施,包括作业、成本工程和成本管理技术和方法。比如,VE 价值工程、IE 工业工程、ABC 作业成本法、ABM 作业成本管理、SC 标准成本法、目标成本法、CD 降低成本法、CVP 本—量—利分析法、SCM 战略成本管理、质量成本管理、环境成本管理、存货管理、成本预警、动量工程、成本控制方案等。

开展成本控制活动的目的就是防止资源的浪费,使成本降到尽可能低的水平,并保持已降低的成本水平。反对"秋后算账"和"死后验尸"的做法,提倡预先控制和过程控制。因此,成本控制必须遵循预先控制和过程方法的原则。

(二)成本控制的主体结构

成本控制主体从企业组织结构的层面认识,大体分为以下三种:

1. 决策主体。决策主体是决定企业成本发生方式和整体目标的高层管理者,他们负责对企业涉及成本控制的方案进行选择决断。

2. 组织主体。组织主体是负责根据成本决策结果组织、协调整个企业成本控制,落实具体实施步骤、职责分工和控制要求,处理成本控制信息、考核成本控制结果等的控制主体。

3. 执行主体。执行主体是对各部门、环节、阶段、岗位发生的成本实施控制的主体。凡是涉及成本、费用发生的环节和方面,都有执行层面的控制主体。

成本控制的执行主体与企业的职能部门设置、职责分工、层级划分、岗位设置、规模大小、管理体制等相关。总体来说,成本控制执行主体主要包括控制生产要素规模的相关部门及人员。由于生产要素是企业产品成本、期间费用及其他各项耗费发生的基础,因此这类主体对成本控制的效果产生决定性影响。

三、建立成本控制的科学机制

(一)成本控制的目的

麦肯锡曾这样评价中国企业:成本优势的巨人却是成本管理上的侏儒。其实,成本控制是一门花钱的艺术,而不是节约的艺术。如何将每一分钱花得恰到好处,将企业的每一种资源用到最需要它的地方,这是中国企业在新的商业时代共同面临的难题。

传统的成本管理是以企业是否节约为依据,片面从降低成本乃至力求避免某些费用的发生入手,强调节约和节省。而国际企业则认为,以节约成本控制基本理念的企业只是土财主式的企业,他们除了盘剥工人和在原材料上大打折扣以外,没有什么过人之处。所以,我们需要学习现代企业应有的成本控制战略及方法。企业要想有长期效益,就只能从战略的高度来实施成本控制。换句话说,不是要削减成本,而是要提高生产力、缩短生产周期、增加产量并确保产品质量。

丰田、富士胶片长期以来也奉行此策略。丰田公司曾经提出两个简单的公式来考虑企业的经营观。公式一:价格 = 成本 + 利润,称之为成本主义,用这个观念经营企业肯定要垮台。公式二:利润 = 价格 - 成本,它的经济意义是价格由市场决定,企业要获得利润就要学会降低成本。最终丰田公司选择了公式二,奋斗几十年成为经济效益最好的汽车制造企业。

单纯地削减成本,把成本的降低作为唯一目标,并不能得到有远见的企业家的赞同。单纯地追求削减成本,一般简单的做法都会考虑降低原材料的购进价格或档次;或者减少单一产品的物料投入(偷料);或者考虑降低工艺过程的工价,从而达到削减成本的目的。这样是十分危险的,会导致产品质量的下降、企业劳力资源的流失、甚至失去已经拥有的市场。

(二)成本控制需要建立科学机制

那么,要做到合理控制成本,该如何做呢? 我们以跨国企业为例,系统地建立成本控制体系。

1. 战略目标指导成本控制目标

方向正确等于成功了一半,成本控制也一样。成本控制的目的是不断地降低成本,获取更大的利润。所以,制定目标成本时首先要考虑企业的赢利目标,同时又要考虑有竞争力的销售价格。由于成本形成于生产全过程,费用发生在每一个环节、每一件事情、每一项活动上。因此,要把目标成本层层分解到各个部门甚至个人。

(1)企业项目分析

各个部门以营销目标导向,进行年度工作的项目立项,列出为实现目标所需要做的各类项目,同时对项目进行任务分解,再对时间、成本、性能每个环节进行分析,对比成本与收益。比如市场部明年为了达到既定的目标,需要完成多少市场宣传及推广的项目,项目逐一分解成任务后,对每个任务所需要的费用进行合理预算,同时对产生的收益进行估算。

(2)进行行业价值链分析

行业价值链是企业存在于某一行业价值链的某个点,包括与上、下游与渠道企业的连接点,如供应商产品的包装能减少企业的搬运费用,改善价值的纵向联系也可以使企业与其上、下游和渠道企业共同降低成本,提高整体竞争优势。

(3)竞争对手的价值链分析

竞争对手的价值链和本企业价值链在行业价值链中处于平行位置,通过对竞争对手价值链的分析,可以测算出竞争对手的成本。然后,自己企业与之相比较,就找出了与竞争对手在任务活动上的差异,扬长避短,争取成本优势。

2. 成本控制四步执行法

(1)减少目标不明确的项目和任务

在企业目标清晰的情况下,每个项目及任务都是为实现目标所服务的。项目立项分析后,可以把目标不明确的项目与任务削减掉。

(2)明确各部门的成本任务

实行"全员成本管理"的方法。具体做法是先测算出各项费用的最高限额。然后横向分解落实到各部门,纵向分解落实到小组与个人,并与奖惩挂钩,使责、权、利统一,最终在整个企业内形成纵横交错的目标成本管理体系。

(3)成本核算,精细化管理

没有数字进行标准量化,就无从谈及节俭和控制。伴随着成本控制计划出台的是一份数字清单,包括可控费用(人事、水电、包装、耗材等)和不可控费用(固定资产折旧、原料采购、利息、销售费用等)。每月、每季度都由财务汇总后发到管理者的手中,超支和异常的数据就用红色特别标识。在月底的总结会议中,相关部门需要对超支的部分做出解释。为了让员工养成成本意识,最好建立《流程与成本控制 SOP 手册》。手册从原材料、电、水、印刷用品、劳保用品、电话、办公用品、设备和其他易耗品方面,提出控制成本的方法。当然,有效的激励也是成本控制的好办法,所以,成本控制奖励也成为员工工资的一部分。

(4)成本管理的提前和延伸

提前就是加大技术投资,控制采购成本;延伸就是将上下游整合起来。当今的市场竞争,是实力的竞争,人才的竞争,产品和服务质量的竞争,也是成本的竞争。从某种意义上说,成本决定一个企业的竞争力。在确保产品质量的前提下,降低成本是企业逐步扩大市场份额的重要途径,是提高企业经济效益的基础。企业管理者要转变传统狭隘的成本观念,结合企业的实际情况,充分运用现代的先进成本控制方法以加强企业的竞争力,迎接各方的挑战。

四、企业成本控制的艺术

企业要想获取最佳经济效益,保持持续性的竞争优势,就必须树立战略成本管理的观念,从组织、制度、方法、技术等各方面展现成本控制的艺术。

1. 成本管理思想创新化

要适应瞬息万变的外部市场环境,取得持续性的竞争优势,企业就必须把重点放到制定竞争战略上来,而传统的成本管理却经常把眼光局限在单纯降低成本上。比如,只计算财务成本,不计算管理成本;只重视事后算账,不重视事前预测和决策;只采用手工操作,不考虑先进的管理手段;只依靠企业财务部门,不注意发挥广大员工的积极性。因此,企业首先要在成本管理观念上革新,树立竞争观念、效益观念、经营观念、法制观念和开拓观念等新的观念,推行战略成本管理。即以战略的眼光从成本的源头识别成本驱动因素,对价值链进行成本管理,运用成本数据和信息,为战略管理的每一个关键步骤提供战略性成本信息,以利于企业竞争优势的形成和核心竞争力的创造。企业成本管理应与企业的整体经济效益直接联系起来,以成本效益观念看待成本及其控制问题。企业的一切成本管理活动应以成本效益观念作为支配思想,从"投入"与"产出"的对比分析来看待"投入"(成本)的必要性、合理性,即努力以尽可能少的成本付出,创造尽可能多的使用价值,为企业获取更多的经济效益。企业实施成本管理不仅应对生产作业成本进行分析,还应全面考虑各种潜在机会,分析各种机会成本,以最大限度地提高企业的增值潜力。同时,实施成本管理还要重视企业外部环境的变化,注重对行业价值链及竞争对手价值链的分析,把成本管理放在整个市场环境中予以全面考虑,而不仅仅局限于企业内部的成本控制。

2. 成本管理组织合理化

这是企业管理现代化的保证。没有组织上的保证,企业就很难把现有的人力、物力和财力组织好,就不可能发挥最大的总体效益。成本管理组织合理化就是要求实行统一领导、分级管理的原则,建立成本管理责任制度,保证目标成本的顺利实现。同时,还要按照成本管理的职能,建立科学的成本指标体系、成本核算体系、成本决策体系、成本控制体系和成本考核体系。

3. 成本管理制度规范化

采取与企业竞争优势相吻合的成本管理制度,有助于企业形成核心竞争力,并确立长期竞争优势。无论是成本标准的制定,还是降低成本的措施;无论是成本目标的考核,还是成本业绩的评价,都与企业核心竞争力的培育和提升战略密切相关。具体而言,企业要实行经营决策责任制、固定资产责任制和全员成本否决,全面控制成本。成本管理是一项复杂的系统工作,降低成本要由过去的以物为本转向以人为本,着力于全员发动、全员参与,把降低成本的活动贯穿于群众性的自主管理活动之中。成本指标不仅要同经济责任制挂钩,而且要同员工工资晋升、立功受奖、干部业绩考核相结合,使员工直接感受到市场竞争有压力,有家可当,有财可理,人人把住成本关,全面把住成本关。

4. 成本管理方法科学化

企业应该引入作业成本法(Activity Based Costing,简称 ABC)进行战略成本管理。作业成本法根据产品所消耗的资源,将资源分配给产品,它显示了作业如何消耗资源以及产品如何引发作业。作业成本法将企业描述为一系列为生产产品而需要的作业,这就克服了传统成本计算系统下间接费用责任不清的缺陷,使以前的许多不可控间接费用在作业成本系统中变成可控。大大拓展了成本核算的范围,改进了成本分摊方法,及时提供相对准确的成本信息,为管理者管理作业以增强竞争能力、实现战略目标提供了信息。以此为基础实行作业管理,分析企业战略成本动因,尽可能消除"不增值作业",改进"增值作业",优化"作业链"和"价值链",最终增加"企业价值"。作业成本法和作业管理提供更为精确的成本,为产品定价提供相应的成本信息,加强对成本有效的管理和控制,坚持改善市场营销方略,提高产品的盈利性,对产品盈利性进行有效分析,改善成本控制,提供准确的业绩指标。

5. 成本管理手段信息化

企业信息化是一个概括的称谓。广义地说,企业信息化是指广泛利用电子信息技术,使生产、管理实现自动化。在现代化生产中,生产的控制、测量、加工以及产品的设计等都无不采用信息技术,始终伴随生产过程的生产信息不断地被收集、传输、加工、存储和使用,使整个生产过程达到自动化。如果将浩如烟海的管理信息,比如物资、财务、计划、销售、库存等由人工处理的信息也用现代化工具处理时,则此时企业的信息化就进入一个更高的层次。企业信息化实践表明,大力推进信息化,有助于大幅度降低企业成本。企业实现信息化后,重新组织它的生产与管理职能,确定范围更小而效率更高、各个价值链联结更顺畅的组织政策和结构,将四大关键环节——流程链接、绩效考核、资源管理、企业信息化链接起来,使企业的市场反应速度明显加快,服务质量和企业效益得到同步提高。

第五章

企业计划统筹艺术

第一节　企业计划统筹概述

计划统筹是企业经营管理工作中的龙头,其作用和重要性正逐渐引起企业领导的高度关注,同时也带来了企业经济效益和管理效率的极大提升,为企业的可持续发展奠定了坚实的基础。企业将各项经营活动纳入统一计划进行管理。企业计划统筹的内容包括:根据有关指令和信息组织有关人员编制各种计划;协助和督促执行单位落实计划任务,组织实施,保证计划的完成;利用各种生产统计信息和其他方法(如经济活动分析、专题调查等)检查计划执行情况,并对计划完成情况进行考核,据此评定生产经营成果;在计划执行过程中环境条件发生变化时,及时对原计划进行调整,使计划仍具有指导和组织生产经营活动的作用。企业通过对计划的制订、执行、检查、调整的全过程,便能合理地利用人力、物力和财力等资源,有效地协调企业内外各方面的生产经营活动,从而提高企业的经济效益。

一、计划的含义

计划是一座桥梁,它把我们所处的这岸和我们要去的对岸连接起来,以克服这一天堑。一般来说,计划是为了达到某个目标而确定的行动方案。计划的概念不仅仅局限于企业管理的范畴,而是具有更广阔的一般意义。换言之,只要有社会活动的存在,就有计划活动的存在。

通常,可以从过程和结果两个角度来理解计划的含义。计划的过程就是制订计划的工作本身,是在目标导向的要求下,对环境进行分析和预测,制订并选择行动方案。计划的结果就是经过计划工作形成的行动方案,表现为一种具体的行动安排和实施步骤,具有时段性。

计划与决策是两个既相互区别又相互联系的概念和职能。一方面,计划是对企业在一定时期达到既定目标所要完成的工作和任务进行的具体安排,是一种工作安排和任务分配。决策是对实现企业目标所要完成的工作和任务的各个方面做出选择。计划与决策在企业管理中是两种相对独立的管理职能。另一方面,在计划工作中,诸如目标确定、环境分析、方案制订、方案选择、方案实施等活动都要涉及一系列的决策,这些决策是计划工作得以进行的前提,计划工作的每一步都需要适当的决策支持,决策的质量和效率体现在计划中,直接影响计划工作的绩效。决策是计划的前提,计划是决策的延续,二者在企业活动中是交织在一起的。

二、对"计划"的理解

计划是企业经营管理者在特定时间段内为实现特定目标体系,对要完成特定目标体系而展开的经营活动所做出的统筹性策划安排。"计"是在特定时期内,为完成特定目标体系而对展开的经营活动所处综合环境、企业内外影响因素以及企业自身发展历史性对比等项因素的归纳总结和科学分析。"划"是依据"归纳总结和科学分析"所得出的结论,制定相应的措施、办法以及执行原则和标准。

"计"是战略性的,"划"是战术性的,由此可以看出计划本身的内涵就具有全面性,关键问题是对"计划"内涵的深刻理解程度。例如"编制的计划与计划的编制",从字面上看,虽然只是"计划"两字的位置不同,但其所隐含的意义是截然不同的,也就是说:计划是经过充分研究、讨论和分析后制定出来的,绝非是依照往年惯例、不加分析地编制出来的。

通过对什么是"计划"的讨论,得出了"计划"两字本身就具备了全面性、系统性和统筹性的特征。因此,企业任何经营活动无论大小,"计划"的有无会产生截然不同的经营效果。

(一)计划的重要性

企业的任何一项经营活动只要有了"计划书",就说明企业的经营活动在执行前经过了科学预测、全面分析、系统筹划,以及对计划执行过程中可能出现的偏差制定了相应的措施,从而确保了企业经营活动结果是可预测、可控制的。反之,没有计划书其经营活动必然是盲目的、盲动的,其经营活动的结果也将是不可预测的、不可控制的,那么这个企业的经营活动也必然是失败的。

在市场经济条件下,企业间的竞争异常激烈。企业要生存、要强大、要保持可持续发展的态势,就不允许企业任何一项经营活动处于盲目的、盲动的状态,其经营效果必须处于可控状态下。换言之,计划是企业经营决策者意志和理念的具体体现。因此,计划是企业经营活动的基础,经营决策者为实现自己的意志和理念必须要不断地夯实和巩固这个基础,不断提高计划的科学性。

（二）计划管理的本质

就计划本身而言，按照企业经营活动的特性划分，类别繁多。不同类别的计划，主要存在若干个性差异：计划内容不同，操作方法不同，所涉及的执行人不同，计划结果的考核方法也不同。但是，各类计划具备一个共有的特性，即计划的普遍性，但凡有活动的地方，无处没有计划。计划的编制、审核、执行和考核的过程是统一的，对"统一过程"的管理称为"计划管理"。

计划管理本质上属于控制类管理，是对企业经营活动的控制。这种控制首先是企业自身的控制，其次才是同级监察、审计部门的控制和上级职能部门的控制。企业自身的控制是计划管理的责任主体，对经营结果负责；同级审计部门和上级职能部门的控制是计划管理的监督主体，对企业经营活动的质量负责。计划管理责任主体的控制对象是计划执行体系的效率和计划实施过程的有效性；计划管理监督主体的控制对象是计划实施全过程的规范化、程序化、标准化和制度化程度，发现问题及时纠偏。

（三）计划管理的三阶段

计划管理按其特性定位，可划分为三个阶段，即"事前、事中、事后"管理。

"事前"管理主要是对"计划"的审核。企业依据各项基础性条件，编制各项、各类企业经营活动计划书，对计划书的可行性、可靠性形成审核体系，保证审核效果，从而确保计划的可行、可靠。目前，企业并未全面、有效地掌握和运用"事前"管理中的审核体系。企业实施对这些环节的有效控制，能确保计划的可行和可靠，并为计划的"事中"管理提供操作平台。

"事中"管理主要是对"计划"执行体系工作效率的管理。对计划执行过程中出现的各类偏差，首先要做到超前预测，其次是做到措施有效，对执行效果的跟踪是"事中"管理的主要工作，从而确保计划执行的效率。"事中"管理的责任主体是企业自身，监察、审计部门的"事中"管理主要是对企业计划执行质量的控制。

"事后"管理主要是对"计划"执行后的管理。计划实施完毕后的绩效考核、总结经验、吸取教训、汇编材料、归档备案，是"事后"管理的主要工作内容之一。

（四）计划管理的一般方法

计划管理的对象是各类单项计划、综合性计划、年度计划和周计划等，无论何种计划都具备"执行期"这一共同点，只是"执行期"长短的不同。因此，计划管理必须遵循体系化原则，即对"计划"的全过程管理实施体系化控制，按照计划类别、项目和具体工作内容，分门别类地实施"三阶段管理和图表化管理"。计划管理中，计划的编制是基础，审计是手段，执行是保障，考评是结论。企业要想不断提高经济效益和效率，首先要确保计划管理水平的不断提高，而计划管理审核体系中的四个基本环节的工作质量不断提升,又是确保计划管理水平提升的基础条件。因此,提高计划编制的科学性、计划审核的独立性、计划执行的有效性和计划考评的公正、合理性,是企业目前面临的主要工作内容之一。总之,企业各部门的主要精力,应放在各种计划的编制、执行、检查和考核上。

企业的计划管理根据"统一领导,归口管理"的原则,企业分部门进行管理。企业应安排有计划工作的综合管理部门,各部门都分别是各种专业计划的归口部门。企业的各项计划必须认真进行综合平衡,坚持"积极平衡,留有余地"的原则,不留缺口,不"打埋伏"。

计划一经下达,企业各部门都必须发动职员采取切实有效的措施,确保计划的实现。企业计划管理部门还要监督检查计划执行情况,企业各部门应准确、及时、全面反馈计划执行情况。

三、计划的作用

在企业的经营活动中,计划对于管理的重要作用主要表现在四方面。

(一)使企业的经营活动具有明显的目标导向性

明确的经营目标不仅有助于企业按照制订的计划开展工作,而且有助于企业各部门对经营目标的理解,激励企业各部门执行计划进而实现企业的经营目标。计划所形成的一系列工作安排和任务分配都服从于企业目标,目标的确定也就决定了计划的指向。计划构建了实现企业目标的途径,对企业行动方案的实施做出时间上和空间上的具体安排和布置,如果一项计划足够详尽的话,那么企业活动的每一个环节都预先经过了详细分析,并考虑每一个环节在行动方案实施过程中对实现企业目标的作用和影响,这样就能够最大限度地保证企业经营活动的有效性。因此,计划工作保证了企业经营活动的各个环节都是有目标导向的,以企业目标作为企业活动的最终方向。

(二)消除环境不确定性带来的负面影响

企业面临的环境不确定性往往给企业带来巨大的威胁,有时候甚至关系到企业的生死存亡。对于特定企业来说,环境不确定性是一种常态,企业在制订计划时会考虑到一部分可预见的环境不确定性,行动计划中会涉及关于应对环境不确定性的对策。对于不可预见的环境不确定性(不可预见的环境不确定性也称环境突变),企业通常无法在计划中预先制定应对这种环境突变的对策。因此,就需要对原有计划进行调整或临时制订应急计划以便在一定程度上消除环境突变带来的负面影响,实际上就是增加、减少、替换原有的工作环节。由此可见,无论是可预见的环境不确定性还是不可预见的环境不确定性,它们对企业造成的负面影响的消除都离不开计划的积极作用。

(三)统筹安排企业工作

确定企业目标之后的计划工作是一个统筹安排企业工作的过程。首先,总目标要分解为各个分目标,同时也要为各个时期和企业各个部门制订工作计划,具体的工作计划要细化到个人,企业各部门在计划的指导下要兼顾分目标和总目标。在企业经营活动中,目标的层次和计划的层次保持一致。其次,数量众多、不同部门、不同分工的企业各部门在不同时空完成同一目标的企业活动,为了保证企业的行动与企业目标保持一致,就需要在不同分工的基础上对不同时空的企业活动进行协调,通过不同层次的计划在时空上分解目标,进而编制并下达相应的工作任务,统筹安排企业活动以满足企业目标要求。

(四)减少企业经营活动中的管理成本

计划作为管理职能在发挥积极作用的同时还要有助于提高企业的经济效益,计划工作要符合经济性原则。这里有两方面的含义:其一,计划工作本身耗费的成本不能过高,在主观上要符合满意准则;其二,计划的制订和执行要有助于降低企业的管理成本,一个更好的计划的判断标准之一就是能够进一步降低企业的管理成本。企业活动中的相当一部分管理成本都是由紊乱和无序的活动造成的,处理紊乱和无序需要耗费大量成本,这种紊乱和无序通常会放大为更多的管理成本,造成资源浪费。计划通过"5W1H[做什么(What)、为什么做(Why)、何时做(When)、何地做(Where)、谁去做(Who)和怎么做(How)]"决策详细规定了具体的业务活动,详细分析了工作的各个环节,加强了工作各阶段、各环节之间的衔接,不仅说明了在规定的时间、规定的地点以何种方式完成一定量的特定工作,而且对所有相关工作都有规定。由此可见,计划工作能够变紊乱和无序为条理和有序,有助于减少企业的管理成本和资源浪费。

四、计划的特点

一般来说,计划作为企业管理的首要职能具有五个特点。

(一)普遍性

计划的普遍性表现在两个方面。首先,企业里的不同部门、不同岗位、不同职位的人员都要参与计划的制订或执行,任何企业成员都不可能游离于计划之外,计划贯穿于整个企业活动中,是企业存在和发展的必要条件,计划的作用和影响无处不在。企业中的人要按照自身的职责和权利,结合企业环境,针对特定的业务活动做出计划。无论是正式计划还是非正式计划,企业成员都要对所制订的计划或执行的计划负责。其次,企业中管理活动的普遍性决定了作为管理首要职能的计划也是普遍存在的。企业活动所涉及的每一项工作任务、每一个工作环节都需要纳入计划,企业的计划涵盖了所有的企业活动,周密、全面的计划不仅可以保证每一项工作都有据可依,也有利于企业节约资源和成本。正因为如此,企业的所有管理活动都需要进行计划。

(二)层次性

计划的层次性源于企业目标和企业结构的层次性。企业目标之所以具有层次性是由于企业总目标要在科学分工的基础上分解为各个相互关联的分目标,这些分目标处于不同的管理层次,如战略层面、战术层面和作业层面。企业总目标的实现有赖于各个层次的分目标的实现,管理者需要为总目标和各个层次的分目标分别制订计划,并贯彻执行计划,以保证分目标和总目标的实现。由此可见,计划就具有了层次性,这种层次性与企业目标的层次性是紧密相关的。此外,企业结构和形式与工作分工和职能划分是紧密相关的,不同层级、不同职能的部门和人员需要制订相应的计划来完成工作任务,这样也就形成了计划的层次性。

(三)前瞻性

计划是带有前瞻性和预见性的管理工作,无论是确定目标还是制订实现目标的行动方案,计划都是在环境分析和预测的基础上做出将要进行的活动的具体安排,在这一点上计划工作带有很大的挑战性和创造性。可以说,很少有两个企业所面临的环境和所制订的计划是完全一样的。企业是在特定环境下基于对自身条件的考虑来制订计划的,尤其需要对未来环境的不确定性做出预测和判断,由此做出的计划充分考虑了环境不确定性,对企业发展的前景进行推断,并提出未来可能采取的应对措施。

(四)经济性

计划的经济性主要体现在两方面。首先,企业管理工作中需要考虑计划的效益。制订和执行计划的成本以及执行计划过程中的额外成本构成了计划的成本,通过执行计划而实现企业目标的收益就是计划的收益,对计划的成本和收益进行比较就可以得出计划的净收益,同时对计划工作的效益进行评价。其次,计划是在统筹基础上提高经济效益的重要管理手段。计划工作选取适当的行动方案,对未来的企业活动进行统筹安排,使企业活动能够均衡、协调发展,最终达到企业目标。企业通过计划充分发挥成员的协作能力,最大限度地发挥企业活动的协同效应。因此,企业不同层次、不同部门在执行计划过程中,应尽量减少工作盲目性和资源浪费,提高工作效率和经济效益。

(五)可行性

计划的可行性是评价计划工作绩效的重要标准。一般来说,计划的可行性会在计划实施之前进行反复论证,对计划中所安排的每一个工作环节进行推敲,因为一个工作环节的问题可能会导致整个计划的执行受阻,影响企业活动的进程和企业目标的实现。因此,不但要在预见环境不确定性的基础上考虑计划的可行性,而且要同时制订备用计划,以便在原定计划无法适应未来环境变化的时候用备用计划替代原定计划。

五、企业计划的统筹

企业计划的统筹是当前企业管理的关键构成内容之一。伴随中国社会主义市场经济的迅速推进,部分企业对计划的统筹理解不深刻,甚至把它看成市场经济的敌对面。这种现象造成的直接后果就是企业计划统筹不善,各项经营活动的管理缺少预测性及方向感,进而影响到经营战略决策的正确性,企业效益难以提高。为了扭转这个局面,本小节就企业计划统筹中存在的突出问题进行深入的分析,并提出相应的解决办法。

(一)当前企业计划统筹出现的问题

1. 理解不到位,关注度不高

企业部分管理人员觉得只有在计划经济时期政府对企业下达各项指令性计划才是企业的计划。而为了达到政府计划目标,强调计划管控,将计划目标层层分解,并且实行严格管控,以保证政府指令性计划的实现,是十分必要的。然而,实行市场经济体制之后,政府再也不下发指令性计划,企业经营完全按照市场需求组织生产所需求的产品。同时,由于市场风云变幻,计划难以赶上变化,制订计划的意义不大。正是因为有了这类含糊的观念,导致对于计划统筹的关注度不高,进而对计划统筹比较松懈。

2. 注重短期行为,忽视长远计划

很多企业为了获得眼前利益,都较为注重短期行为。由于对长远市场环境的变化难以预测,导致一些企业对长远计划关注度不高。尽管一些企业也确立了长远计划目标,但是多数是流于表面,没有明确的保证实行长远计划的手段,从而导致短期行为与长远计划脱离,或者短期行为偏离长远计划目标,进而使得企业战略资源的无谓消耗,对企业的发展甚至生存构成威胁。

3. 注重生产性计划,忽视经营性计划

因为生产性计划比较容易管控,一些企业对于生产性计划的管控较为轻松自如。然而,经营性计划涉及外部难以预测的市场环境以及对资本运营有很高的要求,加上计划经济年代延续下来的思维定式,大部分企业都较为注重生产性计划却往往忽视了经营性计划,不利于稳定和提高企业的效益。

（二）提升企业计划统筹水平的对策

1. 提高认识，转变观念

企业管理人员必须树立一个明确的观念，即不管是计划经济或是市场经济，均需要计划统筹。由于计划统筹是企业管理的工作，计划统筹的宗旨是优化整合资源，并且科学合理利用、调配资源，使得企业生产经营活动达到最优效果。在计划经济时期计划管控的是生产行为，而市场经济年代计划管控的是企业的生产经营行为。如今企业面临的市场环境风云变幻，如果企业无生产经营计划就难于在激烈市场环境下的较量中处于有利位置。所以，强化计划统筹是所有企业发展乃至生存的必由之路，必须引起高度重视。

2. 确立全面的计划统筹组织架构，构建完备的计划统筹体系

全面的计划统筹组织体系是做好企业计划统筹的有力保障。企业都应该确立全面的企业计划统筹组织架构，构建完备的计划统筹体系，为做好企业计划统筹工作打造有力保障。企业的计划统筹组织体系应该吸收企业的财务部门、营销部门、计划部门等职能部门参加，建立常态化的计划统筹体系，全面督促检查计划的执行过程，确保企业的生产经营活动在计划的引领下正常地进行。

3. 计划统筹应该效益优先

企业的计划统筹应该根据效益优先原则。由于计划决策的不可避免的错误，将导致不可挽回的损失，执行得再怎么好也将于事无补。所以，企业的计划统筹必须遵照效益优先的原则。此外，计划统筹应该具有资本运营观念，企业的货币资本、固定资本、流动资本、商业资本以及其他非物质资本（如人力资本等）应该一起纳入计划统筹范围，实行统一安排、运行，使之获得充分、科学利用。唯有如此，才能使得企业的经济效益得到最好体现。

第二节　企业计划制订艺术

在企业计划工作中，计划的编制具有关键地位。一套合理的计划，能够把企业发展的战略目标转化为实际工作。因此，计划的制订具有重要的意义。

一、企业计划制订的要求与难点

计划作为企业经营管理工作的起点，必须加以科学合理地制订，使其不仅能够知道人们为实现未来目标而努力，而且能够知道人们为完成眼前的任务而操作；不仅具有促进工作发展的推动力，而且具有落实工作要求的执行力。为此，需

要明确计划制订的要求,解决计划工作的重点,使计划工作具有正确的方向。

(一)计划制订的要求

制订计划的目的,是为了使各项工作有序高效地进行。在企业经营管理职能中,计划工作具有特殊的功能,能够保证企业成员适应环境的变化,为实现企业目标而协同努力。与此相应,制订企业计划必须符合一定的标准。

1. 计划的功能

计划作为管理的首要职能,必须保证企业成员适应环境变化进行有序合作。因此,计划的环境适应作用、目标导向作用、行为整合作用,是计划功能的集中体现。

首先,企业处于经常变化着的环境之中,如果不能适应环境变化,优胜劣汰规律将会发生作用。企业要生存发展,就必须对环境变化做出准确判断,及时采取措施,合理制定对策。要做到这一点,仅靠随机应变或者开几次会是不行的,需要通过组织、协调和控制措施,使企业行为系统化。经营计划的又一个基本职能,是帮助企业在分析与预测未来变化的基础上,制定合理的对策,使企业能够及时适应环境的变化。

其次,企业是由属于不同部门的许多员工组成的整体,每个部门、每个职工和每项业务都需要统一的目标来协调。只有将每个职工的行动统一起来,使各部门工作服从于整体目标,企业才能在激烈的市场竞争中建立优势。否则,各自为战,各行其是,工作不协调,行动无纲领,必然造成内部混乱,无法在市场竞争中取胜。经营计划的基本职能之一,就是通过建立企业整体目标,将局部工作与整体需要结合起来。

再次,企业是一个谋求微观效益最大化的功利组织,每个企业成员都有具体的利益追求,他们为了更好地实现自身利益目标而进行分工协作。在这种复杂的关系下,不同部门之间冲突在所难免。因此,统一员工的思想,协调部门的行动,化解相互之间的矛盾,避免可能出现的冲突,是企业经营管理中的一项极为重要的工作,经营计划对此有特殊的作用。通过不同部门、不同员工各自工作任务的系统安排和监督实施,能够把企业内部的分工协作体系纳入制度化的轨道之中,形成共同目标而努力工作。

2. 计划的标准

为了有效地发挥计划功能,促进生产经营活动有序进行,企业计划工作必须符合以下标准:

第一是计划的主动性。计划要求企业对未来做出判断并选择相应的对策,因而具有主动性。计划工作"基本上是抉择"。在计划制订过程中,方案选择是关键步骤,直接影响计划的成败。设计方案、评价方案、选择方案,是计划工作的主要内容。对企业首席运营官而言,制订几个计划并非难事,而如何从中选择出一个更科学、更切实可行的方案,却常使他们感到头痛。它意味着对市场、顾客和机会的选择,意味着必须放弃一些东西,承担一些责任。市场竞争的错综复杂,使任何选择都不能不付出代价,要承担风险,一念之差往往导致大难。计划的这一特点,要求企业管理者和计划人员有宽广的思路、敏锐的思维、渊博的知识和高度的决策能力。

第二是计划的实践性。企业生存、发展需要通过计划来明确工作任务,但计划是否成功,关键不在于计划内容的详尽精确,而在于能否有效地加以落实。计划越繁复,涉及的不确定因素就越多,它可能在未来变化的冲击下成为工作的枷锁,使企业付出高昂的代价。在实际工作中,企业发展常常取决于稍纵即逝的机会以及抓住机会的能力。计划的职能,在于通过有组织的努力,建立起识别机会的机制,有意识地为企业寻找可能的经营领域和机会并加以具体落实,寻找企业打开新局面的方式。在此过程中,通过计划指明机会存在的依据、特征,确定捕捉机会的角度与办法。

第三是计划的灵活性。计划凝聚着计划人员与整个企业的心血,并且通过权力机构审定,是一种制度性文件。因此,计划一旦制订,轻易不能改动。以计划的规范化取代计划的人格化,就是以内部系统的稳定,来对应外部环境的稳定。正因为如此,计划有可能僵化。以不变应万变,是计划的实质性缺陷。所以,必须强调计划的弹性,强调计划对于变化的适应性。因此,计划必须留有一定的余地。当有迹象表明机会和风险产生,或企业内外部环境发生变化时,必须及时调整计划,应对未来事件,抓住机会,防范风险。

(二)计划制订的难点

为了把战略目标转化为实际行动,促进各项工作的有序进行,企业计划必须解决一系列问题。这些问题中的难点在于如何处理长期目标和短期任务之间的关系,进行理想与现实之间的平衡,使工作计划与情况变化衔接起来。

1. 长期与短期的平衡

长期与短期如何平衡,是企业管理者在制订计划中面对的第一个难题。

对于企业管理者来说,盈利是企业经营的首要目标。通常,企业的利益可分为短期利益和长期利益。所谓短期利益,是企业通过增加销售、减少存货、降低成本等各种努力所产生的,一般属于"营利性"利益追求。如果企业重复追求这种利益,也许眼前赚钱,但放眼长远就会暴露破绽与问题,对企业的长远发展而言并非上策。企业一般将短期利益的一部分用于投资,进行新产品开发和市场拓展,尽力招揽顾客,承担社会责任。这些从短期来看是一种损失,可是舍不得这种损失,将来会受到更大损失,甚至致命的打击。对企业管理者来说,短期利益的取得是其工作能力的直接见证,而追求长期利益使企业价值最大化才是企业所要实现的目标。因此,企业管理者如果重点考虑长远利益,有可能使人们对其工作能力产生怀疑,但如果只考虑短期利益则不利于企业的成长和发展。所以,计划制订过程中短期与长期的平衡问题,是企业首席运营官必然面临的一个难点问题。

企业管理者在制订计划时,要从长期与短期两方面并行考虑,并非二者必择其一,而是从二者的均衡上来追求利益最大化。由于计划与战略不同,其特点在于实际操作。因此,应首先看到短期利益,其次才看长期利益。只是在注重短期利益时,要考虑其后续影响,考察它与企业长远发展目标的关系,尽可能避免二者的矛盾与冲突。

2. 理想与现实的倾斜

计划既是对于理想的追求,又是对于现实的安排。计划一旦设定,便成为企业行动的指南。一个看上去似乎十全十美但无法实现的计划,就好似画饼充饥,无济于事。因此,首席运营官在制订计划时,必须注意理想与现实的关系,并以可行为主,制订既容易实行且效果又好的计划。为此,需要注意解决以下问题:

一要具体。必须明确地表示具体的行动。目的和方针可以抽象,但行动步骤应具体、明白,让负责这一计划的人,了解自己该如何去做。

二要有限期。目标就像是一只无形的手,时刻在要求计划实施者按既定时间完成任务。

三要具备经济性。在费用、人员、资料等方面都有必要精打细算。

四要简洁。如果计划过于繁杂,实行时,往往会缺乏弹性。

五要有弹性。为了应对条件的变化及偶然因素出现,拟订计划时必须考虑到修改甚至变更部分计划的可能性。

六要有优先顺序。对于所实施的项目,要根据重要性决定先后次序。

3. 计划与变化的衔接

计划是为了帮助企业管理者对工作进行统筹和规划,以使企业更好地运转,但如果发生了变化,千万不能让计划变成了应对措施的束缚,一定要及时对计划作作调整,使计划适应变化,这是企业首席运营官在计划制订工作中必须考虑的一个问题。企业编制的计划中有“奇袭”和“强攻”之说。定下时间的奇袭,也就是计划;随机的奇袭则是对于计划的补充。一个卓越的企业管理者,见到机会,就会敏感起来,那是因为他脑海中不时地在描绘“奇击”。“假如真的出现机会,该怎么办?”这样的问题应该不时在企业管理者脑海中出现,随时准备“奇击”并获取成功。

二、企业计划的编制

企业计划工作中,计划的编制具有关键地位。一套合理的工作计划,能够把企业发展的战略目标与当前的实际工作任务衔接起来,使生产经营的各项工作按班就班地进行。因此,加强计划编制工作的管理,是计划管理的起点。为此必须把握计划编制的步骤,明确制订计划的依据,进行企业目标的分解,设计业务工作的指标。

(一)计划编制的步骤

计划编制主要包括设定目标和制订计划两个步骤。

1. 设定目标

如果没有目标,计划就没有意义。目标的设定,是计划可行性的首要要求。对于企业来说,设定目标的第一步是必须回答若干基本问题:①企业的战略目的是什么? ②谁是企业的"顾客"? ③他们需要什么? ④我们如何满足他们的需要? ⑤哪些是我们的优势? ⑥哪些领域需要改进? ⑦我们希望变成什么样? ⑧在实现目标时,哪些流程、环节或部门是关键贡献点?

目标设定之后,第二步要考虑实现目标的可能途径,把任务落实到部门和员工。对部门的关注也必须回答若干问题:①为了实现目标,企业各部门需要做出什么样的贡献? ②在实现目标时,哪些是关键部门? ③关键部门如何行动,才能保证企业战略目标的实现?

对员工的关注也必须回答若干问题:①员工需要具有哪些知识技能? ②员工对完成企业使命有多大动力? ③员工面对挑战是否能从容应对? ④员工对于干部培训的态度如何? ⑤员工是否有团队合作精神?

上述这些问题的答案对于实现计划的方式有至关重要的影响。因此,为了有效地实现一个目标,就必须明确定义目标,确定实现目标的路线,按照路线落实工作任务。

2. 制订计划

通常,定义目标、确定路线、落实任务的过程,也就是计划的制订过程。

一般而言,工作计划由 10 个部分组成:①得到清晰定义的目标。②对于目标设定原因的明确说明。③管理层对目标的赞同和支持。④找到实现目标最直接、最有效的方法。⑤向员工传达有关目标的情况,并向他们征求实现目标的最佳方案。⑥确保员工知道他们工作的原因,明白自己对于实现目标负有什么样的责任。⑦为实现目标建立明确的工作日程表。⑧制订备用措施的计划,以便于在出现问题时采取行动。⑨在员工的能力范围内进行任务分派。⑩确立工作测评标准,以测量评价目标完成进度。

在计划编制过程中,必须对上述问题进行充分探讨和反复研究。一种思路可以激发出另一种思路,通过不同思路的碰撞使不同方案得到权衡,不同方法得到比较,不同想法得到统一,不同可能性得到考虑。这样制订出来的计划方案,才可能是成熟的方案,才能得到顺利实施。

为此,目标管理是一种普遍采用的途径。所谓目标管理,其特点是调动企业各层次成员的积极性,把企业战略的整体要求与各部门每个员工的特殊要求结合起来,通过沟通和整合,建立企业有序的目标体系,形成推动企业发展的合力。由于企业成员的普遍参与,就使战略目标能够最广泛地与实际条件联系起来,变为具体可行而又普遍认同的行动。

具体地说,目标管理要求企业管理者在企业战略目标的基础上,将它们分解为阶段性、部门化、职能层的目标,但这个目标分解过程不是一个下达指令的过程,而是上下级之间沟通协商的过程。通过这个过程,把来自企业战略的工作目标变成了来自部门和员工的行为目标,使计划有着很强的可操作性与可执行性。

(二)计划制订的依据

计划制订的关键在于如何把战略目标与资源配置结合起来,为企业实现目标提供必要条件和可靠的基础。因此,计划制定的基本依据是企业使命和资源条件。

1. 企业使命

企业使命就是要回答企业是干什么和应该干什么的问题,明确使命是企业计划的基础,要在对企业使命界定的范围内制订详细发展计划,否则企业的活动就会一盘散沙,无法形成合力。而认真审视使命正是企业高层管理者的首要职责,他们需要将使命明确阐述出来从而指导企业日常的经营活动。

例如,索尼公司的使命陈述是:"索尼是开拓者,永远向着那未知的世界探索。"以此表示索尼决不步他人后尘的意志。正是从这一使命出发,索尼把最大限度地发掘人才、信任人才、鼓励人才不断前进视为自己的唯一生命。从而在世界上最早发明家用录音机等,并取得了巨大成功。这说明明确一个好的企业使命,对于计划来说是基础,对于企业的发展来说更是至关重要的。

2. 资源状况

企业资源条件是指企业能够用于实现经济效益的要素条件。随着企业发展和知识经济的到来,企业资源条件也在变化和拓展,其中最主要的内容,可以概括为人力、财力、物力、时间、信息、制度、品牌、渠道、关系等。

要制订可行的活动计划,首先要认识企业现实的资源条件,要把握资源条件的客观性与可变性。一方面,资源条件是客观的,没有一定的条件支持,任何目标都只能是空想。因此,所谓有条件要上,没有条件也要上,只能是一种不切实际的蛮干,必然会在现实面前失败。正确的做法是,有条件直接上,没有条件也要创造条件间接上。就是说,不能不要条件,而是想办法创造条件,创造条件的过程,也就是为企业实现目标而努力的过程。

所谓创造条件,就涉及了条件的可变性问题。条件是重要的,但并非是一成不变的给定事实。对于同样的条件,从不同的角度来观察和对待,往往会有不同的意义和作用。人们常说的,垃圾是放错地方的财富,说的就是这个道理。正因为如此,所以资源配置是重要的。对已有条件的不同配置方式,会产生完全不同的效果。一个合理计划的作用,首先就是因为它给出了一种有效的资源配置方式。

从总体来说,对企业各种资源条件进行全面分析和优化组合,是企业高层管理者的重要职责。每个企业的资源条件互不相同,有的企业可能资金比较充足,但人才不足;有的企业可能设备能力较强,而市场开拓能力不够;也有的企业可能资金不足,人员不足,但市场前景很好。高层管理者必须根据企业的特点以及长处和短处,对资源条件做出优化配置,例如利用人力资源的长处来弥补资金不足的缺点,通过应收应付账款的调整来促进企业的市场开发等。

也就是说,企业战略在资源条件约束下向计划目标转化,而资源条件的合理配置与优化利用,是计划工作的本质要求。

(三)企业目标的分解

在计划制定过程中,如何把企业目标分解到各部门和每个员工头上,建立有序的分工协作体系,是一个中心问题,涉及整体与局部、组织与个人之间的复杂关系,必须着重处理。

1. 目标分解的要求

第一,目标分解应按整分合原则进行。也就是将总体目标分解为不同层次、不同部门的分目标,各个分目标的综合又体现总体目标,并保证总体目标的实现。

第二,分目标要保持与总体目标方向一致,内容上下贯通,保证总体目标的实现。

第三,目标分解中,要注意到各个分目标所需要的条件及其限制因素,如人力、物力、财力和协作条件、技术保障等。

第四,分目标之间在内容与时间上要协调、平衡并同步发展,不影响总体目标的实现。

第五,各分目标的表达也要简明、扼要、明确,有具体的目标值和完成时限要求。

2. 目标分解的方式

(1)指令式分解。指令式分解是分解前不与下级商量,由企业领导者确定分解方案,以指令或指示的形式下达。这种分解方法虽然容易使目标构成一个完整体系,但由于未与下级协商,对下级承担目标的困难、意见不了解,容易造成某些目标难以落实下去的情况发生,更由于下级感到目标是上级制定的,因而不利于调动下级工作积极性和能力的发挥。

(2)协商式分解。协商式分解是上下级对目标的分解和落实进行充分讨论,尽量取得一致意见。这种协商容易使目标落到实处,也有利于下级积极性的调动和能力的发挥,但取得统一意见的成本较高,时间较长。

由于企业目标、部门目标、员工目标之间,不仅存在着总体目标与局部目标的关系,而且存在着目标与手段之间的链接关系。因此,不论哪种目标分解方法,都可以进行目标与手段的系统分析。

3. 目标分解的途径

第一,按时间顺序分解,即制定出目标实施进度,以便于实施中的检查和控制。这种分解形式构成了目标的时间体系。

第二,按空间关系分解,其中又包括两种不一样的分解:一是按管理层次的纵向分解,即将目标逐级分解到每一个管理层次,一直分解到个人;二是按职能部门的横向分解,即将目标项目分解到不同职能部门。

工作目标如能按时间关系和按空间关系同时展开,形成有机的、立体的目标体系不仅使各级管理人员和每个人对目标的整体一目了然,也能明确各部门或个人的目标在目标系统中所处的地位,有利于调动人们的积极性、主动性和创造性。

4. 目标分解的策略

目标分解策略是制定实现目标的具体措施,对策展开在目标分解的基础上进行。只有将目标展开,使各层次的目标都有实现的措施,并在实施中落实这些措施,才能保证目标的实现。通常,对策展开过程中必须满足以下要求:

第一,对策的针对性要强。要在分析现状和目标的差距,找出产生差距的主要问题及其主要原因的基础上制定对策,使对策紧紧扣住主要问题,才能有的放矢缩短现状与目标的差距。

第二,对策要有力。对策的有效性不在数量多,而在于有力。

第三,对策要明确、具体,以便于实施和控制。

在对策展开的基础上,应编制对策展开表,使问题、对策清晰,并明确实施方法、实施时间和责任者。

（四）计划指标的确定

工作计划必须具体、明确、可操作，这是通过一系列指标来实现的。计划指标是对于工作目标、任务要求和关键成功因素的集中刻画。通过计划指标的引导，能够帮助人们抓住关键环节做出合理的工作安排，从而提高工作的准确性与有效性。因此，企业合理地制定工作指标，是计划工作的落脚点。

1. 计划指标的含义

所谓企业计划指标，就是企业生产经营活动在计划期内应该达到的可测量的目标和水平，通常以正式文件加以确定。因此，可以将计划指标定义为：在计划中规定的、用数字来表示的企业生产经营活动在各方面的预期目标。

规范化与数量化是计划指标的两大特征，企业计划的内容大都是通过各项指标来表示的。由于任何一个指标都只能说明某一方面，为了全面反映和测评整个生产经营活动，就需要有一系列互相联系而又各自独立的指标，这些指标构成企业计划的指标体系。

2. 计划指标的内容

企业计划指标可分为数量指标和质量指标两大类。数量指标是企业在计划期内生产经营活动应该达到的规模要求，通常用绝对数来表示；质量指标是企业在计划期内的生产经营活动应该达到的性质要求，一般用相对数或平均数来表示。

企业计划中的数量指标和质量指标，是对企业生产技术经济活动的量与质两方面成果的反映。数量和质量是事物的两方面，它们是相辅相成、相互制约、相互促进的。企业生产经营活动要求既要好的数量指标，也要好的质量指标。

一般而言，在企业生产经营活动中，"八大指标"构成了基本的指标体系。所谓生产经营的八大指标，即产品产量、产品品种、产品质量、原材料和燃料、动力消耗、劳动生产率、成本与利润、百元产值流动资金占用额。

八大指标具有内在的联系，彼此之间相互补充与支持，支持企业生产经营活动的有效进行。其中产品产量、品种和质量指标，反映企业生产的物质成果情况；劳动生产率、原材料燃料动力消耗和百元产值流动资金占用额指标，反映企业人财物力的利用情况；成本和利润指标，反映企业生产经营活动的经济效果情况。

三、企业计划编制的方法

（一）甘特图法

甘特图（Gantt chart）是在 20 世纪初由美国人亨利·甘特开发的，这是一种直观的描述计划的线条图。甘特图内在思想简单,即以图示的方式通过活动列表和时间刻度形象地表示出任何特定项目的活动顺序与持续时间。基本是一条线条图,横轴表示时间,纵轴表示活动(项目),线条表示在整个期间上计划和实际的活动完成情况。它直观地表明任务计划在什么时候进行,及实际进展与计划要求的对比。管理者由此可便利地弄清一项任务(项目)还剩下哪些工作要做,并可评估工作进度。

甘特图是基于作业排序的目的,将活动与时间联系起来的最早尝试之一。该图能帮助企业绘制对诸如工作中心、超时工作等资源的使用图。当用于负荷时,甘特图可以显示几个部门、机器或设备的运行和闲置情况。这表示了该系统的有关工作负荷状况,这样可使管理人员了解何种调整是恰当的。例如,当某一工作中心处于超负荷状态时,则低负荷工作中心的员工可临时转移到该工作中心以增加其劳动力,或者,在制品存货可在不同工作中心进行加工,则高负荷工作中心的部分工作可移到低负荷工作中心完成,多功能的设备也可在各中心之间转移。但甘特负荷图的运用也有一些局限性,它不能解释生产变动如意料不到的机器故障及人工错误所形成的返工等。甘特排程图可用于检查工作完成进度。它表明哪件工作如期完成,哪件工作提前完成或延期完成。

(二)滚动计划法

滚动计划法是企业用来编制长期计划的一种简单有效的计划方法。这种计划方法的好处在于,在长期内很多未来不确定因素无法被准确预测,此时借助滚动计划法在制定计划时可以把长期计划、中期计划和短期计划结合起来考虑。与当前距离较近的计划内容越详细,与当前距离越远的计划内容越粗略。就某个时间点来看,这个时间点之后的计划随时间跨度的增大而愈来愈模糊。这样看来长期计划,就不可能制订得像短期计划那样具体,只能随着时间的推移逐渐修改计划,以适应不断变化的客观情况。

滚动计划法是根据当前企业计划的执行情况以及客观条件的变化,对将来的计划进行修订,其优点在于最终执行的计划能够按照最近的信息来制定。一定时间跨度的计划在定期修订的基础上不断向前延伸,相当于计划随着时间推移,向前滚动。滚动计划法保证了计划能够尽量及时点,根据环境变化进行修改,使计划保持一定的弹性,以适应环境变化,改善每一阶段计划的实施效果,从而提高企业的应变能力和学习能力。

具体来说,滚动式计划方法有以下优点:

一是计划的严肃性和应变性都得到保证。因执行计划与编制计划的时间接近,内外条件不会发生很大变化,可以基本保证完成,体现了计划的严肃性。二是预计计划允许修改,从而体现了应变性。三是提高了计划的连续性,逐年滚动自然形成新的计划。

(三)标杆基准法

标杆基准法是 20 世纪 80 年代以来被发达国家日益重视的一种计划方法。标杆基准法是企业将自身的关键绩效行为与最强的竞争对手和行业中领先的企业的关键绩效行为进行比较和评价。分析这些领先企业的绩效形成过程和原因,并在分析结果的基础上建立企业发展的工作绩效标准及绩效改进的最优策略与方法。由此,这些领先企业就成为标杆企业,他们的绩效标准则成为一种基准。

标杆的选择应当遵循四项原则。第一,标杆企业应具有卓越的绩效,至少应该是具有最佳实践的行业领先企业。第二,标杆的首选范围应当是富有潜力的强劲的竞争对手。第三,应当依据本企业的具体部门和领域的特点来选择相应的标杆企业的部门和领域作为基准。第四,选定的标杆,与本企业之间一定要有可比性,并且标杆的管理实践是可以被模仿和学习的。

运用标杆基准法开展计划工作的程序大致分为四个步骤。第一,对本企业的各个部门和工作环节进行细致的诊断,找出目前的问题症结所在。第二,选择合适的企业和企业部门作为标杆。分析本企业与标杆企业,在相应的领域和环节中存在的差距。第三,探寻标杆企业的关键成功因素。一个领域和环节的突出业绩可能来自多方面的资源和能力优势。这些优势都可能是成功要素,但对于模仿者和学习者来说,主要是领会在标杆企业中,其经营者的决策水平和指挥能力也是关键成功要素。第四,参照标杆企业的关键成功要素,结合本企业的特点和条件可以设定本企业期望达到的基准,根据基准确定企业目标和目标实现路径,并形成计划。

值得一提的是,企业一个部门和经营领域的标杆,不一定只存在于企业外部,也可以在企业内部选择标杆,这种企业内部跨部门的职能的标杆,同样可以作为一种设定目标和制订计划的基准。

第三节　企业计划控制艺术

计划编制是计划工作的开始,编制出来的计划必须加以贯彻实施。再好的计划如果不执行,也只是一纸空文。不仅如此,如果计划执行不好,作用也就不能充分发挥,乃至产生副作用。企业在计划执行过程中,计划的落实与检查是两个基本环节。

一、计划的落实

所谓计划的落实,就是企业把计划确定的指标转化为可操作的工作任务,落实到具体工作人员头上,保证实际工作按照计划的要求有序进行。在实际工作中,计划的落实需要考虑各个工作环节。

1. 计划执行人员的管理

企业计划是由执行者去实现的,对计划执行者必须进行相应管理,主要检查他们是否按计划的要求去做了,有没有完成计划所确定的目标。具体办法是:制定好计划执行者的行动管理表,然后让被检查者先填好自己的工作情况及实际效果,然后由管理人员进行核查,了解其是否有不执行计划的行动,以便及时指正。

2. 计划实施的进度管理

企业计划的进度管理,首先是核查计划进度,一旦发现实际与计划有出入,就要研究对策设法纠正。具体办法是用进度表来进行检查、比较。进度表的横坐标一般表示时间,纵坐标一般表示计划完成进度,例如销售额、生产量、实现利润等。

3. 计划完成情况的公布

企业计划完成的情况是相关人员都需要知道的,当计划完成情况和计划执行人品有利害关系时,更是如此。随时公布计划的完成情况,可以让完成得好的部门和个人受到鼓舞,使完成得差的部门和个人受到鞭策,从而及时掌握情况,及时采取对策。

4. 用月报告监控工作业绩

在日、周控制的基础上,应用月报告来控制业绩,使之和计划的差距尽可能缩小,是保证计划贯彻实施的又一措施。月报告一般采用图表和文字说明并用的办法。由于月报告以月为单位,所以有足够的时间单位来显示一月中的数据变化。企业也可以进行不同年份同月情况的对比。在图表旁边用文字进行说明,能明确指出存在的问题。图表和文字的配合使用,不仅可以掌握现时点上的计划进行情况和趋势,而且可以追究计划未能完成的原因。

5. 用图表分析工作问题

在计划管理工作中,图表分析是运用得十分广泛的一种办法。通过图表的制作与分析,可以直观地看到计划的执行情况,以及执行计划中存在的问题。销售计划、生产计划、成本计划等,所有可以用数量指标表示的计划,企业都应该用图表来进行经济与技术分析。

6. 建立完善的报表体系

反映计划完成信息，需要一系列书面报告、书面材料和各种表格，简而言之，需要通过一系列企业计划报表，这就是所谓的报表体系。在报表体系中，报表项目因企业特点而有所不同，但资产负债表、损益计算书、成本报告书等报表是每个企业必须要有的。通过正确地运用报表，可以使计划得到严密的监控

二、计划的检查

企业在计划的实施过程中，检查是不可缺少的环节。通过检查计划实施情况，可以及时发现和解决问题。再好的计划也只能近似地反映客观过程，很多潜在的因素和意外情况是很难估计到的。此外，计划执行过程中的偏差也常常会发生。因此，必须经常检查计划的执行情况，一旦发现问题就加以及时改进。

（一）计划实施过程的检查

检查计划执行情况的方法多种多样。概括地说，大致可以分为定期检查和追踪检查。

1. 定期检查

定期检查通常在计划期结束时进行。如月终检查、季终检查、年终检查等。这种检查比较全面，可以对检查结果进行详细分析，总结经验，指出完成计划的有利因素和不利因素，提出解决存在问题的办法，为下一个计划期创造有利条件。

在计划执行情况的定期检查中，通常应注意以下几点：

第一，检查生产计划的完成情况。在检查生产计划时，必须把各种有关计划联系起来检查。例如检查劳动工资计划，检查它是否依靠加点加人来完成；再如检查物资供应计划，检查它是否在加大材料消耗量的情况下完成，等等。

第二，检查计划要抓住主导环节。计划没完成当然有很多因素，如劳动力调配不当，原材料、燃料、电力供应发生问题，大量发生废品，等等。但是要分析以哪一个因素为主。比如说，如果人力资源配置是主要问题，就要抓住这个主要环节，深入检查劳动力调配失当之所在，及时纠正偏差。

第三，检查计划是在怎样的情况下完成的。检查计划不仅要检查计划是否完成，而且要检查它是在怎样的情况下完成的。例如是通过突击补救的办法来完成，还是正常地、均衡地来完成。企业发展不仅要求会面地完成年度计划，而且要求均衡地完成计划。如果没完成计划，要分析是否因为局部不均衡而影响到整个计划没完成。

检查计划时，必须分析劳动竞赛对于计划执行进度的影响。由于劳动竞赛能够不断发掘员工潜力来促使计划完成和超额完成。因此，在编制、执行和检查计

划的过程中,必须充分考虑到人的主观能动性问题。如发现某些车间生产不均衡,而它完成计划不靠加班加点,那么可以推测其还有潜力有待发挥。

检查计划时,要充分发动群众,要实行领导与群众相结合,自上而下的检查与自下而上的检查相结合。检查后要及时做出检查总结,表扬先进,鼓励后进,使对计划执行情况的检查工作发挥促进企业生产经营活动不断取得成功的作用。

2. 追踪检查

所谓追踪检查,就是对计划工作情况进行全程监控,及时发现问题和解决问题。在计划检查中配合高效率的追踪,能够大大提高工作效率。

计划的追踪应尽可能正确地掌握"计划值"与"实际值"间的差异,并做详细的分析。一般而言,计划值与实际值之间的差异种类主要包括两种:①差异原因可以确定。即便差异原因无法确定,但可以推定。②差异原因无法确定且难以推测。对差异类型详细分析之后,企业各部门应针对该项原因研究改进办法,并在定期追踪报告中,提出具体可行的解决策略。

追踪方式非常灵活,常用的最重要的方法有两种,即非结构性追踪和结构性追踪。前者对所负责的计划进行不定期检查,以寻找问题、分析原因、提出对策。后者实际上是指对计划的定期报告,由于报告是连续的,成系列的,因此也称之为追踪检查。

(二)计划完成情况的评价

计划评价是指从一定标准出发,对计划的实施结果做出价值认定,这是保证计划得以实现、激励员工积极性的基本办法。通常,可以用公式来说明评价工作的意义。

计划效果 = 计划能力 + 实施能力 + 追踪能力 + 评价能力

一般来说,计划评价具有以下意义:

①对企业计划的推行成果予以认定;

②提高各责任单位彼此间的竞争性;

③评价成果可作为年终考绩的依据;

④评价结果可作为下次计划的参考。

由此可见,计划执行过程中若能配以合理的评价,能产生相当的积极作用,有助于企业计划的顺利推行和不断改进。

三、计划控制的方法

(一)控制的含义

计划与控制,紧紧相联。在所有企业的管理职能中,控制与计划的关系最为密切。为实现企业目标,必须设定实现计划目标的路径和程序。同时,为控制计划提供参照标准和依据,为确保计划的实施过程和实施效果不偏离原定计划,并且能够达到预期目的,就需要对计划的实际执行过程进行检查和监督。将计划执行情况与计划、标准相对照,发现偏差后及时分析偏差原因并予以纠正,使计划执行过程与计划标准保持一致,或者对原定计划和标准进行修改,以确保计划目标的实现。

从计划与控制的关系不难发现,企业管理过程中的一项关键工作是负责监督和检查管理工作的各项活动,以保证这些活动按计划进行,并精准纠正各种可能出现的重要偏差。具体来说,控制是为了确保企业目标的实现,以及为此而拟定的计划能够实现管理者根据事先确定的标准和发展需要而重新拟定的标准,对于企业的各项工作进行有效衡量和客观评价。同时,在出现偏差时进行纠正,以防止偏差继续发展和以后再度发生。在执行计划过程中,根据企业内外部环境变化和发展的需要,对原计划进行修订和制订新的计划,以此对企业整个管理工作的过程进行纠错和调整。

（二）控制的重要性

控制在企业管理中是非常重要的,决定了有效的控制是实现企业目标和确保企业绩效的重要手段。因此,为实现企业目标实施有效控制是非常必要的。

1. 确保预期目标的最终实现

为了确保实现预期目标,必须控制最终目标与企业目标相一致。控制与计划是紧密联系的,企业计划所包含的行动方案是按照企业总目标指导下的各个分目标制订的,企业各级控制活动对各级行动方案的实施过程进行检查和监督,发现问题,及时纠错,确保实际行动路径与目标计划保持一致,或至少是偏差在可控范围之内,且不会影响企业目标的如期实现。

2. 及时准确地提供反馈信息

反馈信息在控制过程中具有极其重要的作用,对实际情况进行检测的目的是获取准确的反馈信息。根据信息内容判断目标的实施过程是否偏离了既定标准,若有偏离,就要采取纠正行动,通过纠正行动以保持实际运作与目标要求一致。由此可见,控制的直接目的是获取来自受控对象的反馈信息,最终目的是保持企业的稳定运行状态,控制的基础仍然是反馈信息。

3. 及时解决计划实施过程中出现的问题

计划实施过程中出现的问题,大致可分为两类,一类是反复出现的常规问题,另一类是从未出现过的新问题。这两类问题都要依靠控制手段进行解决,所不同的是解决方式存在差异。对于常规问题通常预先设计控制模式可以及时解决出现的问题,可以在准确了解问题本质的前提下,预防此类特定问题的发生。对于新问题,应该在问题发生后及时进行应急控制,防止突发问题影响计划实施。

（三）控制的方法

企业管理中的控制工作,包括多方面的内容,对于不同的控制对象,需要采用相应的控制手段,这就导致各种具体的控制方法的产生。

1. 预算控制

所谓预算,就是用数字形式来编制未来某一时期的计划,系用财务数字和非财务数字来表示预期结果。西方国家与我国惯用的预算概念有所区别,西方国家的预算概念是指计划的数量说明。我国的预算概念,一般是指经法定程序批准的政府部门、事业单位和企业在一定时间的收支预计,大多以金额形式出现。

预算控制是企业管理控制中使用最广泛的一种控制方法。预算控制,集中体现了计划与控制的紧密关系。预算是数字化的计划,是计划在执行过程中的企业活动,也是按照数量标准为企业进行活动制定的一种约束。编制预算是制订计划的开始,而预算本身又是计划制订过程的结果,形成以预算为控制标准的计划。在许多企业中,实际上预算编制工作往往被简化,预算审批也常常被主观化,缺乏细致的调查研究,导致预算被任意削减而又无法给出合理的理由。为了使预算能够正常发挥积极作用,需要有效地实施预算控制。

2. 审计控制

审计师对反映企业资金运动过程及其结果的会计记录和财务报表,进行检查和审核,判断其真实性和可靠性,从而为控制和决策提供依据。根据审查主体和内容的不同,可将审计分为外部审计,内部审计和管理审计。

①外部审计。外部审计就是由独立的外部机构的审计人员对企业的财务报表中反应的财务状况进行评估和鉴定,外部审计包括国家审计和社会审计两种。国家审计是指国家审计机关所实施的审计,国家审计的主体是审计署以及各省市自治区县设立的审计机关,对被审计单位的财务、财政活动执行财经法纪情况以及经济效益进行审计监督;社会审计是指经政府有关部门审核批准的社会中介机构进行的审计,其主体是注册会计师。

外部审计的最大优点在于审计主体的独立性,无论是国家审计部门还是社会中介机构都与被审计单位没有行政依附关系和直接利益关系,因此审计人员出具的评估报告可以看作是对企业的检查结果的真实反映。外部审计存在的问题在于审计人员可能不了解企业的具体情况,在实际操作过程中存在信息不对称的现象,加之审计过程中,审计对象有时会产生抵触情绪,不愿意积极配合审计工作,这些问题给外部审计工作带来了不便。

②内部审计。相对于外部审计而言,内部审计有其自身的特点。其一是内部审计的独立性体现在两方面:一方面是指内审人员履职时免受威胁,另一方面指审计组织机构的独立;其二是内部审计的目的是评价和改善风险管理,控制和公司治理流程的有效性,帮助企业实现其目标;其三是内部审计主要侧重于企业经济活动的合法合规、目标达成和经济效率等方面。

③管理审计。管理审计是审计人员对被审计企业的经济管理行为进行监督、检查及评价,并深入剖析的一种活动,其目的是使被审计企业的资源配置更加富有效率。管理审计的主要对象是企业生产经营过程以及各生产要素的开发利用,其目标是审查业务经营过程的。

第四节　企业战略统筹艺术

一、战略统筹概述

企业战略统筹管理是管理学科的一个重要的分支,20 世纪 70 年代战略统筹管理已真正成为一门体系比较完整的学科,企业最高层次的管理就是战略管理。

(一)战略的概念

1. 战略的含义及要素

(1)战略的含义

在我国,"战略"一词自古有之,"战"指战斗和战争,"略"是指谋略、计谋、策略。在西方,战略一词来源于希腊文 strategos,它的意思是将军指挥军队的艺术和科学。将战略引入企业管理中,目前尚无统一的定义,不同的学者和经纪人员给战略赋予了不同的含义。

战略是目标、意图、目的,以及为达到这些目的而制定的主要方针和计划的一种模式。战略是组织目前的或计划的资源配置与环境相互作用的基本模式,表明企业如何实现自己的目标。战略的内涵包括涵盖五方面,即 5P:plan,活动前制定的战略是一种计划;ploy,作为威胁和战胜对手的手段,战略是一种计谋;pattern,战略是一种模式,体现为一系列的行为;position,战略是一种定位,确定有别于又优于对手的竞争地位;perspective,战略是一种观念,体现战略家对客观世界固有的认识方式。

(2)战略统筹要素

战略统筹,尤其是企业的战略统筹必须清晰地反映以下四方面的要素:

一是经营范围。即企业从事生产经营活动的领域,是企业家根据自己所处的环境即具有的实力,确定的当前和未来的发展行业,以及在该领域从事生产经营活动的范围。比如:进入汽车行业生产汽车配件。

二是资源配置。是指企业过去和目前资源与能力的配置水平和模式。资源的配置水平的高低和配置模式的合理性是保障企业生产经营活动获得成功的重要保证。因此,企业在根据外部环境变化采取相应战略的时候,都要对资源配置进行调整,以支持战略的实施。

三是竞争优势。是指企业通过经营范围的决策与一系列要素或资源的配置,所形成的不同且领先于竞争对手的竞争地位。

四是协同作用。是指企业从资源配置和经营范围的决策中能寻求到的各种共同努力的效果,是企业总体资源的收益大于部分收益之和,即产生乘数效应。企业可以从投资、作业、销售和管理四方面产生协同作用。

2. 战略的内容构成

战略按内在的逻辑联系,其内容构成一般包括以下五部分:

(1)战略思想。是指企业活动过程中形成的各种关系的观念和准则。

(2)战略目标。是企业与其要达到的成果水平,包括企业的发展愿景、近短期及中长期的产品质量与数量水平等。

(3)战略布局。就是针对战略目标所作的时间、空间、产业或者项目上的部署。

(4)战略任务。即围绕着战略目标和布局应该完成的主要任务。

(5)战略对策。是指完成战略任务的具体途径、方法和手段。

战略内容构成是否清晰明确,关系到所制定的战略能否真正起到统领全局、指导企业各项活动有效进行的作用。

(二)战略的地位和作用

1. 战略的地位。战略统领企业全局的行为,关系到企业未来的生存与发展,是企业最高管理者的中心活动,是整个企业最高层次的管理活动。

2. 战略的作用。战略能使一个企业更加具有前瞻性,变得更加主动,而不那么被动;能避开同质竞争,提高模仿难度,提升价值创造;能够促进内部沟通,形成上下共识,吸纳各方智慧,形成思想协同,产生乘数效应,从而使企业持续发展壮大成为可能。

二、战略分析

企业是一个以"多元利益共存为原理"的投入、转化、产出系统,它的活动受其内部和外部的影响。因此,只有知己知彼,对企业的外部环境和内部环境进行分析,才能制定出正确的战略。

(一)外部环境分析

1. 一般环境分析

一般环境分析主要是确认和评价政治、经济、社会文化、科技、自然等因素对企业战略目标和战略选择的影响。

(1)政治环境。政治环境是指对企业经营活动具有现实作用与影响的政治力量、政治制度、体制、方针政策,同时也包括对企业经营活动加以限制和要求的法律和法规等。

(2)经济环境。经济环境就是指一个国家或地区的经济制度、经济结构、经济类型、经济发展水平、消费结构与消费水平,以及未来的发展趋势等。

(3)社会文化环境。社会文化环境包括一个国家或地区的社会性质、人们共享的价值观、文化传统、生活方式、人口统计特征、教育程度、风俗习惯、宗教信仰等各个方面。

(4)科技环境。企业的科技环境是指企业所处的社会环境中的科技要素及与该要素直接相关的各种社会现象的集合,包括国家科技体制、科技制度、科技水平和科技发展趋势等。

(5)自然环境。自然环境是指企业所处的生态环境和相关的自然资源,包括土地、森林、河流、海洋、生物、矿产、能源、水源、环境保护、生态平衡等方面的发展变化。

2. 行业环境分析

行业是企业生存发展的空间,也是对企业生产经营活动产生最直接影响的外部环境。行业环境分析主要是对一个行业的经济特性和竞争结构的现状及其发展变化趋势进行分析。

(1)行业经济特性。通常,行业经济特性反映在四方面:一是市场状态,表现为市场分布、供求状态、需求产品种类、需求量及其变动。二是行业规模,指的是行业发展阶段、增长潜力、业内企业数量及相对规模。三是行业总体水平,包括纵向一体化水平、整体技术发展水平及趋势、进入或者退出行业的难易程度。四是行业盈利性,取决于行业的年销售量、销售额、成本水平和竞争结构。

(2)竞争结构分析。每一个企业总是归属与一个或几个产业部门或行业。在某一行业中的企业,盈利与否以及盈利的大小,一般取决于两个基本因素:一是所处行业的盈利性;二是其在行业中的地位。美国哈佛大学商学院教授迈克尔·波特指出,行业的竞争远不止有一个竞争对手之间的竞争,而是存在着五种基本的竞争力量。他提出了"竞争五力"分析模型。"竞争五力"包括一是行业内企业之间的竞争；二是供应者的讨价还价的能力；三是顾客的讨价还价能力；四是新入住者的进入；五是替代产品或服务的威胁。

（二）内部条件分析

1. 资源分析

企业的经济活动必须建立在自身拥有丰富的资源基础之上。所谓资源，是指企业所控制或拥有的有效要素的综合。企业资源根据是否容易辨识和评估分为有形资源和无形资源。有形资源包括财务资源、实物资源、人力资源、组织资源。无形资源包括创新能力、声誉、品牌商标、专利、专有知识、商业机密、人脉关系等。

通常，资源的分析主要包括四方面。一是分析现有资源。分析目前企业拥有的资源和可能获得资源，列出资源清单。二是分析资源的利用情况。原则上运用投入产出比率进行分析。三是分析资源的应变力。分析一旦战略环境发生变化，企业资源对环境变化的适应程度。四的资源的平衡分析。根据企业经营现状和发展趋势，分析企业各项业务对资源的要求、余缺以及可能采取的调节措施。

2. 能力及核心能力分析

企业能力是指企业整合内外部资源，使价值创造不断增加的技能。一般而言，资源本身并不能产生竞争能力，竞争能力源于对多种资源的特殊整合。企业能力包括企业投资融资能力、技术研发能力、生产管理能力、市场营销能力、组织管理能力和企业文化影响力等。能力分析就是分析这些能力对构成企业竞争力的贡献程度。

通常，企业核心能力的组成因素包括四方面。一个是全体员工的知识和技能的水平与结构。二是企业的技术体系，包括技术的硬件体系和软件体系。三是企业的管理体系，包括企业的管理思想、管理理念、管理方式、管理手段等。四是企业文化，企业文化是核心竞争力的重要组成部分，也是竞争对手最难模仿的。

分析企业核心竞争力，就是分析企业哪些能力的构成要素能持久的产生竞争优势。判断产生持久性竞争优势的能力的标准包括价值性、独特性、难模仿性和不可替代性。

3. 经营状况分析

经营状况分析就是从价值创造方面对企业最近的表现进行分析评价，包括财务和非财务两方面的评价。分析方法主要有趋势分析法和基准分析法两种。前者的计算是基于时间的变化率，是和以往的经营状况比较；后者是与本行业的平均水平、主要竞争对手或既定目标进行比较。

4. 经济效益分析

经济效益是指企业在生产某种产品或服务的过程中,随着累计产品产量的增加,生产单位产品的成本下降。

经济效益的获得并非与企业规模有必然联系,规模无论大小都可以从经济效益中获益。其主要来源有劳动生产废渣率的提高、分工与工作方法的重新设计、采用新的工艺等。

经济效益的分析就是分析企业所经营的业务经济效益是否明显,以及挖掘经济效益来源的可能性。

三、目标设定与战略选择

(一)战略目标设定

目标就是企业打算予以实现的东西,而战略就是实现企业所设定的目标的途径。战略目标是用来推动并指导企业行动的指针。战略目标是在既定的企业使命前提下,企业在一个规定的时间内所希望达到的业绩水平及业绩标准。

1. 企业使命

所谓企业使命,就是企业在社会进步和社会经济发展中应担当的角色和责任,即企业存在的理由。通常,企业使命一般体现在企业哲学和企业宗旨两方面。

(1)企业哲学。企业哲学是指一个企业为其经营活动或方式所确定的处理各种关系的指导思想、基本观点和行为准则,它是企业责任的反应。

(2)企业宗旨。企业宗旨是指企业将来应从事什么样的事业活动,以及应成为什么性质的企业或者组织类型。企业宗旨能体现企业担当的角色,如果没有明确的宗旨,就不可能制定出清晰的战略目标和实现目标的战略。

2. 战略目标

通常,战略目标按时效性不同分为愿景目标、长期目标和短期目标。

(1)企业愿景目标。企业愿景目标是企业对未来使命达成时的景象的展望,即希望企业将来发展成什么样,是梦想及前瞻性的思考,是对未来想象的概念化,起到调动激情、鼓舞奋进的作用。

(2)企业长期目标。企业长期目标是指 3~5 年间的目标。企业长期目标概括性地指明了企业发展的主要方向,企业使命与企业活动之间的关系,是设定短期目标的基础。

(3)企业短期目标。企业短期目标是设立一年或者更短期限内的具体业绩指标及水平。重点是销售增长率指标、市场份额指标、盈利要求或其他指标,短期目标必须是实现长期目标的基础。

（二）战略选择

可供一个企业选择的战略有若干种,企业究竟应选择哪一种战略或者战略组合? 理想的选择是战略应当能够利用外部和市场的机会并中和不利环境的影响,同时也能够充分发挥企业内部的优势以及对自身弱点的改进。

1. 战略选择方法

战略选择的方法很多,常用的方法有以下几种:

（1）BCG 矩阵法。BCG 矩阵也叫波士顿矩阵（BCG Matrix）,BCG 矩阵法由美国大型商业咨询公司——波士顿咨询集团（Boston Consulting Group）首创的一种规划企业产品组合的方法。该方法是通过构建市场增长率和市长占有率指标的两维坐标图,根据企业不同业务市场增长率和市场占有率的高低,选择其战略。问题的关键在于要解决如何使企业的产品品种及其结构适合市场需求的变化,只有这样企业的生产才有意义。同时,如何将企业有限的资源有效地分配到合理的产品结构中去,以保证企业收益,是企业在激烈的市场竞争中能否取胜的关键。

（2）GE 九象限法。GE 法又称通用矩阵、行业吸引力矩阵、九象限评价法,是美国通用电气公司（General Electric Company,简称 GE）设计的一种投资组合分析方法。相对于 BCG 法,GE 法有较大的改进,在两个坐标轴上增加了中间等级,增加了分析考虑因素。它运用加权评分方法分别对企业各种产品的行业引力（包括市场增长率、市场容量、市场价格、利润率、竞争强度等因素）和企业实力（包括生产能力、技术能力、管理能力、产品差别化、竞争能力等因素）进行评价,按加权平均的总分划分为大（强）、中、小（弱）,从而形成九种组合方格以及三个区域,从而定出各经营单位在总体经营组合中的位置,据此制定出不同的战略。

（3）SWOT 模型法。SWOT 模型法也称 TOWS 分析法、态势分析法,20 世纪 80年代初由美国旧金山大学的管理学教授韦里克提出,经常被用于企业战略制定、竞争对手分析等场合。SWOT 模型法中 S 代表优势（strengths）、W 代表劣势（weakness）、O 代表机会（opportunity）和 T 代表威胁（threats）。因此,SWOT 分析实际上是将对企业内外部条件各方面内容进行综合和概括,进而分析组织的优劣势、面临的机会和威胁的一种方法。即对内外部环境因素或力量进行综合分析,根据得出的评价结果侧重在哪个象限来选择相应的战略。

2. 影响战略选择的因素

多数情况下,企业战略评价过程中通常提供给战略决策者的是若干可行的办法,最终需要决策者考虑多种因素,综合权衡,最终完成决策。这是主观见之于客观的智力判断过程,而这个过程也受到以下几个因素的影响:

（1）企业对外部环境的依赖性。任何企业都生存在他的外部环境里,而环境受股东、竞争对手、顾客、政府和社区的影响。

(2)企业管理者对待风险的态度。企业管理者对待不同风险的态度会导致不同的战略选择,如进攻型战略、防御型战略以及多元化战略等。

(3)企业过去的战略。对于大多数企业来说,过去的战略是战略选择过程的起点,这就导致多数新的战略的选择受到过去战略的影响与限制。

(4)企业中的权力关系。如果一个权力很大的高层管理者支持某一战略方案,它往往就会成为企业所选择的战略,并会得到一致意见的拥护。

(5)中层管理人员。中层管理人员和职能人员由于受到个人视野和所在单位目标、个人利益的影响,他们为战略选择提供的数据资料以及评价标准通常带有一定的局限性和片面性,也会影响到战略的选择。

了解这些战略选择因素的存在,一方面要正视这些因素的客观存在,另一方面要在战略选择时尽量降低这些因素的影响程度。

四、战略的实施

战略管理过程是否成功在很大程度上取决于有效的战略选择,但这并不是战略管理过程的结束。一项精心构思的战略还必须予以实施,或付诸行动,而这常常是战略管理出问题和失败之处。战略实施并非轻而易举的过程,它涉及大量的工作安排、资金和时间。

(一)战略实施

1. 战略实施的重要性

战略实施就是执行到达战略目标计划或战略方案,将战略付诸实际行动的过程。制定战略如果不组织实施,那只不过是纸上谈兵或企业高管者头脑中的幻想,既浪费时间,又浪费精力。

一个合适的战略,如果不能很好地实施,也会给战略带来麻烦。优异的战略实施,可以使一个合适的战略取得成功,但在一个不合适的战略下却可能给企业带来风险甚至毁灭。因此,战略制定和战略实施都非常重要。

2. 战略的实施过程

将企业战略转化为战略行动的过程中,必须遵循三个原则,经过四个阶段。

(1)战略实施的原则

①适度的合理性原则。保证在主要的战略目标上基本达到,即便某些内容或特征有可能改变,但只要不妨碍总体战略目标的实现,就是合理的。

②统一领导和统一指挥原则。战略实施应该在企业高层领导人员统一领导、统一指挥下进行,以保证企业为实现战略目标而卓有成效地运转。

③权变原则。在战略实施中,环境的不确定性会导致事情的发展偏离先前的设定,以致既定战略的实现成为不可能,这时就需要及时地调整原有战略,即战略实施的权变问题。

（2）战略实施的阶段

①战略发动阶段。这个阶段的主要目的是将企业战略的理想变为员工的实际行动,调动大多数员工实现新战略的积极性与主动性。具体的开展包括培训、宣传、思想政治工作等,扫除战略实施的障碍。

②战略计划阶段。该阶段根据企业不同层次的战略,要编制相应的各种战略计划。工作内容包括分解战略实施阶段、确定阶段目标、制定阶段策略、提出部门措施或策略,并做出相应的时间安排与衔接,以及明确第一阶段目标的具体化和可操作性工作。

③战略执行阶段。战略执行的重点工作主要包括:一是组织调整和资源分配;二是目标分解和任务落实;三是检查监督与过程调控。

④战略评估与控制阶段。在战略实施过程中,可能会出现行为上的偏差或者战略不符合现实环境条件。因此,应及时地反馈实施过程中的信息,采取措施,纠正偏差,或调整战略,甚至重新制定战略,来保证实施成效符合企业发展的要求。

（二）战略执行

战略执行是战略实施的主线。即执行者对于战略者战略意图的理解和贯彻提高企业的战略执行力是保证企业战略目标得以实现的关键所在,必须从战略、人员与运营三个角度进行努力,其中战略指明了做事的方向,人员是做事的主体,运营明确了做事的方式。

1. 执行的能力

执行是企业管理工作中的重中之重,可以从以下几方面来理解:

首先,执行是一套通过提出问题,分析问题采取行动的方式来实现目标的系统流程,它包括对于方法和目标的严密讨论、质疑,坚持不懈跟进以及责任的具体落实。

其次,执行是一种意识,战略要实施就要求管理者和其他成员必须有强烈的执行力。否则诸多的执行体系就无用武之地了。

最后,执行是一种文化,有了执行意识,坚持不懈地运用科学工具执行也就成了一种企业中的文化。

2. 执行的意义

战略目标的实现依赖企业的执行能力,其重要性主要体现在以下三方面:

第一,只有正确的执行,才能让战略落地。战略是指应用于企业整体的,为企业未来较长时间,设立总体目标和追求,在环境变化中制订的计划。它决定着企业的发展方向,企业战略一旦制定出来,战略执行就成为战略能否成功的关键要素,因为即使是最好的战略也无法自动实施。

第二,只有准确的执行,才能让战略实施。策略是战略的细化和具体措施,它解决的是战术问题,执行是策略实施的最基本环节,策略执行就是指企业为了实现其战略战术目标而将策略、目标方案和计划有效地付诸实施的过程。

第三,只有严格的执行,才能让企业有效运行。企业在市场上面临复杂的竞争环境,如果缺乏严格的执行力,就意味着失败,很多企业拥有完整的管理制度和管理规范,但由于缺乏严格的执行,最终导致企业衰亡。

3. 执行的要素

通常,执行包含六个要素,即计划、沟通、风险评估、实施、反馈、改进。

计划是执行的开始。没有良好周密的计划,任何执行都可能出现纰漏。计划执行过程中最常见的错误,通常是执行者往往以为事情再简单不过了,或者是自信自己的能力而轻视计划。

沟通是执行成功的重要保证。下级与上级之间的有效沟通是计划执行得以顺利进行的保证。执行人需要沟通来理解执行的目标,计划制订者则需要接触沟通来了解执行人的执行方法。

风险评估是计划的一部分,是确保计划执行顺利的重要手段。正确的评估和预测,并准备相应的规避措施是成功执行的重要因素。

实施就是付诸行动。在实施过程中需要执行人勤勉,用心努力控制各种风险,努力实现既定目标。执行过程中的常见错误是执行者推诿自己的责任,降低任务的标准,企业主管想当然地加以认同,而不是努力超越上级的要求来完成任务。

反馈就是与企业相关人员分享执行过程中的结果和信息,不只是了解工作和有个交代,而是让大家分享信息,便于以后的行动和决策,越是重要的事情,关心的人就越多。反馈的技巧在于简洁明了,突出结果。企业根据反馈信息,不断地改进工作,确保企业计划的顺利完成。

4. 执行的关键

企业在执行计划的过程中,顺利进行计划执行工作的关键是员工队伍、战略及运营。

①员工队伍。员工队伍是执行的第一位核心,因为企业毕竟要靠人来判断市场的变化,并根据这些变化来制定战略,再将战略转化为现实的运营。因此,无论是对市场行情的判断,根据判断制定相应的战略,还是将这些战略付诸实施,人的

因素是至关重要人员。如果出现了问题,再高明的战略和运营也只能是纸上谈兵,不可能完成既定目标。总的来说,企业的执行力就是选拔合适的人到恰当的岗位上。

②战略。战略的目的就是将人员与运营结合起来,建立企业竞争优势,提高企业效益。符合实际的战略就是一份行动计划,是企业实现自己目标的依赖。充分考虑人员与运营的关系,将人员与运营结合起来的战略才具有可行性。成熟的战略应具备战略目标看得见、战略目标要量化、有效的战略评估等特征。

③运营。企业通过运营,在战略和人员之间建立起联系。战略通常指定未来企业的发展方向,员工队伍是企业战略过程中人的因素,而运营则为这些员工开展工作提供了明确的指导方向。运营主要体现在运营计划上,包括企业预订在一年内完成的各项方案,以及新产品上市、营销计划、制造计划等。

总之,企业执行力强大的关键在于人员、战略、运营三个环节之间的配合。企业管理者必须将三者作为一个整体来运作,这是提高企业执行力的基础,也是企业成功的关键。

第六章

企业协调艺术

第一节　企业协调艺术概述

协调是企业管理的一项重要职能,管理者如何更好地协调与上级、下属、同级或社会的关系,是企业获得成功的重要条件。当前,经济全球化日益发展,更需要建立一套科学、有效的管理方法和原则,以达到企业协调的艺术化。

一、企业协调艺术的含义

在市场竞争日趋激烈的情况下,随着科学技术的迅猛发展,特别是以信息技术为主导的高新技术日新月异,争做世界级企业的中国企业的各级管理者,如何协调好上级、下属、同级或社会的关系,掌握科学的协调艺术关系到企业的长远发展。

协调是指企业的一切工作都要和谐地配合,以便于企业经营活动的顺利进行,并确保企业各项工作获得成功。通常,协调就是在企业各项工作中做到主次分明。总的来说,让事情和行动都有合适的比例,方法适于目的就是协调。

从垂直的企业组织结构来看,由上而下依次为战略层、管理层以及操作层。其中操作层到管理层,操作层到战略层以及管理层到战略层的沟通协调属于上级协调;相反的方向则为下级协调;每个层级之间的工作沟通笼统地成为平级协调(不考虑同层级之间的职位差异)。企业的这种上下左右、千头万绪的协调可以直观地用图 6-1 来描述。

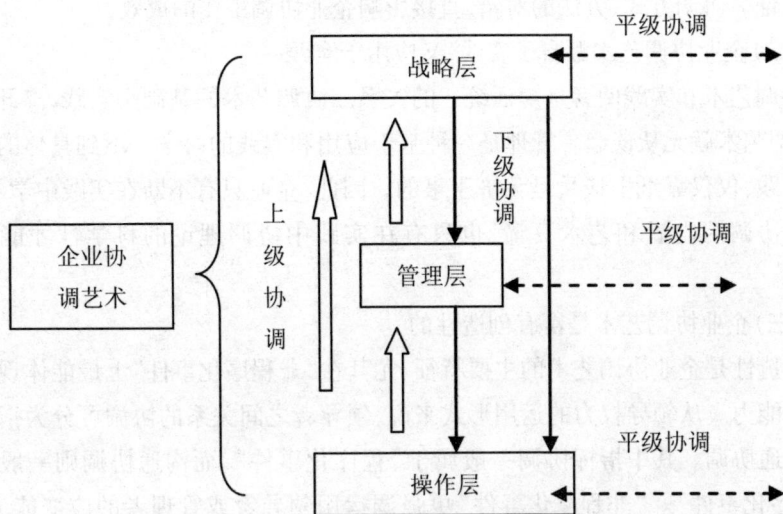

图 6 - 1　企业协调工作的结构框架图

　　企业管理者在纷繁复杂的经营活动中要想进行有效的协调,构建和谐的企业氛围,全面提升企业的向心力和竞争力,就要施展高超的协调艺术。所谓协调,是指企业管理者为了实现经营目标,运用各种措施和手段,建立各种力量的平衡关系,使企业内部上下级之间、部门之间、人与人之间的关系达到和谐一致,相互配合,导顺抑逆,以最大限度地发挥整体效能的行为过程,保证经营活动和经营目标顺利进行和实现所采取的调节措施、对策和方法。

　　所谓协调艺术,是指在矛盾冲突中,坚持原则性与灵活性的统一,处理、协调矛盾的方法与技巧。对于企业领导者而言,协调的内容意蕴宽泛。它包括企业外部环境与内部环境的协调;企业内部各部门之间的协调;领导与员工,员工与员工之间的协调等。企业在协调过程中是讲究方法的,也就是要有协调的艺术。协调又是一名管理者所必须具备的管理艺术,只有掌握了协调艺术,才能当好事业"大合唱"的指挥者。显而易见,企业的协调艺术具有鲜明的特征。

　　(一)企业协调艺术与管理者素质息息相关

　　企业协调艺术取决于管理者的个人素质。要成为一名善于协调的管理者,第一要有威信。这是协调工作的前提。威信高低,直接影响企业协调工作的开展,一个在员工中没有威信的管理者能做好协调工作是难以想象的。第二要有能力。这是协调工作的关键。管理能力的强弱,直接影响协调工作的效果。能力主要包括辨别是非标准、处理实际问题、政策理论水平等。第三要有方法。这是协调工作的保证。协调方式、方法的对错,直接影响企业协调工作的成效。

（二）企业协调艺术源自于实践,又应用于实践

协调艺术和实践两者是辩证统一的关系。协调艺术的基础是实践,离开了实践,协调艺术就无从谈起。管理是一种基于应用和实践的科学。不到具体的环境中去实践,仅仅靠纸上谈兵是无济于事的。因此,企业只有不断在实践中学习,才能掌握协调的内涵和艺术真谛,也只有在实践中协调理论的科学性才能有所体现。

（三）企业协调艺术是富有创造性的

创造性是企业协调艺术的主要特征,尤其在"非程序化事件"上最能体现领导的协调能力。从领导权力的运用形式来说,领导者之间关系的协调可分为指挥协调和沟通协调。其中指挥协调一般属于"程序化事件",而沟通协调则一般属于"非程序化事件"。"非程序化事件"更强调运用领导者或管理者的应变能力、处事能力、人格魅力以及协调能力等综合素质来处理各种冲突、矛盾或问题。

（四）企业协调艺术的表现形式是灵活的

企业协调艺术的表现形式是模式化与非模式化,程序化与非程序化,体现了灵活的领导方法。在企业协调工作中,管理者可以借助多方面的手段,综合处理,软硬兼施,灵活应对,从而解决工作中出现的一些问题。

（五）企业协调艺术是处理各种关系的艺术

协调的主要内容是正确处理和解决工作中的各种冲突和矛盾。在企业实际工作中,上下级以及同级之间常常会有不同层面的接触,矛盾和冲突是难以避免的。管理者在工作中要注意与上下级和同事处理好关系,就要运用协调艺术,妥善地处理各种事件;另一方面,还要在矛盾发生时冷静对待,灵活地运用各种协调手段来解决矛盾,促进共同理解,以使企业的发展得以稳定持续,维护员工的凝聚力。

二、企业运用协调艺术的意义

企业管理者的地位是多面性的,对于上级来说,他是被领导者、执行者;对于下级来说,他又是领导者、指挥者;对于同级来说,他又是共事者、协作者。因此,企业全体员工之间关系的协调,实际上就是上级、同级、下级之间关系的协调。在企业经营活动中,员工乃至管理者难免会遇到各种复杂的事情和矛盾冲突。协调好各种矛盾,化解纠纷,对形成管理者之间的群力合力,对促成企业目标的实现具有十分重要的意义。

（一）协调艺术是团队合作的基本需要

通过协调可以使企业内的各部门、各要素之间密切配合、互相支持，积极开展工作。任何部门、要素只要脱离了组织，它就不能真正地发挥作用。只有部门之间、要素之间、员工之间相互理解、支持，形成有机整体，密切配合，企业的工作才可以顺利地开展。

（二）协调艺术是实现目标的重要条件

协调的目的在于谋求企业全体员工思想的统一和行动的一致，以实现经营目标。企业目标随着时间的推移是不断递增的，原定目标达到了，自然而然地就会追求更高、更远、更大的目标，只有这样企业才能不断发展要实现这一宏伟目标，就需要从领导到普通员工，大家行动一致、目标一致、思想统一。而协调则是这个过程中最为重要的工作。

（三）协调艺术是提高效率的关键手段

协调可免除工作中的扯皮和冗杂，减少矛盾、冲突和内耗。"人无百日好，花无千日红"，矛盾是无处不在的。人与人之间相处久了，矛盾是不可避免的。而矛盾、冲突和内耗往往是企业凝聚力的最大障碍。企业应充分发挥和运用科学的协调艺术和手段，有利、有力、有节地处理好企业内部的各种矛盾，有效地提高企业的运作效率，减少不必要的矛盾。

（四）协调艺术是增加积极性的有效方法

运用协调艺术，是增强企业凝聚力，调动广大员工积极性的有效方法。企业应通过科学合理地运用协调艺术，处理好上下级、平级之间的关系，达到团结最广大员工的核心目的。

三、企业协调的方式

从管理的运用形式来说，企业的协调方式可分为指挥协调和沟通协调。

（一）指挥协调

指挥协调是指凭借领导权力进行的协调，是一种运用权力影响的刚性的协调手段。刚性手段协调包括多种协调方式，主要有以下几种：

1. 法律、法规、政策的协调方式

运用法律、法规手段进行协调，就是通过明确相应的法律、法规和政策，制定相关企制度。规定管理者和被管理者各自的权利和义务，用各种强制手段的形式协调管理者与被管理者以及各级组织机构之间的复杂关系，以有效地处理管理过程中的各类矛盾，减少产生矛盾的概率，并可以使管理者不受外来的、临时因素的干扰，使正常的管理活动不随着领导人的变化而变化，从而有利于建立一种稳定、协调的管理秩序,有利于提高整个管理系统的工作效率。

2. 优化组合的协调方式

通过对管理者群体内的各种要素进行优化组合,是解决管理者之间的各种矛盾,使企业达到最佳状态的另一种重要的协调方法。企业在竞争日益激烈的市场竞争中,应积极协调企业内外部资源,建立强大的营销体系,拓宽营销渠道,实现企业内生产、经营、资源、业务、人员的优化组合。

3. 执行性会议的协调方式

执行性会议是第三种指挥协调,通常具有一定的强制性,对每一位与会者产生一种约束力。凡是会议决定了的东西,不管个人先前的态度如何,都必须服从。从而保证了企业整个工作的协调一致,达到整体目标的实现。管理者可利用执行性会议,讨论、研究与解决问题,包括下达计划,布置任务,协调工作关系等,从而使大家能够协调一致地为实现计划目标尽职尽责。

(二)沟通协调

沟通协调是除了指挥协调的方式外另一个重要的协调手段。如果指挥协调称作为刚性的手段,那么沟通协调就是柔性协调,是软性的手段,其本质上是运用非权力性的影响、个人的内心信念、情感等因素起作用的协调。在企业中,管理者采用以下几种沟通协调方式:

1. 道德舆论的协调方式

社会道德、社会舆论对社会、对个人起着至关重要的引导和约束作用。通过道德舆论的协调方式,在一定范围和一定时空中营造一种健康向上的舆论氛围和社会风尚,使正确的舆论战胜不正确的舆论,使健康向上的道德风尚战胜不健康的道德风尚,因而达到解决企业各种矛盾,协调员工之间关系的目的。

社会舆论对企业起着不可替代的促进和监督作用。例如,纵观消费者在对产品销售投诉案件中暴露出来的问题看,很大程度上反映了一些员工道德观念淡薄和道德行为不规范。因此,企业必须以产品为主题,把为用户提供优质产品作为企业协调工作的中心内容。为用户提供价廉物美产品的同时,必须下大力气解决产品销售中出现的问题,加强企业内部与外部的协调。

道德舆论的协调方式尽管不如指挥协调那么直截了当,但是它具有可以避免指挥协调的简单化和可能产生的消极作用的优势。道德舆论是通过个人内心的认知、信念和情操等因素起作用的,尽管达到目的的时间可能会更长,但协调的效果会更好。因此,企业在协调员工之间的各方面关系时,运用道德、舆论的力量,通过正确的道德和舆论导向,以及大量的宣传工作、思想政治工作,可以有效地弥补指挥协调的不足,以产品质量为"切入点",引导员工树立正确的人生观、价值观和道德观,把职业道德建设落实到产品创新、岗位奉献的工作中去。

2. 塑造环境的协调方式

任何组织和个人为了生存和发展,都要适应环境,而环境也应与其相适应。从某种意义上说,协调就是通过重新塑造环境来调整它们之间的关系,以达到和谐发展。

对于具体个人来说,要善于利用人们的从众心理来构建一个良好环境。所谓从众就是在社会团体的压力下,个人放弃自己的意见而采取和大部分人一致的行为。我们平时说的"随波逐流",就是一种典型的从众心理。产生随大流行为的原因,就是由于环境的压力,人们产生了符合环境要求的行为和想法。一个落后的人到了良好的环境中也会受到熏陶浸染而慢慢变成好人,就是这个道理。

增强环境的感染气氛,养成良好风气,是做好政治思想工作不可忽视的因素。当前市场经济快速发展、竞争激烈的情况下,构建以用户为中心、用户是上帝的意识环境对企业而言尤为重要。企业管理者通过有效地创造环境来协调内部、外部的关系,有着非常重要的意义。

3. 启发动机的协调方式

动机是激励人的行为达到一定目的的内在原因。人的一切行为总是由一定的动机出发,并指向一定的目的的。动机是行为的动力,积极的动机能使人产生向上的行为。正因如此,协调就要从个人的动机入手,启发人们树立健康向上的意志、情感、兴趣和正确的价值观。

企业中的不同部门的管理者之间产生矛盾,在进行协调时,就要启发各自摆正局部与全局的关系,激励部门之间的团结协作精神,使部门之间产生团结一致工作的动机,并通过部门内在的因素发生作用,达到协调的目的。

4. 沟通感情的协调方式

企业管理者之间要做到和谐协调,避免相互之间的干扰和矛盾冲突,运用沟通感情的方式,使各自的行为相互协调,保持一致是重要且有效的方法。企业管理者之间、特别是上下级管理者之间的沟通交流更多的是工作方面的,相对来说情感方面的沟通交流较少。正因为如此,企业要适时运用沟通感情的方式,员工之间能够增进了解,增强团结,以利于共同目标的实现。

企业想做世界一流企业,在管理上尤其要赶超发达国家的水平,既不能单纯用指挥协调手段,也不能单纯用沟通协调手段。因为指挥具有强制性的特点,是管理者采用行政手段来实现企业目标,他要求被管理者在行动上绝对服从。而沟通是通过感情、思想的双向交流,达到企业整体的和谐来实现企业目标。总而言之,指挥手段和沟通手段是相辅相成的,离开了沟通,光靠强制性的指挥,虽有服从但缺乏主动性;离开了指挥,光讲沟通也难以步调一致。

第二节　企业协调工作的现状及其分析

一、企业协调工作的现状

20 世纪 80 年代以来,我国社会主义事业的建设进入高速发展的时期。对外开放政策使许多国外先进的企业管理技术和理念进入中国,国内各大公司纷纷学习西方的先进企业管理经验。自 20 世纪 90 年代以来,发展速度尤快,而其在发展过程中遇见的不少经营问题更需要运用先进的管理体制和使用优秀的管理人才方能解决。由于不断地改进管理体制和聘请高级管理人才,企业的人力资源协调配置较之前有了明显的改进,但与现代企业制度相比,还有一定的差距。从企业协调工作的现状来看,也还存在一些亟待解决的问题。

(一)上、下行协调工作不尽完善

普遍的来说,企业在上、下行协调上,有时工作不是很到位,管理者与上级领导和下属员工交流沟通少,从而造成企业员工的意见不能及时传达给领导,很多内部矛盾得不到顺利解决,给企业的正常发展带来不必要的麻烦,既不利于开展工作,又容易滋生腐败。

(二)领导不注重协调能力的培养与考核

企业多数管理干部是从企业内部选拔任用的,他们的思想素质、业务能力,包括用人能力、沟通能力、文字处理能力、语言表达能力和应变能力等都有不同程度的欠缺,并且大多数的企业并没有将领导的协调能力作为重要的考核指标,从而表现出管理绩效的普遍低下。

(三)忽视员工绩效的协调

有的企业在给员工下达任务,考核工作绩效时,一味地强调数据,而忽视了员工在实际工作中出现的如环境、经济等非主观原因引起的心理变化,缺乏与员工之间的沟通交流。

总而言之,绝大多数企业员工之间关系融洽,但也有些企业由于协调工作不到位,事实上存在以下弊端:

(1)不利于提高和充分调动员工的积极性、主动性。企业若在协调工作中出现混乱,岗位划分不明晰、责权不明,易造成企业内部纵向、横向关系的无序化,政策的指导协调功能和约束力下降,就无法实施有效领导,不利于团结合作,各方积极性难以发挥。

（2）不利于整合有效资源。我国是世界上人力资源最充沛的国家，但是竞争和管制的矛盾致使国内企业在设施、能源、人员等方面的资源上的配置与协调功能弱化，造成各方面资源的重复建设，不利于有效整合资源，造成国有资产的严重流失。

（3）不利于增强企业的活力和向心力。部分企业领导的官僚作风依然存在，片面使用指挥协调，不注重乃至忽视沟通协调。因此，模式化、程序化的协调大大降低了企业的活力和向心力。

（4）不利于培育健康向上的企业文化。健康向上的企业文化氛围依托于得力的协调艺术，反之，协调工作不到位，则不利于构建和谐的工作环境，久而久之，对企业文化建设也是有害无益的。

（5）不利于企业可持续发展和竞争力的增强。企业的战略目标需要企业各部门、员工之间的协同合作来共同实现。如果协调不力就不利于企业的可持续发展，很难形成企业的核心竞争力。

二、企业协调工作中存在的误区

20 世纪 80 年代之前计划经济和垄断经营的影响，让部分企业管理者没有摆脱"人事管理"的旧观念，从而导致在新形势下企业协调工作中存在不少误区。

（一）直接介入，充当"裁判员"

部分企业管理者在协调内部矛盾，特别是进行现场协调时，往往不能保持自己的独立地位，而是直接介入矛盾双方，就事论事，直接表态。对于管理者来说，协调本身就是一种深入细致的工作。如果只是简单地充当"裁判员"的角色，或者为矛盾双方说"公道话"，简单地判个是非，结果胜者看不到自己的短处和错误，负者由于自己正确的方面没有被认可，口服而心不服，达不到被协调双方统一认识、统一行动、取长补短的目的。这种直接介入式的协调往往抓不住问题的本质，掌握不了事物的规律，从而不能从根本上解决问题。

（二）行为与认识的错位

企业管理过程中，协调环境不同，管理者所处地位和所起的作用各不相同，但有些管理者往往意识不到或看不清自己的位置。例如，在对外协调中，违背平行关系的横向协调应该遵循平等协商的重要原则，仍以领导者自居，在协调中充当主导角色，后果可想而知。又如，在管理者作为协调主体与上级机关、上级领导进行对上协调时，存在两种错位：第一是管理者往往不能明确自己在协调中的主导地位，对上级被动听命，唯上是从，不能把本单位的具体情况如实地反映给上级，对是非比较分明、确实应该坚持的意见，不能反复向上级陈述利害，取得上级的理解和支持；第二是不能明确自己在隶属关系上被领导被制约的地位，表现为不能以请示协商的态度进行协调，对众说纷纭、难以定论的问题固执己见，而对协调后形成的与协调初衷不一致的意见不愿执行，这种认识错位和行为错位常常导致协调失败。

（三）忽视整体利益，以自我为中心

在企业管理工作中，任何一级、任何部门的管理者都是相对的，都有自己的上级，也都有与自己平行的管理者。而所谓"职能"偏见是指有些管理者，在协调中往往不能着眼于全局，不顾整体，而是以"我"为中心，站在本单位、本部门的立场上去协调问题和处理问题，就像站在狭长的隧道里，视野受到很大的限制，只能看到小范围内的人和事，认为本单位、本部门是最重要的，一切都应从此出发，而没有考虑其他单位、部门的利益和情况。久而久之，就形成了一种偏狭的本位主义，使各单位各部门自立山头，互不配合，难以协调，造成目标不一致，行动不统一，破坏了团结，影响了企业整体目标的实现。

（四）协商调解与指令约束相对立

在实际工作中，管理者的协调，具有协商调节与指令约束性双重职能。但是在一些企业中，不乏有一些管理者不能深刻地领悟两者的统一，将其截然分开，完全对立。由于不能根据不同的协调环境、协调课题，采取适宜的协调方法，综合运用刚性和柔性两种协调职能，也就收不到良好的协调效果。例如，有些企业管理者在对下级的协调工作中，常处于组织领导、调度指挥之中，对协调客体具有制约作用。但有的管理者过分强调这种指令性，采取简单命令式的做法，不能立足于说明情况，讲清道理，以协商的姿态进行协调，下级也就不能心悦诚服地配合行事；而在行使权力的协调中，有的管理者又过度陷入"协商"，甚至在原则性问题上，缺乏协调力度，显得软弱无力，体现不出制约功能。

（五）感情用事，赏罚不公

一般对于下属来说，企业管理者是矛盾的最后协调者。企业管理者在协调过程中，公平原则是最基本的原则，特别是下级为维护本部门的局部利益而发生的冲突，一般均不带感情纠葛和个人恩怨，只要做到公平，双方矛盾就会达到协调而化解。但有些管理者与部下有某些私人交往和特殊关系，如老同学、老同事、老战友、老邻居等，往往被某种感情所缠绕，带有感情色彩去协调问题，做出有利于某一方面而有损于公正的调解，结果不仅很难达到协调的效果，还会使问题扩大，矛盾加深，影响工作的正常开展。

经营环境在变化，新的挑战不断出现，企业的协调工作伴随着企业与时俱进的改革应加快加大改进力度,上司和下级之间应多沟通、多了解,上司应多倾听下属的呼声。而下级也应理解和顾全大局,同级之间更应建立相互信任和支持的和谐关系。保证企业的整体目标得以实现。

三、影响协调工作的因素

协调工作的成功有很多的因素在起作用,在协调时能够充分利用这些因素,有时也可以达到事半功倍的效果。

（一）情感因素

现实生活中,我们常常会遇到这样的情况,同样是讲道理,有的人讲,群众爱听,乐于接受;有的人讲,群众却不爱听,不肯接受,甚至极为反感。原因何在呢?俗话说,"人非草木,孰能无情"。其中一个重要的原因,就在于讲话的人和听话的人是否架起一座感情的桥梁。实际生活中,那些在做思想工作方面成效显著的协调者都很注意与群众建立感情。

在协调工作中,情感因素是影响协调成功的关键,利用情感打通与协调对象的隔阂,会收到事半功倍的效果。

首先,关怀体贴是建立感情的重要基础。从一个人的成长过程来看,他要受到家庭、学校和社会多方面的影响,会自然地把家人、同学、同事的关怀体贴和热情看成是对自己的鼓励、支持和安慰,久而久之便建立起深厚的感情。因此,协调者应时刻给协调对象以关怀体贴,与之交知心朋友。

其次,尊重、包容、信任和理解他人是建立感情的重要途径。实践证明,只有尊重、信任协调对象,才能获得他们的尊重和信任,思想上相互沟通,感情上产生共鸣;不尊重他人,不信任他人,整天板起面孔,动辄训人、挖苦讽刺,则不可能与协调对象建立感情。

注重情感的交流是做好协调工作的前提。要真正做到以情感人,协调者和协调对象之间架通感情的桥梁,还需讲究方法。协调者应以正确的态度对待协调对象,要想开启他们的心灵之锁,在工作中,一定要态度诚恳、富有耐心,取得他们的信任,切忌挖苦、讽刺、讥笑,也不可轻易戳伤口,以免伤其自尊心。常言道:"树怕伤根,人怕伤心。"若刺伤了他们的心,他们很可能会消沉下去,或者产生对立情绪,逆反心理。在许多成功的协调案例中,情感的力量使许多人找回自信,使许多复杂或积怨甚深的矛盾得以化解。实践充分证明,情感的力量是巨大的。我们可以用磁力吸铁的比喻说明:"以情感来激发人,好像磁力吸铁一般,有多大量的磁,便能吸多大分量的铁。"

(二)心理因素

对于协调者来说,心理因素对协调工作的影响很大,协调者以解决矛盾的身份出现,要求协调者具备良好的心理素质。一个合格的协调者,良好的心理因素主要表现在两方面:

1. 意志

意志是人们自觉地确定目标,并根据目标来支配、调节自己的行为,克服困难实现预定目标的心理过程,是人的主观能动性的表现。意志对行动的调节作用,包括发动和抑制两方面。前者指促使人们采取带有目的性的必要行动,后者则指制止与预定目的相矛盾的愿望和行动。意志使人的内部意识向外部动作转化,体现出人的心理活动的主观能动性,这是人类所特有的。协调者必须培养自己坚强的意志品质。

①目的性。协调者要有明确的目的和目标,充分认识自己行动的价值和意义,使自己的行为自觉地服从于既定目标,这种意志品质反映了协调者的立场,它贯穿协调者行动的始终。

②坚韧性。意志的坚韧性也称为毅力,是指协调者长时间保持充沛的精力和满腔的热情,坚持不懈地行动,百折不挠,以达到预期目的。这主要表现在两方面:一是心理上的坚持,坚持信念和理想,从不动摇和改变;二是行动上的坚持,不达目的,誓不罢休。

③果断性。这是一种明辨是非,当机立断,迅速而有效地做出决定并付诸实施的品质。它表现在遇险时,刚强勇敢,善于进行风险决策;遇急时,沉着冷静,善于做出应急决策;决策后,坚决果断执行决策;遇变时,机动灵活,善于制定应变决策。

④自制性。意志自制性即自制力,是协调者优良意志品质之一,它使协调者能够做到控制自己的情绪、约束自己的言谈、克制自己的行动、把握自己的注意力。

2. 魄力

魄力是自信的表现,魄力就是做出决策时的胆略。在两种情况下能够充分地显示协调者的魄力:一是在有风险的时间点,协调就意味着承担风险,有时这种风险很大,成功的可能性与失败的可能性在伯仲之间,决策失误可能会带来较大损失,需要承担巨大的心理压力,看协调者是否有冒险精神,考验他的勇气胆略。二是在情况危急时间紧迫,机会难得的情况下,协调者需要决策的方案可能还没有足够的时间来进行充分论证,考验他的魄力。

面对有风险、机会难得、时间紧迫的协调事件,过于担心失败和个人毁誉是不可能有魄力的,协调者要不怕得罪人,抛开个人利益,要胸襟开阔,着眼大局,果断行动。

心理承受能力差者,也不可能有魄力。风险与魄力共存,有较强的心理承受能力是魄力产生的必要条件。提高自信心,保持乐观,才能使协调工作得以顺利进行。

(三)环境因素

通常,环境是指存在于某一系统之外并对该系统产生一定影响的外部事物和现象。由于外部环境对系统的影响程度不同,人们对环境有两种理解:一种是广义环境,即指围绕系统的全部外界客观环境;另一种是狭义环境,即指对系统的性质、特点、结构和功能产生重大影响的那些外部环境和客观条件。协调中的环境,通常是指存在于协调整体事件之外,并对协调活动产生直接影响的外界客观情况和条件。一般来说,协调工作中的环境因素既不是协调工作的构成要素,也不是与协调仅有一般的、间接的联系或具有偶然性、随机性的外界因素,而是指与协调工作发生直接关系的,有着密切关系的外界因素。

环境可以分自然环境和社会环境。就自然环境来说,对于不同的事件,不同的自然环境因素所起的作用也是不相同的。任何一个人或组织都处在一定的自然环境之中,都必须在与一定的自然环境发生这样那样的联系,协调者就要正确认识和分析当时当地的自然环境条件,因地制宜,充分利用有利的自然条件,进行协调。就社会环境来说,社会环境是指由人及人的活动形成的,并对协调产生直接影响的各种社会因素。这些因素通过社会的经济、政治、文化、教育、科学、技术、精神、道德、风尚等表现为社会的物质经济环境、政治法制环境、文化教育环境、科学技术环境、精神道德环境、风俗习惯环境等。在现代条件下,忽视社会环境因素就无法开展协调工作,协调的目标就难以达到。因此,在协调工作中,必须关注自然环境因素和社会环境因素对事件的共同影响。

协调过程中,协调者不能忽视环境因素,有时环境因素对协调活动的影响往往是很大的,它可能威胁到协调的过程,也能促进协调的顺利开展。有时候,环境因素的突然变化会导致事物发生重大变化,甚至质的变化。在现有条件下,一个协调者面对复杂的、瞬息万变的环境,头脑必须清醒,反应必须灵敏,必须果断机智。一旦周围环境突然导致偶发突发事件,必须动员本系统的一切力量,全力以赴,千方百计避免事件造成不应有的损失。一个有效的协调者不应消极地、被动地应付复杂多变的环境,而应具有远见卓识,预测和估计到环境将要发生的变化,做出预先安排,适应环境的变化,充分发挥自己的主观能动性,变不利因素为有利因素,使事态朝着有利于自己的方向发展。

影响协调成败的因素,除了有关心理、情感、环境的影响,其实真正影响到协调成功的因素并不只是这三方面,还存在许多其他的因素。同时,在一个事件中并不是一个方面的因素就决定了协调的成败,而是在多个因素的综合影响下,才能对事件的协调产生影响。

第三节　企业上行的协调艺术

在工作中,谁都想赢得上级的信任与器重,都想与上司建立良好的工作关系。显而易见,如何协调好同上级的关系,是管理者搞好人际关系的重要组成部分。企业的各级管理者如果不能同上级处好关系,不仅会妨碍你的日常工作,影响单位的经济效益,而且会成为你自身素质的提高以及事业发展中的不利因素。在经济迅速发展的信息社会,上级与下级之间同样存在着双向选择,如何做一个让上级信赖与欣赏的下属显得格外重要。

一、企业上行协调艺术的基本原则

(一)交往要适度

企业任何员工在与上级领导交往时,都要把握适度原则,注意尊重而不恭维、服从而不盲从、亲近而不庸俗等分寸的把握。

1. 尊重而不恭维

下级尊重领导,维护领导权威是实现企业目标的基本条件,希望得到下级的尊重也是领导的普遍心理。但尊重不等于恭维,正常的上下级关系是建立在尊重领导、支持工作、维护威信和相互信任的基础上。

2. 服从而不盲从

下级服从上级是基本的组织原则,即使领导的决策、做法有错误或个人与领导有不同意见,下级也应该服从上级,但在具体操作过程中应该采取适当的方式向领导阐明问题的严重性或在实际行动上有所保留、修正和变通。

3. 亲近而不庸俗

上下级之间既要保持经常接触,又要保持一定距离。做到组织上服从,工作上支持,态度上尊重,但不能让人有阿谀奉承的感觉。下级只有通过工作业绩和人格魅力来赢得领导的好感和信赖,从而建立起良好的工作关系。

(二)要尽职尽责尽力而不越位

"越位"对上下级关系有很大影响。下属的热情过高,表现过于积极,会导致领导偏离"帅位",大权旁落,无法实施领导的职责。因此,在企业日常工作中,下级要明确自己特定的角色,敢于发表意见、献计献策而又不越位。通常,越位现象主要有以下四种:

1. 决策越位

所谓决策越位,是指不该自己决定的事情拍板决定。在企业中,员工可以参与公司和本部门的一些决策,但应该注意,谁做什么样的决策,是有限制的。有些决策,作为下属或一般的普通员工可以参与,但不能随便插嘴,"沉默是金",要视具体情况见机把握。

2. 表态越位

表态是表明员工对某件事的基本态度,表态同一定的身份密切相关。表态越位即表了不该表的态。超越了自己的身份,胡乱表态,不仅是不负责任的表现,而且也是无效的。对带有实质性质问题的表态,应该是由领导或领导授权才行。在企业中,有的人作为下属,却没有做到这一点,上级领导没有表态也没有授权,他却抢先表明态度,造成喧宾夺主之势,这会陷领导于被动,造成领导的不悦。

3. 工作越位

工作越位是指企业员工做了不该自己做的事。这里面有时确有几分奥妙,有的人不明白这一点,工作抢着干,实际上有些工作,例如接待领导的上级,本应领导出面,但有的下级抢先去做,从而造成工作越位,吃力不讨好。

4. 场合越位

场合越位是指员工不按场合要求摆正自己的位置。有些场合,如与企业的用户应酬、参加宴会,应适当突出领导。而有的人作为下属,张罗得过于积极,例如同用户认识,便抢先上前打招呼,不管领导在不在场。这样显示自己太多,显示领导不够,会让领导不高兴。

(三)创造性地执行上级领导者的指示

对于一个民族来说,创新是一个民族的灵魂。对于一个企业来说,也是实现企业目标的不竭动力。有没有创新意识和创新能力,能不能创造性地开展工作,是企业上行协调艺术中重要的原则之一。

由于领导所制定的工作方针、计划、要求一般都是比较笼统的,因此下级必须在领会这些方针、计划的基础上,结合自身部门的实际情况创造性地开展工作,实施方法创新、技术创新、管理创新、措施创新,以完美的执行力,安全、高速、优质地完成领导布置的任务,这也是下级工作水平、能力的主要体现。在变幻莫测的竞争环境下,企业越来越需要下级"创造性完成"领导下达的任务,而非一味地"保质保量"。

(四)善于将自己的意见变成领导者的意见

下级只有善于使自己的意见被领导采纳,意见才会有实现的价值。在如何说服领导者采纳自己的意见上,有以下几点是值得注意的:

1. 要掌握不同领导听取意见的特点,采取相应方法反映意见;

2. 要使自己意见有科学性、可行性,容易被领导采纳;

3. 要选择适当的时间、地点和场合提出意见;

4. 建议中要有几种方案,给领导者预留选择余地;

5. 点出问题的举足轻重,使领导者有紧迫感。

二、企业上行协调艺术

企业的上行协调是指下级与上级之间的协调,在与上级的协调过程中富于创意的方式、方法和窍门就是上行协调艺术。

(一)与上级相处讲究气量

企业的所有管理者在管理工作中,不仅上级管理者要有气度,而且下属也应摆正自己的心态。一个好的管理者应该做到虚怀若谷,严于律己,诚恳待人,谦虚谨慎,虚心好学,这些都是有气量的表现,这对协调好上下级关系是很重要的。在与上司相处的过程中,下属应该在很多地方讲究气量。

1. 受到上司表扬时

受到上司表扬时,要时时告诫自己:做好工作是自己分内的事,取得成绩是上司管理有方和同事们共同努力的结果,切记不能因为受到表扬而目中无人,到处吹嘘自己,贬低上司和他人。

2. 受到上司误解和不公正批评时

客观事物是复杂的,人们主观认识在反映客观事物时往往带有局限性。因此,下属有时受到误解和不公正批评,首先是要做到顾全大局,不计较个人的名利得失,要认真地把上司的话听完,并做到不当面顶撞。其次是要有良好的心理素质,要沉得住气,"不往心里去",从积极的方面去理解上司一时的误解和批评,做到不耿耿于怀,不妨碍工作。再次是要善于给上司下台阶。最好的办法是你应及时向上司汇报一些情况,使上司明白是误解了你,对你批评错了,从而消除误解,增进相互了解和友谊。

3. 当上司不接受你的好建议时

向上司提建议是你的分内事,至于采纳与否,这是上司的事。因为每个人都是根据自己所担负的责任和所处的地位来分析和判断事物的。因此,当上司不接受你自己认为的好建议时,首先要冷静分析,上司为何如此,是否有未向上司说清楚的地方,然后视情况再次向上司提出你的建议,切不可操之过急,牢骚满腹,甚至消极起来。其次,不要强加于人。有的企业中,一些老同志,尤其是资历较深,工作比较得心应手的下属,在自己的建议不被上司采纳时,过分坚持自己的意见,甚至与上司争辩,搞得上司很为难,甚至下不了台。这样做是不可取的。

4. 上司某一方面不如自己时

领导之所以成为管理者,并不因为他是全才、天才,样样在行,而是在于他的综合素质具备了担任某一职务的要求。当你的上司某一方面不如你时,你切不可因此不尊重上司,得意忘形。如在某企业,有的下属代上司写了一篇讲演稿,而这篇讲话又确实赢得了好评,便到处宣传自己的功劳,好像上司只是他的"代言人"。这是十分要不得的。要注意维护上司的形象,心甘情愿地把成绩归于上司。这样,既提高了上司的威信,又表现了你的谦逊,何乐而不为呢?

5. 当有人嫉妒你,挑拨你与上司的关系时

作为一个下属,平常要注意搞好上下左右的关系,特别是工作中取得成绩,赢得上司的信任,更要注意团结同级、同事,有时也可以来点"大智若愚""大巧若拙",也就是不少人推崇的郑板桥的那句话:"难得糊涂。"要做到与人为善,得理让人,不要争强好胜,事事处处都要"占上风"。同时,要相信上司不会轻易地受人挑拨。即使上司一时受人挑拨做错了,也要清者自清,相信事实终究是事实,随着时间的推移,总会真相大白的。

(二)做一个守口如瓶的好下属

要想赢得上司信任,一个重要的因素是做一个守口如瓶的好下属。特别是在有保密要求的企业,尤其要做到这一点。具体来讲,在工作中要做到以下几点:

1. 要克服优越心理

某些在上司身边工作的下属,权力不大,但影响大;职位不高,但知密程度高。正因为如此,往往自觉不自觉地产生一种优越心理,随着时间的推移,这种心理会导致行动上的高傲和骄横。而由于工作关系,你比别人掌握更多的机密,但这决不能作为你炫耀自己、抬高自己身份的本钱。要克服不应有的优越心理,把自己摆在普通人的位置上,那么你就能增强责任感,更好地保守机密了。

2. 要经得起诱惑

作为一个好的下属,必须经得起金钱、美色、恫吓、人情等考验,始终不失志、不失态、不失言。一般来说,具体要做到以下几点:

(1)不断提高自控能力。

(2)少管"闲事"。只有做到不该管的事坚决不管,才能有效地保守秘密。

(3)学会正确表达。千万注意不能说漏了嘴,否则必然承担误事的责任。

3. 严守秘密

企业要求员工保密的事,例如,企业的用户资料属于机密,员工一定要守口如瓶。另外,除了工作上必须保密的事情以外,还有一些属于上司个人的秘密,也必须无条件地保密。作为在上司身边工作的下属,对上司复杂的感情、情绪变化,是可以通过其言谈举止有所领悟的。所以,下属只能看在眼里,记在心里,切不可外传。其中,以下三点要特别引起注意:

(1)对上司之间的矛盾不要多言。

(2)对上司的失误和缺陷要保密。

(3)对上司个人的私事要保密。

因此,下属要从维护上司形象和公司机密出发,对原则上的事情守口如瓶。这样做,必然会赢得上司的信任和支持,才能使上下级关系变得融洽。

(三)做一个让上级信得过的下属

下属与上级的关系和谐与否,不仅取决于上司的素质,同时也取决于下属素质的高低。俗话说"一个巴掌拍不响",如果你遇到素质低下的上司,就难与其建立良好的关系。同样,上司遇到素质低下的下属,也会感到难以和谐相处。在市场经济飞速发展的今天,上司同下属之间同样存在着双向选择,如何做一个让上司信得过的下属显得非常重要。要做一个让上级信得过的下属,就必须具备以下素质:

1. 优良的品德

说到品德,这是一个连小学生都知道的词汇。但是,真正能够理解它,并且成为一个有道德的人、高尚的人就十分不易。尽管不同的时代和社会,有不同的道德要求,但从本质上说,道德反映着人们出于美好愿望而对自身行为所要求达到的一种社会行为规范。通俗地讲,良好的社会道德,是以多数人的良好愿望为基础的。如热爱祖国、遵纪守法、爱护公物、助人为乐、尊老爱幼、见义勇为等,都是属于社会道德的范畴。

良好的社会道德风尚有利社会各项事业的发展,只有社会稳定、人民和谐,企业才会发展。因此,只有具备良好的社会道德的下属,才会受到上级的信赖。

2. 良好的职业道德

职业道德,是社会道德在行业、产业领域的具体表现,也就是说职业道德体现着社会道德。例如,爱岗敬业,尽职尽责;钻研业务,精益求精;团结合作,发展创新;艰苦奋斗,勤俭节约;吃苦耐劳,保守机密;忠诚老实,科学勤勉;遵纪守法,执行政策;公正廉洁,不徇私情;讲究礼貌,举止文明;尊重上级,服从指挥等。

企业员工职业道德素质的好坏,不仅会影响个人的劳动价值及晋升提薪,同时也会影响整个企业的形象。所以说,作为有修养的上级,尤其注重对下属职业道德的培养。因为他们知道,良好的职业道德,会增强部门的竞争能力及良好的经济效益。

3. 较强的工作能力

为了获取较高的经济效益,企业管理者就必须让员工都能在生产经营过程中发挥应有的最佳能力。而即将迈入国际市场的我国企业,尤其需要拥有较强工作能力的员工。这就要求企业的员工要抓紧一切机会,不断学习,提高自己的专业技术水平和工作能力,以迎合企业发展的需要。

4. 平和的性格

作为一名下属,在工作上同自己的上司接触,难免会产生误会和摩擦,在这种情况下,只要不是重大的原则问题,都应该心平气和地加以化解。有些性情急躁的人,往往缺乏相应的耐心和修养,当他们牢骚满腹的时候,就会不分场合和时间到处乱讲,随便宣泄,这种人一般难以得到上司的信赖。相反,那些性情平和,在工作上任劳任怨,生活上乐于助人的下属,会深受上级的欣赏。

5. 勇于开拓的精神

只要是不满足现状、希望事业进一步发展的上司,对于那些敢于并善于为本部门拓展业务,并确有成效的下属都会格外偏爱。因为他们知道,为公司或企业开拓业务领域,就是增加企业的财富。所以,作为一名下属,无论你在什么样的上司手下工作,不仅要兢兢业业,而且要熟悉业务,把握业务,不失时机地利用各种条件和各种有效手段为本部门拓展业务。只有这样,你才有可能受到上司的喜爱和同事的尊敬,你才有可能提高业绩,创造辉煌。

6. 服从调配

管理者为了工作需要,往往会对下属的工作岗位进行适当的调整。有时,为了应付日常事务,也常指使下属从事一些临时性的工作。在这种情况下,下属绝不要有什么怨言。因为上司对下属的调配,是从全局的工作考虑的。即使下属在个人利益方面有了某些损失,也不要有抵触情绪,或者不服从调配。事实上,在一个部门,作为下属,多换几次岗位甚至换地方,有利于掌握全面的本领,使职业素质得到全面的提高。只有在新的工作岗位上勤奋工作,就能博得上司的好感。

(四)巧言进谏的艺术

一个好的下属,不仅表现为对上司言听计从,努力完成上司交给的任务,而且还表现为善当助手和参谋,给上司出主意、想办法。尤其当上司的决策、指示不符合客观实际甚至出现失误时,能够通过下属的努力,使上司改变初衷,重新做出符合实际的正确决策。这里,巧言进谏就是改变上司初衷的方法之一。

1. 将意见变通成建议提出来

当你认为上司的决策、指示不正确时,一般不要直接反对,可以将意见变通成建议,向上司提出来。在提建议时,要一并将可能产生的后果阐述清楚,特别对上司事先没有掌握的情况和考虑不周之处,要"借题发挥",以动摇上司原来的决心,最终改变主意。建议不是越多越好,而是越精越好,最好是抓住关键,突出重点,在最重要的建议上做文章。例如,企业为了拓展市场,常常会开发一些新的产品和服务套餐。如果你觉得开销过大或市场前景不乐观,因而不值得开发这项产品时,你就可以把意见变通成建议向上司提出来,并要十分注意表达的语气和分寸,使上司觉得你是诚恳的、善意的。

2. 婉转地表达意见和建议

如果你确认上司的决策不正确,而且在实践中已经产生了不好的效果时,你就应当准确、迅速地向上司提供坏消息、坏情况,以促使上司重新认识原来做出的决策,进而修正原来的决策或做出新决策。向上司提供坏消息时要注意有选择,不能信口开河。要尽量客观一些,婉转一些。要选择那些对全局有影响的具有典型性的事例,必要时还应用能说明问题的数据和资料。这种事例贵在精不在多,用好了就能起到"以一当十"的作用,还可以防止上司产生"逆反心理"。企业鼓励创新和挖掘,只要你的建议合理,同时你的提出方式可接受,那么你就是一个很好的进谏者。

3. 提出几个方案供上司选择

不是直接反对上司的决策,而是通过提供优劣不同的几种方案,间接地提出你的意见和主张,以使上司权衡利弊,通过肯定你的某一方案而改变原来的决策。因此,在提供多个方案时,要详细说明每个方案的优劣。对上司认可的效果不佳的方案,要尽量把新情况、新问题摆出来,把利害关系讲清楚,供上司重新考虑原来决策的正确性。对隐含你的主张和建议的方案,要尽量陈述得客观一些,严谨一些。要将你的论据有条理地逐一呈现在上司面前,以引起上司足够的重视。无论是哪一种方案,都要阐明它的优缺点,不能一概而论。你将每种方案的优缺点阐述得越充分越透彻,上司采纳你的意见和建议的可能性就越大。如果上司决定采用隐含你的意见和建议的某一方案,或表示将汲取多个方案的优点,重新设定方案时,那么你的进谏就真正起作用了。

4. 注意表达的语言艺术

往往出现这种情形:"一句话说得好,说得人笑起来;说得不好,说得人跳起来。"可见,语言的表达是十分重要的。因此,企业员工在向领导提建议时,必须注意以下几点:

（1）提建议时，必须考虑上司的心境、情绪、神态等因素。

（2）要设身处地地为上司着想。

（3）要从最要害的问题入手向上司提建议。

（4）提建议时要有信心和耐心。

三、企业上行协调的要诀

（一）和为贵

和为贵，这是中华民族的传统道德和哲学思想。因为，在所有世俗事物及人与人之间的关系中，归根到底必须追求和趋于团结一致，人类的共同事业才能实现。下属与上级相处，同样也必须坚持和为贵的哲学思想，主动与上级在工作上保持一致，在思想上、言行上与上级保持团结，只有这样，才能创造财富，共同发展。我们这里说的和为贵的"和"，是指和谐一致的"和"，和平共处的"和"，有此"二和"，世界上还有什么财富不能创造呢？

（二）惠为上

下属与上司为了追求共同的事业，才走到一起。所以，互惠互利的需求愿望和实现程度，就构成了下属与上司之间的关系能否和谐的基本框架。企业在管理的实际工作中，下属能否积极有效地为本部门创造好的工作业绩，是获取上司信任、赢得上司偏爱的首要因素。而上司在管理的过程中，能否给下属以相应丰厚的劳动报酬和应有的福利待遇，是获得下属拥护、增强一个部门凝聚力的基本要素。

总之，下属与上司之间要想建立真正的和谐关系，就必须给实现"双赢"，没有双赢做基石，其他一切都将无从谈起。

（三）争为下

下属与上司相处，提倡和为贵，并不是说一团和气，该争的还是要争的。因为，在现实生活中，有些时候，对待有些事情和有些人，如果不坚持基本的是非原则，该争论的不争论，该争取的不争取，我们就会失去应有的尊严和应得的利益。事实上，当我们被上司有意刁难时，如果我们不敢为捍卫自己合法的权益而奋起抗争，不仅会丧失自己的尊严和利益，还是一种对社会公德及社会效益的怠慢和褒渎。

所以，下属在与上司相处受到不法侵害时，应该进行有理、有力、有节的各种合法形式的斗争。如果你顾虑重重，思前想后下不了决心，结果只能助长品质恶劣的上司更加嚣张的气焰。但是，在现实生活中，品质恶劣的上司是很少的。因此，企业管理者应把"争"作为同上司打交道的下策，就是说不到万不得已时，最好不要采取斗争的形式来与上司见高低、争分晓。

第四节　企业下行的协调艺术

协调好与下级之间的关系,是企业取得工作业绩的前提,也是成就大业及向更高层次迈进的基础。在市场经济飞速发展的今天,企业管理者要学会运用高超的技巧,与自己的下级进行沟通。如何协调与下级的关系,在下级面前树立威信,使下级能够和自己为共同的目标奋斗,是一个需要认真研究和严肃对待的课题。

一、企业下行协调艺术的基本原则

发展现代化的企业,对于企业管理者来说,上级对下级的协调工作要遵循公正、平等、民主、信任的原则。

(一)"亲者"应保持距离

"亲者"是指与企业管理者观点相近,接触较多者。开明的管理者应与"亲者"保持一定距离,这样做有以下几点好处:

(1)有利于团结大多数。

(2)有利于客观地观察问题,冷静处理内部关系。

(3)避免因容易迁就"亲者"而陷入泥潭。

(4)利于与下属保持深沉、持久、真挚的关系。

成功的企业管理者,都是以一种超然的、不受感情影响的方式来看待同下属的关系。管理者要提倡与下属打成一片,赤诚相见,对下属不分亲疏,爱护团结,一视同仁。

(二)"疏者"要正确对待

"疏者"是指反对自己或有不同意见者。企业管理者应该看到"疏者"往往是自己避免犯错和工作取得成功的重要因素。因此,要客观、公正地对待"疏者",应有将"疏者"当作治疗自己各种弱点、缺点的良药的气魄。

(三)对下级要以礼相待

上级对下级要以礼相待,主要体现在要尊重下属的人格尊严,尊重下级的进取精神,维护下级的积极性、创造性,关心和信任下属。只有这样,才能让下属更心甘情愿地为部门和公司服务,使他觉得自己是在为祖国的建设事业奉献,而不仅仅是为了打工。自然而然地,员工们的工作态度就能端正,上下级之间的冲突就会少得多。

（四）公平、公正处理纠纷

在协调纠纷过程中，公平是最基本的原则。特别是下级为维护本部门的局部利益而发生的冲突，更不能带感情色彩。只要做到公平，不计较个人恩怨，双方矛盾就会得以解决。

二、企业下行协调艺术

（一）信任是协调好与下级关系的原动力

信任，是人际交往中的最高奖赏，它使人际交往充满了诚挚的友情。一份信任，胜似千言万语，给人以勇气、信心、温暖与力量。古人早有高论："不宝金玉而忠信为宝。"为什么要强调以忠信为宝，就是为了取信于人。

企业在日常管理中，信任下属是非常重要的。建立起充满信任的上下级关系，是工作获得成功的关键所在。不信任下属，把下属当"阿斗"，当"枪"使，就不可能做好管理工作。信任下属，最大限度地满足下属的胜任感和成就感，可以使下属得到情感上的满足。企业要发展，不仅要有一流的技术员，更要有肯为企业奉献的人。因此，作为一名管理者，要大胆信任那些值得信赖的人。对那些值得信赖的下属要委以重任，让他们独立地开展工作。

毋庸讳言，信任下属，绝不是说可以盲目地不加分析地信任。如果那样，管理者的存在也就显得多余了。信任下属，这是从总体上说的，说的是对于绝大多数的下属，既要信任，又要依靠。

那么，哪些下属是真正值得信任的呢？这只能在实践中寻找，在实际工作中逐步认识和把握。例如，常常会有一些刚入行的大学生在企业里实习，在工作中显露出某一方面才华并取得成绩，领导就应大胆地信任他们、培养他们，使他们逐步成为某一方面的行家里手。又如，有的员工很有毅力和耐力，不轻易改弦更张。那么，对于这样的下属，可以充分地授权他们去处理那些棘手的难题，或单独外出执行某项重要任务。

（二）善于控制自己的情绪

每个人都有自己的个性，都有自己的脾气。特别是在情绪不好时，往往容易发怒，这也是在所难免的。但作为企业管理者，情绪外露和易于发怒都是缺乏修养的表现，也是在协调同下级的关系中必须克服的。

1. 在受到上司批评后不要对下属发怒

一般来说，谁都想以出色的工作赢得上司的赏识，都不想听到上司对自己的不满或批评。但实际上，上司批评下属的事是常有的。而有的管理者在受到上司批评后，最要不得的是将批评之后的无名之火发到下属身上。首先应该自省，而不是首先责怪下属。要扪心自问，多从自己身上找原因。否则，明知自己不对还发无名之火，结果难免会涣散人心，松懈斗志，甚至相互之间离心离德，贻误工作。因此，企业管理者在受到上司批评后，一定要冷静反思。

2. 下属做错了事不要马上动怒

一般来说，下属做错事也是在所难免的，不能要求下属一点差错不出，而只能是要求下属少出差错。特别是重要事情、重要环节上尽可能不出差错。但当下属工作已经出了错，甚至造成一定后果时，企业管理者一定要冷静处理，千万不能火上浇油。有一家企业的老总在听说自己的员工醉酒上班，导致受伤，第二天就送医药费到该员工家。该员工深受感动，之后痛改前非，努力工作，为公司发展立下汗马功劳。因此，当下属做错了事，管理者应该"冷处理"，不要急于批评。应先以安慰和平息事态为主，然后再详细了解情况，总结经验教训，除非确有必要，一般不在大会上批评甚至要求下属做公开检查。

3. 个人私事引起情绪不好时不要对下属发怒

每一个企业管理者都应端正对下属的态度，处理好自己与下属的关系，不能把下属当"出气筒"，当作任你发泄的工具。特别要注意的是，因个人私事引起情绪不好时，绝对不能对下属发怒。不然会伤害下属的感情，使协调变得很难进行。

（三）要善于驾驭下属

伴随着企业的蓬勃发展，企业不乏潜藏着能人和强人。企业管理者在工作中难免会碰到一些"桀骜不驯"的强人，他们足智多谋，有能力和魄力，同时又锋芒毕露，雄心勃勃，处处透着霸气。这些下属常常提出与上司相反而往往又能显示出他们高明的意见。这使很多管理者面对这类人两难抉择。用他们又难以驾驭，弄得不好下不了台；不用他们又人才难得，于事无补。

俗话说："水涨船高。"企业管理者应该理解其中的奥妙，不但不要害怕能力强的下属，而是要善于驾驭他们，敢于使用强者不就证明自己更强吗？历史上流传的英雄如刘邦、宋江等，比起他们周围的人来说似乎都是能力一般的，可是他们却成功地驾驭了那些比他们强得多的人才，而且他们的"英雄桂冠"又刚好是借后者的英雄业绩得来的。一个聪明的管理者，应该从历史的镜子中得到经验。下属是水，管理者是船，船哪有怕水涨的道理。下属能干是领导的荣耀，即使不说"领导有方"，至少也可以说是"用人得当"。

不过水能载舟，亦能覆舟。真正的人才可用，但极难用好，如何同"桀骜不驯"的下属协调好关系，就看管理者的本事了。有效的做法是放手使用，充分信任，为他们提供施展才华的机会和条件，采纳他们的意见，赋予他们解决问题的权力，失败了由自己承担责任，成功了功劳归下属。俗话说："士为知己者死。"企业管理者若能如此,那些能力强的下属不但不怕功高压主,反而会心甘情愿地服从你的领导。实际上,当下属的能力充分发挥出来时,不但不会降低管理者的威望,反而会提高其威望。对于能力比较强的人,你谦虚一点尊重他们,反而能令其信服,同时也可以吸引更多的优质人才。

必须要认识到,能够驾驭强者的上司才是真正的强者,承认下属比自己强的人并不一定是无能之辈。"能力"有各种各样的解释,但是善于团结人、使用人才是最高超的"能力"。这种人善于借用别人的能力,他们是站在巨人的肩膀上,他们比巨人还高,只有不怕巨人的人,才能比巨人高。企业管理者要能驾驭真正的强者,才能成为真正的一流企业。

(四)多沟通,多联络

企业管理者在做决策的时候,尽可能让下级参与决策,不但可以提高决策的可行性,同事还是对下级受到领导信任的激励,特别是作为决策参与者,他们会在实施中加倍努力。与此同时,开展合理化建议活动,虚心征求下级的意见,重大事件及时向下级通报,与下级保持经常性联系,都会对激励下级、联络感情、满足下级的心理需要起积极的作用。

企业管理者切忌在下级之间区分亲疏远近,对少数人亲,就意味着对其他多数人疏。亲近的可能感情更近,但却不利于对其教育管理,而疏远的则可能在心理上大受伤害,极不利于企业的团结和稳定。在尊重关爱下级的同时,也必须从严要求,维护企业的权威与秩序,首先管理者要塑造"严""爱"结合的自身形象,使下级对你既有尊重又有敬畏。对于维护企业的团结来说,管理者自身的权威是至关重要的。其次,管理者要奖惩分明,形成极具影响力的奖惩效应。就驾驭下级而言,只有科学而严格的奖惩制度才能让企业变得更加壮大。

三、企业下行协调的要诀

(一)平易近人,公正调控

企业管理者与下级发生冲突后,最忌讳的就是不公正地对待自己和别人,不公正地对待不同意见的下属,甚至在晋升、调资、调动、住房等问题上做文章,搞小动作,滥用权力。这种做法完全违背了管理者处理同下级关系的基本原则,其效果和社会影响是极坏的。

公正是正确调控上级与下级冲突的前提。作为一名企业管理者,应克服个人主义,抑制权力膨胀的欲望,把下级放在与自己平等的地位上,认真思考冲突的实质和根源,努力在批评和自我批评上下功夫。只有这样,才能找到调控冲突的措施和办法,将消极的冲突导向积极的合作。

（二）发扬民主，尊重下级

企业管理者与下级发生冲突后，由于大权在握，本可以"随意"制裁和处理下级，但这样做只能暂时压服对方，抑制冲突，却无法从根本上协调上下级关系。作为下属，在发生冲突后可能会认为既然矛盾已发生，脸皮已经撕破，就不存在谁怕谁了。这时如果管理者不肯屈尊降调、及时和解，那么上下级关系肯定会日益恶化。

企业管理者与下级之间只是分工的不同，在法律和人格面前是平等的。下级有权力提出自己的意见和建议，管理者对此不应压制，而应给予支持和鼓励。调节与下属的冲突，如同大禹治水，拦河筑坝不是全策，只有疏导分流才能长治久安。

（三）有效沟通，方法得当

彼此沟通不及时，是协调者与下级冲突的重要原因之一。可能是往往只有一方面的努力，而对方却意气用事，消极对待，待对方醒悟在寻求弥补时，这一方又心灰意冷，另生别念。于是，一头热变成两头凉，旧的芥蒂没有揭开，新的怨恨又增加了，越闹越僵，难以收拾。怎么办呢？企业管理者作为上级处于主动地位，不管谁对谁错，都要抓紧时间，主动沟通，把事实说清楚，能马上消除误会与隔阂最好，不能消除，也可以慢慢化解。因此，冲突发生后，首先就是要加强沟通，摸清情况。应根据情况具体选定沟通的方法，沟通方法有直接的，也有间接的；有一对一的，也有集体的；有正式的，也有非正式的等。

（四）得理让人，是非清楚

有时确实因下属失误而引发的冲突，企业管理者却得理不让人，恨不得治得下属永远不能翻身，这显然是不对的。当下属有了过失，严格批评教育是对的，但在方式方法上未必非要"大杀大砍"，能商量解决的问题，就不要板起冷面孔，单独可以处理的问题，就不要小题大做，弄得尽人皆知。科学有效的做法是通过提醒、暗示等方法，促使下属发现并改正错误，不仅解决了问题，协调了关系，还顾及了下属的情面，有利于发挥和调动下属的积极主动性，更重要的是使之吃一堑长一智，提高处理问题的能力和自觉性。当然，"让"也要看问题的实质，原则问题无论如何不能让。企业管理者应该是非清楚，分寸得当。

（五）泄洪排沙，雨过天晴

企业管理者与下级的冲突，可能源于下级的某种牢骚怨言。有怨气就采取一定方式让他发泄，有多少泄多少。有气不泄，憋着生病，即便在发泄过程中有点儿过火，也要让他讲完，然后再选择适当的时机和方式，帮助其分清是非对错，该批评的批评，该引导的引导。通常情况下，常常是宣泄完了就没事了，变得心情舒畅,因为他是在把管理者当作倾诉对象,寻求一种依靠和支持,并无其他恶意。宣泄完了,雨过天晴,下属情绪得到了较好的调节,减少了后顾之忧。

(六)转移升华,化解矛盾

转移就是当下属情绪激动,任何劝说都无济于事,矛盾冲突已无可避免时,力争转移其注意力和回避实质问题,弱化乃至减轻矛盾程度。升华是在对下级的某些可能是正当合理的要求,不能立刻满足的情况下,通过强有力的思想说服工作,使其认识到限于客观条件,目前尚难实现,眼下应当用一个新的有现实价值的,经过努力又可实现的目标来替代。这实质也是一种转移。通过这种办法,至少可以减轻下级的心里痛苦,弱化甚至化解矛盾。

显然,具体的做法远远不限于以上这些。例如,企业管理者与下属发生矛盾时还可以采用冷处理的办法。当矛盾冲突不严重时,管理者假装不知,故作不闻不问,一直保持沉默,当什么也没有发生过,照样谈笑风生。只要管理者一如既往,胸襟坦荡,下属自然会由衷的佩服,矛盾不攻自破。但以上这些做法,无论哪一种,都有一个前提,就是管理者要摆正心态,坦诚无私并善于在关键时刻进行自我控制。

第五节 企业平级的协调艺术

企业部门之间、员工之间建立协调、和谐的关系,对于企业的发展是不可或缺的。同级之间由于性格、修养、思维方式、生活方式等不尽相同,发生摩擦甚至冲突是在所难免的。有云:"人无千日好,花无百日红。"在工作当中,同事之间的关系往往要借助于科学方法或手段来协调。

同级关系,主要包括两种:企业同一部门内的同级关系;企业不同部门之间的同级关系。同级之间的矛盾往往由于各自的利益和各部门之间的利益发生冲突而引起,或因某一观点不能达成一致而引起,或是上级领导的偏袒而引起,或是由于各自的修养,性格不同等所引起,但不管冲突是如何产生的,重要的是该采取何种协调办法。

一、企业平级协调的原则

(一)相互信任,坦诚相待

信任是人际交往中的最高境界,它使人际交往充满了诚挚的友情。一份信任,胜似千言万语,给人以勇气、信心、温暖与力量。同级之间建立相互信任和支持的良好关系,对企业塑造良好的发展氛围无疑是至关重要的。

(二)互相尊重,携手共进

人是需要尊重的,如果失去了起码的尊重和肯定,那么人就有可能失去工作的动力。企业员工之间如果互不尊重,企业的运营就无法正常进行。如果同事之间不能相互尊重,那又怎能建立一个和谐、互助的工作气氛?所以,只有保持同级之间互相尊重、平等相待,才是企业正常发展的必要前提。

(三)为人正直,光明正大

作为企业的一员,不仅应具有社会道德,还要有企业或行业所规定的职业道德。与同事共事,就要凡事按原则办,不搞小集体,不搞暗箱操作,不搞针锋相对。在工作中要力求为人正直,光明正大,不偏不倚,尽力做好本职工作。

(四)相互学习,彼此宽容

同事们工作在同一个环境中,应当充分发挥主观能动性,积极地相互学习,彼此宽容,形成一个良好的团结向上的氛围。中国有句耳熟能详的话:"家和万事兴",一个和谐的工作团体才能书写出最杰出的作品,和谐是企业发展的重要条件。

二、企业平级协调的艺术

(一)企业平级之间的协调谋略

企业管理者在协调同级关系时,要掌握一些基本的谋略、技巧和艺术。

1. 治人先治己

同级之间发生矛盾,原因是多方面的。其中既有自身的原因,也有对方的原因,还可能有"第三者"的原因。因此,要解决这种矛盾,作为矛盾的双方,都应首先从"治己"开始,调节自己情绪,控制自己的感情,寻找自身的原因,保持解决矛盾的最佳姿态。即使造成矛盾的主要原因在对方,也要先"治己"。"治己"既是"治人"的前提,又是"治人"的谋略。在多数情况下,通过"治己"能产生强烈的"治人效应",进而使矛盾化解。

常言道:治人者易,治己者难。这是因为人的私心作祟,更重要的原因是"治己"是一种"超越自我"的过程。做到了"治己",同级之间的矛盾则可顺利化解。当然,这里强调首先"治己",并不意味着对对方的问题做无原则的迁就。对大是大非问题,需要在坚持党性原则基础上,把"治己"与"治人"巧妙地结合起来。实践证明,这是处理同级关系的有效方法。

2. 看到别人的长处

在企业同级之间,尽管总体工作能力和水平不相上下,但在某一方面却会有长短、优劣之别。有些人常喜欢以己之长比他人之短,因而难免造成心理冲突,使同级关系紧张。现实生活中存在同事之间互不服气,其中一个重要原因就是以己之长比他人之短。如果相反,善于以己之短比他人之长,则会明显增强同级之间的亲和力,有效防止这类矛盾的发生。

在企业的同一个领导班子中,同级之间在思想上如果能坚持以短比长,那么在工作上就自然会取长补短,形成一个团结互助的领导集体。实践表明,大凡善于以己之长补他人之短的管理者,同级关系都处得不错。

3. 用制度约束管理成员

为了协调企业管理集体的行为活动,使各成员的个人工作职责、权限、活动原则、管理方式及工作程序的规范化,必须建立和健全各项企业规则、制度、条例、办法等,以约束管理集体所有成员的行为,保证管理集体整体在行为上的一致。如果没有管理集体的成员个人工作职责、权限、活动原则、管理方式及工作程序的规范化,相互之间就无法协调,因为良好的协调来自严格精细的规章制度。

例如,某企业一位新上任的人事主管,起初不好意思对其他部门的主管规范工作制度,只是自己埋头工作,可是管理效率却越来越低,原因是副职们不知该怎么办。后来,他请大家坐下来,通过认真讨论,建立和健全了各种规章制度,并用文字固定下来,形成工作制度,以规范大家的工作行为,这样管理的效率得到了迅速提高。可见,为了使管理集体有效地协调配合,主要管理者要建立和健全管理的制度,并善于运用制度把管理集体的行为规范固定下来,用以调节大家的行为。

(二)企业同级之间的沟通艺术

在企业营造良好的工作氛围,就要充分运用协调艺术,而协调艺术中最为重要的手段之一就是沟通艺术。在同级关系的协调中,尤其要注重沟通艺术的运用。在同级关系的沟通中,可以考虑主动沟通的方式,从而增进同级感情。

同级之间良好感情的增进,首先在于主动沟通。实践证明,大凡善于主动沟通的管理者,都容易被对方理解和信任,彼此之间的"心理防线"都容易迅速消除。相反,管理者之间缺乏主动沟通精神,彼此"各揣心腹事",最容易发生心理冲突,造成"僵局"。在这种情况下,最需要一个主动者,首先敞开心扉,疏通情感交流的渠道。若此,对方也会逐步开启"心理门户"。这样"一来一往",感情自然会逐渐增强。如果说主动沟通是一个姿态问题,那么善于主动沟通则是一个艺术问题。这里有以下几点需要特别提醒:

1. 要善于选择最适于交谈的时机和场合以及最容易引起对方兴趣的话题。

2. 交谈时,不论对方态度如何,都要谦虚、诚恳,并贯穿交谈的始终。

3. 要讲究语言艺术。

4. 即使谈话不成功,也不要丧失信心。

5. 交谈中,要善于体察对方的心理变化。

三、企业平级协调的要诀

同属于一个企业,各个部门的同级之间关系的协调是至关重要的。每个管理者都要尽量海纳百川,自容乃大,相互理解支持,共同使企业或部门的事业发展协调进行。具体来说,企业管理者以下几点要切记避免:

1. 越俎代庖

在企业的管理集体中,固然要提倡相互支持、相互帮助的合作精神。但成员之间,尤其是主要管理者不能包办代替,搞个人决策。既然管理集体内部已经分工明确,各司其职,在一定的权限范围内自己处理自己分管的工作,企业主要管理者就不应插手分管成员职责范围内的工作。如果主要管理者不适当地插手别人职责范围内的工作,就会影响同事的工作质量、效率,有时可能会打乱别人的工作部署。

从情绪角度来看,不适当地涉足别人的“领地”,会伤害别人的感情。每个人对自己都有着一定的自信,大部分人愿意独立地、出色地完成自己职权范围内的工作。这不仅是一种责任心、事业心,也是自尊、自爱的表现。当他对自己的计划、设想充满信心时,有人向他“提供”了不必要的“帮忙”,显然会伤害他的自尊心,以为对方对他不信任、怀疑他的能力、怀疑他的计划的成功率,因此也容易发生不愉快的事情。

2. 以怨报德

同属于一个企业,管理者在一起工作时间久了,难免出现恩恩怨怨。是以德报怨还是以怨报德,这直接影响同级关系的发展趋势和结果。一个管理者应该胸怀坦荡,有“君子之心”。即使某人做了对不起自己的事,也不能“以其人之道还治其人之身”,而是应该以德怀之,以情感之。即使对某些见利忘义的“小人”也应如此。实践证明,以怨报德不足取,以德报怨才是征服人心的上策。

3. 互相嫉妒

嫉妒是一种病态心理,是人性中残存的动物性。大量观察表明,嫉妒是动物的本性。在多数人身上嫉妒心理都程度不同地存在。且不说三国时期周瑜对孔明的嫉妒、曹丕对曹植的嫉妒等,就是在高度文明的社会主义时期,同级管理者之间也常有嫉妒现象发生。这既影响团结,又贻误工作。

有的企业,企业文化氛围构建得不够完善,导致同级管理者之间时常发生嫉妒现象。究其原因,主要是一方不求进取或能力不如对方,又怕对方超过自己,而一旦超过了自己,就妒火中烧,似乎我不行你也别想行。于是"事修而谤兴,德高而毁来"。可见,嫉妒既是打击他人积极性、上进心的"矛枪",又是保护自己怠惰和落后的"盾牌"。荀子曾说过:"士有妒友,则贤交不亲,君有妒臣,则贤人不至。"一个嫉妒现象严重的管理集体,常常是先进不"先",落后不"后",正气不高,邪气兴盛,团结涣散,"内耗"丛生,工作难有起色。

为有效地防止和克服嫉妒心理,企业每个管理成员都应首先"从我做起",见贤思齐,欢迎自己的同志超过自己,为自己同伴的每一成绩击掌相庆。此外,要勇于与自己竞争,乐于与同伴合作。

我国的企业越来越重视引进先进的管理体制,越来越意识到协调艺术的重要性,而不再一味将原先的生产、销售视为企业生命的唯一源泉。但想要成为一名懂协调的开明的企业管理者,光说不做是远远不够的。我们必须加强学习,提高修养,掌握协调的艺术,在工作中做到虚怀若谷、以诚相待、循循善诱、刚柔相济、朴实无华。只有这样,协调工作才会事半功倍。

四、企业同级协调的方法

1. 宽容自制,揽过推功

为了更有效地调控与同级之间的冲突,管理者应学会宽容,自制宽容就是要有宽广的胸怀和气量,对别人的缺点和短处多包容,对别人的无礼和失态多体谅,用自己的长处去弥补。管理者越宽容,越容易化解矛盾。反之,一个心胸狭隘,不肯做出任何让步的人,他面临的将到处是矛盾。当然,宽容并非是无原则的迁就,而是在相互交往中容忍、谅解,否则宽容就成了纵容。

要宽容别人的过失,企业管理者首先必须自制,自制既是一种很高的素养又是一种策略,也是一种后天的能力。自制要求管理者在必要时严格控制自己的言行,避免激化冲突和助长矛盾,特别是不应用过激的语言刺激对方,伤害其自尊。

与宽容自制相对应的外部行为就是揽过推功,实事求是地说明自己的不足,充分地肯定对方的长处。所谓推功揽过,就是功劳让给别人,承认自己的失误,为此表示歉意并请求谅解,那么冲突就会顷刻降温。与揽过推功相对立的就是推过揽功,这是导致冲突的诱因之一,也是协调者品德修养不够的表现,是个人不正确欲望的一种膨胀,应当严加控制。推功揽过是顾全大局的高风亮节,其实功过问题都是客观事实,人们心里都很清楚。

2. 冷静解决,求同存异

在冲突发生时,大家都在气头上,难免会失态失控,更何况同级之间没有权力的制约。矛盾一旦激化,往往不计后果,关系随之破裂,新账老账一起抖搂出来,全然不念旧日情分,生出两败俱伤的事来。此时,有经验和修养的管理者就应懂得马上回到平静状态,停止争吵,平复心态,不能逞一时之快,切忌做出因小失大、让人终生遗憾的事来。

同级间出现问题时,双方都要保持清醒的头脑,摆正心态。为了尽快平息和化解矛盾,最直接、最便捷的办法就是存异求同。因为大家都在激动状态,要客观的讨论谁是谁非十分困难,应努力寻找共同点,相近点。即便共同点较少,也要尽量对事不对人,无论双方心理上的感觉如何,也不要针尖对麦芒,双方各退一步,等待双方心平气和后再行商议,特别是没有必要将矛盾直接上交捅到上级领导那里去,更不要搞什么先下手为强,抢先告状,没完没了,唯恐天下不乱。

当然熄火降温,不是为了息事宁人,而是把一时解决不了的矛盾做冷处理,或者在一定时间跨度的过程中去逐步解决。

3. 开诚布公,达成共识

平级之间的冲突,即使已经发生,也不要意气用事,不顾情面。讨论分歧意见时,也要心平气和,相互尊重,摆事实讲道理,礼貌尊重,不要激怒对方,慢慢促使对方寻求一种平衡而避免失态。心地坦然,表情泰然自若,也会稳住对方,而不致使其怀疑你内心有鬼,或以为你不是对手不堪一击,助长对方好强争胜的不良心理。在相互交换看法时,既不做讽刺挖苦式的人身攻击,也不做捕风捉影、无中生有似的胡乱猜疑,多做描述性而不是评价性的反馈,让事实说话,就事论事,做到得理让人,适可而止。

4. 一视同仁,保持平衡

很多同级之间往往三五成群,亲此疏彼,各抱一团。这样的集体没有不闹矛盾的。克服这一点的根本做法就是一视同仁,人与人之间的关系有亲有疏,这是正常的社会现象,管理者也不例外。为了加强企业的凝聚力,管理者需要团结与自己亲密无间,命运与共的身边人,更要注意团结同自己意见不一致,疏远和反对自己的人,不应将其视为异己排斥,而应该努力争取他们的合作和支持。

管理者既应当有坦荡的胸襟、豁达的气度、容忍的风格,还要适当掌握平衡的艺术,力争与同事间保持一种既亲密、热切又距离相当的合作关系。平衡的方式主要有三种:一是在空间上与同级保持等距关系,不进行有别于其他人的过密接触和有意疏远;二是在利益上保持与同级间的可容性,尽可能照顾到对方的切身利益;三是心理上保持与同级间的可接受性,做到经常沟通。

5. 加强沟通,真诚合作

信息不通,缺乏彼此理解是同级之间不协调的重要原因之一。改变和预防这种状况的一个基本前提就是加强信息沟通,保持密切联系。

同级也是由不同个性的人组成的,他们的性别、年龄、文化、能力、兴趣等基本特征各不相同,虽然大家每天见面,但各干各的工作,如果彼此互不通气,老死不相往来,谁也不了解谁,无法相互理解,难免要发生矛盾、冲突,难免要互相猜忌、产生摩擦,影响工作效率。为此,有必要改变原有的企业风气,通过相互沟通了解,达到相互信任与亲密合作。在沟通过程中,互相之间的猜疑和敌意,只会增加抵触情绪,减少坦率交流的机会,也就不可能实现有效合作。因此,同级之间的诚意和相互信任至关重要。

企业同级之间,分工不同,各司其职,各负其责。既然在同一个企业中,就要做到分工不分家,彼此合作,相互支持,同台竞争,创造一个同舟共济的良性互动关系。否则,以分工不同为理由相互疏远,甚至互相拆台,以邻为壑,就很难尊重和信任对方。长此以往,隔阂不断加大,误会不断加深,矛盾不断激化,摩擦不断出现,冲突必然发生。其实分工的前提,首先是真诚合作,没有合作,分工就失去了意义。如果不愿合作就会逐步从群体中孤立出来,逐渐被群体边缘化。

第七章

企业公关艺术

第一节 企业公关概述

一、企业公关的概念

所谓公关,即公共关系。我国的公关事业虽然仅仅经过了 20 年的发展,但已经渐渐羽翼丰满,有了较为全面的总结和经验。现如今,公共关系已逐渐融入各行各业的诸多领域,在企业宣传、品牌推广、城市建设、国家安定等各方面都发挥着积极作用;在文化申遗、盛会申办、抗震救灾等重大事件中也彰显出了公共关系无可替代的特殊价值。在社会主义核心价值观的带领下,我国政府对外的公共关系逐步稳定,国民关系也日渐温馨;而在企业发展中,从某种程度上来说,公关甚至决定一个企业的命脉,好的公关可以将企业拯救于水火之中,而差的公关也同样会令企业雪上加霜。

（一）公共关系的由来

公共关系的概念最早载于 1807 年美国《韦氏大学辞典》第 9 版。还有一种译法为"公众关系"。现在,"公共关系"已经成为世界性的概念,人们对公关的认识也随着现代社会的发展而不断深入,公共关系现阶段仍在持续发展中。因此,对于"公共"概念的解读也呈现出多样化的特点,国内外的公关学者已给出了几百甚至上千种不尽相同的解读,但尽管人们对公关的概念有着各式各样的说法,他们对公共关系下定义的思维角度却大体只有两种:一种是从公关的职能出发进行描述,另一种则是从公关的属性角度进行解读。我们认为,公关的职能虽然能够详尽的表达出公关的作用和功能,但并不能够从本质上点出其与相近概念的差别,而公关属性角度则可以。因此,我们倾向于第二种的表达方式,即公共关系首先是一种包括各种各样活动形式的社交方式,它能够调节社会群体之间的相互关系。

（二）企业公关的含义

企业公关的概念即企业中个人或者组织为了能够在最短时间范围内达到目的,法律允许范围内对公众做出的各种行为的总和。在这个概念中,企业处于主动地位,而受众是指企业公关的目标人群或目标事件。"各种行为"则是一个宽泛的概念,包括单纯传达企业领导者的意愿,或为达到企业目的所采取的各种手段。

二、企业公关的特殊性

公关手段大都大同小异,但不一样的组织与个人所采取的手段却不甚相同,企业的特殊性质导致他的公关手段必然与其他组织存在差异。而企业公关的共性特征主要包括利益性、协作性和互动性。

（一）利益性

企业首先是一个独立的、以获利为目的的经济组织,换言之,社会主义的企业虽不能一味地去追逐高额利益而忽略社会效益,但企业制定并且实现自己的经济效益目标也是必需的。社会主义市场经济体制中,企业与任意一方的行为的本质都是商品交换关系。社会主义的物质利益原则,促使着企业必须要维护自身合法的经济权益,要谋求盈利。企业与公众的利益之间存在着对立关系,即企业与公众之间的利益很难调和,双方不可能同时获得极大的利益。由此企业公关才应运而生,企业公关需要在利益均衡的前提下,协调企业与其公众之间的利益矛盾,力求共同发展。企业经营目标与公众利益的关系是辩证统一的。一方面,企业公众利益虽制约了企业的发展,但也能带来企业发展的机会。企业若能抓住这种机会,并将其与企业的经营目标联系起来,就能够化为实现企业经营目标的有利因素。另一方面,企业的经营目标对企业公众利益也有反作用,有时也会给公众利益带来巨大的影响,因此企业要妥善处理自身利益与公众利益之间的辩证统一关系。开展企业公关活动,须在不损害企业及其公众利益的前提下,通过各种方式尽可能满足公众合理的要求。缓解企业与公众之间的利益冲突,为企业的生存和发展创造良好的环境,以实现企业的经营目标。

（二）协作性

企业是生产社会化、统一化的产物。社会分工的发展导致社会化大生产,它既是企业产生的直接原因,又使企业成为整个社会生产长链条中的一个环节。企业不是万能的,由于企业行为的个体性和社会生产的整体性之间的矛盾,社会的发展必须依靠各个组织之间的相互协调。就企业而言,协作关系表现在企业的外部环境要求和内部环境要求两方面。

1. 外部环境要求

外部环境要求是指要求企业之间的社会生产整体性必须协调一致,有计划按比例地进行生产,能够使企业适应社会经济稳定发展的需要。但每个企业又都具有个体行为,即从企业的盈利目的出发,使企业竞争性增强,甚至由竞争导致盲目发展,如近年来出现的房地产热等。然而,由于企业个体行为与社会生产之间天然的联系,迫使企业的发展表现出对于社会经济活动的极大依赖性。尤其是随着科学技术的迅速发展,大科学、大企业、大工程的兴起,使得企业的个体行为的局限性越来越大,都迫使企业从社会协作中寻找出路,寻求发展。我国近年来出现的横向联合、企业集团等也反映了这个趋势。

2. 内部环境要求

内部环境要求,是指企业内部专业化细密分工,要求员工之间同心协力,才能使企业机体正常运转,以实现企业经营目标。由于企业员工在社会中的个体特殊性,每个员工都具有不同的经历,思想和行为上也存在着差异性,所以,只有克服了这些差异性,才能使企业员工之间协作和谐。

企业公关的协作性,是指通过企业与其公众之间的沟通和协调,发挥润滑剂的作用,尽可能减少各种摩擦,在企业内部和外部,建立起良好的协作关系。

(三)互动性

互动是指人们不断地交换意见、对情景的感受等来实现相互理解的过程。企业是一个开放系统,无论从企业内部,还是从企业外部来说,企业都应该实现互动。企业公关时必须同时有输入、输出才能达到公关目的。从企业与公关互动的角度来看,信息输入和反馈较之于信息输出具有更重要的意义和价值。企业公关的互动性,是指通过企业与公众的信息沟通,实现企业与公众的相互理解。企业内部互动,是为了增强企业的凝聚力,促使企业子系统协调,实现生产要素的优化组合,提高企业的经济效益;企业外部互动,是为了赢得外部公众的理解、支持和信任,形成良好的外部环境。企业最佳的公关状态,也就是企业内部互动和外部互动都能够达到高度和谐的程度。

第二节　企业公关的功能与程序

一、公关的功能

(一)企业公关的功能

公共关系是企业管理的重要组成部分,起着调节各方面关系的作用。而公关的目标也因对象不同而有了显著的差异。首先,对于企业的内部人员,公关的作用总体来说是为了增强职员之间的凝聚力,包括员工与员工的关系、员工与领导者的关系、领导者之间的相互关系,人是整个企业的灵魂,而人与人之间的凝聚力则是灵魂舞动的源泉。此外,公关的另一个对象则是外界,即不包括企业内部成员以外的所有群众及由群众所组成的特定团体。概括来讲,对外公关主要包括塑造企业形象、传播沟通、处理危机等功能。

1. 塑造企业形象

企业形象是社会公众群体对企业的全部看法和评价,是个人或群体对一个企业机构的意识表现。这种看法和评价,最直观地表现即为企业知名度和企业的赞美程度。知名度了解社会公众对一个企业的了解占比,赞美程度表示大众对企业的认可程度。知名度与美誉度在现代企业中缺一不可。在现代社会中,良好的社会形象是企业的立足之本,是一项重要的无形资产。至于企业,如果在社会群体中有良好的形象,如果它在社会公众中信誉卓著、形象美好,它就能因此而吸引更多的顾客和优秀的人才,能比较容易地吸引股东投资,能得到便宜可靠的原材料供应,能获得销售系统的优势,还可以成为所在社区的中坚分子,受到社区公众的拥护。因此,企业形象决定了一个企业的社会地位,而塑造并维护企业的美好形象正是公关工作的中心所在。

企业形象的塑造主要包括前期的形象设计、中期的形象塑造和后期的形象传播。

前期的形象设计在于精确的包装定位,形象设计是对企业长期发展蓝图的一次重大的预测,这要求我们全面调查企业的受众群体,了解群体对企业的最初印象,从公众所固有的印象中提炼出可实现的、最具有发展潜力的形象来进行包装设计,将最有力量的形象置于企业的发展蓝图中;并且在调查的过程中,充分了解企业形象方面的不足;通过企业形象调查来更精准的定位企业,并弥补不足。

形象塑造即为将形象设计蓝图付诸实践。塑造过程是对蓝图本身可实现性的强大检验,也是发现问题,弥补问题的重要时期。若有违背道德纲领、审美原则、政治法规,或有其他的缺陷,则应立即叫停整改或重新设计。

形象传播是塑造企业形象中最重要的一环,它必须要有计划地通过一定的手段和方法来进行宣传,而非被动地等待被发现。这时媒体宣传介质会起到至关重要的作用。

2. 传播沟通

公关的传播沟通具有十分重要的作用,一个企业倘若只是暗自努力,在这个星光熠熠的社会是没有人会去主动发现企业的闪光点的。换言之,不站在同等的角度竞争,怎么能决胜于千里之外。因此,传播沟通是宣传企业形象的重要手段。对于一个企业来说,首先企业包括产品在内的内在品质必须要是"优秀"的,但在商品经济如此发达,企业竞争如此激烈的今天,仅仅"做得好"显然并不够,倘若公众对你的"优秀"并不了解,公众很难对企业的优秀产品或者服务产生兴趣。因此还必须要做到"让他们知道",把企业优秀的一面展示给别人看,来达到树立企业形象和宣传企业产品的目的。

此外,传播沟通也是消除公众误解的好方式。企业常常容易故步自封,或是只在企业内部宣传企业,借以提高员工积极性,但这样更让人觉得是在自娱自乐;或是一味地向外灌输有利于企业的一面,久而久之却很容易适得其反,引起公众反感。这样的行为极易引起外界对企业的质疑,甚至对企业的诚信度和产品都产生质疑。正确的做法应该是企业与公众之间进行双向沟通,增强企业与外部的相互了解,来改变公众的态度,消除企业与公众之间的误会,进而更好地宣传企业的产品和服务,提高大众口碑,获取双赢。

3. 协调关系

企业公关人员的关系协调主要分为内部协调和外部协调两部分。

(1)内部协调

所谓内部协调,即企业内部人员之间关系的协调,包括员工与员工之间、员工与领导、领导之间、部门与部门之间,企业之间任意两个不同的个体或团体之间都存在着一定的关系,而由于认知的差别、沟通的障碍、利益的冲突、身份的差别,甚至企业管理机制的缺陷等各式各样的原因,企业内部纠纷难以避免。因此,企业公关的存在性则变得尤为重要。所谓"家和万事兴",企业这样的大家庭倘若人心不齐,企业很难成长。企业领导与职工之间的矛盾长期存在,就会导致职工不努力、领导不满意、企业工作效率滞后,公关人员要努力协调好上下级的关系;企业部门与部门之间的矛盾,则是领导者的责任,企业公关部门应该要配合领导,使企业部门之间相互配合、互相谅解,为企业创造更大的利益;员工之间由于学历、外貌、性格、家庭、习惯、思想高度、业务能力、利益冲突等多重因素也极易造成矛盾纠纷,此时公关部门应该要了解事实真相、化解矛盾、营造积极的企业工作氛围来实现企业价值。除此之外,内部协调还包括传达领导者的意见、向企业的其他部门提供公关咨询以帮助部门的决策,公关协调对于巩固部门内部协调和运行发展都起着至关重要的作用。

(2)外部协调

外部,即除企业内部人员以外的所有人、组织和环境。企业的生存、发展、壮大都离不开与外界的接触。技术类企业需要设备、专利使用权、开发宣传等;生产类企业离不开原材料、银行、经销商、消费者等;企业的运作需要政府各部门的公关,例如工商管理部门、税务部门、审计部门等。相比较于内部协调,外部协调涉及的人、组织、环境等范围更广、更错综复杂。

外部协调主要包括政府部门的协调、企业之间的关系协调、与消费者之间的关系协调、周围环境人群的协调。企业与任意一方发生纠纷都可能产生不可挽回的后果。于企业,影响产品的开发、生产、运作,降低企业竞争力,影响产品销售,甚至影响企业的长久发展;于个人,影响内部人员的凝聚力,影响企业效益的同时职工的物质与精神也要承受双重压力;于公众群体,一个企业的公关纠纷一定会引起新闻、政法等各界的注意力,造成广泛的社会影响,甚至影响国家形象。公关人员还需向领导者提供公关咨询,作为企业决策的依据,进而帮助领导者协调外部关系。总之,企业公关协调关系必须全面抓牢抓实,才是企业发展的长久之计。

4. 处理危机

企业的内外服务过程中难免会有难以预料的事发生,企业公关应迅速做出反应,妥善处理事件,切实维护好企业的社会声誉。我们将在本章第五节中详细讨论,此处不再赘述。

二、企业公关的程序

传统的公关程序主要包括调查情况、确立目标、拟订方案、传播策动、效果评价五部分。

(一)调查情况

调查情况是企业公关的基础,能够最直观地揭示出公关需求。具体包括调查企业现状、外界评价、外界环境三部分。

1. 企业状况

知己知彼,百战不殆。企业的状况包括企业的历史,即创办历程,企业史上的重大事件和影响力;企业的现状,一方面是企业目前市场分布,产品研发,原材料产地等生产营销问题，另一方面则是企业目前的部门分类及其职责，员工情况等企业制度问题；企业的未来发展，包括企业的未来发展策略、方向，以及企业长足发展所需进行的前期准备等。

2. 企业评价

企业评价即对公众眼中的企业形象进行调查。企业公关人员由于自己也是公众的一部分，常常会误将自己对于企业的看法解读为公众心目中的企业形象。然而，公关人员作为企业内部员工，对于企业的了解是"知根知底"，对于公众而言，他们能看到的只是"企业所呈现出来的部分"，这两种形象很有可能大相径庭。因此，对于企业形象的调查是策划公关活动的前提，是发现企业现有形象与预期形象差距的基础。在对外界评价的调查过程中确立公关策划的问题与目标，并采取措施填补不足之处。

3. 外界环境

外界环境主要包括政府环境、同行资料、社会环境。

政府环境即政府所颁发的方针、政策、法律法规、条例等，尤其是与企业相关的法律更要详细调查。例如公司法、合伙企业法、个人独资企业法、环境保护法、反垄断法、反不正当竞争法等。

外界同时包括其他企业，了解优秀企业的经典案例，学习同行之间优秀的公关经验，同时吸收失败公关的教训，避免重蹈覆辙。

社会环境范围极广，包括思想、政治、人文的关系问题，例如生态环境、社会思潮、地球资源等之间的相互协调。一个优秀企业的存在至少应该是利大于弊的，如果企业存在反而影响社会治安、影响"人"的生存发展，则终被淘汰。企业公关首先应该详细调查社会环境的主流趋势，避免与其相冲突。

（二）确立目标

目标包括两部分：企业公关目标和企业面向团体。

1. 企业公关目标

企业公关目标首先应该服务于企业的整体目标，企业公关目标主要包括传播信息、联络感情、改变态度、激发行为四种可能。

（1）传播信息

传播信息就是向公众传达企业的有关信息，让公众及时了解企业的方针、人事变动、企业产品、售后服务等情况，向公众传达事实真相，同时收纳采集公众的意见和要求。

（2）联络感情

感情是人与人之间交往的纽带，而公关部门则是企业联络公众感情的主要职能部门。公众与企业的感情深,便会关心、理解和支持企业工作;企业之间感情深,则会相互合作,双方互利。企业经常联络与外界环境的感情,有利于企业的长足发展。

（3）改变态度

改变公众对企业的态度,就是改变公众对企业固有印象中不足的部分,或使公众快速接受企业新的理念,使得公众对企业做出新的积极的评价,让企业更好地发展。

（4）激发行为

激发公众行为是企业公关的最终目标。激发公众的行为使得公众为捍卫自己的思想而采取的行动,这样的最终结果往往是促进购买力,提高企业效益。

2. 企业面向团体

不同目标的面向团体也不尽相同,不同类型的公众具有不同的特点和作用。通常,主要包括政府、商业伙伴和公众等团体。

对于政府而言,一个企业能否在社会中生存,便取决于政府。公关好与政府的关系能为企业的生存与发展打造有利的环境。企业的发展速度、发展前景也与政府政策息息相关,处理好与政府的公众关系,可为企业的发展提供有利条件。

商业伙伴同样包括竞争者和合作者,例如与原材料商则为互惠互利的关系,双方为合作关系。那么,这样的公关则以和为贵,而同行之间对于市场的争夺相当激烈,尤其是对于非一次性商品的经营,同行之间的竞争非常激烈,这样的公关中包括商业机密,公关起来则略为棘手。

当面向团体为公众时,公关目的则较为单纯。顾客就是上帝,只要企业的产品或服务让公众满意,那么企业便能得到更好的生存和发展。相对而言,公众可以说是企业的"衣食父母",企业应投入更多的人力物力到公众平台。

（三）拟订方案

方案的拟订主要包括企业公关的整个计划,具体包括媒介的选择、活动预算的编制、方案的再次审定等。

1. 媒介的选择

传播媒介主要包括报纸、杂志、广播、电视、电话、信函、网络等。媒介选择适当有利于提高企业公关的效果。了解各种传播媒介的特点能够更好地进行媒介的选择,取得最佳的传播效果。而如何选择传播媒介则要结合媒介本身的特点、传播内容、面向对象的特点、经济效益、时间安排等多方面来进行综合考虑和选择。

2. 活动预算的编制

一项公关活动的实施需要有名目繁多的经费支撑。活动经费一般包括:人力支出,即企业内部员工工资支出与外聘人员的薪资总和;物资支出,活动开展所需购置的材料、设备等的耗费资金;其他支出,即除了人力薪资、物资购置以外的支出,包括住宿、膳食、参观、接待、广告、交通等各方面不可避免的支出;预留资金,公关活动有很强的灵活性,为了保证企业活动的顺利进行,企业必须留有后备资金以备不时之需,比如赞助、公益、庆祝等活动。因此,公关人员在编制预算时,应当要从资金上保证公关活动具有应有的应变能力。

3. 方案的再次审定

一场大的公关活动必须是经过严格的审批的,企业领导者需根据经验选择现有方案中可实现性大、可获效益高的、可靠的方案。对于公关进度精准把握、对于限制因素和潜在问题分析透彻、对于预期结果的可能性和可控性完全把握,确保企业的公关活动顺利进行。

(四)传播策动

传播策动即为组织实施阶段,不再是纸上谈兵,而是真正地用于实际。这一步骤的主要工作就是选择公共宣传的信息和工具并加以运用。公关宣传的素材来源主要有:关于企业的趣味性文章,如企业新产品的开发;企业信息传播,如举办新闻发布会、邀请专家名人参观;组织活动,如资助慈善晚会、赞助活动、在不同的地方举行聚餐等。

公关活动的实施基本上可以遵照行动方案按部就班地进行下去。但在实施过程中也会遇到各种各样的障碍,例如语言沟通、习惯习俗、浪费观念、心理障碍等,遇到这样的障碍公关人员应迅速做出反应。同时在实施过程中很有可能发生一些突发事件,包括人与人之间的纠纷等,工作人员要做出适当的反应并提出切实可行的解决办法。

(五)效果评价

使用在公关项目上的大量资金,使得企业管理者越来越强调公关活动经济效益的分析。效果评价不仅能够衡量、评价公关活动,同时也起着承上启下的作用,总结前期公关的同时也是新时期公关活动的调研工作。

1. 媒体的报道情况

新闻媒介的评论、报道能够很大程度上反映和引导社会公众对企业的认知和要求。因此,媒体报道可以作为企业公关效果的评价内容。如果媒体褒胜于贬,那么企业的公关活动则相对成功,反之则应调查缺陷,及时弥补,更进一步。

2. 公众舆论情况

通过调查企业公关活动前后公众对企业产品的了解、理解、美誉度来评价公关活动的效果。通过对公众代表性人群的调查能够反映出社会特定群体对于企业公关目的的反馈,能够用于评价企业公关目的的完成度及不足之处,从而进一步发扬或弥补。

3. 数据测评

数据测评即通过统计刊载了企业有关信息的数据来评价公关的效果。数据主要包括宣传数据与结果数据两部分。

(1)宣传数据

根据所利用的媒介来粗略估计理论接受人群数量,例如电视收视率、广播收听率、报纸杂志等纸媒的发行量、网络宣传的浏览量等资料可以大致估计出理论接受人群,再根据理论接受人群来估计实际的接受人群数量,从而测评公关效果。但事实上,这样的评价结果极易有偏差,无法完全有效、科学地统计出接收到企业公关信息的人数。

(2)结果数据

结果数据即为公关后期营业额与盈利额的前后对比。高的营业额和利润是大多数企业的公关最终目标,通过对比公关活动开展前后企业盈利的变动能够直观地评价企业公关的质量。

对于企业来说,以上这些公关程序在公关过程中并非缺一不可,有时也需根据实际情况进行适量的步骤增减。对于企业来说,只要最终达到公关目的,在保证合法的基础上,手段与程序并非最重要的。

第三节　公关工作人员的选择

企业公关工作人员不同于普通部门的职员,由于工作性质的关系,公关人员直接接触的大多为企业、政府等的高层管理人员。因此,公关工作人员的选择因其对情商和智商都有较高的要求而显得很有局限性。一名优秀的公关人员必须要具备公关人员的职业心理,同时配以公关工作所需要的知识结构和能力结构,才能在公关谈判、公关活动中使企业利益最大化。

一、意识结构

(一)公关意识

公关意识引导公关行为,公关意识是在长久的公关实践中养成的习惯。通常,公关意识主要包括以下几方面:

1. 维护企业形象意识

对于企业来说,在公众心目中良好的形象是企业的无形资产;对于公关人员来说,维护自己企业的形象是最基本的公关意识。作为企业形象的设计人员,公关人员必须像维护自己的眼睛一样来维护自己的作品,即企业形象。

2. 尊重面向对象意识

对于一个公关人员来说,我们必须为所面向的对象服务,投其所好,一切以客户为先。尤其当企业利益与公众利益相悖时,更应将公众的利益摆在第一位,让公众看到企业的诚意,企业只有首先尊重公众,才能换来公众的信赖与尊重。

3. 公关宣传意识

公关活动的本质就是不停地向公众宣传自己的企业,公关宣传意识就是利用一切机会主动地去传播企业信息。公关人员应该要了解宣传的艺术性与战略性,从而提高自身的职业素养。

4. 深谋远虑意识

对于一个企业的形象塑造并不是一朝一夕就能达成的事情,企业公关从业人员必须有立足长远的意识,能够深谋远虑地对企业进行形象设计并在长久的公关活动中落实自己的企业形象。

除了以上四种意识以外,企业公关人员所需具备的各种职业意识还有很多,想要让自己在工作人员中大放异彩,让企业在市场竞争中利益最大化,公关人员需要做到的不仅仅只有以上这些,公关人员应在日常的工作中不断领悟,完善自我,与企业共同进步。

(二)心理素质

任何一项工作都伴随着心理素质的影响。拥有强大的心理素质能够在工作过程中获得更大的勇气,唯唯诺诺则会使得工作拖沓,效率低下。一个公关工作人员有其必须具备的职业心理素质,比如自信、热情、开朗、冷静等。公关人员在开展公关工作过程中被拒绝乃家常便饭,好的公关人员则更善于自我排解负面情绪,引导自身拥有正面积极的工作态度。坚持自我能够产生极大的勇气和毅力,热情开朗也可以感染到身边的工作人员与公众,对于公关工作者而言,面对困难时要始终保持冷静、面带微笑、表现出自己游刃有余的职业素养,随时保持将最好的面貌呈献给公众才是公关人员该做的。

（三）品德修养

每个人心中都有自己的道德标杆,一个社会也有其自身的道德底线。对于公关工作人员来说,他们做的每一项工作首先自己应该问心无愧。其次,对于公众而言,违背了大多数人心中的道德线的公关是不可能被接受的,公关人必须是具备道德素质的人。比如诚信守诺、廉洁奉公、知法守法等。

1. 诚信守诺

"真实"是公共关系的生命所在,"讲真话"是整个公关界所遵从的最基本原则、策划公关活动首先必须建立在策划人员的真诚上,对组织、对公众、做事、做人都要求表里如一,实事求是。踏实是一种工作态度,做任何事务求专一,一步步地完成所承担的工作而不虚浮才是公关人员应该有的修养。

2. 廉洁奉公

东汉著名学者王逸在《楚辞·章句》中注释说:"不受曰廉,不污曰洁。"也就是说,所谓廉洁,就是不谋私利,也讲求公平。所谓奉公,也就是奉行公事,忠于职守。廉洁奉公是确保公关人员高质量、高效率完成工作的重要条件。而一个对职业无所谓、只懂贪图私利的人是无论如何都不可能出色完成工作任务的。

3. 知法守法

公关人员与任何公民同样受到法律的约束。不同的是公关人员要知法、守法,并且能够运用法律武器来保护企业的权益。公关人员应认真学习《民法》《合同法》《经济法》《公司法》等企业相关的法规法条。在遇到有违法行为时,勇敢地站出来予以制止,绝不能听之任之,更不可同流合污、知法犯法。与此同时,对于从事涉外公关活动的公关人员来说,还需了解中外合资合作企业经营法、涉外礼仪与公共关系、关于进出口的外汇管理条例等。

二、知识结构

美国公关协会曾经开列过一份公关人员应该学习的知识清单,提到了包括新闻写作、演讲与谈判、舆论调查、公关理论、小说创作、杂志纪事、公关理论、地方报纸研究、传播学研究、摄影杂志研究、工业情报编辑、印刷技术、撰写批评文章、制作广告、媒体调查、广播和报业关系法规、撰写科学纪事等在内的近20种知识。这份清单告诉我们,对于公关人员来说,有心去为企业发展贡献力量还远远不够,还必须要有"硬件",即公关工作所必须具备的知识体系。概括来说,公关知识主要概括为公关专业知识、背景学科知识、操作性学科知识和方针政策知识四部分。

（一）公关专业知识

公关专业知识即公关到底是什么，需要做什么，如何做得最好，如公关的基本概念、公关的由来、公关的职能、公关的基本原则以及公关工作机构构建的原则和工作内容、工作的基本程序等。当然懂得这些仅仅是皮毛，公关人员同时更要学会举一反三，了解相关行业原则性的知识来辅助自身的工作展开。

（二）背景学科知识

一个优秀的公关人员不能够仅仅只了解公关的片面知识，熟练掌握边缘性行业和背景学科能够很大程度上帮助公关人员少走弯路，开阔思维，让思路不仅仅桎梏在狭隘的公关概念中。公共关系的背景学科包括管理学类学科、传播学类学科、社会学和心理学类学科等。其中包括管理学、市场学、行为科学、营销学、传播学、广告学、新闻学、社会学、心理学、社会心理学等多个子学科，优秀的公关人员一定要广泛涉猎。

（三）操作性学科知识

操作性学科即对提高公关人员实际工作能力有直接帮助的学科，属于技能性学科，包括广告学、演讲学、写作学、社会调查学、社交礼仪等众多实践型学科。操作性学科能够显著影响公关人员的人际交往能力，是公关活动的各个步骤完美完成的基础学科。

（四）方针政策知识

公关人员必须了解党和政府的有关政策、法令、法规，在不违反法律的基础上进行组织安排企业公关活动；同时了解社会政治、经济、文化等诸方面的现状，及时设定并调整企业公关行为。

此外，当企业发展到一定阶段时，公关人员同时应该了解国际关系、国际公关、国际市场营销等方面的专业知识和有关国家的政治、经济、外交情况，以此来增加企业的国际竞争力。对于公关人员来说，他们的知识结构是一种动态的开放式的，包容的结构，能够吸收新的知识，并且随着时代的变化及时调整自己的公关方式以获得最佳效果。

三、能力结构

一个人的理论能力影响到他的实践能力，企业公关人员的实践能力直接决定了企业的发展水平。公关人员所必须具备的能力结构主要有语言文字能力、公关策划能力、组织协调能力、信息捕捉能力、人际交往能力、自我发展能力等。

（一）语言文字能力

语言文字能力即"听说读写"的能力。作为公关人员需要起草策划案、撰写新闻稿、编写宣传材料等,好的文字功底是必须具备的素质。并且公关人员在公关活动中常常要与各式各样的人交流,交流过程中口头表达能力尤为重要,吐字清晰、真心诚意、幽默诙谐、亲和大方的表达方式能够使自己的观点更容易被公众接受。一个深谙讲话的艺术的公关人员更有可能在工作中取得事半功倍的效果。

(二)公关策划能力

公关策划是公关人员的基本职责,因此拥有强大的公关策划能力也是公关人员必须具备的基本素养。一项好的策划需要包括各项创意元素,公关人员能够将公关的客观规律与创新思路相结合,迅速策划出各种创新的公关方案来引起外界对于企业的关注并及时解决企业的公关难题。

(三)组织协调能力

每一项好的策划被付诸实践都不是一件容易的事情,组织能力是一种领导能力,懂得知人善任地分配工作,使得"纸上谈兵"付诸实践,通过组织各方面的配合来达到企业既定的公关目标。而协调能力则是指能够及时发现并调节各阶层之间的相互矛盾,维护企业内部和谐的同时搞好企业与各个组织之间的关系,从而维护企业的声誉。

(四)信息捕捉能力

信息捕捉能力即善于观察并且及时总结出有用信息。一个公关人员需要随时保持对信息的敏感度,做到"眼观六路、耳听八方",拥有广泛而集中的注意力,能够同时摄入大量、多样的信息,及时转化为企业可利用信息并付诸实践。

(五)创新能力

人们常常对新鲜事物充满了好奇,这样的现象翻译为公关能力就是创新能力。对于企业公关来说,无论是文案,还是宣传方式,总是给人耳目一新的感觉是一件难以达到的事情,但若能做到,公关活动也能产生奇效。敏捷的思维对于公关人员来说是必须具备的,同时也是最难以把握的一种能力。

(六)人际交往能力

人际交往能力包括深谙各种礼节礼仪,善于处理复杂的人际关系,同时具备随机应变的能力,待人接物彬彬有礼。同时培养自己好的生活习惯和娱乐方式,使自己成为一个有风度、有学识、有修养、有气质的合格的公关人才。

(七)自我发展能力

随着社会的不断发展,企业公关人员所需的能力将越来越多。学如逆水行舟,不进则退,公关人员不能够自我满足于现有的公关水平,必须要有自我发展的意识和能力,这里的能力包括学习能力、悟性、自制力、耐力等。要确立奋斗的目标,选择好发展的途径,力求事业成功。

第四节　企业网络公关艺术

一、网络公关的概念

在互联网时代,公众看待社会的注意力都是碎片化、多元化的,单纯依靠传统的媒体很难影响到他们,公众的注意力渐渐被新媒体所吸引,互联网不断渗透在消费者之间。事实上,在现代社会,消费者的话语权被互联网无限扩大,他们不再满足于单向地接收媒体的信息传播,他们越来越希望掌握主动,自己在体验中主动感受,与企业充分互动。可以说消费者已经从单纯的信息接收者逐渐变成了信息的生产者。因此,传统的通过宣传灌输来塑造企业形象的模式已经不能够再在新时代里很好的发展了,与此同时,互联网掌握了时代发展的主流趋势,企业网络公关也应运而生。

(一)网络公关的含义

网络公关又叫线上公关,是一种随着互联网发展应运而生的公关手段。网络公关首先是公关的一种表现形态,只不过是从网络特征方面出发而创新和演绎出的公关概念。同时,网络公关也为现代公关提供了新的表达方式、策划思路和传播媒介。2017 年 1 月 22 日下午,中国互联网络信息中心(CNNIC)第 39 次《中国互联网络发展状况统计报告》显示,截至 2016 年 12 月,中国网民规模达 7.31 亿,相当于欧洲人口总量,互联网普及率达到 53.2%。而 2001 年"中国公关网"的建立更是标志着中国公关业有了自己的宣传平台,可以以最快捷的速度向国内外交流企业的信息。处理好公共关系对于国家、企业、个人等都具有重要的作用,而网络公关无疑成了调节公关关系最重要的手段之一。

(二)网络公关的特点

在互联网迅速发展的今天,网络公关的特殊性越来越显露。

1. 即时性

得益于数字科技的发展,网络没有空间和时间的限制,任何时间、任何地点,我们都可以经营自己的"媒体",信息能够迅速地传播,时效性大大的增强。一项公关作品的制作和发表过程中,其迅速、其高效,是传统媒体所无法企及的。新媒体能够迅速地将信息传播,渗透到受众的脑海中,受众迅速对所传播信息发表评价、进行反馈。新媒体与受众的距离在空间上或许无限宽广,但在时间上,它们是零距离的。网络公关的即时性是其他传统媒介所望尘莫及的。

2. 公众化

随着社会的发展，人与人之间的沟通变得越发简单，社会任何一个角落的声音通过网络都可能被听到，这样一来，企业公关的对象就变得细化了许多，每一个人的情绪都可能无限放大、每一个人的评价都会被公众看见，这就相当于企业在接受公众的监督，企业的每一项活动公众都"可视化"了。互联网授予了话语权给草根阶层、普通民众，它张扬自我、助力个性成长，铸就个体价值，体现了民意。这种普泛化的特点使"自我声音"的表达愈来愈成为一种趋势。然而，伴随着自媒体主体的普泛化程度的日益提高，这条"尾巴"的力量愈来愈积聚成长。

3. 复杂化

常常说网络是一把双刃剑，同样，网络公关也是一把双刃剑，在网络还不发达的年代，电视上的新闻报道、杂志、报纸、广播四大媒介是社会舆论的主要传播者和领导者，这种大众化的传播工具同时也是"公平公正"的代表。而随着网络的发展，"网络推手"的出现，网络公关越发复杂。有的自媒体过分追求新闻发布速度或者说为了追求点击率而忽略了新闻的真实性，导致的部分民间写手降低了自身的道德底线。这就导致了自媒体所传播的信息的可信度低，引发企业间的市场竞争异常复杂。

二、网络公关的作用

网络作为新型媒体，必然有其无法比拟的优势。通常来说，网络公关主要带来信息反馈、沟通协调、整合营销和危机处理等好处。

（一）信息反馈

经济全球化的条件下，网络使得企业市场调查变得更广泛、深入且快速，并且成本低廉。运用网络公关进行社会调查和信息传播越来越成为企业成功策划和竞争制胜的法宝。企业网络公关不仅仅是简单地临时收集资料、反馈信息等，对于企业来说，网络公关更是企业长期运用的能够成为日常性的一项工作手段。所以，网络公关的反馈速度是传统公关方式所无法比拟的。

（二）沟通协调

在信息时代的背景之下，网络公关成为企业与内外公众沟通的主要方式。通过网络，企业可以及时向内部发布各方面的运作情况，并广泛征求员工的意见和建议，及时反馈给领导决策层，从而大大增强员工的主人翁责任感和企业的凝聚力；对于外部群体，虽说随着企业生产经营的规模越发壮大，企业可能很难与大面积的公众进行沟通，但互联网的运用使这样的问题迎刃而解。企业通过建立客户数据库可以进行一对一的服务，这给公众提供了巨大的便捷，也给企业经营减少了很多的困难。同时,通过客服与公众之间的沟通、评论等可以快速了解公众对企业产品的反馈,有助于企业更好地发展。

(三)整合营销

网络不仅仅能够做到公关一部分的营销,能够将各方面的工作整合到一起,从而得到整体的最好效果。网络整合营销更有利于企业与客户之间在关系管理。利用网络的便捷和网络本身的吸引力潜移默化地建立起企业与客户之间在各方面的沟通与信任。同时,企业培育网络上的企业文化,通过网络传递企业理念、品牌特征等,再通过网络与客户形成持续不断的联系,例如定期发送服务邮件、生日祝福等。这都能够使得公众与企业的融合更进一步。

(四)危机处理

人们常说网络是一把双刃剑,对于企业而言,也是如此。由于网络的介入,企业危机造成的影响会迅速扩散,从而造成严重的后果。而面对突如其来的危机事件,强大的互联网同样能够帮助企业迅速建立企业的信息网站,全面、清楚、公开地向公众传达歉意、声明及各方面的补救措施。

公共关系的本质其实是一种传播活动,公共关系的过程也就是主体与公众客体之间的信息传播与交流的过程。互联网作为21世纪人类传播科技和信息交流的主要渠道与标志,能够为企业公关的发展提供一个崭新的平台和机遇,对互联网的敏锐感受力和反映能力都将决定着企业公关在21世纪中的发展起点、速度、质量、走向与最终结局。

三、网络公关的人员选择

对于老牌的公关从业者来说,企业网络公关是一种熟悉而又陌生的概念,而网络公关人员的选择相比于传统公关人员而言,还应具备新媒体传播方面的专业素质。所谓新媒体,是借助网络技术,并通过计算机、手机等移动终端来向用户传播信息和提供服务的媒体形式。随着互联网的快速发展,各种相关的新兴行业迅速崛起,新媒体运营就是其中一个。所谓网络公关的工作人员,除了相当专业的公关素质以外,新媒体运营的能力也显得相当重要。

一般来说,网络公关的工作人员需要具备专业的高水平的素质与能力。

(一)为受众服务的意识

对于网络公关的工作人员而言,首先应了解网络环境,有着开放的心态,能够包容多元的文化与各种观念;其次,网络公关的工作人员要充分感受到媒体之间的竞争,一切以服务受众为前提。这样一来,企业开展的公关活动才能够真正地令客户满意,从而使企业得到更高的经济利益和更好的企业形象。

（二）新媒体编辑能力

与此同时,企业网络公关人员还应具备高超的编辑能力。媒体想要得到目标受众的认可,不断巩固并扩大自身的受众群体,以此提高企业产品的市场占有率,就必须要尽量消除受众群体对于企业信息的阅读障碍。在这方面,企业网络公关工作者必须确保受众所接收的信息资讯都是最有用和最优质的,而这就是对新媒体工作者的编辑能力的要求。

对于新媒体运营的工作人员来说,他们必须要能够在海量的信息资讯中,准确、快速地提炼出各方面的有用信息,同时按照各类型新媒体的要求进行组织加工等进一步编辑,进而形成最有针对性、最有用的信息,来满足受众的信息需求,刺激受众的消费欲望,从而为企业创造最大的经济利益。

（三）分析媒体结构变革的能力

实践与现实越来越能够证明,新媒体的强势崛起已经是不可逆转的大趋势。而新媒体丰富的内涵与外延对新媒体的工作提出了更高的要求,也促使企业新媒体工作人员面临巨大的挑战。在这种媒体更新日新月异的时代,企业新媒体从业人员必须能够准确把握新型媒体的变革趋势与变化方向,切实的感受新媒体传播方式大局中的各种风吹草动,从而准确把握方向,及时开展新媒体业务,来实现自身的职业价值。

（四）对于多个学科的涉猎经验

对于网络公关的从业人员来说,最困难的并非互联网的使用,而是在使用互联网的基础上进行各种公关类型的活动。因为网络的活动包括各种媒体、各种学科、各类文化,例如对于新闻采编的人员而言,他们的工作范围不再仅仅是撰稿或是摄影。以微信公众号的运营为例,运营者不仅要有好的文字和图片材料,还必须熟悉各类排版工具、懂得视觉设计等,这样才能够推出各方面都高质量的"硬文"。还包括更难的程序编辑、网页设计的能力、经营管理的能力、从事传媒行业的开拓创新能力等。在职业中工作人员能把握的行业越多,越能够增加自身的职业竞争力,也更能够协助企业增强企业的市场竞争力。

（五）动手操作能力

新媒体公关的从业者不仅仅在理论知识上有较高的要求,在动手能力方面也必须要有较强的灵活性。公关人员必须熟练掌握各种图片修剪、视频处理等各种职业技能,融采集、编写、拍摄、录入、编撰、发布等各种技能为一体,同时熟练掌握现代各种设备的操作,进而更好地服务企业。

四、网络公关的方式

(一)线上公关

随着网络的普及以及公众对网络的使用频繁程度越来越高,网络对舆论导向、评价趋势产生了巨大的影响。网络逐渐成为消费者对企业评价的第一来源,而且网络上消息传播迅速,网民与普通群众口口相传,一石激起千层浪,并且极易造成覆水难收之势。因此,网络日益成为企业日常公关的主阵地。扩大对外宣传,树立企业品牌也更大可能会选择网络渠道。通常情况下,企业可以选择利用线上渠道,包括论坛、社交网站(包括人人网、开心网等)、微博营销公关等。

聚美优品是很典型的利用线上公关的方式来进行公关的企业之一。聚美优品最主要的营销渠道之一就是利用聚美 CEO 陈欧的官方微博来发布商品信息、企业的官方声明等。利用微博的公共平台效益,配以网民习惯的语言风格能够使得企业与公众之间的沟通零障碍。此外,微博等公众平台的评论功能也成为大众监督企业产品质量的重要渠道。这样一来,企业的产品受到大众监督,企业信息的发布也能够及时收到反馈,使得企业能够更好地成长。

(二)新闻公关

新闻公关也称新闻行销,即以新闻报道的形式来达到企业宣传的目的。相比于广告的张扬,新闻公关的表现方式显得更公正,能够不动声息地"请君入瓮"。新闻公关是公共关系与营销策略之间的一种巧妙组合。新闻公关的核心在于传播。传播的目的在于张扬企业良性信息、提高企业的知名度,最后达到促进产品销售或塑造企业品牌的目的。出色的新闻公关主要有两个层面的应用:思维创新与事件营销。不同层面的应用也能达到不一样的效果。

1. 思维创新

所谓思维创新,就是在某种特殊的境况之下,普通的公关方式无法奏效时,公关人员就要大胆突破现在的处境,找到公众兴奋点,并对企业产品的信息进行包装,使其成为公众乐意阅读的新闻。正如著名灵狮广告公司全球董事长 Martin Puris 说过:"从 A 到 C 过程中,我们从来没有考虑过 B。"这说明杰出的公关需要思维的跳跃,思维跳跃过程中的火花或许能够使公关活动产生奇效。

2. 事件营销

事件营销是指企业通过策划、组织或者利用具有新闻价值的人物或事件来吸引媒体、社会公众的兴趣与关注,以此来提高企业或产品的知名度、美誉度,树立良好品牌形象,并最终促成产品或服务销售的手段和方式。事件营销是现今社会使用度最高的营销方式之一。事件营销有极大的技巧性可言,主要表现在针对性、主动性、趣味性、可引导性(临时权重性)四方面。

(1)针对性

事件营销应具备的最主要的特点就是针对性。从某种意义上说,事件营销就是在当时最热门的事件上面做文章,利用热门事件的热度产生新的创意,创造与该事件相关的事件。除此之外,还有另外一种方式,就是自创事件,自创实践相对而言没有时间空间的局限性,能够针对性地进行策划,但一旦公众知道了事实真相,也可能产生不可预知的负面后果。

(2)主动性

借助事情营销应该要及时把握热度,营销者享有充分的主动权去创造或者借助事件来进行营销,因此在开展事件营销时要及时、主动地把握商机,善于发现商机,并迅速做出反应制造事件及时进行商业营销。

(3)趣味性

每一天都有很多的事件发生,但是不可能每一件事都成为热点。因此,事件必须具备一定的特质才更容易引起注意,从时代的角度出发,一般来说,如果事件同时具有客观性和趣味性,并且不落入俗套,那么,事件营销的成果率会增高很多。

(4)可引导性

事件营销的临时权重对网络营销具有很大的可引导性,在运用搜索引擎给我们的临时权重时,事件本身如果具有很大的引导性,那么有极大的可能性可以引导公众的态度与行为,从而达到企业新闻公关的目的。当然,与此同时,事件营销法也有着一定的风险,在很大程度上当公众知道了事情的真相,很可能对企业产生极强的负面情绪,新闻接受者对新闻的理解程度的差异导致了人们知道事实真相后的反应,极有可能伤害到企业的利益。

事实上,随着社会的发展,根据网络的力量开展公益活动已经成为一件司空见惯的事情,企业通过对于慈善事件来进行营销已经成为一种时代的主流,并且从慈善角度而言,企业本身并不存在损失,因为是一件回报社会的事情,同时能够增强公众对企业的认同感。但是倘若对慈善事件宣传过分高调,也极易引起社会某些小众团体的反感情绪,反而适得其反。

(三)搜索引擎

随着百度、谷歌、搜狗等搜索引擎的迅速发展,公众对于搜索引擎的依赖性越来越高。与此同时,搜索引擎也成为企业的巨大商机:利用公众对于搜索引擎的使用率,在惯用的搜索引擎中加入自己的门户网站信息,并通过提高网站流量,进而提高企业曝光度与影响力来尽可能地将企业信息传达给公众。这也就是传说中的"搜索引擎营销"。而倘若企业要从搜索引擎角度提高曝光度,则必须进行企业本身新闻稿的搜索引擎优化。

1. 搜索引擎优化的概念

公共关系搜索引擎优化(简称 PRSEO)直观的结果是使得企业网站在搜索引擎中排名更前,提高曝光率,从而达到宣传推广企业的目的。

研究表明,用户使用搜索引擎时往往只会留意搜索结果的前几项条目。因此,很多商业网站都企图利用各种方式来干扰搜索引擎的排序,从而使本企业的网站能够居于更高的地位。更有甚者采用不正当手段,例如通过更改搜索引擎程序等来提高排名,这种搜索引擎优化的方法是极其不可取的。想要进行搜索引擎优化必须要根据企业现状、产品特点和行业特征,综合利用各种网络媒体资源平台对企业新闻稿进行合理优化,对于企业新闻稿从标题、发布渠道、关键词设置、内容关键词密度、文案写作、超链接设置等各方面入手来进行提升新闻稿水平,从而达到网站销售及品牌建设的目标。

2. 搜索引擎优化的渠道

知己知彼,百战不殆。想要优化搜索引擎排名,首先应该了解搜索引擎如何确定其对某一特定关键词的搜索结果排名、如何抓取互联网页面、公众如何进行索引等技术,一对一地对网页内容进行相关的优化,使其符合用户浏览习惯,在不损害用户体验的情况下提高搜索引擎排名,从而提高网站访问量,最终提升网站的销售能力或宣传能力的技术。

所谓针对搜寻引擎优化处理,是为了要让网站更容易被搜索引擎接受。搜索引擎会将网站彼此间的内容做一些相关性的资料比对,然后再由浏览器将这些内容以最快速且接近最完整的方式,呈现给搜索者。

与此同时,随着搜索引擎不断变换它们的排名算法规则,每次算法上的改变都可能会让一些排名很好的网站在一夜之间名落孙山,而失去排名的直接后果就是失去了网站固有的可观的访问量。所以每次搜索引擎算法的改变,都会在网站之中引起不小的骚动和焦虑。因此可以说,搜索引擎优化也成了一项愈来愈复杂的任务。一般来说,搜索引擎的优化需要专业的人才进行优化,从而创造更高的效益,这同时也表现出网络公关人才的特殊优势。

第五节　企业危机公关艺术

一、危机公关的界定

（一）危机的含义

所谓"危机"，《现代汉语词典》中的解释为："潜伏的祸害或危险"；"严重困难的关头，例如经济危机"。在西方历史中，"危机"的概念最初只用于医学领域，形容一种至关重要的、需要立即做出相应决断的状态。后随着工业化的推进，"危机"一词逐渐被引入企业管理中。后来渐渐用于政治领域及其他学科。古今中外的很多学者都对"危机"一词发表了自己的看法，但在众多学者对危机的诸多定义中，都是从不同的视角强调了危机构成的要素特征，例如不确定性、紧迫性、资源匮乏性、威胁性、潜在损害等。这些描述性要素大体能够呈现出危机的概念框架。

（二）危机公关的含义

危机公关是指企业由于某些突发事件的影响，导致企业的生产经营活动受到阻碍，并对企业形象、生存发展等造成重大影响，因此必须由公关部门迅速做出反应，调节企业与公众关系的一种公关活动。

（三）危机公关与公关危机

危机公关与公关危机看似相当，实际上却有着本质的不同。危机公关的主体为"公关"，是当企业面临危机时，企业公关部门采取措施来解决危机的方式总称；公关危机则是指企业公关部门面临的挑战，是企业危机的一种。

（四）企业危机的产生原因

企业危机的产生原因有各种各样，解决危机的首要任务就是搞清楚危机来源，从而对症下药。通常，企业危机公关产生的原因主要包括企业内部原因与外界环境原因。

1. 企业内部原因

企业内部原因包括企业经营决策失误造成的危机、企业产品质量原因、产品安全危机、企业产品价格问题、企业宣传不规范引发的危机、员工跳槽引发的危机、领导者决策失误造成的危机等。

2. 外部原因

危机发生的外部原因包括竞争对手恶意中伤引发的危机、自然灾害（例如洪水、地震、台风等）引发的企业危机、政府政策改变等。

（五）公关危机的特点

了解公关危机的特点可以帮助我们在危机发生时因势利导、有的放矢、及时补救、减小危害，最大可能地减少损失。公关危机的特点有很多，主要包括以下几点：

1. 突发性

危机从生成到消除，是一个循序渐进的过程。危机事件往往出现得非常紧急，并且难以预料；其实这常常是某种危害积攒到了一定程度后迅速爆发、快速蔓延的结果。事实上，企业很难同时满足所有的客户。因此，极有可能受到外界或者顾客的批评，但是批评来源的时刻难以确定，并且影响程度也很难预料。

2. 危害性

任何危机事件不仅会给企业的经济利益和荣誉造成不利的影响，甚至破坏企业的正常运转或生产经营秩序，带来严重的形象危机和巨大的经济损失，而且也会给社会造成严重的危害，给公众带来恐慌，甚至造成企业直接的经济损失或精神损失。

3. 公众性

相比于企业想要大肆宣传的闪光点，企业的负面消息反而更容易引起媒体、专家、员工和其他利益相关者的关注。尤其是随着网络的普及，企业的负面消息引起的危机往往在极短的时间内就能吸引很大一部分群体的关注。此时，企业处于媒体明里暗里的包围之中，可谓牵一发而动全身，此时企业公关人员更应谨慎行事，否则极易对企业形象雪上加霜。

二、危机公关的类型

越是经营复杂的企业，面临的危机就越多，企业生产经营过程中存在着的各种问题，甚至可能只是一点点小小的缺陷，处理不好都有可能造成一场大的企业事故。根据引发危机的因素不同，企业危机公关也有各种类型。

（一）信任危机

信任危机是指使企业信誉或企业形象受到严重损害的情况。引起这种类型危机的原因有很多，可能是由于企业的产品、服务质量有问题，也可能是企业没有如约完成答应公众要做的事情。总而言之，是最后损害了公众的权益，使得企业不再被外界所接受。还有一种情况是企业内部的信任危机，企业工作人员对企业管理者的反抗情绪，或者企业管理者在薪酬或工作环境等不能很好地满足工作人员，使得工作人员对企业的信誉水平产生怀疑，也可能造成企业内部小范围的企业危机，极端情况甚至可能影响到整个企业的形象。

（二）市场危机

市场危机是指由于市场环境、消费者需求更迭变换、竞争对手增强增多等原因导致的企业危机。市场危机是由于企业不能及时适应市场变化,用"以不变应万变"的固执心态来面对市场的变换而得到的结果。毫无疑问,人们讨厌一成不变,人们追求高端,企业生产的目的就是满足公众的需求或者创造使公众满意的产品,固执的坚持最终只能自食其果。另一方面,企业在自身发展的同时还要对抗来自竞争对手的巨大压力,公平竞争尚且还好,有些企业不惜违法来盗取商业机密或者采取不正当手段来污蔑抹黑、恶意中伤自己的商业对手。来自市场的危机防不胜防,企业必须步步为营。

（三）管理危机

管理危机是由企业领导者决策失误或是管理不当而引发的企业危机。当今市场现在有很多中小型企业面临这样的问题。企业管理者的管理水平很大程度上能够反映一个公司的水平,优秀的领导者知人善任、善于经营、懂得投资,能够一步一步将企业带入正轨,增强企业的竞争力,获得更高的经济效益。而相反,管理者与企业的兴亡息息相关,若管理者浑浑噩噩、不善经营,企业生存和发展步履维艰。若不及时发现并进行根本性的变革,企业最终只会江河日下,走向衰败。

（四）灾变危机

灾变危机是由于暴雨、高温、洪涝灾害等自然灾害或是由于流感、恶性病毒、战争等不可抗拒的社会灾乱而造成的企业危机。这种类型的危机往往不以意志为转移,并且压倒性极强,几乎一招致命。因此,解决起来也颇为棘手,几乎无计可施,这种类型的危机更多的是等待国家、政府的援助。

（五）媒体危机

媒体危机是由于企业负面消息或行为遭到媒体曝光,或是由于媒体报道失实而严重影响企业形象的企业危机事件。众所周知,信息时代中媒体的影响力广泛而深远,几乎引导了社会中绝大部分的舆论所向,甚至能够直接决定公众对企业的印象、影响企业的命运。媒体危机的爆发若不及时采取应对措施,极有可能给企业造成空前的灾难,甚至能够直接导致一个企业的灭亡。

以上是企业常见的几种公关危机。除此之外,企业还会发生法律、政策、信贷、外交、素质等各种危机。

三、危机公关的处理原则

（一）快速反应

事实上,当企业意识到自己发生危机时,首先应在消息突发时期和扩散阶段及时遏制,倘若企业最初手忙脚乱、无动于衷,等到企业危机全面爆发时,处理成本将大大提高,并且此时的危机效果也很难得到保障,哪怕危机临时得到了解决,公众心中仍有戒备,依然很难重新建立起对企业的信任。

（二）诚恳真实

一个有发展前途的企业首先应该是一个诚信的企业。对公众说过的话要负责,面对危机时也要诚实地面对客户。勇于承认错误是获得原谅的第一步,倘若企业最初遮遮掩掩不愿对公众坦白,公众便会对其大失所望。

（三）主动负责

哪怕顾客有错,但是从公众心理角度而言,指责客户有错就是企业不负责任、推卸责任的表现。因此,对于企业而言,事件发生后,首先企业应该要追究自己的责任,对于受害者,哪怕其有错,公司也应先不予追究,否则将极易引起公众的反感情绪。对问题纠缠不清只会使事情越闹越大,最终难以收场,承担责任的最终还是企业本身。

（四）面向权威

对于企业而言,公平公正不是自己给的,而是使公众信服的机构或专家给的。面对危机,倘若企业能够得到权威机构或极具权威性的专家的支持,则很容易将舆论往有利于企业的方向引进。因此,企业在处理危机时,若自身并无错误,则可以利用政府部门或社会其他权威部门与机构来为自己进行辩护。积极讨教权威能够加速危机的解决。

除此之外,根据事件的差异性,危机公关还有一些原则与底线,企业应视情况随机应变。

四、企业危机公关的处理程序及应对举措

造成企业危机的原因多种多样,面对危机,企业公关人员必须迅速做出反应,制定有针对性的应对措施,及时处理并化解危机。

（一）积极表态

当危机爆发时,企业很难迅速制订出完整的公关方案来解决难题,但倘若能够第一时间积极面向公众,对公众表达自己解决问题的诚意与决心,能够很大程度上缓解公众的烦躁情绪,同时为自己争取到解决问题的时间。这样做的意义在于危机爆发的第一时间,公众、媒体等都还不完全了解事实真相,此时他们的思维很容易被引导,倘若媒体被流言引导了走向,则很容易对企业造成极大的负面影响。

（二）了解并分析情况

为了查清原因、分析情况、确立对策，公关人员必须深入现场、了解事实，这是危机处理中最必需的一步，有的危机事件，企业领导人还必须亲自出马。在古代遇到实力悬殊的战役，皇帝御驾亲征总能收获不一样的结果。企业面对危机时，领导人亲赴第一线，不仅能够给人一种敢于负责、有能力、有诚意地去解决危机的形象，同时还能鼓舞士气，给企业工作人员面对困难的勇气和决心。相反，若企业领导人在危机发生后还不以为意，企业公关只会事倍功半。

在查清原因的基础上，应当根据危机事件的性质、特点、起因等的不同，迅速制订危机处理方案，包括如何对待投诉公众、如何对待媒体、如何联络有关公众、如何具体行动等。

（三）确立对策

对于已经发生的危机，一般来说可以采取以下应对措施：

1. 成立危机公关小组

公关危机爆发后，企业应立即成立由企业领导人、公关人员和部门负责人组成的危机处理临时机构，或者将平时的危机管理机构作为危机时的危机处理小组，为公关危机事件的有效处理提供强有力的组织保证。

2. 进行企业内部公关

危机发生时，企业公关人员首先应迅速对企业内部人员进行公关，具体包括以下几个公关项目：

（1）统一口径

危机发生时，企业管理者与公关部门首先应安抚企业内部员工的情绪，防止企业媒体的报道消息先入为主，让员工对公司的态度产生怀疑。迅速让公司员工知道真相，同时统一好员工的口径，公司内部对外团结一致的声明很大程度上也能够安抚公众。

（2）实时更新消息

企业员工与公司是站在一条战线上的，员工有权利知道企业面对危机、解决危机时的每一个好消息与坏消息。甚至有时候随着危机的发展企业必须随时更改与更新对外的口径，这都应该让员工及时了解。

（3）给员工说话的机会

企业发生危机时，企业常常为了引导公司内部环境、安抚领导者的情绪而拒绝让普通员工发表自己的看法，甚至为了隐瞒事实真相而不让员工有任何提出问题、探究问题的机会。事实上，让员工适当地发泄，并及时与员工沟通能够集思广益，并且增强员工对企业的包容度和好感度。

3. 及时收集有关信息

危机爆发后的短时间内,公关管理人员必须即时收集事件发生的时间、地点、涉及人员、影响范围、发展情况、危害程度等。在危机事件得到控制后,还要迅速进行调查,从事件本身、亲历者、目击者和有关人士那里广泛全面地收集信息,详细做好记录,为危机事件的妥善处理提供充分的信息基础。

4. 确定临时处理方案

对于企业来说,危机爆发后企业必须拿出行之有效的处理方法才能最大可能的使公众信服,从而降低危机的影响,确立临时处理方案包括安置受害群体、联系媒体、政府等多种手段及实施顺序,迅速生成一套完备的处理方案从而最大限度地降低损失。

(四)安抚公众,缓和关系

在危机爆发时,面对受害群体,首先要做的就是安抚公众的情绪,真心诚意的道歉,尽最大可能弥补公众的损失。一般来说,具体应该及时做好以下几方面的工作:

1. 协商对话

企业与当事者公众之间进行心平气和的交流。双方在互相倾听对方意见的基础上进行互相疏通,化解矛盾,消除隔阂,统一认识,进而达到新的合作。相互协商能够促使双方以积极的态度处理好已经出现的公关危机事件。

2. 引导舆论

通过对社会舆论的引导能够理顺企业与相关公众的关系,从而达到对公关危机的妥善处理。这种方法要求事先了解可能或已经在公众中出现的一些反应,再通过信息发布等形式进行较大范围的舆论宣传,去广泛影响和引导公众,使不正确的、消极的公众反应和社会舆论转化为正确的、积极的公众反应和社会舆论,从而引导公众朝着与企业密切合作的方向发展。

3. 损失补偿

当企业对公众造成较大损失时,企业必须承担责任,这样的情况下,企业承诺对于公众精神和物质两方面的补偿一定程度上能够缓和公众的反抗情绪。补偿损失一方面能缓和企业在公众心目中的负面印象,另一方面也能够促使企业反省自身的错误。

4. 权威处理

在某些特殊的公关危机事件处理中,企业与相关公众所持看法不一致,难以调和,这时倘若企业依靠权威来发表意见,并按权威的意见处理事件,则能有效缓和与公众的矛盾。例如在一般情况下,当企业发生较大的经济危机后,企业要及时考虑向政府申请援助。企业必须实事求是地向政府汇报情况,以求得指导和帮助。一般情况下,公众对政府的信任度很高,企业若能获得政府的支持,一起出面解决,那么危机的处理将会顺利得多,负面影响也将小得多。

5. 法律调节

当人的力量不能够解决危机时,企业可以考虑利用法律的手段来处理公关事件。法律调节主要包括两个环节:依据事实、按照法律条款来处理和遵守法律的程序来处理。法律调节的好处就是能够在维护处理公关危机事件的正常秩序的同时,保护企业和相关公众的合法权益。这种方法更适用于企业因受他人侵权受到损害而形成的公关危机的处理。

当然,在某些具体的危机处理中,并不一定只局限于一种方法,可以采取多种方法相结合。

(五)联络媒介,主导舆论

危机爆发时,公众中一定会产生诸多议论、各种媒体的不同报道,也会导致公众无法辨别事实真相,造成社会公众的恐慌。所以,企业内部应首先确定一名新闻发言人,代表企业向内外公众介绍危机事件真相和企业正在做出的努力,让公众尽快了解事实,杜绝谣传。理智地对事件做出分析判断。在危机过程中,企业的各类人员由于对事件真相的了解程度不一,以至于众说纷纭,影响外部公众。因此,企业领导者必须首先让内部员工了解事实,统一对外发布信息的口径。同时,企业应妥善处理与新闻界的关系。一方面,主动告知事件详细背景材料与最新进展,积极配合传媒有关该事件的报道,争取媒体对企业行为的理解和支持;另一方面,通过了解传媒报道的公众反应等反馈信息来阻止各种错误信息的进一步传播。

处理危机最重要的在于沟通,企业注意不要在灾难发生时保持沉默,因为大多数公众听到"无可奉告"这句话时会默认为有问题。而且,沉默往往会激怒媒体,使问题更严重。因此,企业及时妥善处理好与新闻界的关系非常重要。

1. 满足并维护记者与公众的知情权。迅速解答记者疑问,告知已证实的事实真相并保证新闻的及时性。最好在危机管理小组中专派熟悉媒体工作的成员专门负责解答记者的一切疑团,满足并维护记者与公众的知情权。

2. 显示企业与媒体及公众的沟通的真诚态度。在危机发生的开始由于企业掌握的信息不够,可能无法解答记者的提问,这样的情况下,一方面,企业应尽可能用企业的背景材料及设施情况来填补新闻空白;另一方面,应协助记者对危机原因进行调查与核实,以显示企业与媒体及公众的沟通的真诚态度。

3. 及时纠正失实的新闻报道。针对失实新闻报道,企业应当及时指出并要求记者更正,而非恶意警告,甚至谩骂,这种有失风度的行为只会恶化彼此关系;对于一些造谣中伤行为,企业可以邀请公正权威机构来协助企业,请媒体予以配合。

4. 大小记者都必须公平对待。公平对待大小记者,最好让各大媒体都同步获知信息,厚此薄彼的行为可能造成众说纷纭,甚至给恶意者以可乘之机。

5. 增强社会公众对企业的信任。尽快公布企业在危机事件中所采取的一系列对社会负责的行为,以增强社会公众对企业的信任。

(六)多方沟通,快速化解

这一步骤主要是争取其他公众、社团、权威机构的合作来协助解决危机。这是增加企业在公众中的信任度的有效策略和技巧。1993 年 6 月,美国著名的饮料公司百事可乐公司发生罐装百事可乐饮料中发现注射器针头。虽然这件事不合逻辑,但媒介报道却让人宁可信其有。为了有力地澄清事实,百事可乐公司与美国食品与药物管理局密切合作,由该局出面揭穿这是一起诈骗案,请政府部门主管官员和公司领导人共同出现在电视荧屏上,更增加了处理这件事的权威性。

(七)总结危机,重建形象

危机过去后留下的是利益的减少、设施的损坏、损害赔偿的支付、人才的耗损等多方面的损失,即使企业采取积极有效的措施处理危机,一定时期内企业的形象和销售额也很难恢复到危机前的水平。危机对企业形象造成的损害,其不利影响会在今后企业的生产经营中日益显露出来。因此,危机得到处理,并不等于危机的完全结束,企业公关还需要进入重建良好形象的运营阶段,而且企业还需要对危机事件进行总结,以提高未来抵御风险的能力。一般来说,危机的善后重塑包括以下对内对外两种机制:

1. 对内。一是要以坦诚的态度安排各种交流活动,以形成企业与员工之间上情下达、下情上传、横向沟通的交流方式,增强企业管理的透明度和员工对企业的信任感;二是要以积极主动的精神动员员工参与决策,制订出企业在新的环境中的生存和发展计划;三是要进一步完善企业管理的各项制度和措施,有效地规范企业行为,制订更加切实可行的危机管理计划。

2. 对外。一是要与平时和企业息息相关的公众保持密切联系,及时告诉他们企业的新局面和新进展;二是针对企业公共形象受损的内容与程序,重点开展有益于弥补形象缺损、恢复公关状态的公共关系活动,如开展一些公益或社区活动,强化企业在公众心目中的社会责任感;三是设法提高企业的美誉度,拿出真正品质过硬的产品,从根本上改变公众对企业的不良印象。

第八章

企业市场营销艺术

第一节　企业市场营销概述

一、市场的基本概念

(一)市场是商品交换的场所

所谓场所,即买主和卖主购买和出售商品,进行交易活动的地点或者地区。而市场根据不同的角度可以进行多种区分。如果按照交换的地理区域分,可以分成国际市场和国内市场;按照商品的交换场所分,可以分为粮食市场、煤炭市场、果品市场等。任何作为商品交换场所的市场,对于企业来说都很重要。企业必须要了解自己的商品销往哪里? 哪里是本企业商品的市场? 这样才能更有效地制定营销策略,最大限度地成功占有市场。

(二)市场是对某种商品具有购买欲望和购买力的人或组织

市场是人口、购买力和购买欲望三者的统一,三者缺一不可。人口是市场的基本构成元素,有人才会有消费,有消费才会有市场;购买力是由消费群体的收入所决定的,购买力的高低和市场需求的大小是成正比的;购买欲望是指消费者购买商品的动机和愿望,它是消费者把潜在的购买愿望变成现实购买行为的重要条件。

(三)市场是某项商品或者服务所有现实或者潜在的购买者

现实的购买者是有购买力和购买欲望的消费者,他们有能力将购买愿望转变成购买行为;潜在的购买者即暂时没有购买力或者购买欲望的人,但是一旦他们的经济能力能够支持他们的购买行为,他们会立即转变成现实的购买者。对于企业来说,明确商品的现实和潜在市场,以及估算商品的需求量,对规划生产量和制定营销策略具有重大意义。所以,企业要面向市场,就是指要面向消费需求,也就是要面向自己的顾客。

（四）市场是商品供求双方的力量相互作用的总和

市场是买主、卖主力量的结合，"买方市场""卖方市场"这些名词反映了供求力量的相对性，同时反映了交易力量的不同状况。在买方市场中，供大于求，商品价格逐渐呈下降趋势，消费者占据着交易过程中的主导位置；在卖方市场中，供不应求，商品价格呈上升趋势，供给者成了支配交易关系的主导方面。由此可见，企业要及时了解市场销售状况，以及判断市场供求力的相对强度和变化趋势，由此来制定正确的营销决策。

（五）市场是交换关系的总和

市场是指商品流通领域，反映的是商品流通的全局，是交换关系的总和。商品流通是以货币为媒介的商品交换过程。在此过程中，包括两个相互对立、互为补充的商品形态变化，第一形态变化是商品转换成货币，即卖；第二形态变化是货币转换成商品，即买。在商品流通的过程中，商品在这两个形态变化中往复循环，从商品形式转成货币形式，再转化成商品形式。因此，每个企业之间的买卖活动是一个相互联系的有机整体，任何一个企业都只能在整体市场中开展营销活动。

二、市场营销的基本概念

对于什么是企业的市场营销，各国学者曾有过多种不同的说法。有些学者认为：把营销等同于销售或者推销，这种认识过于偏狭。事实证明，如果企业不能生产出适销对路的产品，无论怎样推销，也绝不可能收效于长久。

1960年，美国市场营销协会（AMA）定义委员会给市场营销下的定义是："市场营销是引导商品和服务从生产者到达消费者或用户所实施的企业活动。"这就是说，市场营销活动既包括企业在流通领域内进行的活动，还包括生产过程的产前活动和流通过程结束后的售后活动。也就是说，企业在生产出产品之后，通过推销、广告、定价、分销等活动，把产品销售到消费者或用户手中，市场营销活动就算完成一个周期。

综上所述，根据现代市场营销理论的发展，广义的市场营销活动可定义为：市场营销是企业在市场环境中，为满足消费者需要和实现企业目标，综合运用各种市场营销手段，把商品和服务整体地销售给消费者的一系列市场经营活动。

三、市场营销的特征和职能

(一)市场营销的特征

1. 企业的一个总循环过程

市场营销是包括生产、销售等阶段在内的总循环过程。在此过程中,市场营销总共包括三个阶段。第一阶段是根据市场的整体情况进行计划和决策,在计划过程中调整企业的产品结构、生产模式和销售方式等。并且在企业进行商品售出的过程中及时完善经营模式,使企业的利益最大化。所以说,企业最开始制定的营销战略是整个营销过程的起点,也是最为重要的一环,它影响着接下来的两个阶段。第二阶段即企业的产品生产过程,这个生产过程包括最开始的产品生产计划。企业在决定生产一个产品之前,会对这个产品的生产量、质量、销量和包装等,有一定的估算和策划。这个策划不仅要保证产品在生产过程中降低成本,也要保证它在销售过程中的竞争优势。第三阶段是产品在生产出来之后,企业要为产品量身打造出销售方式,包括产品的包装、广告、储备方式、流向等。不仅要保证企业的成本和利润,还要满足消费者的需求。

2 企业的一种经营行为

市场营销是以消费者需求为基点和中心的企业经营行为。传统营销注重商品的销售量和企业利益,随着营销观念的转变,现代营销理念逐渐被企业所采纳和应用。消费者需求变成营销战略中的出发点和最终诉求。在现代营销策略中,企业对于产品的成本投资会逐渐加大,除了更加注重产品的质量问题外,对于产品的包装设计、广告宣传以及售后服务等,也会加大投入。这种高投资最终是以消费者的消费需求为中心,力求在取得消费者的满意和信任的同时,争取更多的潜在消费者。也就是说,以消费者需求为核心的营销理念不仅没有损害企业的利益,反而在为企业获取了利润的同时,获得了好口碑和可持续性销售的可能性。

3. 企业的一个有机营销系统

市场营销是以整体营销组合作为运行手段和方法的有机系统。从产品生产前营销策略的制定,到生产过程中生产模式的调整和完善,最后到产品的定价、营销、包装、宣传以及销售等,这个过程是一个有机的整体,任何一个环节都影响着产品的销售和企业的利益。而在销售过程中,企业可以根据市场反应和企业现状做出相关的营销策略调整。在商品流入市场之后,企业应该随时跟踪商品的流向和市场反应,并且采取促销措施或者公关措施。企业还要跟踪购买此产品的客户,来跟进售后服务,最终提高产品的整体水平和质量。整个流程中的各环节有机构、相互影响。现代企业致力于将这个营销有机系统运用到产品的开发和营销过程中,以此来完成产品的销量要求和客户的消费诉求,达成双赢。

(二)市场营销的职能

1. 整合市场信息

营销活动是在市场中完成,所以必须足够了解市场信息,并且能够时刻关注市场动态,分析并整理出有关市场营销的各种信息,包括营销环境、竞争对手的产品信息和顾客需求、消费者购买行为等。只有将这些信息全部整理分析出来,才能变为企业可以利用的资源。企业根据这些资源来调整生产结构,制定出科学、合理的营销策略。在营销过程中,根据手上的市场信息材料,及时调整营销计划。

2. 为企业规避风险

根据企业的现状和行业的当前营销走向,分析企业的营销环境,可以制订出完整、合理的市场营销计划。营销决策的最终完成给企业的市场运作奠定了基础,同时给企业提供了准确的运作参考,为企业规避风险。企业在市场营销计划的引导下,能够及时调整生产计划,改善经营模式。同时,确定企业的目标市场和细分市场,做到有的放矢,避免企业在资源上的浪费和运营上的低效率。

3. 制定市场营销组合决策

第一,产品数量要适应市场的现实需求和潜在需求,为了不造成资源浪费和成本亏损,企业在生产前必须制定和调整产品的生产数量。另外,由于市场需求的多样性和特殊性,企业还要对产品的质量、外观、包装设计等进行有机更新,确保产品在面对市场时,能够产生最大化的竞争力。第二,根据产品的各种成本和消费者的购买力,企业需为产品制定一套定价策略。并且,这套定价策略在产品的销售过程中,会通过销售的反馈情况来进行调整。比如产品的销量不容乐观,企业会进行减价或者促销活动。第三,根据产品在销售过程中的现状,选择适当的促销方式和策略,包括人员推销、广告、宣传、公共关系、营业推广等。

四、市场营销环境的组成部分

企业的市场营销系统在执行期间会受到不同因素的影响,这些因素组成了一个大的营销环境,影响着企业的生产和销售。企业的营销环境由微观环境和宏观环境两部分构成。

(一)微观营销环境的组成元素

企业的微观营销环境是指就企业产品自身的生产和销售而言,构成这个环境的元素就是这个流水线上的每一个节点,包括原材料供应商、生产商、物流商、广告商以及销售代理商等。企业可以通过有效的组织和执行使各元素之间相互作用,最终形成一个有力的工作系统。

1. 企业

企业内部由于部门较多,所以各部门之间要统一战略,以"营销"为中心,为产品制定出合理的营销战略,企业各部分的通力合作是保证运营的基本条件。

2. 供应商

供应商为企业供应各种原材料、设备和服务,企业应该和供应商保持良好的合作关系,保证供货渠道的畅通。而供应商在愿意合作的情况下,尽力为企业做好供应保障。

3. 中介机构

营销中介是指实现促销、销售行为以及把产品送到消费者手上的机构。中间商包括金融中介、广告公司以及销售商等,大多数企业的营销活动,都需要有他们的协助才能顺利进行。

4. 消费者

企业的目标市场就是他们最终服务的对象——顾客,顾客是企业最重要的环境因素。所以,企业需要做详细的市场调研和分析,以便了解消费者的购买需求。

5. 竞争者

根据美国哈佛商学院教授迈克尔·波特的竞争力模型,企业面临的竞争者主要有五种类型:现有企业、供应方、顾客、潜在的竞争者和替代产品的企业。这五种趋势构成了行业的特征,处于其中的企业不可避免地受到来自这五种竞争力的威胁。

6. 公众

影响着企业的公众包括金融公众、媒体、政府以及社会公众等,他们不仅构成了企业营销的微观环境,也是一家企业的市场营销系统。

(二)宏观营销环境的组成元素

企业的宏观环境跟微观环境不同之处,便在于宏观环境不受企业的控制,它的变化给企业的市场营销常常带来更大的影响。宏观环境主要包括自然资源、政策和法律、环境污染、人口数量的增减、国际金融市场的状况、消费者的购买力等。这些由自然和人文社会所构成的大环境并不受人为控制,要求所有的行业和企业谨慎对待。

1. 经济环境

企业之外的所有社会经济活动所构成的环境对企业的营销活动有着重大的影响。经济环境不仅包括消费者的消费水平和工资水平,还包括国家政府的经济发展状况、社会经济发展水平、国际金融环境等。个人的消费能力直接影响着企业的营销活动是否能够持续进行;国内外的经济发展一方面能够左右企业的产品结构,另一方面也能改变企业的营销策略。

2. 人口环境

人口环境主要包括人口数量、教育程度、年龄结构和人口分布等。人口市场是由现实购买者和潜在购买者构成的,所以人口数量的多少直接影响着市场的容量;随着国民受教育机会的增加,顾客对于商品的需求也会逐渐特殊化和高要求化;人口的年龄结构也会影响产品的开发和营销,比如说护肤品和化妆品,根据各个年龄段的护肤需求,企业也会制定更加细致的企业战略。

3. 自然环境

自然环境作为最不可控制的因素,对企业的发展起着决定性作用。而现代社会最大的两个环境问题便是环境污染和资源短缺。企业一方面要坚持可持续性的发展战略,另一方面要接受来自政府和社会的环境污染标准要求,所以在发展过程中,不得不采取措施来控制污染。

4. 科技环境

现代企业的竞争核心是科学技术,科技同时也是企业创新的基本动力。企业若想在行业竞争中取得优胜地位,必须大量引进科技人才,增加产品的技术含量。产品的广告宣传以及前期数据分析等,也随着互联网技术的快速发展而有很大的提升,不仅给企业节约大量的人力资源和财力资源,也在很大程度上地提高了产品的营销效率。

5. 政治环境

国家政府制定的政策方针往往指导着企业如何规划和发展,甚至影响着企业是否能够生存或者生产等问题。政府会根据当前的经济环境和社会发展情况来实施一些政策措施。比如说劳工政策、户籍政策、产业结构调整和环境污染问题等。另外,国家政府制定的法律也直接或间接地影响企业市场活动。随着消费者法律意识的提高和国家法律政策的越发严谨,企业在制定企业规划时,应该充分考虑到法律法规。

第二节　企业市场调查与细分艺术

一、市场调查的内容

市场调查是为进行产品生产和营销决策而收集并利用资料的过程。企业的工作人员要系统地收集和分析资料,并且根据这些资料整理出准确的数据报告,以此给企业营销策略的决策提供数据支撑。

（一）调查宏观经济环境

企业对宏观经济环境的把握包括政治、经济、社会以及文化发展状态。通过调研国家的经济和文化环境，来对企业产品的生产和销售做出评估，并且制订出初步的开发计划。调研的具体内容包括工农业总产值、国民收入、环境污染、基建投资、人口增长、就业率等。进行宏观经济调研不仅能够估算企业需要的产品生产量，还能确定企业今后的发展和服务方向。

（二）调查市场需求

产品的市场需求是指在特定的地理区域、特定的时间、特定的营销环境中，特定的顾客愿意购买、能够购买的产品总量。因为不同的地域和消费者的需求有所差别，所以企业必须了解各地区的产品的需求种类、需求量和需求结构，并且分析消费者的需求心理。企业只有在确定顾客需求之后，才有可能采取适当的营销组合，从而满足消费者需求，最终实现企业的经营目标。

（三）调查消费者的购买动机

市场营销学调查研究消费者市场，核心是研究消费者的购买行为，即消费者购买商品的活动和与这种活动有关的决策过程。消费者是否会购买商品以及购买什么样的商品？这两个问题对于企业的营销策略有重要的影响。而消费者的购买动机包括三种类型：理智动机、感情动机和偏爱动机。企业在研究消费者购买动机的同时，可以随机调整自己的营销策略，从而优化产品的营销结构。

（四）调查产品销售

对产品的销售调研，实际上就是对产品的销路、产品的价值能否实现的调研，这对企业是至关重要的。对产品销售的调研内容包括：企业生产的产品是否畅销？企业各种产品在市场面临的竞争和挑战是什么？企业的销售渠道是否畅通？企业的广告效应如何？这些问题的调研结构对企业产品结构的调整有着关键的作用，能够避免企业资源的浪费。

（五）调查科学技术发展动态

现代企业的技术创新逐渐变为企业的核心竞争力，企业是否能够可持续发展，很大程度上取决于它的科技水平。如果一个企业的科学技术水平超过市场上其他企业的技术发展水平，这个企业的产品会更加具有竞争力。通过调查与本企业生产的产品有关的科技发展状态，不仅能够提高企业的生产效率，还能保证企业在市场竞争中能够处于优势地位。

（六）调查竞争状况

了解竞争对手的状况有助于企业制定竞争战略，也有利于企业在市场竞争中占据主动的地位。而企业的竞争场所是市场,只有通过市场调研才能掌握竞争的情况。竞争状况调查的内容包括三方面:第一,企业需要调查同类型企业,了解对方的企业规模、生产规模、销售渠道、科学技术能力、消费者反映情况等。第二,如果是同类产品的竞争,企业一定要熟悉对方企业产品的质量、生产效率、性能、价格、成本、市场反映情况以及包装设计等。第三,了解对方的营销策略能够让本企业扬长避短,避免在市场营销过程中发生低效率、高损失的情况。

二、市场调查的阶段和步骤

市场调查是一项繁复的工作。首先,企业的工作人员要做好严谨的前期准备工作。然后在接下来的调查工作中,要按照调查计划认真执行。最后,在处理调查资料时,要充分联系实际情况,得出尽量准确的数据分析和结论。通常,市场调查的步骤大概分为调查准备阶段、正式调查阶段和资料处理阶段三个阶段。

(一)调查准备阶段

企业在进行市场调研之前,要结合企业的实际情况确定调查范围和问题,然后再进行有针对性的市场调查。例如,消费群体是否对本企业的产品满意?产品的销量递减是由于国家经济环境的影响,还是消费者主体的选择?

第一步,确定调查题目。

市场调查的目的是发现问题,并且解决问题。所以,企业确定调查题目是市场调研的出发点,在确定题目之后,企业的调查活动都将围绕这个题目展开。例如,产品的包装设计是否对产品的销量产生直接的影响?

第二步,制订市场调查计划。

在确定调查主题之后,企业人员应该制订有条理的调查计划,确保调查工作有序进行。调查计划的内容包括明确调查目的、确定调查对象、选择调查方法和工作人员、确定调查时间、制定经费预算。

第三步,培训调查人员。

调查人员必须对企业的调查项目有一定的专业素质。所以,选择并培训合适的调查人员会让调查工作更加专业,同时让调查过程更加具有效率。企业在选择合适的调查人员之后,应该按照市场调查计划执行的要求,对调查人员进行有针对性的训练。

第四步,初步情况分析。

调查人员在实施调查活动之前,可以收集与调查题目相关的情报资料,并且根据资料分析出初步的结论。虽然这些结论较为粗糙,但是能够缩小调查范围,使调查的问题更加明朗化。这些结论是对调查活动的一个初步估计,在一定程度上减少了调查过程中的失误。

（二）正式调查阶段

第一步，制订调查方案。

调查人员在正式实施调查活动之前，应该根据实际情况制订出合理、高效的调查方案。调查方案包括确定调查方法、调查地点、调查次数，同时要设计好调查表格和组织安排好调研小组。

第二步，现场实地调查。

调查人员按确定的调查对象、调查方法进行实地调查，并且在调查过程中，收集好第一手资料。现场实地调查工作的好坏，直接影响调查结果的正确性。

第三步，收集各种资料。

市场调查需要的各种资料，可分为原始资料和现成资料两大类。原始资料是从实地调查中所得到的第一手资料；现成资料是从他人或其他单位取得的、已经积累起来的第二手资料。

（三）资料处理阶段

第一步，编辑整理。

在完成正式调查之后，手上的资料往往是杂乱无章的。所以，企业应该对资料进行分类整理，以便后期工作的分析和利用。在整理过程中，工作人员应该保存有价值的资料，剔除存在误差或者没有利用价值的资料；整理后的资料应该分门别类地进行编号，或者在计算机中进行统计、归档和分析，方便接下来的查阅。

第二步，调查报告。

工作人员运用整理好的调查资料进行分析，得出结论后上交领导，方便领导做出决策。在调查活动进入尾声时，调查人员应该撰写调查报告，详细说明调查过程和调查结果，并将调查报告归档，方便日后的调查和查阅，并且为以后的调查活动提供参考价值。

三、市场调查资料的获取方法

（一）第一手资料的获取方法

第一手资料也称作"原始资料"，是企业的工作人员通过实践调查所得。第一手资料的获取方式主要有以下四种方式：

1. 询问调查法

该方法是以询问的方式作为收集资料的手段。询问调查法一般分为三种方式。第一，调查人员和被调查对象在现场面对面进行谈话和调研，这样的调查方式更直接，所获取的信息更广泛，也更真实，但是调查成本较高。第二，调查人员随机用电话向调查对象提出询问,听取建议。这种调查方式简单快捷,成本低。但是由于和调查对象的空间隔阂,调查人员无法及时捕捉到调查对象的心理,调查结果会和预期有较大的出入。第三,调查人员将准备好的调查资料邮寄给调查对象,调查对象完成调查表格后再寄回。这样能给予调查对象充分的时间思考,所以得到的调查结果往往比较真实。但是调查对象的自由空间比较大,所以会出现延期或者拒绝回寄的情况。

2. 观察调查法

观察法是调查人员直接到调查现场进行观察的一种调查收集资料的方法,也可以利用摄影摄像设备在现场进行记录。这样的调查方式需要大量的调查工作人员,一般来说,调查人员是到顾客购买现场或者产品的使用单位进行现场观察,观察的内容包括用户的体验过程和体验反馈。在观察过程中,记录用户的体验感受和建议。这种调查方式因为能够在现实中直接面对消费者用户,所以得到的资料准确客观,但是调查时间长、花费大。

3. 实验调查法

企业在进行正式的生产和销售之前,先生产一小批产品,向市场投放,观察和收集用户有关方面的反映来获得情报资料,再根据资料分析此类产品是否值得推广。企业生产的这些投放产品必须具有代表性,这样才能更准确地了解到市场反馈回来的信息。这种调查方式使企业了解产品是否畅销?产品的质量、包装以及规格是否符合市场标准?因此,这种调查方式也称"实验市场"。这种调查方式让企业获得的资料更加科学合理,但是耗时长、成本高。而且因销售因素太多,容易影响测试结果。

4. 定性研究调查法

这种方法是指通过专业的调查人员和被选定的特殊调查对象进行访谈和调查。一般分为两种方式:第一,焦点小组访谈。是指由训练有素的主持人对一小群调查对象进行的访谈,通过听取他们谈论调查人员所感兴趣的话题来得到观点。第二,深度访谈法。是指专业的调查人员对单个的调查对象进行深入的面谈,是一种一对一的直接访谈模式,能够更加深入了解调查对象的潜在行为动机。

(二)第二手资料的获取方法

第二手资料也称作"间接资料",是企业的工作人员从他人手中获取,这些资料往往已经经过他人或者机构的整理和分析,可以被直接采用。与"原始资料"相比,"间接资料"的获取速度更快,成本也相对较低。但是"间接资料"也有缺点,首先是所获取的公开资料会过时,同时便是获取的资料可能没有利用价值。一般来说,"间接资料"的获取来源主要有以下几方面:

1. 商务在线数据库

主要是依托于互联网技术,比如互联网这样的商业服务网站上面有上百个数据库。

2. 企业内部资料

企业内部资料更加具有专业性和针对性,包括企业的数据分析、记录视频、财务账本等。

3. 政府机关数据

政府或者金融机构公布的官方统计数据、宣传年刊、资料汇编等。比如人口统计资料、土地类型资料等。

4. 书籍和刊物

商务出版社出版的商务书籍或者刊物,或者行业协会发行的行业资料。比如,《销售与营销管理》杂志每年一期的《媒体市场纵览》。

5. 媒体数据

获取此类资料的途径很便捷,信息接收量也比较多。比如,新闻媒体公布的数据或者资料。

6. 其他途径

供销商、分销商以及企业情报网提供的信息情报;展览会、展销会公开发送的资料。

四、市场调查的技术

(一)抽样调查技术

抽样调查是被广泛运用的市场调查技术,主要包括随机抽样法和非随机抽样法,两种抽样法又包括多种抽样调查类型。抽样调查成本低、时间短,且消耗的人力资料也较少。

1. 随机抽样法

工作人员随机从所有样本中抽取要被调研的样本,这种方式叫随机抽样法,此抽样法一般分为四种类型。第一,单纯随机抽样法,是指把所有的样本都编好号码,然后随机抽出样品。第二,分层随机抽样法,是指把所有的样本按照调查计划的要求分好类,然后按单纯随机抽样法在每一类中抽出样品。第三,分群随机抽样法,对于分散、难区分的样品,按照地域将样品分为几个群体,然后再以单纯随机抽样法在几个群体样品中进行抽样调查。第四,系统抽样法,是指先将总体样本进行编号,然后按抽样距离进行抽样的方法。

2. 非随机抽样法

工作人员对于样本的抽取过程做了准备,这种方式叫非随机抽样法,此抽样法包括三种类型。第一,任意抽样法,是指工作人员事先不做过多安排,按照被调查对象方便与否进行简单的调查。比如,电视台工作人员在街道上随机采访行人。第二,判断抽样法,是指由专家的判断来决定选取的样本的抽样方法。第三,配额抽样法,是指按规定将调查对象划分出层次,然后给每一个调查人员按规定分配一定的样本数目进行调查的方法。

(二)调查表的设计技术

调查表的设计技术是工作人员在进行市场调查时的重要工具,用于记录调查内容和调查目的的书面载体。调查人员制作调查问卷体现了企业的调查目的,同时,调查问卷最终从调查对象回到调查人员手上,能够帮助企业更好地制订产品的生产计划和营销策略。

1. 调查问卷的要求

调查问卷能为企业的营销策略和生产策略做出参考和指导,所以调查问卷要最大限度地体现企业的营销目标。调查问卷的要求主要有两点:第一,由于需要调查对象的无偿配合,所以调查问卷的设计尽可能和善,且措辞合理。不能过多涉及调查对象的隐私,引起他们的反感,这样才会得到调查对象的尊重和合作。第二,调查问卷上的问题应该逻辑清晰,问卷上的问题不仅要紧扣调查目的,而且要简洁明了。

2. 问卷调查的提问方式

问卷调查的题目一般分为两种类型,一种是封闭式提问,另一种是自由式提问。封闭式提问一般会给出大概的回答范围,调查对象需要在备选项中选出答案。而自由式提问一般询问调查对象的建议,以便企业做进一步的整改。但是,由于需要调查对象更多的时间合作,往往在进行自由式提问时,调查对象的配合度不高。

(三)计算机技术

快速收集并分析商业情报的能力能为企业创造巨大的战略优势。通常,主要包括以下技术:

1. 营销信息系统(MIS)

为企业的决策人员持续提供与其职责范围相关的信息。通过营销信息系统,工作人员不仅能对企业内外部环境进行不断的监控并提供即时的信息,还能储存资料以供将来使用。

2. 营销决策支持系统(MDSS)

使管理人员能探索并将各种信息联系起来,这些信息包括市场状况、消费者行为、销售预测、竞争对手的行为及经营环境变化等。营销信息系统提供初级材料,而营销决策支持系统将这些材料转换成对决策者有利用价值的情报。

3. 数据采集(Data Mining)

客户的文件资料被储存在一个被称作数据库的巨大资料库中,这些资料经过工作人员的专业分析得出模型,工作人员可以利用这些模型和情报来检查策略选择的效果。

五、市场细分的概念和依据

(一)市场细分的基本概念

市场是由那些有足够购买力、支配力和购买意愿的人构成。而这些消费者群体的生活方式、家庭背景以及收入水平都是不同的。只有通过对目标市场的识别、评估和选择,营销者方能制定出效果更佳、效率更高的营销策略。产品的目标市场就是指由很可能购买某一特定产品的消费者所构成的具体细分市场。通过市场细分,企业将巨大、非均匀的市场划分为较小的细分市场,这样企业才能根据具体的需求制定科学、合理的营销策略。

(二)市场细分的依据

市场细分是将整体市场划分为不同顾客群体的子市场的分类过程,企业根据划分出来的不同市场,制定出具有针对性的营销策略。通常,市场细分主要有以下三方面的依据:

1. 以消费者市场为细分依据

工作人员使用一种细分变量或组合多种变量进行市场细分,寻找观察市场结构的最佳途径。这种细分方式一般包括五种方法。

第一,需要依据国家、地区、县城、街道等不同地域来划分细分市场。企业可以根据区域划分在某一个区域或者几个区域开展业务。

第二,依据年龄、性别、家庭人口数量、收入、职业、受教育程度、宗教或者国籍等人口统计因素进行市场细分。这种细分方式常常被作为消费者市场划分的基础。

第三,根据收入高低来区分消费者群体,通常被营销者应用在汽车、化妆品以及金融理财服务上。很多企业将富有的消费者作为奢侈品和便利服务的目标顾客群。

第四,依据不同社会阶层的生活方式和心理特征将购买者划分为不同的消费群体。

第五,根据消费者的知识、产品使用率或对产品的反应态度把市场分为不同的细分部分。

2. 以国际市场为细分依据

不同的国家,即使地理位置相近,在经济、文化和政治结构上都可能迥然不同。因此,正如在国内市场中一样,国际公司需要对世界市场按照不同的购买需要和行为进行细分。这种细分方式一般包括三种划分方法。

第一,可以根据地理位置,或者根据区域进行市场细分。产品在不同的国家会产生不同的需求,比如羽绒服在热带国家基本上没有太大的市场。

第二,全球市场可以基于经济因素进行市场细分。由于经济发展水平的差异性,产品在发达国家和发展中国家的需求也会有差异性。

第三,国家也可以按照政治和法律因素进行市场细分。根据国家的法律法规,不同的国家对于产品的接受程度会有所不同。

3. 以市场划分的有效性为细分依据

企业为了保证细分市场的有效性,也为了细分市场最终可以被营销决策合理利用,必须做到以下几点:

第一,市场细分的细分依据必须可以衡量,有些变量不稳定,且很难衡量,这些因素应该被合理剔除。

第二,能够保障被细分的市场消费群体可以参与市场消费。

第三,细分市场的规模能够达到盈利程度,这也是保障企业生存的基本条件。

第四,被区分开来的群体要具有明显的差异性,这样才能保证营销策略的正确制定。

第五,企业能够为细分市场提供足够的人力、物力以及财力,以便细分市场计划的运作。

六、目标市场选择的策略

市场细分是选择目标市场的基础。市场细分后,企业由于内外部条件的制约,并非要把所有的细分市场都作为企业的目标市场。企业在选好目标市场之后,需要不断拓展目标市场。通常,企业主要采取三种目标市场策略。

(一)差异性市场营销策略

执行差异性市场营销策略的企业,其细分出来的市场差异性比较大。所以,企业需要增加产品的样式,来适应市场的广大需求。细分市场越细致,差异性越大,产品的类型也就越多,这是差异性市场营销策略的规律。这种策略越来越受到现代企业的欢迎,因为消费者的需求随着时代的发展和生活质量的提高,变得更加细致和具有差异性。

(二)无差异性目标市场策略

执行无差异性市场营销策略的企业,所面临的市场往往是一个需求量大、需求差异小的消费群体。企业只需加大生产量、提高产品质量,达到开拓市场的目标。这种策略在企业的市场调研阶段,能够减少企业的调查工作量,且节约成本。但是,由于这种策略的市场应变能力差,往往在营销期间处于非常不利的被动地位。

(三)密集性市场营销策略

相比起其他两种目标市场策略,这种策略放弃整体市场,而把目标定在一个或者几个细分市场上。企业致力于在少数几个细分市场中开展生产与销售,通常有固定的消费群体。但是,这种策略往往风险较大,一旦发生突发状况,企业的损失将不可估量。

七、市场定位的策略

(一)市场定位的基本概念

企业完成了细分市场和目标市场选择的步骤后,必须考虑怎样将自己的产品打入目标市场中。大部分目标市场已经有了竞争者,所以企业的目的就是提高本企业和竞争企业产品的差异性,从而让消费者认识到本企业产品的独特性和可消费性,最终让企业实现销售目的。这就是市场定位。

(二)市场定位的策略

1. 比附定位策略

给自己的产品增加名牌效应,从而使它从所有同行产品中脱颖而出。但是在执行比附定位策略时,应该注意两点:第一,不要盲目抬高产品的地位,从而给消费者留下"虚有其表""高价低质"的印象。第二,在给产品附加品牌效应的同时,应该着力提高产品的实用性、质量、包装技术等。

2. 属性定位策略

根据自己的产品属性来定位。每个企业的产品有自己独特的属性,也有不一样的目标市场。所以,企业需要突出产品的属性,抓住需要这种属性的消费群体。也就是说,利用产品的功能来吸引消费者。

3. 与竞争者相反的定位策略

市场上同种商品有不同的企业在竞争,但是同一类型的产品也会有很多细微差别,企业利用这些细微差别来给自己的产品进行宣传,突出自己产品的特殊性,以此来吸引消费者的眼球,增加产品的竞争力。

4. 质量或者价格定位策略

消费者群体往往对产品的质量和价格有不同的诉求。企业可以根据质量和价格的不同标准来给产品定位,比如"物美价廉""高质量高价格"等。同时,为了在市场竞争中取得成功,也要同步提高产品的质量。

第三节　企业产品组合和定价艺术

一、产品组合的概念和组成部分

（一）产品组合的基本概念

产品组合由各种各样的产品线组成,每条产品线又由许多产品项构成。所以产品组合是由产品线和单个产品的组合。产品线也叫产品品类,比如说宝洁公司的洗发水,洗发水就是产品线。而洗发水中的海飞丝就是单个产品。营销者一般通过广度、长度、深度和相关性来衡量产品组合。企业如果科学、合理分析产品组合的四个要素,会有利于企业制定更完善的产品策略,从而对企业促进销售、增加利润有直接效果。

（二）产品组合的组成部分

1. 产品组合中的广度

产品组合中的广度是指企业所能提供的产品线数量。比如说宝洁公司的产品线有肥皂、洗发水、洗面奶、沐浴露等。扩大产品组合的广度,有利于企业合理利用各项资源来扩展经营领域,实行多元化经营。

2. 产品组合中的长度

产品组合中的长度是指企业的每条产品线上的产品品种数。比如说宝洁公司的肥皂这条产品线有舒肤佳、玉兰油等多个品牌品种;家庭用纸这条产品线有Bounty(纸巾)Puffs(面纸)Charmin(浴室用纸)三个品种。扩大产品组合的长度,可以充分发挥企业特长,使产品线变得更加完善。

3. 产品组合中的深度

产品组合中的深度是指企业的产品线上每个产品品牌的花色品种和规格。比如说产品的配方、规格、用途以及功能等元素。扩大产品组合的深度,这样可以使企业的产品适应更多消费者的需求,扩大产品的销售量,占据更多的细分市场。

4. 产品组合中的相关性

产品组合中的相关性是指每条产品线之间在最终用途、生产条件、销售渠道以及其他方面相互关联的程度。比如,宝洁公司的肥皂、洗发水以及沐浴露等产品线,最终都是消费品,且都是通过生活用品的销售方式进行销售。加强产品组合的相关度,可以使企业在市场竞争中占据更多的优势,并且加强企业的品牌效应。

二、产品组合的策略

产品组合策略是指企业根据市场需要及企业的内部条件,选择适当的产品组合策略来确保产品在营销过程中,能够占据更多的市场。

(一)全线全面型策略

这是指企业尽可能满足顾客需求,向顾客提供他们所需的一切商品。该策略要求企业同时拓展产品组合的广度和深度,增加产品线和产品项目,力求覆盖每一细分市场。例如,宝洁公司的产品线包括肥皂、沐浴系列、纸巾系列以及护肤系列等。在家庭生活用品这块领域,宝洁公司几乎占据了大部分市场。

(二)市场专业型策略

这是指企业向某一市场(某一类型顾客)提供所需的各种产品的产品组合策略,具有特殊性和针对性。这种策略以满足同一类型顾客为出发点,着重考虑拓展产品组合的广度。比如说日本的资生堂公司,专门为女性提供化妆品、护肤品等。

(三)产品线专业型策略

这是指企业只生产某一种类型的不同产品项目来满足市场需求的产品组合策略。采用这一策略的企业只拥有一条产品线,可根据市场需求增加这一产品线的深度,扩展产品项目。比如,天津郁美净集团只有乳霜护肤品这条产业线,该企业主要针对儿童护肤问题。

(四)有限产品线专业型策略

这是指企业只生产某一产品线中一个或少数几个产品项目来满足市场需求的产品组合策略。其所需资金相对较少,可发挥企业专长,但它的风险比较大。比如,老干妈风味有限公司,该企业只生产辣椒制品。

(五)特殊产品专业型策略

这是指根据消费者的特殊需要而专门生产特殊产品的产品组合策略,其所面临的市场竞争威胁小。由于其单一性,难于扩大经营。比如,霸王国际集团,该企业主要生产治疗脱发、白发问题的中草药洗发水。

（六）特别专业型策略

这是指企业凭借其特殊的生产条件能满足顾客特殊需求的产品组合策略。采取这种策略的企业几乎没有竞争对手，一般所依靠的是科学技术手段。比如，生产假肢康复器材、太空舱设备的企业。

三、产品组合的调整策略

产品线是决定产品组合广度、长度和关联性的基本因素。因此，对产品线的调整是产品组合策略的基础和主要组成内容。随着科学技术的发展和市场需求的多样化趋势，企业产品的更新和产品组合结构的优化成了必然趋势。通常，产品组合的调整方式主要包括四方面。

（一）产品线扩展策略

这种策略通过扩大产品组合的宽度和深度，增加产品线和产品项，扩大经营范围，提高经济效益。第一，生产低档产品的企业，为了完善产品线结构，以及获取高利润。企业会准备进入高档产品市场。第二，企业可能为了规避市场风险、满足市场需求等原因，决定生产低档产品，填补市场空隙。第三，企业为了扩大市场范围，会同时向产品线的上下两个方向扩展，以此来满足更多的市场需求和获取利润。第四，企业为了满足市场需求，获取更多的利润，往往会根据产品组合的相关性原则，增加相关的产品线。第五，企业为了开拓市场，在拓展产品线的时候，增加与原产品线无关的产品。

（二）产品线削减策略

企业在生产销售过程中，会发现有些产品已经不适应市场需求，产品的销量持续下降，而且这些产品所耗费的成本高、收益少。企业在发现这种情况之后，应该及时处理。首先，企业工作人员尽快就此产品进行市场调查和产品结构分析。然后，企业随着市场需求的减少以及企业内部条件的变化，会将这些出现亏损情况的产品从产品线上削减掉。从而优化产品结构、降低成本，使企业的发展具有可持续性。

（三）产品线现代化策略

现代企业竞争的核心是科技。随着科学技术的发展和市场需求的变化，市场上产品的更新换代愈加频繁，企业之间的竞争也愈加激烈，很多产品不再适应当下市场的需求，所以企业为了在市场竞争中取得优势，会加大投资成本，更新企业的设备技术，利用科学技术更新产品的功能和规格，从而使产品线现代化。

（四）产品线号召策略

企业可以在产品线中有目的地选择一个或少数几个产品品种进行特别号召，

也就是说,用一个或者几个具有典型性的产品来代表企业。一般是对具有某方面优势的产品进行号召,以此来吸引顾客购买产品,顾客会在购买过程中关注企业的其他产品,这样的策略有利于提高整条产品线的销量。

四、影响价格调整的因素

调整价格指的是当公司经营环境或企业经营战略发生变化时面临的提价或降价问题。在遇到非正常问题时,企业应该主动降价。通常,影响价格调整的因素主要包括生产能力过剩、市场占有率下降和经济不景气。

(一)生产能力过剩

如企业增加了新的生产线,生产能力大大提高,但是市场却是有限的。企业常常因为竞争陷入恶性循环,从而导致许多商品滞销。为了将手上预存的产品尽快销售出去,防止产品过期,以及为挤占竞争对手的市场份额,企业必然会降价,以此来回收资金。

(二)市场占有率下降

当企业遇到新的竞争对手或者强劲的竞争对手时,产品的销售速度会变慢,企业为防止市场份额继续丧失,不得不采取削价竞争。但是这种策略容易使企业进入一个恶性循环,有很大的风险。

(三)经济不景气

当经济不景气,消费者的购买能力和购买意愿会同时下降,许多企业会在同一个时间段降价,但是这种策略一般针对具有可选择性的商品,对于生活用品这种必需品,市场需求量不会发生太大的改变。

五、影响定价策略的因素

(一)定价策略的概念

企业用来制定产品和服务价格的具体策略来自于实现总体企业目标而制定的营销策略。价格决策是市场营销活动的重要组成部分,它最终影响到企业的利润。而企业在确定商品价格的时候,必须充分考虑市场和消费者的购买能力,并且能够随着市场的波动及时调整价格策略。所以,科学而艺术地进行商品的价格决策,既有利于吸引和保持顾客,又能使企业获得最佳的经济效益。

(二)影响定价策略的因素

影响商品价格决策的因素很多,其中既有商品价值本身,也有企业目标和客观经济环境、国家政策、法律等其他因素。一般来说,影响商品价格的因素大致分为内部因素和外部因素两大类。

1. 内部因素

内部因素,包括生产成本、企业目标和营销组合三种因素。第一,成本是影响定价的基本因素,通常也是企业在给产品定价时考虑的第一要素。一般来说,在产品的价格构成中,成本所占比重最大。因此,成本通常被看作是产品价格的下限。对定价产生影响的成本费用包括总成本、固定成本、变动成本等。第二,企业目标是影响商品定价的第二个主要内部因素。一般来说,企业定价目标似乎都是获取尽可能高的销售额和利润,但这只是企业长远的整体目标,当定价策略具体到某一个阶段的时候,企业的目标是有差异的。第三,价格是企业用以达到营销目标的营销组合因素之一,各个营销组合因素之间则是相互联系、相互制约的,当其中任何一个因素发生变化时,都会影响其他因素。比如,产品的属性和规格、产品附加值、售后服务、销售渠道等因素。

2. 外部因素

外部因素,包括消费者需求、竞争和法律三种因素。第一,消费者需求是制定价格的上限。企业所制定的每一个价格都可能导致不同水平的需求。在正常情况下,价格水平越高,需求水平越低。但是在两种情况下,需求和价格不是成反比关系的。一种是在垄断市场中,另一种是在奢侈品市场中。第二,竞争是影响企业价格决策的另一外部因素。企业都试图通过制定适当的价格来争取更多的顾客,这就意味着企业在激烈的竞争情况下,往往要付出更多的成本与竞争对手抗衡。因此,企业定价时不仅要关注竞争者的价格策略,对产品策略、渠道策略及促销策略也不能忽视。第三,每个国家制定了很多法律法规来完善市场秩序。政府对价格决策的影响主要体现在各种有关价格制定的法规上,有关政府禁止的价格行为,主要包括禁止价格垄断、禁止价格欺诈、禁止价格歧视和禁止价格倾销等四大类。

六、产品的定价目标

企业在定价以前,先要考虑一个与企业总目标、市场营销目标相一致的定价目标,作为确定价格策略和定价方法的依据。一般来说,企业可供选择的定价目标有以下五大类:

(一)利润导向的定价目标

实现利润最大化是每个企业的终极目标。但是,任何企业想要在激烈的市场竞争中维持高价,这几乎是不可行的。只有当企业在市场上有绝对优势时,或者对某些产品进行垄断时,才可以实行高价策略。

（二）销量导向的定价目标

这种定价目标是指企业希望产品能有比较高的销售量和市场占有率。为了增加企业产品的销售量和市场占有率，一些企业往往会压低产品价格，使产品快速占据大量的市场。采取此种低价策略的企业往往要投入更多的成本，同时还有可能会遇到同样以低价策略进行竞争的对手。

（三）以竞争为导向的定价目标

这是指企业在面对激烈的市场竞争时，会及时调整产品价格来应对市场竞争。企业在制定定价策略前，一般要广泛收集信息，比对自己公司和对手的产品质量、成本和规格，然后制定本企业的产品价格。

（四）产品质量导向的定价目标

这是指企业为了在市场上树立产品质量领先地位的目标，通常会调整价格来达成目的。企业为了产品的口碑和可持续性发展，一般会耗费大量的成本在产品的生产和销售上，以此来提高产品的质量。所以，企业会为产品制定高价策略，以此来回收成本。

（五）生存导向目标

当企业遇到生产能力过剩或激烈的市场竞争，或者要迎合消费者的需求时，它要把维持生存作为自己的主要目的。通常在这种情况下，企业必然会采取低价策略，以此来保证产品依然有市场占有率。

七、产品定价的方法

企业在定价时，主要根据产品的成本和需求来定价。也就是说，产品定价的方法大致包括成本导向的定价方法和需求导向的定价方法两种。

（一）成本导向的定价方法

成本导向的定价方法是指以产品成本为定价基本依据，主要包括以下几种具体方法：

1. 成本加成定价方法

在单位产品成本的基础上，加上一定比例的预期利润作为产品的售价，这种比例一般叫作"加成"。这种方法简洁便利，应变性强，但是在一定程度上缺乏严谨的科学性。

成本加成定价法公式：单位产品价格＝单位产品成本×（1＋加成率）

2. 目标收益定价方法

目标收益定价法就是在成本的基础上，按照目标收益率的高低计算价格的一种方法。这种定价法首先要确定目标收益率，然后计算出目标利润，最后再得出单价。这种方法能够在很大程度上保障既定利润的获取,但是忽略了别的市场因素的影响。

目标利润:

目标利润=总投资额×目标投资利润率

目标利润=总成本×目标成本利润率

目标利润=销售收入×目标销售利润率

目标利润=资金平均占用额×目标资金利润率

单价:

单价=(总成本+目标利润)÷预计销售量

3. 售价加成定价方法

以产品的最后销售价为基数,按销售价的一定百分率来计算加成率,最后得出产品售价的方法。这种方法一般被零售商所采用,有利于计算出商品的毛利率。

单位产品价格=单位产品总成本÷(1-加成率)

(二)需求导向的定价方法

需求导向的定价方法是指以市场需求为中心,顾客的购买承受能力影响着产品的一种定价方式。

1. 理解价值定价方法

消费者对商品的印象和理解程度影响着产品的定价策略。消费者对商品价值的理解不同,会形成不同的价格限度。企业如果要给产品制定比较高的价格,必须提高消费者对产品的认可度。所以,企业需要突出自己产品和市场上同类产品的区别,同时运用各种营销手段来吸引消费者的注意力。为了给产品制定合适的价格,企业可以先制定一个价格,以此价格来进行市场调查,观察消费者对这个价格的敏感度,再根据市场反馈制定这个产品的市场价格。

2. 需求差异定价方法

不同的时间和地点,以及不同消费者的消费需求都可能影响着企业的定价方式。针对每种差异决定在基础价格上是加价还是减价,有助于产品的营销活动。第一是以地点差异为依据,同一种产品在不同地方,价格也会不同。比如,矿泉水在旅游区和居民区的价格会有所不同。第二是以时间差异为依据。比如,烤火炉在冬季和夏季的价格会有所不同。第三是以消费者的差异为依据,因职业、年龄等原因,顾客会有不同的需求,企业可以给予适当的优惠措施或者促销措施。

八、产品定价的技巧

在根据适当的定价方法确定了基本价格以后,针对不同的消费心理、销售条件、销售数量及销售方式,应该及时运用定价技巧对基本价格进行修改,这样才能使企业定价策略的实施得以成功。

(一)心理定价技巧

1. 整数定价技巧

采用四舍五入的凑整方法,给产品制定整数价格,一般是把价格往上抬来凑成整数,从而使商品达到一个更高的消费层次,满足消费者的高层次消费需求。

2. 尾数定价技巧

保留价格的尾数,采用零头标价,一般是通过将价格往下压来保留尾数,这种标价方式一般受到顾客的青睐,顾客对便宜的商品更有购买欲望和购买力。

3. 声望定价技巧

对商品采用高标价策略,这样的标价方式给顾客"价高质优"的意识,产品在消费者心里有更高的声望。所以企业对于高质量、高性能的商品,可以适当标高价格。

4. 习惯定价技巧

即按照消费者习惯价格心理定价。日常消费品的价格,通常在消费者心目中已形成一种习惯性标准,符合其标准的价格被顺利接受,偏离其标准的价格则易引起疑虑。所以,这类商品要力求稳定,避免太高或者太低的价格引起不必要的损失。

(二)组合价格技巧

1. 同类产品分组定价技巧

把同类商品分为价格不同的数组,每组商品制定一个统一的价格。比如,把各种丝袜分为10元、20元、30元三种价格。虽然丝袜品种繁多,但是这种定价方式使消费者更方便选择和购买。

2. 副产品定价技巧

副产品是在生产主要产品的过程中附带生产出的产品,这些产品的定价一般低于主产品。比如,生产酒的企业可以低价出售作为饲料的酒糟。

3. 关联产品定价技巧

关联产品是指必须和主要产品一起使用的产品。有时候,关联产品比主要产品的需求量大。所以,尽管关联产品的价格不是很高,但也不会低。比如,DVD播放机和DVD碟片。

（三）折扣技巧

1. 现金折扣技巧

现金折扣是对按约定付款日期付款的顾客给予一定的折扣,对提前付款的顾客则给予更大的折扣。采用这种策略的目的是鼓励顾客提前付款,不拖欠贷款,以加速资金周转。

2. 数量折扣技巧

数量折扣是根据顾客购买货物数量或金额的多少,按其达到的标准给予一定的折扣,购买的数量愈多,金额愈大,给予的折扣愈高。

3. 交易折扣技巧

是由企业向中间商提供的一种折扣。不同的中间商,企业可根据其提供的各种不同服务和担负的不同功能给予不同的折扣优待。

4. 季节折扣技巧

对在非消费旺季购买产品的客户提供的价格优惠。在此期间,企业还可以同时采取促销方式,让折扣力度变得更加吸引消费者的眼球。

第四节　企业促销与渠道管理艺术

一、企业促销的概念和促销组合的决策过程

（一）企业促销的概念

促销活动是指企业协助或促使可能的顾客购买某项商品或服务。也就是说,促销是企业借助宣传、推广的方式,将商品或服务的信息传递给消费者,从而帮助消费者认识该商品或服务的性能、特征,进而引起消费者的注意,激发其购买兴趣,最后实现购买行为的一种手段。当代社会的商品信息繁多,怎样才能使消费者吸收产品信息,成为商品的现实购买者,是企业发展的重要条件。

（二）企业促销组合的决策过程

1. 确定目标受众

企业在制定促销组合决策时,第一步必须确定企业产品或服务的目标顾客,他们是企业促销的目标受众。企业需了解他们的消费需求、偏好和消费心理,这样才可以制定更科学合理的促销组合策略。

2. 确定沟通目标

企业将自己产品的信息发送出去,希望从目标受众那里得到什么反应,即沟

通的目标。目标受众在真正购买产品之前,对产品有不同的反应和心理准备阶段。通常,企业的沟通目标主要确定为五个:第一,提高目标受众对产品的认知度;第二,提高目标受众对产品性能和特点的了解度;第三,突出产品的特色和质量,提高目标受众对产品的偏好度和依赖度;第四,在目标受众对产品产生强烈的兴趣后,企业需促使目标受众建立购买的信念;第五,企业需采取必要措施促使目标受众的购买行为发生。

3. 选择信息传播媒体

企业在设计完一个极具吸引力的信息主题和广告后,要选择合适的信息沟通渠道,以便目标受众能够快速、有效地接收到产品信息。信息沟通渠道包括电话采访、新闻发布会、展销会等。选择一个合适的传播渠道有利于产品信息的发布,同时也为产品的销售做好基础工作。

4. 制定促销预算

企业需要决定在促销方面花费多少钱,以此制订出合理的预算计划。通常,比较常见的预算制定方法主要有三种:第一,企业根据自己的经营状况和财力决定促销预算的大小;第二,与竞争者保持大体相等的促销预算;第三,先确定通过促销要达到的销售增长率、市场占有率等目标,然后确定达成这些目标所要做的促销活动,再根据工作量估算所需费用。其中第三种方法是最科学合理的方法。

5. 制定促销组合

即如何将人员推销、广告、营业推广和公共关系几种促销方式有机、有效地结合起来,它们的结合必须发挥最大的作用,使产品的销售工作效率尽可能地最大化。为此,营销人员应了解各种促销方式的特点、适用性及影响组合决策的其他因素。

二、企业促销的策略

企业的促销方式主要分为促销基本策略和促销组合策略两大类,这两大类通常还可以细分出各种促销方式。

1. 促销基本策略

促销基本策略主要分为两种方式。第一,拉引策略,是指企业先通过广告这种简单、直接的方式将商品的促销信息传递给消费者,使消费者产生强烈的购买欲望,形成急切的市场需求,然后"拉引"中间商纷纷要求经销这种产品。但是,中间商可能会因为害怕承担市场风险而拒绝经销。第二,推动策略,是指企业以人员推销为主要手段。企业首先争取中间商的合作,利用中间商的力量把新的商品或服务推向市场,推向消费者。这种策略方式一般是在厂商和中间商对新的商品或服务的市场前景看法比较一致,且双方愿意合作的情况下经常采用的手段。这种方式风险小,推销周期短,资金回收快。但是,其前提条件是须有中间商的共识和配合。

2. 促销组合策略

促销组合的目的就是有目的、有计划地将多种促销形式配合起来综合利用,形成一个集体促销策略。促销策略组合又可分为人员推销和非人员推销两种方式。第一,人员推销,是指企业通过自己的推销员或委托销售代理机构直接和顾客联系,进行推销商品的活动。第二,非人员推销,这种推销形式可以采用广告的方式,也可以采用多种销售促进活动的方式。广告是以广告主的名义,利用传播媒体向顾客传递有关商品或服务信息的推销方式。销售促进是指运用折扣、咨询、展销、示范和代价券等现场促销的方式,促使顾客采取购买行为的推销方式。

三、人员推销的特点和实施步骤

(一)人员推销的特点

1. 市场针对性强

人员推销通过推销人员直接面对消费者推销商品,有利于及时了解消费者的消费心理和购物需求,并且为消费者推荐并解说商品的性能、特点等,使消费者产生购买欲望,并最终购买商品。

2. 加强服务

随着科学技术和时代的变化,商品的功能、使用方式变得更加复杂,而且消费者对商品的销售服务的要求也变得越来越高。所以,推销员在对商品进行详细解说的同时,还能为消费者提供更细致、周到的服务。

3. 成功率高

推销员在进行商品销售之前,对商品的特性、市场的动态及消费者的购买需求都做了详细的分析和准备。所以,当推销员进行有针对性的推销时,往往更能把握消费者的消费心理,从而使成功率大大增高。

4. 有利于信息反馈

推销员在对消费者进行商品推销时,也能接收到消费者反馈回来的信息。推销员由此可以掌握消费者对于此商品的需求心理,也能了解此商品在市场上的销售状态,根据这些信息,工作人员可以及时调整销售计划。

(二)人员推销的实施步骤

1. 查询所需资料

推销员为了顺利完成推销工作,并且为了促使消费者购买自己的商品,往往

在推销前要做非常多的资料查询工作。通常,这些工作主要包括以下步骤:

第一步,要了解本企业的企业文化和产品结构。

第二步,要熟知自己将要推销的商品的信息,包括商品的规格、种类、性能、使用方法及售后服务等。

第三步,要了解竞争企业的商品信息,比较竞争商品和自己的商品的区别,总结出自己商品的优势和劣势。

第四步,推销员要熟知市场信息,包括目标受众、市场需求量、国家政策、消费者的购买心理等。

2. 推销计划安排

在收集完资料之后,推销员应该制订推销计划。通常,推销计划主要包括以下内容:

第一,预计销售量,并且要筛选出计划购买商品的消费者,做好销售估计。

第二,安排推销访问,在进行正式访问前,推销员应该提前通知消费者,给消费者留下好的印象。

第三,制定推销计划,有了访问对象之后,要制作访问计划书,将商品的信息、消费者可能出现的反应等,都列入计划书之内。

第四,确定推销路线,因为要访问的对象不止一家。所以,要合理规划时间和路线,尽可能使访问高效化。

3. 实施推销活动

推销人员在制作完推销计划书之后,应该按照计划书实行推销活动。通常,推销活动的过程主要包括以下四方面的要求:

第一,推销员在推销过程中,尽量利用企业文化和商品性能引起顾客对商品的兴趣,这样才会有一个持续的沟通过程。

第二,当顾客表现出对商品的兴趣时,推销员应该抓紧机会向顾客展示商品的优势,让顾客了解商品的性能和优点,进一步提高他们对商品的购买欲。

第三,推销员在推销过程中,会接收到顾客各种各样的建议,推销员要以积极、耐心的态度处理这些反应,并且详细地解释商品的各种信息,获得顾客的信任。

第四,在顾客提出购买后,推销员应该马上出示售后服务书和商品使用书,以此来消除顾客最后的疑虑,最终达成交易。

4. 推销的后期活动

推销活动完成之后,应该通过后期工作来完善企业的营销形象。通常,后期主要有以下三方面的工作:

第一,商品在售出之后,还有售后服务。为了建立企业的良好信誉,推销员应该主动和购买商品的顾客保持联系,及时接收顾客的商品使用情况和反馈建议,并且对顾客的疑问及时做出解释。

第二,推销员推销商品成功后,应该将过程记录归档。同时,推销员根据本次推销活动,总结出经验和修改方案,方便其他工作人员借鉴。

第三,对于购买大量商品的客户,推销员应该挑选出来,单独进行资料分析和整理。这些客户对企业的商品有着更大的购买力,企业应该给予高度重视。

四、广告的目标和制作要求

广告是利用大众传播媒介传递信息的促销方式,随着大众传播媒体的发展,广告亦以空前的速度发展起来。

(一)广告的目标

1. 使消费者熟知商品

当企业的一个新商品上市时,应该将此信息告诉消费者,使其产生对商品的兴趣和购买欲望,这是广告的基本要求。消费者只有在接收到产品的信息之后,才会权衡利弊,做出消费选择。

2. 说服消费者购买

消费者在面对众多产品时,常常会在同种类型的产品选择过程中犹豫不决,广告应该着重突出产品的特色、性能和优势,促使消费者在众多商品中选择本企业的商品。所以,如何让广告最大限度地表现商品的价值是企业必须考虑的问题。

3. 提示消费者购买产品

消费者都会有"习惯消费"这种消费心理,所以他们会固定购买某一个品牌或者企业的商品。因此,广告的作用不再是提供信息和促使购买,而是提示顾客去购买他们熟知的产品,把企业的品牌效应打出去。

(二)广告制作的要求

1. 概念明确

广告的最终目的都是推销商品。因此,在广告内容中,要使观众明确了解到商品的相关信息和用途,要给观众留下直白的商品印象,从而使他们明白自己看到的是什么,以及自己想要购买什么样的商品。

2. 印象深刻

广告不能仅仅依靠高频率地播放来引起观众的注意,应该在内容的设计和传播技巧上面多下功夫。因为各种媒体媒介上的广告信息数不胜数,所以企业要力求在短时间之内抓住观众的眼球,引起他们的购买欲望。

3. 信息量充足

广告的目的在于向可能的潜在消费者介绍商品,并说服他们购买。因此,广告在内容设计上必须尽力向消费者全面而准确地介绍商品。企业的广告内容必须包括产品的性能、功效、使用说明和特性等信息,让消费者对产品有比较全面的认识。

4. 推动力大

随着市场上大部分企业对广告的资本投入越来越多,所以产品的广告内容变得更加丰富多彩。在大量的、优质的产品广告信息中,消费者对广告和商品的可选择性比较大,所以企业在商品和广告的艺术设计上要注重美感,增加广告的艺术感染力,这样对消费者的推动力也就越大。

五、广告的传播媒介类型

在传播业发达的今日,可供选择的传播媒介非常多,企业为了传递广告信息,应该选择合适、高效的传播方式,从而达到迅速、准确和低成本的目的。

1. 报纸和期刊

报纸和期刊都是印刷媒介。作为运用得最多的媒介载体,报纸的传播范围更广,刊登信息也更丰富,且成本也比期刊低。但是期刊比报纸的专业性更强,印刷效果更好,读者也更为稳定。

2. 电视

电视是最重要的视听型广告媒体,更直观、准确地传递产品信息,而且覆盖面广、收视率高。但是,广告成本非常高,而且广告信息不能被观众保留。

3. 互联网

互联网是最新发展起来的广告媒介,因其成本低、针对性强,且随着上网人数的增加,互联网广告这几年快速发展起来,渐渐赶超电视广告。而且,互联网能够承载大量的广告信息,流通速度比其他媒介也更快。

4. 广播

广播是一种被广泛使用的听觉媒介,因其顾客选择性强、成本低,所以被广泛地使用。但是,随着电视和互联网技术的发展,广播的使用量大幅度减少。且因为通过广播来把广告信息传递给听众,缺少了视觉方面的刺激性。

5. 其他媒体

包括广告展览栏、霓虹灯广告、公路广告、站牌广告等户外广告,这种广告形式重复利用率高、保留时间久,且非常醒目。所以,被很多企业商家大量使用,但是由于成本较高,还是无法超越电视、互联网广告等。

六、销售渠道的作用和类型

（一）销售渠道的作用

销售渠道也称分销渠道,是指产品从生产向消费者转移中经过的通道,这一通道由一系列的市场中介机构或者个人组成。渠道的起点是生产者,终点是消费者,中间环节有各类批发商、零售商、代理商、实体分销机构等,这些中间商在商品交易中起着极其重要的作用。

1. 减少交易次数

中间商的介入实际上减少了交易次数。中介商将多个企业的商品聚集在自己手中,再出售给每个消费者,使企业在研究市场和营销方面提高了效率。而且中间商的介入使企业资源和社会劳动都得到节约。

2. 承担中介功能

中间商主要有两个重要的中介功能,一个是担当了企业的销售业务,为企业节约了资源;另一个是为消费者承担起提供商品信息、选择商品及购买代理的任务。无论是企业,还是消费群体,两者都因为中间商的介入减少了许多关于营销和购买方面的工作量。

3. 提高了销售的成功率

因为中间商由各种从事营销职业的专职人员组成,他们的社交圈和营销知识能够帮助他们快速、高效地进行营销活动。同时,因为中间商的活动范围比较广泛,所以在营销过程中能够帮助企业开拓市场、宣传商品。

（二）销售渠道的类型

分销渠道由生产者、消费者和各种中间商组成,但是由于它们的构成组合不同,导致分销渠道大致分为以下四种形式:

1. 直接渠道

生产者在生产出商品之后,直接出售给消费者,中间不经过任何中间商的协助。这种销售渠道能够减少产品的损坏率,同时也能为企业节省在中间商方面的费用。但是,企业自己要培养销售人员,以此来代替中间商的职责。

2. 一级渠道

生产者和消费者之间有一个中间商的渠道,这个中间商一般是零售商或者代理商。在消费市场中,一般是零售商;在生产资料市场上,一般是代理商。

3. 二级渠道

生产者和消费者之间有两个中间商的渠道。在消费者市场,一般是批发商和零售商;在生产资料市场上,一般是批发商和代理商。

4. 三级渠道

生产者和消费者之间有三个中间商的渠道。这三个中间商分别是代理商、批发商、零售商,但是三级渠道的情况在市场上不是常态。

七、影响销售渠道选择的因素

(一)目标市场的因素

企业的目标市场规模较大,潜在消费者数量增多,购买量大。产业用户因其购买批量大而集中,更希望与供货厂家直接交易,这样可以节约运输成本。同时,零售商也希望能够直接向生产厂商进货,这样可以节约时间和成本。但是对于购买量小而购买次数多的产品,渠道应该拉长,通过中间商分销到各地,这样比企业自行销售经济有效。

(二)产品因素

根据产品的不同特性,应该选择不同长度的分销渠道。比如,新鲜易烂、易碎的产品应该采取最直接的渠道;体积和重量大的专用产品也应该选择短的渠道;单价高、需要较多附加服务的产品也应该由厂家直销。

(三)企业自身因素

企业的规模大、财力雄厚,以及有丰富的销售经验,这样的企业容易获得优秀、理想的推销人员,建立自己的销售公司,这种销售渠道会比较短。而财力较弱的中小企业,依然需要依靠中间商提供销售服务,但是因为把销售任务交由中间商承担,企业所要承担的费用和人力资源往往比那些有自己销售公司的企业要少。

(四)环境因素

环境特性分为两方面:一方面是微观环境,企业在大多数情况下应该避免和竞争对手采用相同的销售渠道,所以了解市场上中间商的规模和优劣势是企业必须掌握的技能。另一方面是宏观环境,经济形势对销售渠道的选择有很大的制约作用,当经济不景气时,企业应该缩短渠道的长度,减少流通环节,这样做不仅可以节约成本,也可以降低产品价格。

八、销售渠道的建设和维护

(一)销售渠道成员的选择

在渠道设计完成后,应该选择合适的中间商做销售渠道,这些中间商的销售能力直接影响到渠道的分销功能。选择的中间商应该是处于最接近目标顾客的地方,而且,中间商应该有较高的声誉、经营能力和资本实力。因为合作是相互的,所以中间商应该有合作的意愿,这也是影响其渠道分销能力的一个重要因素。

(二)发展渠道成员

在中间商选定之后,还需要进行日常的管理和监督,因为中间商是独立的企业,它与厂家的立场不同,所以利益也有冲突的一面。企业需要经常和中间商进行必要的沟通,这样才能增强中间商参与商品分销的欲望。

(三)启动销售渠道

当厂家和中间商都做好准备时,两方签订协议,建立一种长期的分销合作关系。而中间商作为渠道成员,应当承担销售渠道的一系列重要功能并参与销售渠道的销售流程。这些功能包括收集市场信息、产品推销、交易谈判、风险承担、物流等。

(四)渠道成员的工作评价

渠道管理的最后一项工作是定期对中间商的工作进行评价,并且根据情况及时调整分销渠道策略。对于中间商的完成程度、完成质量等方面应该做出详细、公平的评价,以此来建立更加完整的销售体系。

九、运用市场营销策略的案例分析

宝洁(Procter & Gamble)创于 1837 年,是全球最大的日用消费品公司之一。公司总部位于美国俄亥俄州辛辛那提,全球员工近 110000 人。宝洁在日用化学品市场上知名度相当高,其产品包括洗发、护发、护肤用品、化妆品、婴儿护理产品、妇女卫生用品、医药、食品、饮料、织物、家居护理、个人清洁用品及电池等。

宝洁公司在市场调查、产品划分、产品定价和派送营销方面采用了强有力且行之有效的策略,这些策略帮助宝洁公司获得了巨大的成功。

1. 市场细分

大部分企业的产品按照受众群体区分,常常以年龄、工作性质等为标准,然而宝洁公司的市场分析更加细致。以洗发水为例,市场上大部分的洗发产品都是属于宝洁公司。比如说海飞丝,是想要去屑的头发;飘柔,是想要柔顺的头发;沙宣,想要专业美发的头发。每一个品牌的产品都有其特定的作用、特定的市场,并且每个品牌下的产品又有更具体的细分。比如,潘婷又细分为乳液修复系列、丝质润滑系列、强韧防掉发系列、染烫损伤系列等。宝洁公司如此细致的划分不仅使它的产品占据了大部分的市场,还可以增加消费者对产品的信赖度以及亲切感。

2. 定价策略

宝洁公司产品线的长度和宽度都足够充实饱满,根据不同的产品性能和市场细分,企业制定了不同的价格策略。比如,飘柔产品系列采用的是低价策略和零头定价策略。许多飘柔产品的单价只要 9.9 元,这种零头定价的方式能够吸引多数消费者进行购买。而汰渍洗衣粉则是根据竞争对手联合利华公司的定价来调整价格,1999 年由于受到联合利华公司的竞价威胁,宝洁公司把汰渍洗衣粉的价格从 6 元调整到 3.5 元。

3. 分销渠道策略

在 1999 年之前,宝洁公司在我国设置四大销售区域,所有的销售和回款工作都是由分销商承担。从 1999 年开始,宝洁公司先是取消销售部,接着打破四大区域的运作组织结构,改为分销商渠道、批发渠道、主要零售渠道和大型连锁渠道以及沃尔玛渠道。后来,将批发渠道并入分销商渠道,合并成为核心生意渠道。这种方式减少了销售过程中的风险,在一定程度上扩大了公司的销售渠道和销售范围。

4. 营销和促销策略

派送营销是宝洁公司最常用的一种促销活动方式。宝洁公司通过样品派送的方式,有效地让消费者与产品进行直接的接触,同时了解产品的功效以及质量,使消费者对产品有初步的认识和直观的感受。比如,早在 1996 年夏,宝洁公司不到半个月时间,一举把 150 万袋 40 克包装的汰渍洗衣粉赠品送到 150 万武汉市民家中。派送活动让更多人记住了汰渍洗衣粉,也提高了宝洁公司的知名度和信誉。

第九章

企业创新艺术

第一节　企业创新艺术概述

一、创新艺术的基本概念

（一）"创新艺术"的经济学概念

1. 何为"创新"

"创"即创造，从无到有，《广雅》定义"创"为"始也"。新，则与旧相对。所谓创新，就是创造新的、前所未有的事物。"创新"的概念自古有之，《魏书》载："革弊创新者，先皇之志也。"又《周书》载："稽诸典故，创新改旧，方始备焉。"

英语中，创新（Innovation）一词起源于拉丁语，共有三层含义：第一，替换既已存在的事物；第二，创造原来没有的事物；第三，对既已存在的事物进行改造。实际上，不论是第一点还是第三点，其含义都包括了创造。但是，事物不可能凭空出现。因此，创造新出现的事物，本质上还是进行了创新活动。

由此可见，创新是指人类为了满足自身需要，不断拓展对客观世界及其自身的认知与行为的过程和结果的活动。既包括人类活动的从无到有，也包括生产工具及思想观念的从无到有的过程。

2. "创新"引入经济学

目前学术界公认的"创新"一词最早进入经济学是在1912年，美籍奥地利经济学家熊彼特（J. A. Schumpeter）在《经济发展理论》一书中，首先提出了"创新"这一概念。在其著作中提出：创新是指把一种新的生产要素和生产条件的"新结合"引入生产体系。它包括五种情况：引入一种新产品，引入一种新的生产方法，开辟一个新的市场，获得原材料或半成品的一种新的供应来源。熊彼特的创新概念包括的范围很广，如涉及技术性变化的创新及非技术性变化的组织创新。到20世纪60年代,随着新技术革命的迅猛发展,美国经济学家华尔特·罗斯托提出了"起飞"六阶段理论,对"创新"的概念发展为"技术创新",把"技术创新"提高到"创新"的主导地位,随后创新的概念和内涵也越来越丰富。

进入21世纪,信息技术推动科学界进一步反思对创新的认识:技术创新是一个科技、经济一体化过程,是技术进步与应用创新"双螺旋结构"共同作用催生的产物。宋刚等在《复杂性科学视野下的科技创新》一文中指出了技术创新是各创新主体、创新要素交互复杂作用下的一种复杂涌现现象,是技术进步与应用创新的"双螺旋结构"共同演进的产物。

3. 企业创新艺术

随着市场经济的大发展以及全球化的推进,对于"创新"一词的理解越来越深刻:最初的创新仅限于技术创新,之后其内涵被不断扩大,开始向企业本身转化。不过不论其如何变化,创新都是以企业为主体,以塑造企业核心竞争力和持续的竞争优势、保证企业生存和发展为目的而进行的一种对产品、管理、服务理念等生产销售环节不断优化的经济行为。而本书提出的创新艺术,就是想要引导企业在进行创新活动时,能够汲取相关的经验,以最低的成本实现最好的优化,使创新活动更加科学化、合理化、艺术化。

(二)创新的特点

1. 整体性

创新并不是某一个人或者某个部门单独的事情,它需要整个企业的协调运行和合作。从前期的调研到创新形式的选择,到中期产品的研发与实验,再到后期推入市场,创新过程都会受到企业自身以及外在环境的影响,面临种种阻力和困难。创新活动一旦成功,将会给整个企业的生产方式、战略目标以及管理模式产生深刻影响。因此,创新应是一个完整的系统,具有整体性的特征。

2. 目的性

企业进行创新,其根本目的在于获得市场利益,维持企业的运营并获得更大的竞争优势。而想要实现利益最大化,就必须贴近市场,了解市场需求和发展方向。因此,企业创新也有着明确的目的性和方向性,既要满足市场的需求,又要出乎市场的意料之外,给消费者以及竞争对手"惊喜"。

3. 高风险性

创新的本质在于改变,改变原有的、已经熟悉的内容。因此,只有创新完成后才能经过市场检验,得知其效果。在创新的过程中,有时其周期比较漫长,创新结果受到环境等多方面的影响。因此,创新活动本身具有风险性。一旦产品无法满足市场需求或者夭折,不仅付出的人力、物力、财力无法收回,还可能给企业造成巨大危机。

4. 高收益性

收益与风险并存,高风险带回来的是高收益。创新能够给企业注入新的生机与活力,能够给企业带来的收益也不仅限于物质方面,还有精神上的财富以及较高的市场影响力,能够增强企业的核心竞争力,使企业在行业内取得更优势的地位。

5. 时效性

所谓新,就是要做别人没有做的,想别人没有想到的。一旦创新理念先一步被泄露或者晚于竞争对手推出,无法给市场带来惊喜的同时,也不利于知识产权的获得,使得企业所获得的效益大大降低。

二、企业创新发展趋势

(一)绿色化

1. 绿色化是国际趋势

随着以"低能耗、低污染、低排放"为标志的全球化的"低碳革命"的兴起,国际社会对于环境保护和资源消耗有着越来越高的要求。

就目前而言,碳排放所引发的气候变化和环境污染已对全球生态系统造成了不可逆转的后果,成为事关人类生存的现实问题。因此,传统高能耗、高排放的生产方式已经无法适应社会发展需要,迫切需要培育以低碳产业为主的,消耗比较低、污染比较少、技术含量高的新型产业。而国际之间的经济交往,有着越来越高的绿色壁垒。绿色壁垒作为国际贸易保护组织的一种新形式,企业尤其是外贸企业面临着越来越大的挑战。

2. 绿色化是中国社会发展走向

为了迎合世界性的"低碳革命"行动,我国也大力强调着力推进绿色发展、循环发展、低碳发展,形成节约资源和保护环境的空间格局、产业结构、生产方式、生活方式,要积极构建中国绿色产业安全战略。中国将会积极应对下一轮的产业革命,并在以新能源为核心的革命努力争夺制高点。对此,国家也将大力扶持以"绿色""智能""可持续发展"为特征的企业。

3. 绿色化是企业可持续发展的需要

在国际和国家发展的大趋势影响下,"绿色化"已经逐渐成为各个行业为之努力和奋斗的目标。绿色能源 IT 产业的结合是低碳型产业创新的一大特点,以绿色科技为支撑的信息技术将主导经济转型。建立在现代科学技术、运用现代工业装备、推行现代管理理念和方法基础上的农业发展体系将成为农业发展的主要方向。除此之外的服务业以及金融业都将以其各自的特点迎接绿色化革命,因此绿色化是企业实现可持续发展的必然方向。

（二）国际化

1. 创新产品的国际化

21 世纪是一个经济全球化的时代,随着改革开放的逐步推进,我国已经成为全球经济不可或缺的重要一环。未来的企业将越来越多地走向世界,与世界其他国家的企业打交道,中国制造的产品在国外占有越来越多的市场。因此,产品创新不能再仅仅局限于国内,要深入挖掘国际市场,了解国外需要哪些产品,与世界接轨,并将创新的产品和理念推向国际。

2. 创新人才的国际化

随着各国开放程度的进一步提高,限制人才国际化流动的因素也越来越少,不少国家纷纷出台优惠政策以吸收创新型高精尖的人才。因此,竞争也越来越激烈。国际化人才不仅应具备在国际上的活动空间,拥有很强的、深层次的交流、交往、对话、沟通、互动和抗衡的能力,具有超越国界的能力,充分展示其杰出的国际交往才华和生存能力,而且还要有走在世界潮流前面,领导世界潮流发展的创造性能力。对于企业而言,国际化的人才不仅仅代表着更高的创造力,还代表着更高的眼光和更宽的国际视野,能够更加了解国际市场,提升企业创新能力。

3. 跨国的研发合作

跨国公司起初往往不能较好地了解东道国的市场情况,因此一些跨国公司纷纷采用了加强同东道国本土机构合作的方式,进行相关的开发活动。如今,跨国的研发合作方式不断创新,合作领域日益拓展,合作动机更加多元。由以往简单的、临时的项目研发、人员往来转向建立长期的、稳定的战略合作与协同创新关系,已成为跨国公司研发机构与我国国内高校科技合作发展的新趋向。

（三）网络化

1. 研发网络化

在网络化与智能化的大趋势下,企业的研发管理也发生了很多变化。越来越多的科技型企业打破传统的内部研发模式,跨越组织边界,开始更多地利用和整合外部的社会力量来进行创新。一是用户参与创新程度提高。二是利用社会公众力量进行创新。基于互联互通的基础设施,企业不仅可以利用自己的直接客户群体进行创新,还可以从社会层面征集创新思路、设计方案和解决之道。三是构建互联网研发平台,整合全球范围内的研发团队,24 小时全天候进行研发工作。

2. 管理网络化

网络技术的发展,使得企业能够通过网络技术实现资源整合,一些新型的管理方式,如业务外包、虚拟组织、动态联盟和供应链管理等出现并提高了企业的管理效率。管理的网络化,使得企业组织更加自由灵活。网络组织可以将众多分散的节点连接起来形成一个有规模的管理网络,同时这个网络并非是封闭的,而是对外的,可以灵活的调节组织结构。各个节点有着不同而又明确的职责和任务,一旦任务完成,组织便可以解散,因此组织的成员可以根据任务变化而发生改变。因此,它还具有相对独立性和多元性。成员之间既合作又竞争,他们可以进行联盟,或者强化自己的核心竞争力,或者是谋取其他"网络利益"。这样的网络化使得网络组织可以与外部企业进行联系并将联系逐渐扩大,形成组织网络。

3. 销售网络化

销售的网络化就是借助网络进行销售活动,既包括通过构建虚拟市场而开展的销售活动,也包括通过网络而帮助线下有形市场进行的销售活动。销售网络化能够大大降低交易成本。对于企业来说,企业上网的投资与实体商店的销售渠道相比,大大降低了通信、促销和租金,使得企业运营的成本降低。而销售的网络化还大大扩展了交易主体和交易对象,一些有时间和精力的人可以通过网络进行销售活动,而相应的具有创新精神的年轻人也越来越依赖网络销售活动。

三、企业创新艺术文化的塑造

所谓创新艺术文化,指的是以创新为核心形成的企业精神与文化环境,它用来衡量企业整体对于创新有关的价值、态度和信念等。培育创新艺术文化,有利于在企业内部营造良好的创新环境,提升企业创新型价值观,为整个企业发展注入活力,最终提高企业创新能力和市场竞争力。

(一)培养创新艺术文化

企业创新并非是在进行产品研发才需要创新思维,而是要将创新作为一种指导思想,将创新行为贯穿于企业日常工作中。企业领导人要对创新有着充分的认识和了解,鼓励和支持企业进行创新活动。同时,选用合适的艺术性载体,宣传创新的内涵和重要意义。比如,进行联谊会、产品展示以及进行员工培训等,提升人们对于创新文化的认知水平。

创新文化的培养离不开时间的积淀和环境的影响,拥有良好企业文化的企业更容易在创新方面做得更好。艺术,能潜移默化地影响人,给人以激情和动力,企业可以通过口号宣传、张贴标语、编制宣传册等,号召企业人员从自身做起、从身边小事做起,营造企业的创新文化氛围,鼓励大家积极进行创新活动。

(二)推动创新制度建设

企业创新文化的培育离不开企业制度建设,有效的管理制度能够更好地激发大家以艺术的思维进行创新的意识,使员工的行为更加合理化、科学化。企业应当根据相关要求以及国家相关政策制定相应的管理制度,通过建立以股东大会、董事会等为主体的组织结构,完善各个机构的议事制度和决策程序。要勇于打破束缚企业创新的管理体制,建立起产学研相结合的科技创新体系,形成科技创新与企业发展、社会进步紧密结合的新机制。实现人力、物力、财力的最佳结合,提高企业自主创新效益。发挥集中力量办大事的优势,在大企业和企业集团内部、企业与企业间的合作中尽可能集中优势攻克一些关键技术。从体制上、机制上、管理上克服和扫除影响科技自主创新的各种障碍。

人力资源是企业的第一资源,企业创新能力的竞争其实就是创新人才的竞争,企业应当重视人力资本,在人事、用工等方面,要积极听取员工的创新性建议,妥善的处理员工的意见,鼓励员工为企业建言献策,提升员工的归属感和主人翁意识,同时也能及时将员工的创新性观点应用生产过程中。

(三)锻造创新艺术品位

企业文化是长时间积淀而成,一旦形成便不会轻易改变。因此,企业文化的建设要体现企业技术文化和服务文化特色,着重培养员工的团队意识、竞争精神等。艺术品位比较高的文化,能够更好地培养员工,提升员工素养。为此,必须把创新与艺术深度融合,着力塑造企业创新型文化,为企业持续发展提供精神动力和智力支持。对不符合时代和环境的特定文化应当及时加以扬弃,否则会成为企业发展的阻碍,最终不利于企业创新艺术品位的提升。

第二节 企业技术创新艺术

一、技术创新艺术的概念

(一)什么是技术

"技术"一词最早出现于《史记·货殖列传》,是在记述医术高明时所使用,其后词义不断扩大,演变为一种"来自于实践经验积累的,并且表现为一定操作程序、方法、配方和某些工具的技能"。宋代陆游曾用"技术"一词来形容道士法术多、技艺精湛。在西方,"技术"(technology)一词源于古希腊,原意指的是木匠的工艺,后亚里士多德用"制作的智慧"来形容,由此"技术"一词不仅指具体的操作技巧,还指一种"知识形态"。到了17世纪,英国的科学家弗朗西斯·培根便提出应当把技术当作一种操作性的学问来进行研究;18世纪的法国科学家狄德罗在

《百科全书》中,对"技术"一词进行了明确的定义:技术是为某一目的共同协作组成的各种工具和规则体系。随着工业的发展,技术的概念越来越得到重视和发展,哲学家、科学家等都对此进行了不同角度的阐释。

从工具论的角度来看,技术是人类实践活动中所使用的工具或者手段。但是这种描述存在一定的问题。因为工具和手段的概念要比技术的概念更宽泛,比如一个桌子、一个椅子就不是技术。另外,工具或者手段本身表达着一种事物与人的关系,无法说明作为工具或手段的事物本身。因此,德国哲学家海德格尔认为,把技术看作工具或者手段的说法是无法触及技术本质含义的。工具只是技术的功能角色之一,技术在人类实践中的角色和内涵要比工具广泛和深刻得多。

从知识论角度看,法国技术哲学家埃吕尔认为,技术是"在一切人类活动领域中通过理性得到的就特定发展状况来说,具有绝对有效性的各种方法的整体",但实际上这样的看法有些过于含糊。在这种认识看来,技术知识也就是一种工具或者对物质工具的知识表达,其本质是工具论的一种延伸。

第三种解释是认为"技术是一种人类行为"或者"技术是一种文化活动",持这种看法的代表人物是美国技术哲学家皮特(J. Pitt)和R. 麦基。后者把技术定义为一种同科学、艺术、宗教、体育一样的具有创造性的、能制造物质产品和改造物质对象的、以扩大人类的可能性范围为目的的、以知识为基础的、利用资源的、讲究方法的、受到社会文化环境影响并由其实践者的精神状况来说明的活动。这样的看法将技术与技术活动的概念混淆了,与知识论一样,缺乏对人类活动的具体划分。

最后一种看法认为技术是技能、方法、手段、工具和知识的某种组合或总和。如法国哲学家狄德罗的定义。除此之外,英国技术史专家查理·辛格的定义是:"人类能够按照自己意愿的方向来利用自然界所储存的大量原料和能量的技能、本领、手段和知识的总和。"国内众多学者也大多持这种观点,认为"技术是人类为满足社会需要,依据自然和社会规律,对自然界和社会的能动作用的手段和方法系统"。但这实际上是一种罗列概念的外延来定义概念的做法,并没有描述清楚技术的内涵。

综上所述,对于技术的定义并非能够通过一两句话便能准确概括,技术应当包括几方面的内涵:第一,技术是根据自然科学原理和生产实践经验发展而成的各种技能、流程和方法;第二,施展这些技能和流程的工具和设备;第三,为了对所有资源进行管理而进行的有效组织和系统。

(二)技术创新的分类

根据不同的划分方式,技术创新可以分为不同的类型。

1. 按技术创新的内容划分

通过对"技术"一词进行定义分析,可以看出技术创新的内容包括工艺创新、产品创新、组织创新和服务创新。

工艺创新又称过程创新,通过采用新的或者改进原有的生产方法、针对生产或服务的过程进行改进,以达到提高生产效率、降低生产成本的目的。

产品创新,顾名思义,就是对产品进行改造,包括有形的实体产品也包括无形的服务,既可以是研发新的产品也可以是对旧有产品的升级改造,这样的创新往往能够带动整个行业技术的改进。比如,苹果手机的功能、操作方式乃至外观等都带动了全球手机行业的革新。

组织创新也可以称为制度创新,它是设计生产组织方式和生产关系的一种制度上的革新,美国经济史学家诺斯等人研究表明,组织管理方式的创新对于绩效有着重要的影响,且这种影响会越来越大,麦当劳的汉堡店营销模式就是一种十分成功的组织创新。

最后,服务创新是指将新的设想或技术手段应用到服务过程中,一方面技术创新的成果最终必然要通过商业化来实现,将产品最终转换为经济效益,服务创新便是连接产品和消费者的重要桥梁。另一方面,随着我国产业结构的转型,以信息产业为代表的第三产业迅速崛起,服务业在未来的产业结构中将成为无可置疑的第一位。因此,服务的创新是十分必要的。

其中,产品创新与技术创新是相辅相成的。一般情况下,工艺的创新往往能够带来产品质量的提高甚至制造出新的产品,而产品创新也往往要求工艺的改进,使新的产品创意在技术上得以实现。比如,智能手机是随着网络技术的发展而逐渐兴起的,4G网络技术的发展更是直接催生了4G手机的出现。

2. 按技术创新的影响程度划分

根据技术创新在经济发展过程中发挥作用的程度,可以将其分为渐进性创新、突破性创新、技术系统创新和技术经济模式创新四方面。

渐进性创新存在于几乎所有的生产和服务活动中,通过科研项目或者更多的是出自从事生产和服务的一线工作者,这种创新往往是由需求压力和技术发展而导致的。比如,人们日常生活中离不开便携的塑料袋,但出于环保的目的而不得不减少其使用,而环保型的塑料袋或餐盒便应运而生。另一种形式的渐进性创新体现在对整个系统中某一部件进行改进,比如在汽车的系统中采用监控技术,使得汽车的倒车更加方便和安全。这种创新不断出现在我们身边,尽管它并没有产生重大的突破,但却在持续不断地出现,慢慢地影响着我们的生活,因此也称连续性创新。

突破性创新,一般是由企业、研究机构的研究引发,这种创新并非是连续的,而是突变性的、对产品的质量和生产效率有着极大的改善作用。比如,2013年的iPhone5s配备了Touch ID指纹识别传感器,是第一个真正意义上的指纹识别技术。这种突破性的创新使得苹果公司能够始终保持在行业的领先地位。

技术系统创新,是渐进性创新和突破性创新的组合形式,伴随着众多厂商在生产活动中不断改进生产方式和管理方式,加之突破性创新对其强大的刺激,从而影响着多个经济领域甚至催发全新部门的出现,对整个经济系统产生影响。

技术经济模式的创新,指的是影响十分深远重大的发明,这种创新甚至会带来整个生产方式和生产规范的变革,对整个行业的发展有着巨大的推动作用。体现在生产的全过程中,最典型的便是三次燃料革命的发生。

3. 按创意来源划分

创意,是创新的前提,一个具有广阔市场前景并且可行性高的构想是将技术创新变成现实的关键部分。而按照创意的来源划分,可以将技术创新分为模仿创新、合作创新和自主创新三类。

模仿创新是在别人已有创新的基础上进行改进的创新形式,这种创新并非是一味地照搬照抄,而是要在原有的基础上进行具有自身特色的改进,能够在某些方面甚至整体上超越原作。

合作创新则是指企业与企业之间、企业与研发机构之间进行合作开发的创新模式。在现实中,一个企业往往缺乏相关的人才、设备或缺乏承担高风险的能力,不得不与其他企业或研发机构进行合作,实现优势资源的互补、风险共担和资源的共享,这种创新方式是十分普遍的。

自主创新就是企业依靠自身的人力、物力和财力,独立进行研发并获得自主知识产权的创新形式。尽管这种创新形式往往需要耗费较多的资源,适合有一定基础的企业采用,但在这个过程中,企业有很强的独立性和自由性,并且一旦成功,能够给企业带来十分丰厚的回报。

一般而言,上述三种模式是企业由弱变强所必然经历的过程,企业成立之初往往实力不足,因此只能通过模仿创新模式,尽可能规避风险来不断进行资本积累。而随着企业实力的增强,具有了一定能力但又不足以进行自主研发时,寻找合适的盟友弥补自身的不足是必要的。等企业规模和实力强大后,自主创新往往能进一步增强企业的核心竞争力,使企业拥有更高的辨识度和更好的市场口碑。

二、技术创新模式

我们已经分析讨论了"技术"一词的定义以及技术创新艺术的几种分类方法。

其中,按照创意来源划分的模仿创新、自主创新以及自主研发三种形式。实际上,模仿创新、合作创新和自主创新是技术创新的三种常见模式。

(一)模仿创新

模仿创新,是指企业通过购买相关的核心技术或者对率先进入市场的产品进行研究和分析,提取其中蕴含的创新思路和技术乃至失败的经验教训,并在此基础上进行工艺的改进,从而实现在产品质量、性能、成本、营销等方面提升。

1.“模仿”是“创新”的开始

“模仿”与“创新”两个词从词义上好像存在冲突,但实际上“模仿”是一切“创新”的开始,只有“站在巨人的肩膀上”,才能看得更远。“模仿”并非是一个贬义词,我们每个人从小到大也是经历了无数次的模仿:不论是说话、写字、唱歌、画画等,每一项活动的最初都是从模仿开始的。

罗多伦咖啡的创始人鸟羽博道说:音乐、陶艺、美术、体育等,无论任何领域,被称为名人、名角的人,最初都是从模仿前人出发,然后超越前人不断精进。天才画家毕加索在年轻时,也是参考朋友的构图,培养自己画家的素质。从这个角度来看,跟进创新就是一种创新。

从商业角度来看,“模仿”绝对不是一味地照抄照搬,更不是赤裸裸地抄袭和山寨,而是需要理性地思考和辨别,从企业自身的实际情况出发,对市场中优秀的产品、先进的管理方法进行选择性的吸收,并吸取那些失败的教训,实现企业的优化升级,并在这个过程中逐渐积累经验和实力,持续性地不断改良和优化,最终实现跨越式发展,成功地实现向自主创新转型。

2.模仿创新的优势与不足

尽管自主创新能力是衡量一个企业核心竞争力的一个重要内容,但是并非所有企业都拥有自主创新的实力与精力。

模仿创新有着十分明显的优势。模仿创新模仿的内容主要集中在商业行为的中后段,并不需要在前期付出用于研发的成本,也不需要承担研发失败的风险。同时,企业在选择模仿对象时,往往选择技术相对成熟、信誉相对良好的企业,这些企业在进行研发前,必定对市场进行了一定的调查,产品推向市场后,也往往能迅速收到市场的反馈,中小企业在进行模仿时,并不需要再次花费人力、物力研究市场情况,也就能尽可能地避免走弯路。而成功的“模仿”,是在继承别人优势的情况下,始终保持自身的独特性、维持自身的风格,从而达到“后来者居上”的效果。

因此,从以上角度来看,率先模仿也是一种创新。突破性的创新每天都在发生,能够在众多的创新中,在技术不对称、信息的不对称、消费的不对称、空间与时间的不对称情况下,破除技术上的壁垒,迅速地对自己的产品、管理和服务的优化方向进行定位,本身也就是一种创新。

不过,值得注意的是,模仿创新也有着其必然存在的弊端。一方面,由于模仿创新需要模仿对象,因而企业往往处于一种相对被动的地位,只能在别的企业的全新产品推入市场后才能跟进,这往往就意味着失去了一部分市场。尤其是一些定位为模仿的企业,在瞬息万变的市场面前,往往无法及时应对市场变化,更有一部分企业不分青红皂白地生搬硬套,给企业带来毁灭性的打击。另一方面,模仿创新往往受到技术壁垒的制约,而企业的核心技术并非如此容易被破解,企业在花费大量精力后可能仍旧会一无所获。此外,率先取得技术创新成果的企业往往能在行业中获得较高的荣誉和竞争优势,即使模仿也只能实现相对的优化。

3. 提高模仿创新能力

企业需要提高市场的敏感性和对信息的收集能力,能够快速地获得行业内领先企业的成果及其相关信息,针对这一内容调整自身的战略。一般来说,信息的来源主要有科技报告、专利文献等,还可以通过订购资料、现场收集以及与相关科研机构合作等,以便能够迅速获得准确的技术信息。

企业应当不断提升学习、改进技术的能力。既然模仿创新比起原创者来说,已经在市场方面落后,只有缩短消化的过程,并且在这个过程中对之进行二次创新,如对产品的设计、制造工艺、制造材料等进行改进或融合,尽可能实现模仿创新与自主创新的融合,才能和原创企业相竞争。

企业还应当在市场管理与人力资源管理方面下功夫。模仿创新的企业往往在市场方面处于相对的劣势,因此要努力地获得消费者的认可并且尽可能树立自己的品牌特色,在更加精细的方面努力超越对手。在这个过程中,注重自身创新能力的培育,为未来自主创新奠定良好的基础。

(二)合作创新

合作创新是指以企业为主体,与其他企业、高校、研究所等研发机构进行合作开发研究的一种创新模式。这种模式强调两者之间的合作,不仅强调企业对有利成果的吸收,还强调两者之间互通有无以及信息的共享。

1. 合作创新的优势与不足

合作创新可以为企业带来很多的好处,对于中小企业来说,其本身实力不足,承担风险的能力不够,自主创新也很难实现。他们之中尤其是一些具有特色和长处的企业,通过与研发机构甚至是其他规模较大的企业进行合作,能够实现成本和风险的分担,合作双方能够实现优势互补。合作创新是合作多方相互共享知识和经验的过程,在这个过程中能够进行经验、知识及技术的交流和沟通,从而达到取长补短的效果。

合作创新发生在两个及以上的组织之间,尽管可以实现风险共担,但实际上也使风险更加分散,一旦中间哪个环节出现问题,也容易对整个项目产生影响。一些企业也存在"搭便车"的现象,合作双方中会出现为了降低成本或知识外溢的情况而采取不作为的方式。与之相反的是,一些企业在和本企业合作过程中,通过学习和模仿很有可能培养出竞争对手,为企业的发展产生影响。

2. 合作创新中战略伙伴的选择

鉴于合作创新的不足,选择恰当的战略合作伙伴便十分重要。良好的合作是基于合作双方能够实现某些方面的资源互补,并且能够有大致相似的战略目标。因此,企业在选择合作伙伴时,应当首先考察潜在合作伙伴的战略目标、近期发展内容以及企业信誉等情况,并根据自身创新内容决定合作创新的形式并挑选相应的合作对象,对双方的资源互补情况进行评估,最后双方进行洽谈并签订合作协议,保证双方在合作过程中能够各尽其能。

(三)自主创新

自主创新是企业依靠自身的科技力量实现创新并且管理和控制创新的整个过程,通过独立研发来实现技术的突破性进展。自主创新也并非要求企业对所有技术进行研发,其外围辅助内容可以进行外包或购买,但其核心内容由企业独立完成。

1. 自主创新的过程

通常,企业进行自主创新可以分为以下四个阶段:

第一阶段,企业在经营战略的指导下,以市场为导向制定研发目标,设定研发的主要方向。

第二阶段,分析客户需求,根据市场调研所得的信息反馈将客户需求转变为技术概念。

第三阶段,对技术概念进行研发,将其逐步转化为可以具体操作的技术流程,包括对硬件工具的研发和对软件技术的研发。

第四阶段,将技术概念进行试制,转化为具体的产品并进行商业化,推向市场以获取经济效益。

2. 自主创新的优势与不足

自主创新能力无疑是企业核心竞争力的重要组成部分,是其保持行业领先地位的重要保障。因此,近年来国家大力提倡企业和国家的核心竞争力,鼓励有实力的大型企业进行自主创新。

企业实行自主创新,能够使在技术上实现垄断,这无疑为企业发展提供了广阔的市场空间,即使其他企业跟风模仿,也能够趁其模仿阶段迅速占领市场。随着科学技术的进步,一些具有高新技术的创新项目很难被其他企业所模仿,加之国内对于知识产权保护力度的不断加大,这无疑使得企业的特殊地位得以凸显出来。而当其他企业跟风模仿时,企业又可以进行下一代技术的研发,不断实现技术的更新换代,始终引领行业方向。久而久之,企业便会建立起良好的信誉和形象,培养大量的忠实顾客。企业在从研发到生产再到销售的整个环节中,能够根据实际情况及时提高企业的管理能力和管理水平,实现整体的优化,从而获得更大的效益。

3. 提高自主创新能力

自主创新是一项系统工程,企业作为自主创新的主体,创新意识是进行创新的先导。增强自主创新能力,增强企业核心竞争力,已成为企业发展的关键。同时,企业是市场经济的主体。因此,企业应实施激励自主创新的各项政策,加大企业体制创新和管理创新的力度,积极推进现代企业制度建设,完善法人治理结构,为企业的技术创新提供体制机制保障;充分发挥企业内部各种研发机构的作用,培育有效的激励约束机制,加强知识产权保护,充分调动科研人员的积极性,为企业的自主创新奠定必要的制度基础。

此外,还应当加强自主研发队伍建设。高素质人才是自主创新、科技开发的最重要资源。企业设立的研发中心,开发中长期的应用技术和有关的基础技术,用于发展潜在的市场需求,需要有专业队伍从事研发工作。企业应通过选拔、招聘、再培养或者企业与教育、科研机构重点培养等方式,着力培养和吸纳研发人才。

三、提高技术创新能力的策略

(一)加强创新资源投入

1. 研发投入

所谓研发投入,包括研发费用、研发人员等方面的投入,这是研发活动能够顺利进行的保证。企业要想提高技术创新能力,就要加大对研发的投入,从而开发出新产品。而研发人员是企业技术创新的直接操作者,对研发人员的投入也是研发投入的重要部分。除此之外,研发设备也是研发投入的一部分,好的设备能够使企业在研发过程中得以减少失误,与此同时,技术研发有时也需要新的设备才能得以实现。

2. 非研发投入

非研发投入,指的是技术创新活动中除了研发投入的其他部分,主要包括市场调研、产品创意设计、广告宣传等投入，还包括企业通过购买相关技术时的投入和非研发性人才的投入。技术创新绝非只有几个技术人员便能独立完成，一项新技术的完成离不开整个企业的共同努力甚至与其他企业或研究组织的通力合作。

3. 技术创新人才的投入

技术创新说到底是人才创新，将优秀的创新人才投入研发中，与创新的成败和影响程度有着很大的关系。通常，这些人才大致可分为创新管理人才、科学家或工程师、生产工人、营销专家以及情报专家五类。这五类人才相互补充，协调一致构成整个创新的系统。在进行创新活动时，将他们组成开发小组，实现不同技术创新人才的协同作战，从而提高创新能力。

(二)提高科研开发能力

1. 企业的技术积累

企业的研发能力是建立在企业技术体系基础上的，这既包括企业的硬件设备等有形的系统，也包括技术知识、经验、规范、技巧等无形的系统。企业在长期的生产过程中，通过技术知识沉淀和设备的更新换代，形成了不断完善的、具有累积性的、无法言传和复制的企业特色技术文化，这是企业创新中的宝贵财富，也是企业技术创新的关键和核心内因，这些因素也常常能够帮助企业在面临屏障时产生突破性进展。

2. 企业的研究与开发

研发在技术创新中发挥着决定性的作用，研发的内容一般分为基础性研究和应用性研究。前者一般是大学或研究所等研究机构进行的没有特定商业目的、以探求知识为目标的研究活动，它为研究提供了基础理论和思路。后者则具有明显的市场指向性，与生产、销售等活动直接相关，并对改善企业生产技术、培养技术人才有着重要作用。因此，企业应当具有长远的眼光，加强对技术人才的培养和利用，提供合适的科研环境，不能仅仅着眼于眼前的利益，忽视技术创新和创新人才的培养。

3. 技术的工程化

企业在对新产品进行大规模生产前，需要将技术成果转变为生产技术。通常，将技术成果转变为生产技术需要经历以下四个阶段：

第一，初步设计，对新开发的产品方案进行专题的实验研究或者模拟实验，证实并努力提高方案的可行性，从而更加规范各个部件的规格。

第二，技术设计，在初步设计的基础上，绘制产品总图、部件的结构图和装配图，对产品进行经济分析。

第三，工艺设计，将零件的工作图、明细表、产品说明书及操作方法等提供给生产方。

第四,中间试验,即制作样品对新产品和新工艺的全部特征和性能进行检验,并再次审查工艺问题并修正图纸。最终实现新技术向产品大规模生产的转化。

(三)建立有利于创新的新环境

1. 市场环境

企业技术创新的根本目的在于通过推出新的产品或工艺,满足市场需求并得到更加丰厚的经济利益。因此,市场环境对企业的创新活动有着重要影响。从大的角度来看,在当今经济全球化的大背景下,不论大企业还是中小企业,都应当尽量将自己的发展定位于面向国际市场,以获得更加广阔的市场环境。从微观角度来看,稳定的、相对垄断以及适度竞争的市场环境更加适合技术创新。企业进行创新的目的在于获取利润,而技术垄断有利于保护企业的创新技术、激发企业创新的积极性。市场环境是客观存在的,企业往往难以影响。因此,企业只有努力适应市场,并且确定正确的营销战略,积极开拓新市场,从而使企业在环境变化中处于主动地位。

2. 技术环境

技术创新,首先需要技术,只有将技术设想转化为产品,才能增强企业的竞争力。企业的技术可以从外部获得(如模仿或购买),也可以由自身研究开发取得,这都离不开大的技术环境。国家所建立的大学、研究所等科研机构的水平,直接关系着创新人才的质量,也关系着企业的技术创新能力,因为往往能够进行自主创新的企业相对较少,而能够进行创新的企业也离不开社会培养的技术人才。因此,努力构建一个高效率的科研体系,提高科研工作的水平和质量,营造良好的技术生产环境是非常必要的。

3. 政策和法规环境

国家的法律法规以及相关经济政策对企业有着直接的影响,在市场经济的条件下,国家政策能够调整市场导向,规范市场环境,弥补市场的不足,为企业技术创新提供相对公平和稳定的环境。企业在创新过程中,要及时了解和利用国家的政策和法规,尽可能在企业内部营造有利于创新的资金环境、技术环境、文化环境等。国家也应当在这个过程中,不断完善各项法律法规,加大对中小企业的扶持力度,加强对于企业创新的支持力度。比如,加强对知识产权的保护,营造有利于技术发展的市场环境,加大先进技术的引进和吸收等。在这个过程中,政府要严厉打击妨碍市场正常秩序的行为,要充分发挥市场在资源配置中的基础性作用,尊重市场规律,不能越俎代庖,保持政策法规的稳定性。

第三节　企业服务创新艺术

一、服务创新艺术概述

(一)服务创新艺术概念

1. 从"熊彼特创新理论"出发定义

熊彼特的创新理论对西方经济学界产生的影响是十分重大的,许多学者都从这个理论出发,对服务创新进行定义,他们认为服务创新是新的、改进的产品及服务,在服务中使用新的技术或对原有的技术进行改进。一些学者也提出了采用新的运营手段、组织结构等方式也是服务创新,其内涵涉及经济、技术、社会、方法论等角度。由此可见,这些概念大多是对制造业的服务创新进行了扩展,认为技术创新的成果将会转移为服务创新,但是实际上一些非技术性的创新,如单纯的服务业就被忽视了。因此,这种定义实际上是没有看到服务业和制造业的区别。

2. 从服务业本质特征出发定义

随着第三产业不断发展并成为主要产业,一些学者注意到技术创新与服务创新的不同之处,并对服务创新进行了新的定义,认为它是人力资本、技术、组织和能力的集成,主要是采用新思想、新技术、新的管理手段对企业的服务流程进行革新,以便为消费者提供美好的体验。对于制造业而言,服务创新指提供产品以及为载体的特色服务,并通过相应的信息、资讯和技术服务等与消费者保持良好关系。这样的观点,实际上是在强调客户在服务创新中的作用。然而,由于服务产品的特性,服务创新的研究应该围绕服务产品的本质展开。

3. 从知识管理视角出发定义

另外还有一批学者,从知识管理的角度出发,认为服务创新就是利用新知识持续为客户提供新的、实用的技术支持,其目的在于提高应用领域的服务水平和质量。这样的定义实际上是服务创新的一个维度,并不能仅仅将知识管理看做服务创新,许多企业并没有从事研发的机构和活动。

综上所述,我们认为企业的服务创新指的是,企业服务人员改变以往的生产或工作方式,这种方式的改变既可能是由于制定了新的行业规范或对原有规则进行改变,也有可能是引入新的技术或产品,掌握新技术的员工得以使顾客更好地享受服务。

（二）服务创新的特点

1. 服务创新的无形性

服务创新与传统制造业的技术创新不同，服务创新具有无形性。它没有明确的载体，而是常常以无形的方式出现。比如，概念、过程、标准等形式出现，消费者看不到也摸不着。正因为如此，消费者即使在享受服务之后有时也难以感受其价值的存在。但消费者在进入服务企业后，会利用各种感官对服务企业的各种有形物品进行感知，从而影响消费者的印象。服务人员的服务素质和服务态度，往往是与消费者的评价直接挂钩的，能够在潜移默化之间，给消费者以心灵的享受，使消费者获得需要的信息和服务，无疑是服务创新的成功所在。因此，现在市场上出现了以输送创新的服务模式为主的企业，通过对企业员工素质的提升，进行服务模式的指导以获取经济利益。

2. 服务创新的客户参与性

服务，是顾客与企业双方的一种抽象化、互动化的交流。因此，服务有着明确的目标性，即满足顾客需求，且贯穿服务创新的始终，根据顾客的反馈及时进行相应的服务创新活动。在服务过程中，消费者往往自觉或不自觉地参与到服务创新的过程中，通过索取新的服务来丰富服务的内容，通过直接提供指导意见和建议，提高服务的质量和水平。随着科学技术水平的提高、产品的日益复杂和精细化以及人民生活质量的提高，企业已经很难满足顾客多变的、个性化的差别需求。因此，在一些领域顾客往往自己动手进行设计，而这些设计也许并不是十分完美，但往往能够给企业提供源源不断的灵感，顾客在这个过程中也能感到自己受到了尊重。同时，企业的生产经营活动也受到了顾客的监管。因此，企业不得不花费更大的精力，在产品广告的真实性、产品包装的精美和可靠性上下功夫。

3. 服务创新的多样性

服务创新的多样性一方面体现在服务内容的多样性。从服务创新的定义中就可以发现，服务本身包括的内容十分丰富，不仅仅局限于以提供服务为主要内容的服务业，还包括企业技术的改进、范式的创新、组织的创新等。另一方面，服务创新的多样性还表现为过程的多样性，发现问题的过程是十分多样的，而针对某一项服务进行创新的过程也是多种多样的，而这一般离不开新技术的进步与应用，尤其是信息技术。从这个角度说，服务创新是永无止境的，企业要在服务过程中努力发现可以改进的内容，通过引进新技术、制定相关的服务标准等，实现服务的创新。

（三）服务创新的分类

关于服务创新的分类，最初的学者将其分为技术创新和组织创新两类，认为服务创新是由技术创新引发,因而将技术创新看作服务创新的一种形式。随后有学者将创新分为社会创新、技术创新、复制创新和网络创新四种,其中社会创新包括客户参与和关联创新。也有学者从创新对象的角度出发,将服务创新分为产品创新、过程创新、组织创新和市场创新等。

随着服务业的发展和研究的深入,学者们越来越将关注点放在服务本身上面,并更多地关注非技术性的创新在服务业中的作用,并将服务创新分为以下几部分:

1. 产品创新。通过将全新的服务或产品引入市场,使得新的服务理念、过程或规范以及有形的商品用于服务中,直接改变了服务的内容和方式,从而实现企业对消费者的服务创新。这种服务创新的种类与原本技术创新很像,但不再仅仅限于有形的商品。

2. 过程创新。所谓过程创新,指的是服务在生产、传递或规程的过程中产生的创新,它是针对某一服务的运作过程而产生的。其中,在生产过程中的创新又称"后台创新",而传递过程中的创新则称"前台创新"。

3. 组织创新。指服务组织要素本身的变化,如组织形式和组织结构发生变化,组织的管理方式进行更新。组织创新有利于加强组织内部的交流和沟通,使组织接受风险、容忍冲突的能力提升,还能提升员工的工作积极性等。

4. 市场创新。指企业针对市场进行的一系列创新活动,如开辟全新市场或对原有市场进行更为细密的分工以及企业跨入另一个行业时发生的与其他行为主体之间的关系变化等。

5. 传递创新。传递创新充分反映了服务创新具有交互性的特点,顾客能够参与到创新活动中,反映了服务企业的传递系统或整个服务产业传递媒介中的创新,而传递的过程常常直接影响顾客的满意度。

6. 专门化创新。指针对某一顾客的特定问题而进行交互并提供解决方案的创新模式,这种模式以咨询服务业的出现为标志。专门化创新不再仅仅依靠企业能够提供的服务,更重要的在于顾客的问题以及在回答问题时企业所体现出的专业知识和能力。由于这种服务往往仅局限于顾客与服务者之间,且多以经验性建议为主,因此也难以复制。

二、服务创新驱动因素

创新,是企业在一定的驱动力的情况下采取的一种积极的应对方式,学者们通过大量的研究分析,认为企业在受到来自企业内部和外部两方面的驱动力因素影响下,进行服务创新。

（一）外部因素

1. 轨道

轨道是企业组织系统中传播的概念和逻辑，这些概念和逻辑常常通过一些行为者进行传播并且扩散，从而与周围的环境相适应。创新活动与轨道之间是相互作用的，创新活动会对给定的轨道产生影响，同时轨道会对企业施加更大的作用，使企业在轨道规定的范围进行创新。轨道可以分为五种类型，即专业化轨道，针对不同的领域有着不同的创新活动；管理化轨道，针对新组织形式的一般性管理概念，如服务管理系统等；技术化轨道，服务生产和传递过程必须遵守相关技术的标准；制度化轨道，描述了服务企业外部环境制度的演变规律；社会化轨道，指的是一般性的社会规则和管理的演进，如法律法规等对企业创新活动影响很大。几种轨道方式并非是单独存在的，而是相互交织并对企业产生影响。

2. 行为者

行为者是人、企业或者组织，其行为对鼓舞企业的创新活动有着重要的影响，并常常成为创新过程中的组成部分。在行为者中，消费者是最重要的一类人，甚至有学者将其单独列为第三种因素，由于企业是面向市场的，消费者的需求越来越多样化，因此往往是创新思想的来源，甚至有些消费者直接参与到创新活动中。从而达到了创新从消费者身上来并应用到消费者身上的循环，企业在这个过程中则对新思想进行消化吸收并转换为具体的创新服务。

竞争者对企业的创新活动也十分重要，服务企业通过模仿竞争者的创新活动而实现自身水平的提高或者在竞争者的压力下，采取创新战略，提供更加优质的服务。除此之外，还有供应商的影响，技术供应商在创新活动中往往是重要的合作伙伴，通过采用新的技术和工具，促进企业服务的改进和提升，推动企业的创新活动，这是创新思想的重要来源和实践者。

（二）内部因素

1. 企业的战略管理

企业的战略管理是众多影响因素中最为重要和最为核心的影响因素，分为长期战略和短期战略。其中长期战略指的是企业对自身生存发展方向制定的一个长期规划，是指导企业各项活动的根本原则。而短期战略管理则是企业根据市场情况以及消费者偏好而及时进行应对的反映，具有相对灵活的特点。不论哪种战略管理方式，它都是企业在一段时间内的指导方针，如果企业将创新作为战略规划的主导因素，以此作为获取市场地位的根本方式，使创新活动成为企业为了主动选择和内在的动力。这是一种最为根本且最为有效的创新内部驱动力，是一个系统性的创新活动。越来越多的企业将其作为主导模式，通过对战略规划的制定和管理来推动服务创新。

2. 员工

员工是企业中的细胞,是每一项具体工作的承担者,也是企业服务创新得以实现的操作者和实践者。通过与顾客之间的交互作用,能够直接了解顾客的真实需求并产生新的思想。将这些新的想法结合员工自身的经验,通过一定的形式呈现出来,便成为企业内部创新企业家实行创新的具体措施。当然,由于企业内部的分工不同,员工也常常存在一定的分层,一些员工的创新想法也许并不成熟,而是在企业内部进行层层传递时,得以不断完善和发展,从而形成可实施性比较高的创新举措。因而,员工对企业服务创新具有十分关键的作用。

3. 创新部门

企业中往往有着专门负责创新的部门,他们对创新活动有着直接的责任,即负责在企业内部通过举办相应的活动等不断诱发和鼓励员工进行创新并搜集创新的想法,是一种十分直接但不是主要的创新驱动因素。不过,通过这样的创新部门,可以对创新观念进行搜集和整理,形成有针对性的创新理念,最终成为企业进行创新的重要来源并对创新的过程产生一定的影响。另外,创新部门还负责对创新方案进行整体的推广和跟踪工作,协助研发部门进行相关的事项和客户服务,因而常常成为企业内部的直接驱动因素。

三、各领域的服务创新艺术

(一)制造业服务创新艺术

1. 制造业服务创新概念

制造业针对其内部服务和外部服务的创新活动称为制造业服务创新。它是针对顾客的所有活动提供相关的服务进行创新,既包括狭义上对于企业产品的改进与创新,也包括以产品为主导的其他相关服务,即产品在生产、销售过程中及售后服务。针对以产品为核心的其他方面提供一系列的服务,能够增加产品的差异性。因此,通过提高服务水平,有利于企业增强自身竞争优势、扩大营业收入、体现企业特色等。

2. 制造业服务创新的方式

制造业服务创新的方式是多种多样的,在对产品进行制造开发的每一个阶段都有不同形式的服务创新,从其产生方面可以划分为技术进步中的服务创新与组织管理中心的服务创新两类。

技术进步中的服务创新,指的是企业在提供与产品相关的服务时,需要以制造产业的技术为支撑,通过对生产产品的技术进行创新,并经过重新包装,从而形成一整套完整的服务系统。这样的创新在制造业中比较常见,其本质是依靠技术进步来实现服务创新。

组织管理中的服务创新,是指产品在进入市场时,便在其他领域实现了与此配套的一系列服务,提出制造业新的服务概念。比如,分期付款、信用卡付款等新型金融业的服务,原本并非企业对产品的一种创新,但却为产品提供了新型的服务,这种服务是靠管理层的观念创新实现的。

3. 制造业服务创新的类型

按照服务创新的对象划分,可以分为服务产品创新、过程创新、组织创新和市场创新四种类型。服务创新就是对服务产品进行研发,在对市场需求进行分析后,对产品的功能定位、工作原理、生产流程以及外观设计等方面实现创新;过程创新是在一定程度上等同于产品的创新,但是它强调生产过程中服务于生产、传递及供给过程,因此服务过程创新又分为前台创新和后台创新;组织创新是指在一个团队或者组织的一个项目中,采用先进的设计或产品的过程,它是靠外部来驱动的;市场创新包括开拓新市场或对原有市场进行整合改进,利用新的产品来提高市场占有率。

4. 制造业服务创新的优势

随着第三产业的不断发展,在经济全球化的带动下,服务业已经成为全世界的核心产业,客户成为市场的导向。对于制造业而言,产品成本占销售额的25%左右,而销售成本及相关的服务则可达到75%左右。因此,企业只有注重服务创新,才能获取更大的市场利益,不断扩大市场。为此,企业应当把握市场热点,及时生产多元化的产品并对产品进行全方位配套服务,从而提高市场满意度。

(二)物流业服务创新艺术

1. 物流业服务概念

所谓物流服务,指的是企业为了满足客户物流活动需求而展开的物流活动,包括将顾客与其需要的商品,在顾客所期望的时间内将其送达,并保证货物的质量。而创新是希望客户能够感受到不同于以前的物流服务,对现有的物流服务包进行改善,或增加额外服务的成分。目前,我国物流业以每年4%的增长趋势逐渐占据市场份额,因此物流企业应当紧紧围绕客户需求,提供更丰富而又富有个性的物流服务。

2. 物流业服务创新发展趋势

目前,我国物流业服务创新主要有以下几个发展趋势:

第一,从基本服务向增值服务发展,传统的物流服务只是提供基础的物流服务。比如,仓储、配送等,缺少更具特色的服务。

第二,由物流功能向管理服务发展,现代的物流服务已经能够为采购、生产、销售等提供完善的配套服务,为客户提供一站式服务是未来发展的趋势之一。

第三,由实物流服务向信息流服务发展,即将具体的实物转变为信息,为客户在信息爆炸的时代中提供有用的信息,并对客户的财务、库存、技术乃至数据进行管理。

3. 物流业服务创新的方式

我国的物流发展时间短,资金不够充裕,对于市场的把握经验不够丰富。因此,企业应当点面结合,重点培养一定的客户再慢慢扩大市场。在创新过程中,要深入了解不同产业之间的差异,根据自身物流服务特点,为相应的生产行业提供服务,实现服务的个性化、多样化、细致化、灵活化。经过一段时间的发展,慢慢建立起现代物流服务信息系统,提升企业的专业化程度和信息化水平,从而构建独特的企业物流品牌。

(三)IT 业服务创新艺术

1. IT 业服务概念

IT(information technology)行业是伴随着互联网技术的发展而兴起的一个产业,具有广阔的市场前景。IT 服务管理是一整套通过服务水平协议来确保 IT 服务质量的协同流程,其目的在于为客户预先提供相应的信息,通过外包等方式,实现企业范围内的集成性服务。客户对服务流程并不需要清楚,而是将流程管理转换为客户需要的特定的软件服务。由于我国软件技术方面科研成果商品化率低,技术水平较低,因此 IT 业的服务创新是十分有必要的。

2. IT 业服务创新的发展趋势

我国的 IT 服务产业一直存在集中度不高、软件重复开发、资源浪费等问题,因此改变传统的合作模式,借助新型的互联网思维进行平台化是 IT 业服务创新的发展趋势。实现平台化后,任何公司、个人可以将自己的成果上传到平台,减少软件的重复开发,同时帮助企业改变原有的组织形式,使大量外部力量补充进来,让企业放弃全量+全时的雇佣模式,建立新型的外包合作模式,最终能够激发产业的创新和变革。

3. IT 业服务创新的影响因素

IT 服务创新与许多因素密不可分,它要以整个系统为导向,新的 IT 服务概念的产生要通过详细调查和了解客户的需要,制订符合客户需要的方案。此外,先进的技术是推动服务创新的重要动力,一些商业客户则是为了解决自身的管理问题而引入 IT 服务。因此,往往商业管理知识和理念将促进 IT 服务的创新。IT 业为了更好地适合社会发展的需要,也需要对企业内部员工进行素质培训,并建立更加灵活的组织结构。

(四)零售业服务创新艺术

1. 零售业服务概念

零售指的是商品经营者将商品卖给个人或者团体的交易活动,零售商在向消费者提供商品的同时还附带了相应的服务。因此,经营者为了更好地实现市场利益,就需要设定一系列的计划和活动来提高顾客购物的便利性和舒适性。然而我国零售业缺乏一定的创新能力,仅仅模仿国外的零售模式,并且服务意识不强,甚至服务态度较差,只将关注点放在顾客的实际需求和利润上,一旦交易完成便不再关注。

2. 零售业服务创新的关键点

影响零售商进行服务创新的关键点赢得顾客的积极参与。从企业角度出发来看,企业员工在服务中扮演着十分重要的角色,他们不仅直接与顾客交流,更体现着一个企业的文化和价值观。除此之外,企业在行业内的地位以及其资金实力也是影响服务创新的重要因素,一些实力相对较弱的企业只是一味地模仿。从顾客角度看,顾客的参与可以直接提高企业对服务创新的支持,零售商进行服务创新成功与否取决于顾客的参与程度。但是,由于顾客心理的多变性,及时捕捉顾客的心理变化,赢得顾客的积极参与,也能抢占先机,成功实现服务创新。

3. 零售业服务创新的策略

零售业服务创新首先要从观念上实现创新,要树立以人为本和顾客至上的理念,最大限度地满足消费者的需求;要提供齐全的设施,通常较大的零售企业应当提供充足的停车位,并适当添加一些餐厅、游乐场等,实现多元化服务;另外,企业可以努力发展电子商务,开展网上服务,进行虚拟零售,这样的消费方式既省时省力,又能事半功倍。在这个过程中,企业也因当做好相应的服务工作,通过网络向顾客提供产品的详细信息并做好售后服务。

(五)金融业服务创新艺术

1. 金融业服务概念

金融业是指能够提供金融商品的行业的集合,包括保险业、证券业、银行业等,具有高风险性、高垄断性、高负债经营等特点。金融业作为重要的中间服务,为借贷双方分担了风险,同时为商业活动配置资本提供了便利。金融业服务创新工作,包括使用新的金融工具、新的融资方式、新的金融市场、新的支付清算手段以及新的金融组织形式与管理法等内容。

2. 金融业服务创新内容

金融业服务创新的内容十分丰富,涉及服务形式创新、服务载体创新以及服务主体创新等。服务形式的创新应当更加主动化和效能化,更加强调服务的质量和效率,强调企业应当主动走进市场,从而加快资金循环速度。金融服务需要通过一定的载体才能实现,应当引进先进的金融工具,更好地利用网络和电子设备。从事金融行业的人员,应当努力提升自我的素质,跟上行业知识和技术更新速度,将金融服务创新的被动型转变为先导型,带动企业创新。

3. 金融业服务创新模式

金融服务业的创新分为渐进式和突破式两种,渐进式创新模式,强调企业针对服务和技术研发进行投入,加强与相关研究机构的合作,并对已有创新进行内部整合或对产品进一步改进,从而产生更加高效的服务。而突破式创新模式则是企业针对创新平台架构开发新业务,通过相应的部门或团队,针对市场需求和发展趋势,制定全新的业务内容,满足人们更加多元化的需要,并借此提升企业的竞争力。

第四节 企业营销创新艺术

一、营销创新艺术概述

(一)市场营销概念

1. 营销与营销创新

所谓市场营销,就是个人和群体通过创造和交换产品来满足需求和欲望的一种社会和管理过程,其核心内容有三点:第一,市场营销的目的在于满足需求,对于商业活动而言,既包括满足消费者的需求,也包括满足企业发展的需求;第二,市场营销的核心是"交换",交换是一个在双方都自觉自愿的情况下,为了满足某种需要而进行的价值相等的活动,而商品交换则必须是在经济市场中,每一方都有运送和沟通运送货品的能力;第三,交换过程能否实现取决于产品和价值能否满足消费者的需要以及交换过程中的管理水平,交易双方通过商品交换达成协议由双方认可的时间、地点和条件进行交换。

营销是企业成功的一项基本技能,是连接市场与企业的桥梁和纽带,如何向消费者推广自己与自己的产品,以获得消费者的认可,并在此基础上将企业各种资源优化组合,决定着企业能否在市场上存活。营销能够沟通产销两者在实践和地点上的差异,使消费者及时买到需要的产品,实现商品所有权的让渡和转移。营销创新需要企业结合自身资源掌握情况以及能力状况,寻求在营销过程中对某一方面的变革,不论是技术变革还是观念变革,只要不损害消费者和社会的利益秩序,企业都应当努力实现市场营销的创新,提高产品交换过程的效率。

2. 市场营销的具体要求

市场营销并非是单纯的增加产品的销售量,其本质目的在于使企业利益最大化。因此,市场营销必须确保企业的战略与市场需求相符合,具体包括以下几种具体要求:

第一,刺激需求。消费者有时会对产品抱有一种漠不关心的态度,甚至可能因为某些特殊原因对其产品或服务有着厌恶的情绪,这时营销者应当设法弄清这种情绪的原因并努力纠正,促进消费者对产品的了解程度,从而达到刺激需求的目的。

第二,维持需求。许多企业受时间、季节等许多不可控因素的影响,对产品的需求有着较大的波动,因此营销者应当努力维持较为饱和的需求状况,通过采用促销、打折等方式,调节供需,实现供求平衡并维持现有的需求。

第三,限制需求。供需关系一直是企业所必须努力调节的关系。一般来说,当供不应求时,企业才能更好地获得利益,一味扩大生产有时反而会使产品贬值,一些站在产业链较高端的企业可以通过限制生产来减少供给,以提高自身知名度,维持高利润。而一些不符合社会需求的甚至是有害的产品,企业应当自觉加以抵制,不能为了眼前的利益而放弃长远利益。比如,三鹿集团为了谋取利益,降低生产成本,在奶粉中添加三聚氰胺等行为,严重危害消费者健康,最终导致了企业的消亡。

(二)营销创新的特征

1. 风险性

营销创新作为企业创新活动的一部分,也有着较大的风险性。一个失败的营销创新活动往往会使企业丧失元气,对企业产生十分不利的影响。一方面,企业在进行创新活动时往往投入大量的人力、物力和财力,并且耗费大量的时间,而创新的结果并不一定能够得到市场的认可,这会给企业带来损失。另一方面,不恰当的营销策略会使企业对产品的定位发生错误,甚至对企业的声誉也是一种打击。

2. 高效性

营销创新与其他创新活动相比,具有高效性和灵活性的特点。企业的营销策略能够十分迅速地投入产品的生产和销售过程中,尤其是企业的营销活动往往是对已有产品进行宣传,准确地总结产品的特点,将企业的定位与产品的特色进行总结归纳,并选择合适的营销手段。一旦策略制定正确,就能迅速在市场上形成规模并引发消费者的反响,从而获得较好的市场效益。

3. 复合性

在当今网络技术和大众传媒发展的时代,营销创新的方式也越来越丰富,营销创新观念也层出不穷,企业对产品的宣传更是不遗余力以求获得良好的市场效应。因此,企业往往并不局限于只使用一种营销方式,而是形成一整套的包装和宣传流程,其中可能掺杂多种营销手段,并且根据市场反应、传播媒介以及受众群体的不同,而不断进行调整,尽可能满足消费者日益多样化的需求。

4. 动态性

在知识经济时代,知识对经济发展的贡献越来越大。营销创新的动机可能来自外部环境的变化,比如市场需求、政策的改变、行业规则等,也有可能来自企业内部,比如技术的突破、创新意识的改变、组织形式的变更等。总之,营销创新并不是一个一成不变的过程,而是处于不断变革中,企业根据一次次的营销策划所收到的反馈,不断调整营销策略,才能最大化给市场以冲击,从而凸显自身。

(三)营销创新的内容

市场营销创新内容丰富,包括很多方面。企业在进行营销创新时,可以从这些方面入手,提高营销水平。

1. 营销观念创新。所谓营销观念,指的是企业在开展营销活动时,处理顾客、社会与企业三者关系所采取的态度和观念,包括生产观念、产品观念、推销观念、市场营销观念和社会营销观念等,其中值得注意的是推销观念,目前市场上仍然存在着变相强买强卖的现象,引发消费者反感。因此,企业在进行推销时要注意方式和策略。

2. 营销组织创新。现代化企业的营销组织正在经历一场较大的变革,呈现出联合化、扁平化和概念化的趋势,这与经济全球化是分不开的。许多企业纷纷与其他企业合作,并缩减营销组织层级,使营销效率和灵活性提高。而概念化是指企业借助网络技术实现虚拟经营和销售,使营销组织从实体化走向概念化,化整为零并不断完善内在功能。

3. 营销渠道创新。所谓营销渠道,包括渠道决策、渠道选择、新渠道应用等,目前最受欢迎的营销渠道为网络渠道。网络渠道不单单是一场技术革命,更由此带来了营销观念和营销模式的转变。从观念角度来看,网络营销的发展带来了虚拟营销、顾客参与式营销、双向互动营销、远程营销等多种营销观念,使得企业可以从网上对顾客进行产品满意度调查等。

4. 营销技术创新。所谓营销技术不仅指的是产品的创新,还包括产品的定价、分销、促销、客服等技术,不同的领域有着不同的技术。比如,电视和网络的使用对于营销而言就是一场突破性革命。另外,对于不同领域的理论分析等也属于技术创新。比如,BGG矩阵分析方法分析顾客满意度,并提出改进顾客满意度的途径和要素等。

5. 营销组合创新。营销组合创新来源于美国西北大学教授科特勒的营销组合理论,他提出了一套市场营销战术,称为4P'S,即产品(product)、价格(price)、渠道(place)和促销(promotion);随后,罗德明又提出了4C理论,它将营销推向了前台,即消费者(consumer)、成本(cost)、便利性(convenience)和沟通(communication)。这种营销组合实际上是对多种营销需要关注的内容进行有机的结合。

6. 营销手段和方法创新。所谓营销手段和方法,指的是企业在进行营销宣传时所采用的一系列具体的举措。比如,注重品牌的效益而进行文化营销、为实现社会可持续发展而进行的绿色营销等,同时也包括企业通过打折、广告宣传等方式。对此,后文将会进行详细叙述。

除此之外,营销创新的内容还包括营销产品创新与服务创新,因在前文已经详细论述过,因此这里不再赘述。

二、营销创新趋势

(一)全球营销

1. 全球营销的概念

全球营销指的是企业在生产和销售某种商品或服务时,制定一个单一的标准化的营销策略来满足全球范围内多个市场的不同需要。全球营销由于其广阔的市场前景而获得较高的市场收益和竞争力,实现全球营销的首要步骤就是要形成一种鲜明的价值观和品牌特征,并用统一的形象、服务、文化理念等在全球范围内传播。全球营销是借由技术的进步、贸易的自由化和资本流动的自由化而实现的,是经济全球化的重要内容之一,它常常涉及多个企业之间的联合尤其是跨国公司与本土公司之间的合作,管理方式、内容以及人员既有企业自身的特色,有时也会结合当地本土特色,具有一定的多样化特征。

2. 全球营销战略形态

跨国公司受全球市场环境的影响较大,其经营视角也与一般企业不同,随着其涉入市场越深,海外经营对于公司的利益影响也就越大。跨国公司的最初形态是出口营销,依靠本国的生产设施和人员对国外市场提供商品。随后是进行国际营销,企业从本国以外的地区为目标市场提供产品,将原有的营销策略和产品延伸到国外,设立常驻机构。随着经营的扩大,企业开始进行多国营销,注重不同市场之间的差异性并直接投资国外市场,建立分公司。最终实现全球市场营销,在所有国家内使用几乎相同的营销策略,创造全球品牌。

3. 全球营销的战略特征

跨国公司的营销战略有着其显著的特点,跨国公司的目标市场是全球,因而应摒弃狭隘的民族观点,以全球观为导向,协调公司在全球的利益。跨国公司往往需要与其他领域的企业组成战略联盟,从原本的竞争状态走向互利共赢,共生营销成为跨国公司全球营销策略的主流。全球营销也需要企业在知识与技能方面更加超强,不论是从产品的开发还是员工的推销能力,都需要不断汲取先进的知识和经验,包括不同文化背景下产生的更加多元化的知识,激发企业的学习动力,实现整个企业的不断完善和提高。

(二)知识营销

1. 知识营销的概念

知识营销就是以知识和技能为产品,企业通过深入浅出地向大众传播知识产品及其附属产品,进而使消费者萌发对新产品需求的一种促销行为。知识营销往往使消费者不但能够获得物品,还能够得到相关的文化、知识,消费者因提升自我而获得满足感。企业能够将知识循环利用,并不断随着社会技术的进步而进行创新,从而实现消费成本的降低和消费市场的扩大。因此,企业应当深入挖掘产品文化内涵,提高营销队伍素质,使产品更加智能化、个性化。

2. 知识营销的特点与优势

知识营销是创造、使用和提升知识的一种全新营销理念,它将信息技术、市场决策等体现人的素质和能力的环节统一在一起,以科普为先导,向市场传播先进的知识理念。目前市场上消费者普遍面临选择困难,大量外表相似的产品层出不穷,知识营销便是解除消费者心中的疑惑,使消费者选择真正适合自己产品。由于知识营销者本身在不断学习,因此会引导市场不断创新,实现营销活动的可持续性。消费者在长期接触中,会慢慢对企业产生依赖,从而实现企业与消费者的合作双赢。

3. 知识营销策略

知识营销本质是依靠科学技术的不断进步,但技术应用需要方向指导。因此,企业要建立新产品的概念,将市场的需求转化为具体可操作的生活、生产理念。理念形成后,要以产品为媒介进行科普宣传,从而顺利实现对产品的推广。知识营销的另一表现为周到的服务,通过在售前、售中和售后的服务,让消费者体会到更加新颖和细致的服务,并从中学到知识。一些企业还主动参加公益活动,在此过程中推广相关知识并提升品牌知名度,从而实现企业社会效益和经济效益的统一。

（三）绿色营销

1. 绿色营销的概念

绿色营销源于人们对环境的保护意识,20世纪的两次工业革命极大地提高了生产力,也提高了人们改造自然的进程和方式,由此而来的环境问题也越来越严重。20世纪70年代,环境保护运动发展起来,从而引发人们对于环境问题的思考。尤其是近代以来出现的世界性环境问题更激发了人们对于环境问题的重视。旨在保护生态环境、减少污染排放以及保护消费者健康的绿色消费意识开始兴起,绿色观念也由此进入企业的营销活动中去,努力实现企业、消费者和环境三者的统一成为企业营销的主要目标。绿色营销就是企业通过致力于商品交换过程满足人们绿色消费需求、履行环境保护责任和义务,并实现自身盈利而进行的营销活动。

2. 绿色市场主体分析

绿色市场的主体主要有两个,从生产者角度来看,生产者是市场的主体,其主要任务在于生产绿色产品、避免环境污染以及引导绿色消费。企业应当努力生产低碳、环保的产品,并且在生产的过程中,对"副产品"进行二次利用或进行良化处理,保证排放的污染物降低到一定标准。这也可能会造成绿色产品的生产成本高于一般产品,因此企业应当努力引导消费者建立正确的消费意识,扩大市场。从消费者角度来看,企业污染会带来生活环境的破坏,影响生活质量,因此消费者应当树立正确的消费观,追求绿色消费,自觉抵制企业污染。同时积极参与各种环保活动,从自身做起,减少环境污染。

3. 绿色营销策略

绿色营销需要企业实行相应的战略,首先企业要制定绿色营销战略,收集绿色信息,尤其对相关的法律法规和市场信息进行整理,并在此基础上生产、使用和回收对环境没有污染或污染很小的产品。一些产品从生产到消费都符合环保要求时,可以申请绿色标志,这使得企业在制定价格时能够获得一定的空间,适度将生产和研发的成本分担到消费者身上。除此之外,企业在对产品进行包装和分销时,也应注意使用可循环和可降解的包装材料,并选择可靠的中间商,防止假冒伪劣产品混入,减少流通过程中对环境的污染。

三、营销创新的方式

（一）整合营销

1. 了解自我。所谓整合营销指的是将各种营销工具与营销手段相结合,根据环境的变化进行修正,从而实现企业利益最大化的一种营销策略。整合营销最重要的是以统一的思想和行动来营销产品,比如统一的形象、统一的品牌、统一的销售渠道等等。因此,整合营销需要企业对自身进行审视,了解自己的优势与不足,这是进行整合的前提和基础。企业内部应当具备大局意识,明确各种利害关系,获得整个企业内部员工的支持,这样才能为整合营销做好准备。

2. 了解产品生命周期。产品,是企业赢得市场的最根本也是最基础载体。因此,企业应当对自身的产品进行深入分析:产品竞争力在哪里? 产品技术处于什么阶段? 产品具有生命周期,对于处于不同生命周期的产品采取的营销策略是不同的:在产品的导入期,营销的目标在于提升产品知名度并最大限度地占有市场份额,鼓励消费者试用;在产品成长期,要提供产品的延伸品,建立广泛而密集的分销;在产品的成熟期,要制定能够击败竞争对手的价格,强调企业品牌;在衰退期,则削减对该产品的支出、提取并转移收益,将促销降低到最低水平。

3. 以营销为导向。整合营销的理念要求企业首先建立全公司营销导向的公司战略,在企业内部的所有职能部门应当树立共同的战略追求。但是由于所处的层次不同、任务不同,价值导向可能也有不同,因此决策层应当在制定相应的策略,保证整个企业各个部门之间的有效合作,使企业在大方向上保持一致,并及时协调不同部门之间存在的矛盾,使每个员工都能将自己的工作与营销结合起来,更好地为营销服务。

(二)互动营销

1. 进行挑战性促销。所谓挑战性促销就是指企业要努力将所有阻碍产品销售活动的因素排除。一方面,企业要采取各种技术、服务手段,超越竞争对手,使生产的产品无法被竞争对手模仿。另一方面,企业应当勇于挑战消费者,鼓励消费者对自身产品提出不满意的地方并加以改善,对于存在质量问题的产品及时进行回收处理,这样做不但不会降低消费者的兴趣,反而能够获得消费者的关注以及信任。

2. 媒体互动。媒体技术的发展使得人们获取信息变得更加容易,企业可以通过电视、电话以及互联网技术,广泛发放促销广告。营销推广的内容更多地应该是大众感兴趣的话题,通过情感连接而非利益连接,实现泛自媒体营销。同时由于双方存在互动,因此广告不是一味追求创意奇特,而更多的是细分顾客的需求,为不同的顾客提供其需要的产品。尤其在试用阶段,企业想要访问者参与互动营销,还应当提供一定的利益驱动,确保访问者的参与。

3. 建立数据库。企业要想实现发展,确保其有一个稳定的客户群体是非常必要的。建立数据库,就要努力完善客户资料,通过问卷等方式,了解客户对于产品购买的历史、购买的频率、购买能力、购买方式喜好等,从而为客户提供长期稳定的服务。通过建立客户数据库,能够结合客户价值管理,整合客户接触策略与计划,让顾客享受到个性化、专属化的服务,还能够为建立长期的客户忠诚提供信息支撑,给顾客以身份的归属感,从而维持一部分固定的消费群体。

(三)网络营销

1. 产品策略。产品策略指的是在网络营销中要更加注重消费者的需求,就目前市场而言,互联网消费者往往是有一定教育水平并且喜欢创新的年轻群体。因此,在进行网络营销时,应当添加更多的创新元素,并借助网络媒体传播优势,生动形象的展现产品的特点,激发消费者的购买欲望。另外,网络营销适合市场范围广、网络销售费用低于其他渠道的产品,一些定位比较高端的产品采用非网络营销模式或许能够获得更大的收益。

2. 定价策略。网络营销中产品的定价会处于较低的水平,一方面网络营销使得企业节省了大量的广告、促销费用,产品的定制化也减少了企业的库存压力。同时,流通环节的减少尤其是直复营销的实现,使得企业在产品定价时趋向比较低,从而获得更大的竞争优势。而产品的价格制定,一方面取决于生产成本,另一方面也取决于产品对用户的价值,量身定制的商品往往因为其独一无二及增加了更多的劳动力和文化成本而使价格提高。因此,产品定价有时会出现买者定价的情况,企业根据消费者的成本要求制订相应的生产方案。这也是网络营销带来的巨大优势之一。

3. 分销策略。网络营销的最大改变在于渠道方面,网络大大缩短了生产者与消费者之间的距离,生产商可以直接将产品进行网络销售,不仅能降低产品在中间环节的成本,也使得消费者能够购买到更加便宜的商品。一般来说,实行网络营销需要建立三种网络系统,首先是订货系统,即网络平台,通过注册等方式获得消费者个人信息并以此分析其偏好;其次是供货网络,通过网络使消费者即时了解货物动向,提高运输效率;最后是分销网络,即根据企业提供的产品和服务的不同,采用不同的物流公司进行配送或进行及时服务。

4. 促销策略。在网络时代,人们处理信息的手段趋向便捷,促销的功能和传播方式发生了重大变化。网络广告的兴起改变了单向"强制"输送的形式,而是将商品的特点、功能、价格甚至使用后的感受等尽可能多地放在网络上,广告也变得更加多样化和立体化。传统促销中的打折、会员卡等促销方式仍然可以继续在网络上进行,同时还可以将原本无法大规模推行的促销方式如拍卖、秒杀等新型方式进行应用,大大吸引了消费者的眼球。另一方面,为了吸引消费者的浏览,还可以将传统媒体与网络媒体相结合,借助传统媒体树立企业品牌形象,并对网络平台进行宣传,从而扩大市场客源。

第十章

企业文化建设艺术

第一节　企业文化建设概述

一、企业文化建设艺术概述

（一）文化的概念

"文化"是"人文化成"一语的缩写。此语出于《易经·贲卦象辞》："刚柔交错，天文也；文明以止，人文也。观乎天文，以察时变，观乎人文，以化成天下。"《说文解字》云："文，错画也，象交文。""错画"就是交错的刻画，因此"文"本义为花纹，引申为文字。"化"即教行，在下者受到在上者影响而为教化。

从英文角度来看，"culture"一词最早用于古罗马时期，西塞罗（Cicero）在 Tusculanae Disputationes 一书中用到了"cultura animi"一词，他通过农业中对土壤的改良来隐喻哲学灵魂的发展，而哲学是当时人类发展的最高理想。之后的塞缪尔（Samuel Pufendorf）结合现代语境，不再认为哲学能够成就完美的人，而是认为文化是人类克服原来的野蛮，并通过技巧而成为完整的人。

因为文化概念的多样性和复杂性，很难给文化做一个清晰而标准的定义。不过从词源来看，西方中的文化最初含有人与自然做斗争、改造自然之意，而我国则包含感悟人与自然友好相处过程中的经验。到了近代，中西方对于文化一词的概念殊途同归，1971 年英国人类学家泰勒在《原始社会》一书中，对文化定义为"包括全部的知识、信仰、艺术、道德、法律、习俗以及作为社会成员的人所掌握和接受的任何其他的才能和习惯的复合体"。随后的人们从不同的角度对文化进行了阐释，比如哲学上，文化是智慧群族的一切群族社会现象与群族内在精神的既有、传承、创造、发展的总和。从存在主义的角度，文化是对一个人或一群人的存在方式的描述等。

（二）企业文化的概念

由于东西方对于文化概念的理解有所偏差，社会背景和论述的角度也有所不同，导致对于企业文化概念的表述也有所不同。甚至在国内，对于企业文化的定义也有多种表述。魏杰在《企业文化塑造——企业生命常青藤》中，提出"企业文化就是企业信奉并付诸于实践的价值理念"，另有学者认为"企业文化是指企业在长期的生产经营中形成的、全体员工共同遵守和信奉的价值观念、基本信条和行为准则"。尽管各种说法不一，但有一些基本观点是相同的，即企业文化应当以人为中心，同时企业文化是一个企业的信仰和指导，即以价值观念为核心的企业价值体系以及由此决定的行为文化，这些价值体系和行为方式渗透并体现在所有的生产经营活动中。

因此，我们可以对企业文化做以下的定义：企业文化是在一定社会环境的影响下，在长期生产经营过程中形成的、由企业管理者主动培育的、并由全体员工认同和实践过程中形成的整体的价值观念、道德规范、行为准则、经营特色等，它包括了企业价值观、企业形象、企业环境、文化载体等许多方面。其中，企业价值观是企业文化的核心，企业形象、企业环境、文化载体则是企业文化的外在表现。文化可以分为物质文化和精神文化，然而企业文化并不是指的产品、设备等可以具体化的东西，而是一种无形的力量蕴含在企业员工的思想和行动中，以一种气氛笼罩整个企业。因此，企业文化对整个企业无时无刻不在发挥着影响，它渗透在企业的每一个角落，对企业有着重要的影响。

（三）企业文化建设艺术

由于企业文化对企业发展有着非常重要的作用，因此企业应当注重企业文化的培养。企业文化对于企业有着双重作用，一方面，优秀的企业文化能够增强企业凝聚力、提高企业管理水平、提升企业形象以及企业的核心竞争力，而不良的企业文化则会破坏企业法理基础、动摇管理权威、扭曲企业公众形象等，对企业发展造成负面影响。目前，导致这些消极企业文化产生的因素很多，这与市场经济飞速发展与市场文化发展之间的不平衡有关，也与企业领导者的不当管理有关。

企业文化对企业的消极影响还有另外一种表现形式，即企业文化与企业的实际制度和管理不相符。企业制度应当是企业员工必须遵守的准则，而企业管理更是直接对员工行为产生影响的因素。一旦企业的管理和制度不当，比如只以业绩衡量员工的水平等，就会导致企业文化的变质，即使是优秀的企业文化，也会在这样的环境下荡然无存。因此，企业文化的建设是一个系统性的工程，通过正确、充满艺术性的创建方法，实现企业文化与企业整体的结合、促进企业进步的文化创建过程，即是企业文化建设艺术。

二、企业文化的特征与本质

(一)企业文化的特征

1. 社会性

社会文化是社会智慧的结晶,企业文化也离不开企业组织在社会生产、交换、消费中的作用,企业在这个过程中也需要直接或者间接地与其他企业之间进行协调、分配以及协作配合。企业员工在工作生活中,既离不开内部的合作,也离不开其他企业提供的商品以维持正常的生活。正是通过这种社会生产之间的经济协作,才产生并继承和发展了企业文化,成为每个企业员工的共识。

2. 继承性

良好的企业文化对企业而言是非常珍贵的财富,以往优秀的企业文化会与当前的企业经营之间有着千丝万缕的联系,每个企业都应当注意优良文化的积累,把自己的过去、现在和将来连接起来。同时,企业文化继承时也需要不断为其注入时代因素,要根据新形势、新政策不断调整,从而使企业文化更具有生命力。因此,企业文化应当在继承中发展,在发展的过程中继承传统文化,两者缺一不可。

3. 实践性

企业文化并不是凭空产生的,也不是企业照抄照搬或者只通过空洞的说教便能培养出来的,而是要在具体的生产经营过程中,通过一定有意识、有技巧的培养逐渐积累而成的。在这个过程中,企业文化会慢慢转过来指导和影响企业的生产经营活动,并在这个过程中验证企业文化是否适合企业的发展需要,是否能够指导员工更好地进行生产经营活动,只有优秀的企业文化才会促进企业的全面发展。

4. 可塑性

企业文化是企业受社会环境和企业内部环境影响而形成的特定的文化,因此尽管外部社会环境能够很大程度上影响企业文化的内涵,但每个企业能够根据自己的发展历程、人员素质、经营理念、道德规范等因素,充分发挥员工的能动性和创造性,倡导优秀的准则和精神,便能使企业文化的发展充满正能量,从而形成新的企业文化。企业应当利用好文化可塑性的特点,努力建设优秀的企业文化。

5. 人本性

现代企业管理中,人已经不是只能被动地接受管理,企业管理者与员工之间形成的是一种契约关系,每个员工既是劳动者也是管理者。优秀的企业文化应当是以人的发展为最终目的而不单单为了追求利润的最大化。员工就如同企业的血液,只有重视员工的发展,在生产经营过程中培养优秀的人才,通过企业文化吸引和感染员工,才能得到员工的认可,从而保持企业的生机。

(二)企业文化的本质

企业文化的本质在于以人为中心,以文化引导为根本手段,从而最大限度地激发员工自觉行为的一种文化现象和管理思维。通过认识企业文化的本质,有利于企业发现企业管理中的弊端,从而真正提高企业的管理水平。同时,企业不能单纯从管理的角度认识企业文化,把企业文化狭隘地理解为管理制度的文化,而是要多角度地看待企业文化,提高认识水平和层次。通常,企业的本质特征主要体现在以下几方面:

1. 形式的文化性

在企业生产经营活动中,企业实体可以通过很多形式展示自己,比如物质方面的场地、设备、产品等,以技术形式展示的生产技术、研发技术、推广技术等。但这些并不是企业文化,只有这些展示以文化的形式出现时,才能成为企业文化的一部分,如企业的制度文化、价值观等。形式的文化性使得企业可以将企业文化与企业的其他内容区分开来,从而认清本企业的企业文化特征。

2. 内容的融合性

文化是由多种精神活动和行为组成的,如宗教、哲学、伦理道德和艺术、美学等。因此,企业文化也具有融合性的特征。对于企业而言,企业文化是一种综合性很强的精神存在,员工个人的价值观并不是企业文化的内容,而大部分员工共同的价值观,则构成了企业文化的一部分。企业的某一项具体制度并不是企业文化,而所有制度背后所隐含的共性,如勇于创新、以人为本等理念则是企业文化的组成部分。而企业文化正是由这些共性融合在一起而形成的,因此企业文化包罗万象,成为渗透在企业每个角落的存在,对企业整体的潜移默化发挥着作用。

3. 功能的整合性

所谓功能整合性,指的是企业文化能够产生十分强大的凝聚力,能够对员工的思想和行为产生十分明显的作用。当然,并非所有的文化都具有凝聚性,很多文化会在不知不觉中表现为不利于团结的现象,比如过于强调个性和自由、领导与员工之间等级森严等,这样的文化就不具有整合性。优秀的企业文化应当具有凝聚力,通过精神方面的感召,将员工团结成一个整体,使个人对集体产生归宿感。企业应当尽可能使员工有共同的目标,并减少内耗,运用文化的力量整合内部。

4. 目的的实践性

对于企业而言,研究企业文化从形式上来看是为了总结的需要,同时也是为了指导实践。因此,企业文化的研究和总结带有很明确的目的性。从企业文化形成过程来看,企业文化源于企业的生产经营管理实践过程,从实践中得出结论,从而更好地管理实践而并非是单纯为了做研究。从企业文化本身来看,它是而最终也会应用到实践中,为实践提供指导,不论是企业精神还是价值观念等,都是针对企业实践的,这也是企业文化与一般文化的区别所在。

5. 形成的自觉性

文化现象是在社会、经济等各种客观因素的影响下自觉形成的,并非人为的有意控制。而企业文化则不同,它是在主体高度自觉的努力下形成的,是企业在生产经营管理实践过程中,通过一些管理学者、企业家或者一些员工为应对当前的市场形势,在总结经验教训的基础上提出的一系列理论并付诸实践,从而培养出一定的精神文化。由于企业文化的产生带有十分明确的目的性和手段性,因此需要靠企业的自觉性,这是企业文化具有管理功能的一个重要条件。

三、优秀企业文化的功能与作用

(一)增强凝聚力

企业凝聚力是一种由企业环境、企业管理、企业文化等多种因素组合而成的企业合力,通过对成员进行引导,激发全体员工的积极性和创造性,为了实现企业目标与个体目标的一致性,开展一系列的合作活动,从而达到提高企业生产效率、提升员工士气,使企业充满生机与活力,在面对危机时拥有更强的抗压能力,实现企业的长期稳定发展。

优秀的企业文化对增强凝聚力具有十分重要的作用。首先,企业文化具有导向和约束功能,能够对企业员工的价值导向和行为取向产生影响,成熟的企业文化还能够通过群体意识、社会舆论、共同的行为习惯等,对员工个体施加压力,从而将其引导到企业价值观和规范上来。其次,企业文化对员工具有激励作用,能够使员工保持高昂的情绪和奋发的精神,能够激发员工的认同感,一旦员工接受并认同了企业的核心理念,便会将此作为自我衡量的一把标尺,从而使员工自觉自愿地发挥潜能,为企业而努力工作。最后,企业文化具有黏合性,当作为一种价值观被企业员工认同后,便会产生强大的黏合性。拥有相近的价值观念和身份标签的人之间会产生强烈的认同感和归属感,从而产生巨大的向心力和凝聚力,使员工自觉将自身的利益与企业的安危结合起来,形成坚强的团队精神,导致企业在战略目标、合作沟通等方面达成共识,保证企业人际关系的和谐性,避免因内耗而造成的企业在人力、物力等方面的损失。

(二)提高企业管理水平

企业的兴衰取决于企业管理水平的高低,管理不仅仅是一门学问,而且也是一种文化。因此,塑造优秀的企业文化的实践已经被普遍证明可以提高企业管理水平。企业文化与管理有优势互补的作用,企业管理是基础,企业文化是灵魂。在市场经济活动中,企业管理试图遵循经济发展规律、筹划经济活动,是一门科学,而与管理相关的内外部条件总是变化的,对企业的管理也不是一成不变的,是不断根据现实条件变化而变化的。因此,企业管理本身就是一门艺术。企业文化在企业的经营管理中形成,又反过来影响着企业管理过程。

企业管理的核心是对人的管理,如何有效调动员工的积极性对企业发展有着重要影响。管理艺术实质上是实施管理的艺术和管理人的艺术,由此可见现代企业管理的有效标志不是高利润指标,也不是严格的规章制度,而是企业文化。有效的管理就是要强化企业文化在企业经营管理中的作用,从原本通过严格规章制度来规范员工行为转变为通过优秀的企业文化潜移默化影响员工,激发员工的积极性和主动性,从而培养出更加优秀的企业员工。在企业生产经营过程中,员工是企业活动的承担者,优秀的企业文化能够在调动员工积极性的同时,实现不同技能、不同长处员工之间的配合与合作,能够营造更有利于员工竞争、发展的企业环境,进而形成优秀的企业文化,从而实现两者之间的良性循环。

(三)提升企业形象

企业文化与企业形象之间有着内在的对应性,企业形象包括企业的理念形象、行为形象和视觉形象,其中理念形象包括企业宗旨、企业精神、企业使命等,行为形象包括企业的机构设置、行为模式、促销手段等,而视觉形象包括企业标志、企业标准色、标准字、制服等。与此对应的是,企业文化也可以分为精神层面、制度层面和物质层面,两者之间存在必然的联系,企业文化影响着人们对企业整体的印象和评价,如果说企业文化的主体是企业,则企业形象的接受主体则为企业全体员工。企业文化决定了企业形象,决定了公众对企业形象在脑海中的构建。

另一方面,企业文化具有辐射功能,通过企业产品、员工言行、宣传活动等不断向社会发散优秀的企业文化,能够向社会展示企业成功的精神面貌、价值理念、管理方法等等,树立良好的企业信誉,从而形成独特的企业形象。而良好的企业形象,能够激发人们对于企业的认同感,能够在无形中提高企业的社会地位,提高人们对企业的包容度和关注度。同时,由于不同的企业有着不同的企业文化,具有鲜明的独特性,因此体现在企业形象中时,也会令其充满独特性和创新性,能够提高企业的辨识度,消费者和其他企业通过这些了解企业的信誉,推测企业的发展前景。

(四)提高核心竞争力

企业的核心竞争力是企业内部集体学习的能力,是企业员工所体现出的个人和集体能力的集合,是能够为客户创造价值的能力,它是一种衡量标准而不是可以继承的资产。一般而言,企业能否持续健康的发展,能否占据一定的市场份额而不被其他同类企业所取代,最根本的原因在于企业是否具备一定的核心竞争力。1997年英国经济学家惰报社所做《展望2010》调查报告显示,到了2010年全球将有85%的企业以核心竞争力来提高竞争优势。而核心竞争力根植于良好的企业文化,只有良好的企业文化才能从各个方面为核心竞争力的培养起到推动和支撑作用。

之所以核心竞争力与企业文化密切相关,一方面,企业技术要在组织文化中体现其价值,即使是相同的技术水平条件下,赋予技术产品不同的文化定位和价值理念,那么技术的价值也会随之不同。这是因为企业文化决定着核心竞争力的积累方向。另一方面,核心竞争力主要来自于管理,而管理与企业文化有着密不可分的联系,尤其是员工素质水平的提高,对企业核心竞争力提高尤为重要。除此之外,企业文化也已经发展成为企业的无形资产,纳入企业资产的计算之中,并且占越来越大的比重。一个拥有良好企业文化和企业形象的企业,往往能够形成很高的资产,并且能够作为生产要素投入生产,这意味着企业有着更强的抗风险能力和更好的市场竞争力。因此,树立良好的企业文化,能够在很大程度上提高企业的核心竞争力,使企业在市场竞争中立于不败之地。

第二节 企业文化建设的方法

一、企业文化发育的环境

（一）外部环境

企业的外部环境对于企业文化的作用犹如气候对于植物,这是企业文化的来源,对企业文化有着深远的影响,主要包括社会文化、地域文化、行业文化、外来文化等。

1. 社会文化

社会文化是社会在当前时代中的价值取向,能够引领时代潮流、指引社会发展方向成为社会成员普遍接受的思想。社会文化是企业文化的主要影响因素之一,那些积极的文化能够引导人们树立正确的人生观和价值观,但也有一些消极文化如享乐主义、拜金主义等侵蚀着人们的思想。在企业中存在着造假、欺诈的现象,造成了许多不公平的现象出现,甚至政府与企业之间存在私下交易等,这些都不利于企业文化的建设。对于中国而言,传统文化的影响是十分巨大的,传统文化中有许多值得企业吸收和借鉴的内容。比如,提倡人们要公正、廉洁、勤俭、任人唯贤、自强不息等,企业应当努力矫正社会给员工带来的一些错误的价值观,以社会主流文化为导向,培养积极的企业文化。

2. 地域文化

地域文化是企业文化的重要因素,它是指经过历史积淀而在一定地域范围内形成的具有特色的文化,它直接影响着人们的性格、心理等。不同的地域文化差异性很明显,如燕赵文化大气而不拘小节、视野开阔,吴越文化则注重细节、着重整体规划,岭南文化重商轻文、具有很强的家族观念等。地域文化是企业文化形成的基础,而吸收这些具有特色的地域文化,有助于企业形成具有特色的企业文化。从这个角度来看,处于不同地域文化的企业也有着不同的企业文化特色,而这种对于地域文化的利用和开发,客观上也促进了地域文化的传承和发展。

3. 外来文化

外来文化是当前不可忽略的重要影响因素之一,自改革开放以来,我国引进大量的外来企业,他们先进的管理方式和独具特色的经营模式吸引了我国大量企业进行模仿和借鉴。比如,以人为本的管理思想、顾客至上的服务态度、追求合作的团队意识等,都是现代企业需要吸收的精华。外来文化有时会与传统文化格格不入,比如传统文化注重私人关系和个人信誉,而外来文化注重对产权的尊重;传统文化服从上级,不会轻易表达观点,而外来文化追求效率,直言不讳;传统文化强调中庸,强调变动和弹性,没有定制,外来文化则强调原则和专业性。对此,企业应当客观对待,在接受外来文化的同时以本国文化为本,不断汲取外来文化中的精华,从而促进企业的发展。

4. 行业文化

行业文化是在一定行业的生产条件、市场环境和产品特性等条件下形成的关于本行业的基本信念和道德规范,并且行业文化受到国家的影响很深,往往行业的要求受到国家的监督和管理,部分特殊行业还由国家直接管理。不同的行业有着不同的企业文化,比如制造业强调产品的质量和科技含量,运输业强调安全文化,高科技行业强调创新等,行业文化很大程度上决定了企业文化的发展方向。因此,企业文化只有不断吸纳行业文化,并在此基础上进行发展,才能使企业在本行业内得以生存和发展。优秀的企业文化,必然突出本行业的特色。

(二)内部环境

企业文化并不是完全由外部环境决定,企业内部全体员工拥有主观能动性,企业文化发展的过程也是全体员工主动培育的过程。因此,要想建设优秀的企业文化,必须从企业的发展历史、领导人素质、企业制度和员工素质等角度来分析影响企业文化的内部环境因素。

1. 企业的发展历史

企业的发展历史是企业本身企业文化形成的历史,包括企业文化发展脉络、模范人物、典礼仪式等,是企业文化的载体。企业发展历史对企业的重要意义在于,它能够为企业提供成功的经验积累,这种经验能够直接形成企业文化并在很大程度上导致行为的重复和习惯的形成,即实现企业成功的复制和延续,还能指引企业未来前进的方向。企业深入挖掘自身历史,即是树立文化形成的历史,能够给员工以自信心,增强员工的认同感,从而促进其形成共同的价值观,这些能够显著增强企业在行业中的竞争优势。

2. 企业领导人

企业领导人是企业的核心,领导人的言行、思想和行为都体现并影响着企业文化的形成,企业文化从无到有、从弱到强,都离不开企业领导人的精心设计。要想建设有特色的企业文化,就要首先从领导人抓起,提高领导人的素质。因此,企业领导人应当首先从自我做起,展现诚信、敬业、负责、奉献等优秀品质,能够包容优秀的员工,能够及时结合国内外环境和国家政策走向,及时调整企业发展方向和战略目标。这就要求领导人要有着较为优秀的表达能力,能够及时与每一位员工沟通,了解他们的想法并感染每一位员工。除此之外,企业领导人要能够言出必行,一旦做出了决策就要努力实现,不能虎头蛇尾导致企业失去凝聚力。

3. 企业制度

企业制度指的是企业中的经济关系,企业经济运行过程中产生的规定和行为准则。规章制度体现着企业文化,反映着企业的价值理念,并从制度上保证企业文化影响着每一位员工。因此,企业制度必须与企业文化相辅相成,一旦企业制度脱离了企业文化,可能会导致企业制度执行力度不足或者企业文化发生改变,尤其是在企业制度不合理的情况下,可能会导致企业文化的扭曲和破坏。因此,管理者在制定企业制度时,应当提前做好调研并征得员工的意见和建议,从而达到预期效果。

4. 企业员工

企业是由众多分工不同的员工组成的集合,他们是企业文化建设和践行的主体,员工素质的高低直接决定了企业文化的影响程度,包括员工的知识技能水平和人文素养,前者影响着企业创新能力、制作水平以及接受新事物的能力,后者则决定了员工之间的合作水平和效率,人文素养越高的员工,越有利于形成积极向上的企业文化。企业在确定其价值理念时,应当考虑到员工的知识背景和接受能力,将员工个人的价值观与企业文化相融合,尤其是管理人员,必须要拥有较强的技术能力和组织能力,能够引领员工建设企业文化,并及时宣传,让他们理解和参与企业文化的建设。

二、企业文化的创生

(一)企业文化定位

企业文化是企业在特定的内部和外部环境中形成的,不同的企业有着不同特色的企业文化。准确定位企业文化,是建设具有特色的企业文化的前提,能够帮助企业获得内部和外部的认可。

文化定位是经过企业各阶层的深入分析、讨论和相关专家的评估,最后得到企业员工的一致认同才能实施的。它指的是对企业文化进行个性化特征的判断,能够体现企业与众不同的文化特征、紧密结合企业倡导的核心理念以及贯彻在企业文化体系中。

对企业文化进行定位时,首先应从国情入手,不同国家的政治体制、经济政策和法律法规,对企业文化的形成和发展有着不同的影响作用;其次,考察行业文化有利于把握企业文化,不同的行业体系有着不同的价值理念,而体现在企业文化方面就有了很大的不同,尽管不同企业有着不同的表现方式,但行业整体的内涵特点不会有很大偏差;再次,应当审视企业在行业价值链中的定位,不同的位置也有着不同的企业文化,如制造业与负责产品流通的运输业以及零售商,三者尽管可以从事同一行业,但其所体现的企业文化完全不同;再次,企业自身的特点也是企业文化的重要来源,如企业自身发展历史的长短、内容不同,对企业文化的导向有着很大影响,因为企业往往倾向于将以往成功的经验复制,从历史中汲取营养;最后,企业的战略使文化特性转移,企业的战略不是一成不变的,而是随着社会的变迁和企业发展的需要逐渐发生变化,尤其一些企业为适应市场而进行转型,并制定全新的战略,这也意味着原本的企业文化也将发生变化。

精准的定位,是企业形成独特文化的基础,要在充分考察和调研的前提下,运用科学的分析方法和工具,并结合企业自身的特质以及不同时期的战略,才能精确确定该企业在该阶段的文化特点。

(二)企业价值观创生

企业文化的内核是企业价值观,它指的是企业对经营、竞争和社会等问题的基本看法,价值观影响着企业对不同行为的评价和选择,也影响着企业的行为,从而影响企业的经济效益。只有明确共同的价值观,才能不断适应改变的环境,凝聚企业力量。

　　根据美国兰德公司的调查和研究,有四种基本的价值观是长久不衰的企业所共同坚持的:第一,人的价值大于物的价值,也就是将人性化的理念与商业化操作融合,尊重人、关爱人,坚持以人为本,比如提供人性化的产品和服务、注重员工的培养等;第二,集体重于个人,优秀的企业往往倡导团队精神,促使企业内部形成良好的协作文化,从而形成共同价值,使得在放大企业整体利益的同时实现个人利益;第三,社会价值高于企业利润,卓越的公司总是坚持企业价值与社会责任的统一,努力承担相应的社会责任,也因此往往有着良好的企业形象和良好的政策支持,得到消费者的认可和肯定;第四,顾客至上,不损害顾客的利益,遵守市场规律,生产高质量的服务和产品,努力满足消费者的需求。

　　为此,企业要在保证企业价值观体系符合企业发展需求并得到员工认同的前提下,创生优秀的企业价值观。企业价值观形成于企业发展过程中的实践经验,一般而言,企业经过一段时间的发展,便会形成价值观。当企业遇到问题时,会结合具体情况进行处理,从中加以总结和概括,也就是把经验升华为理念的过程。同时,由于企业价值观要体现全员的意志和思想水平,因此要聚集全员的智慧,发挥全体员工的力量,得到全员的认可和实践。当然,创建企业价值观并不是一蹴而就的,也不能一劳永逸,而是在继承原有价值观的基础上,结合企业外部环境和内部环境不断地为他们注入新的内容,不断保持企业价值观的时代性特征。

　　(三)企业文化体系创建

　　完整的企业文化体系一般包括理念系统、行为系统和物质系统三方面。

　　1. 理念系统

　　所谓理念系统,指的是企业在发展过程中逐渐形成的精神成果和价值观,包括企业的发展愿景、核心价值观、经营思想和管理思想等。其中最重要的是企业的发展愿景,它是企业为之奋斗的目标,是企业长期发展的战略方向。因此,管理者应当有远见卓识,为企业描绘一幅未来的蓝图,确定一个宏大的发展愿景和一套与之相对应的短期目标及实现方法,为企业指明前进的方向。只有这样,才能明确企业目前的定位,明晰企业的身份、地位,让企业有着超越经济利益之外的、更具有战略高度的目标,赋予员工动力和成就感。

　　2. 行为系统

　　行为系统指的是员工在日常工作中形成的基本行为习惯,比如员工行为规范、礼仪规范、服务活动等。员工的行为是企业文化的重要因素,不仅表现为规章制度,还有传统、习惯等非明文规定的规范,具有积极的示范效应和约束力,体现着企业的价值观。员工的礼仪规范体现着员工的内在素质和外在形象,包括员工的个人礼仪、社交礼仪和商务礼仪等,比如员工的站姿、坐姿、走路姿势、握手、谈吐、接打电话的礼仪等。因此,企业需要根据自身需要,制定员工手册,帮助员工顺利开展工作,对员工相关的政策和要求进行规定。另外,企业在重大纪念日所举办的庆典、活动等典礼仪式也属于行为系统。

3. 物质系统

物质系统,指的是企业文化的载体,表现为企业的产品、生产和工作环境、企业广告和商标等,这与企业文化视觉识别系统的内容重合。比如,构成企业视觉形象的要素中有企业标识、标准字、标准色等,包括设计的效果、意义、使用规范等。通过对基本要素的组合,并应用到办公用品、标牌、交通工具、包装、办公环境、广告媒体之中。其中包装用品包括包装纸、手提袋、包装盒、包装箱等,办公环境包括空间设计、照明设备、橱窗、门牌、公告栏、清洁工具等,广告媒体包括报纸与杂志、海报、气球广告、建筑屋顶、电视媒体、模型广告、公益广告等等形式。

三、企业文化传播的方式

从心理学角度来看,人们对某种思想文化的接受会经历一个过程,即从服从到认同再到内化。服从是基于外部信息的刺激而使人的思想被动的趋同,而人本身并不一定了解这么做的原因;认同是人们开始自愿而非被强制的模仿,主体在多次刺激下开始慢慢接受和理解,并逐渐将其转变为自己的东西;内化则是主体已经认识到自己为什么要这么做以及该如何做,并能自觉遵守、宣传、维护行为准则。

因此,企业文化的传播往往在企业内部也会经历这样的过程,员工由于进入企业时间、知识背景、个人经历、所处位置等不同,因此对于企业文化的接受程度也就有所不同。要想塑造良好的企业文化,就要使员工真正了解企业文化的内涵,并将其内化为自身价值观和行为。

(一)文化灌输

企业文化是在长期生产经营活动中形成的,但是企业文化也需要总结、提炼以及灌输,需要企业管理者通过一系列的手段和方式传递给每一位员工。在这一阶段,为了让每一个员工都能接受企业文化,企业常常采用丰富多彩的集体活动。比如,企业在内部设立图书馆、俱乐部,开展学习研讨、读书讲座、知识竞赛、体育比赛等,丰富员工的文化活动,并将企业文化融入其中,让企业每一位员工能感受到企业文化的存在。

在这个过程中,由于开始接触新的事物,有的员工心中可能存在一定的抵触情绪或不认真的态度。因此,企业应当注意以下几点:

1. 正确处理个人与集体之间的关系

要正确处理个人与集体之间的关系,员工要尝试接触和了解企业的文化内容,并结合企业的宣传活动,体会企业文化内涵与企业之间的关系,努力融入集体之中,与其他员工保持协调关系并共同学习,不能因为自己的抵触情绪而影响他人。

2. 注意方式方法

企业要注意方式方法,在进行文化灌输的时候,要充分体谅员工的心理,努力与员工进行感情方面的交流,让他们尽快融入企业的大家庭之中。另外,企业要采取形式更加多样和生动活泼的方式,促进员工对企业文化的了解。

3. 采取一定的奖励激励和监督措施

员工在最初接触企业文化的时期,不能真正的理解企业文化并按照企业文化要求去做。因此,企业应当采取一定的奖励激励和监督措施,必要时适当采取一定的强制措施,保证员工在行动上努力做到,并鼓励员工尽快适应。

(二)文化传播

企业内部的文化传播,指的是企业内一部分职工以先进的文化意识和行为去影响另一部分员工,从而形成企业群体意识的过程。通常,企业的文化传播形式按照不同的标准可以分为以下多种:

1. 正式与非正式的文化传播

从企业组织系统来看,可以分为正式与非正式的文化传播。所谓正式文化信息交流,指的是企业通过内部工作指令、请示汇报、宣传手册、规范条例等,宣传先进的企业文化,这种形式一般具有较强的权威性和约束力,但其宣传力度有限,一般局限于企业领导阶层。非正式文化传播指的是员工内部因感情融洽而相互表露出的文化内容,这种方式可以弥补正式传播方式的不足,但也可能会存在歪曲的现象。

2. 语言文化传播和非语言文化传播

从传播媒介来看,可以分为语言文化传播和非语言文化传播。语言文化传播包括所有的对话、会议、电话、广播、领导讲话等形式,具有传播速度快的特点,员工能够根据讲话人的表情、神态、动作等而充分了解其所讲内容的重要性,并得到及时的反馈。非语言文化传播主要有图画、报刊、布告以及企业的环境布置和领导的示范作用等。这种传播方式一般依靠员工自己体悟,对员工产生的影响是潜移默化的,它能够更加准确地表明企业的文化内涵,给予员工充分的时间思考和消化。

3. 上行、下行、平行和上、下行相结合的方式传播

从企业文化的流向来看,有上行、下行、平行和上、下行相结合的方式。下行

文化传播一般指的是企业的管理层向被管理层发布指令、规章制度等,有利于形成统一的行动和思想活动;上行文化则是通过向上级汇报工作、提出意见和建议等,由企业管理者从中汲取营养,因此要求企业管理者要有着敏锐的感觉,能及时发现职工思想中的亮点;平行文化传播指的是同级部门之间员工的交流,形式较多且比较灵活自由,比如交流会等;上下行相结合的文化传播方式,即是在企业的管理层与被管理层之间形成良好的互动,能够将少数管理者先进的思想转变为多数人的思想和行为,从而使良好的企业文化渗透到企业每一个角落。

(三)制度化与再调整

制度化是企业文化达到一定的成熟阶段后,通过总结企业文化建设过程中的经验和教训,结合企业文化在推行过程中员工的意见和建议,将成熟的做法进行制度化规范,从而形成企业的文化体系。这一阶段,企业应当从宣传逐渐转变为监督,实行文化考核制度,将立足未稳的旧习惯进行改正。

除此之外,企业的文化内容并不是一成不变的,它要随着企业的外部和内部环境的变化而调整,也就是说企业文化不能不变,但也不能大变,而是要根据具体的情况在原有文化的基础上进行调整。为了更好地促进企业文化的革新,企业应当形成经常性总结工作经验和教训的习惯,围绕事先制订的企业文化变革方案,评估以往工作中所体现的企业文化是否达到预期的效果,反思业绩的提高与企业文化的关联程度,总结企业文化建设的经验与不足之处,进而提出对企业文化变革的新思路、新想法,通过慢慢沉淀而产生企业独特的文化,从而形成企业文化传播与调整的良性循环。在调整过程中,要实现企业的协调联动,全体员工一同努力,企业的负责人要有敢于革新文化的勇气,要及时把新文化注入企业文化之中。在改革过程中遇到困难,不能半途而废,而是要与职工建立情感上的交流,得到员工的认可。另一方面,这也要求企业形成平时注意学习企业文化的良好习惯,及时学习先进的经验和方法,不能墨守成规,除非企业在进行破产并购时,不能突然对企业文化实行颠覆性的变化。

第三节 企业形象建设艺术

一、形象建设艺术概述

(一)企业形象概念

所谓形象有三种含义,第一种指的是人或者事物的形状外貌,具有可感性,是一种具体的、图像化的存在;第二种指的是在文艺作品中,根据现实生活中存在的事物,经过艺术的加工、处理而创造出来的具有一定思想内容和审美意义的作品,比如自然景物、人物、社会环境等;第三种是从心理学角度来看,形象是人们通过视觉、听觉、味觉等器官在大脑中形成的对某种事物的整体印象,它强调人们对实物的感知,因此具有主观性。

综上所述,企业形象指的是公众对于企业特征和状况而抽象化的认识,也是公众对企业的态度和舆论状态。由于消费者对企业提供的产品和服务的要求不同,对企业的了解和认识程度也不同,就会对企业做出不同的评价,并在此基础上形成了企业的总体形象。然而,这种形象并不一定是客观的,可能存在名不副实的现象,这有可能是企业不重视企业形象建设,也有可能是企业的产品或服务不能满足消费者需求的结果。而拥有良好形象的企业,指的是企业获得了社会大众的好感和信赖,反映了企业的声誉和知名度。因此,企业应当在做好生产经营工作的同时,加强对自身形象的建设,针对不同的公众设计不同的特殊形象,以建立符合广大公众需要的总体形象。

(二)企业形象的要素

企业形象是由众多要素构成并受此影响,比如企业理念、企业精神、方针政策、管理水平、企业行为文化、效率、信誉、设备、技术力量、人才、资金、地理位置、产品质量、服务水平、广告宣传、商标、经济效益、福利待遇等,这些复杂的因素相互交织,相互影响,从而形成一个有机联系的整体,每一个要素都对企业形象产生影响。因此,企业要想维护良好的企业形象,就必须注意这个系统中的每一个要素。

上述因素都是显性的、能被消费者看到的外在表现,企业内部的意识层面也对企业形象有着重要的影响作用。这个层面包括两层,一层是管理者的企业形象意识,另一层是职工的企业形象意识。管理者是一个企业形象的设计者,其每一个决策都直接关系到企业的形象。在当前的网络社会,企业管理者往往会被人们关注,管理者的水平、人品、行为都直接关乎企业形象。职工的企业形象意识可以通过其工作服务态度直接表现,不论是商店营业员或者是门卫等,他们的态度都直接影响消费者对企业的整体态度。只有每一个员工都一丝不苟地提供产品和服务,用心拥护企业,为企业出谋划策才能构建良好的企业形象。因此,管理者应当和职员一起努力,培养维护企业形象的意识。

(三)企业形象的重要性

企业形象在当前知识爆炸的时代越来越重要,由良好企业形象带来的市场也越来越大,尤其是网络的大规模使用,消费者对企业形象的评价造成的影响也越来越大,如果企业形象不好,会给企业的生产经营活动和内部管理造成许多的困难。因此,树立良好的企业形象具有十分重要的意义。

1. 良好的企业形象能够赢得消费者的信任

企业形象就像企业的身份证,良好的企业形象能够赢得消费者的信任,尤其是初次接受该企业的消费者,很容易因为其良好的企业形象而成为长期客户。良好的企业形象能够给消费者信心,使消费者能够对其质量、性能、售后等服务放心,而消费者也会因买到该牌子的产品而获得满足感。

2. 良好的企业形象有利于提高企业的凝聚力

良好的企业形象,往往由良好的企业管理产生,而企业为了维持良好的企业形象也往往会更加尊重知识、尊重员工的贡献、发挥员工的积极性。由此,企业员工会因此产生满足感和成就感,使企业团结一致。同时也会吸引外部人才,并有利于其迅速建立认同感。因此,良好的企业形象有利于提高企业的凝聚力。

3. 良好的企业形象容易得到社会的认可和支持

企业良好形象的建立往往离不开社会各界的支持和帮助,建立良好的企业形象有利于获得消费者的认可和谅解,也容易获得原材料、零部件等稳定的销售渠道。尤其是政府方面,拥有良好企业形象的企业更容易得到政府的认可,得到更多政府的财政、政策方面的支持。因此,良好的企业形象容易得到社会的认可和支持。

二、企业理念的建设

企业理念是企业形象的重要组成部分,因此企业理念的建设就是企业形象的塑造。企业理念指的是得到社会普遍认同,为体现企业个性特征而构建的反映整个企业明确的经营意识的价值体系,这种理念是由企业家倡导、全体员工自觉实践的企业信念,是整个企业的精神和行为规范。因此,企业的理念包括两个层次的内容。第一,企业制度,包括生产经营过程中的交往方式和行为准则等。第二,企业的精神文化,包括员工的观念、心理和意识等。

企业在建设理念时,需要保证理念的简洁性和易于传播性,能够迅速被员工及消费者识别并认同。因此,企业在制定企业理念时,不能照搬照抄,而是要经过一个复杂的过程。

(一)确立理念要素

企业的要素包括企业的经营策略、人事制度、人际关系、员工规范等,具体表现在经营口号、标语、员工精神等方面。企业要先反思企业形象的现状,规划企业愿景,在听取多方面意见后,将构成企业理念的要素加以界定和整理,从而确定企业理念所需要反映的基本要素。

企业在遭遇非常情况时,必须对原有的经营理念和行为规范进行重大的调整,在原有基础上构建新的企业理念,比如遭遇以下几种非常情况时:

第一,企业的内部和外部环境发生了根本性的变化,这种变化使企业原本的理念精髓与现实不符,甚至会产生负面影响且阻碍企业的发展,因此必须重新设定企业理念。

第二,为了提高企业的竞争力,更加从容应对行业竞争环境,从而考察竞争环境和竞争对手的相关情况,并对企业理念做出相对应的调整。

第三,企业规模扩大,而组建初期的企业理念与现状不符,原本简朴低调的企业理念已经不适应企业健全的机制,需要对企业理念进行重新阐释和建构。

第四,企业面临兼并或者破产重建等情况,需要重整士气时,便需要构建新的企业理念和文化来刺激员工的开拓精神。

(二)制作语言文字

理念要素确定后,需要选择合适的语言文字进行形象的表达。在选择文字时,首先要准确的表达企业的理念要素所包括的全部意义,同时要力求简练,使每一个字都精益求精,代表着企业的文化精神,充满了亲和力,让人乐于读记。企业理念要有高尚的文化意蕴,可以蕴含哲理,从而引发人们的思考和共鸣。语言文字选好后,需要在企业内部进行测试,通过谈话或问卷等方式,了解企业员工对理念要素的意见并加以修正,最后根据修正案将其制作成企业的内部手册,供全体员工阅读和了解,从而形成对企业整体在理念方面的高度概括。

(三)内部传达渗透

内部传达渗透就是将已经设计好的理念传达给每一位员工,只有员工真正领悟了企业理念蕴含的深刻内涵,才能把握企业理念,才能在平时的工作中贯彻企业理念,增强企业的向心力。一般而言,企业内部传达渗透的方式主要有以下几种:

第一,企业领导或先进模范通过宣讲自己的切身感受,带领员工体悟企业理念,这样可以使原本抽象的理念人格化,从而拉近与员工之间的距离。

第二,发动员工总结企业的历史和经验,让员工深入思考并反思,发挥员工主体意识并在这个过程中加以引导,让员工了解精神力量的作用。

第三,通过大众传媒展开热点问题的讨论,通过有选择性地讨论一些问题,总结其中蕴含的普遍意义,深化对企业理念的思考。在让员工了解企业理念的内涵后,还要制定相关的激励和监督机制,保证每位员工能够用行动来展现企业理念。

（四）对外传播

企业形象设计的目的在于向社会传播理念，实现消费者与企业之间的沟通，巧妙的理念传播可以使人在不知不觉中受到感染，促进企业理念的传播。一般来说，企业理念的塑造需要遵循以下三个基本原则：

第一，个性化原则。理念是企业的精神支柱，是企业个性化的集中表现，是与其他同类企业区分的重要参考。因此，企业理念设计时要摆脱平庸，真正体现企业的独特性特征。

第二，民族化原则。所谓民族化，就是指企业在制定企业理念时，要充分考虑本民族的文化特色，考虑民族精神和民族文化，绝对不可出现反民族的意识和倾向。中华文化博大精深，越来越多的企业从传统历史文化中汲取营养，让整个企业焕发生机。

第三，多样化原则。企业理念要通过多样化的表达方式来展现企业的独特性，不能呆板无味，而要通过消费者喜闻乐见的方式展现出来。

三、企业行为文化的建设

企业行为文化通过两种媒介进行宣传，一种是靠静态的视觉，另一种是靠动态的行为系统。比如，员工培训、企业环境营造、广告宣传、促销、服务等行为，达到塑造企业形象的目的。消费者正是通过这种独具个性的行为活动来认识企业并购买产品和服务的。因此，企业行为文化也是企业形象的重要组成部分，企业行为文化的建设也是企业形象的打造。

（一）企业环境的营造

企业环境是物力环境与人文环境的统一，好的环境能给员工和消费者留下好的印象，一个色彩明快、温度适宜、整洁雅致、充满活力的企业环境是企业行为文化建设的重要部分。

物力环境方面，要注意视觉、听觉和嗅觉等的有机结合。一方面，要注意企业的采光、装饰与色彩，利用不同的摆件和色彩搭配调节人的情绪；另一方面，要保持室内的安静，通过安装加厚墙、消声器等，降低噪声，也可以播放一些优美的音乐；与此同时，要维持室内空气质量，保持空气的清新和湿度适宜，通过多设窗户、安装风扇、经常打扫卫生甚至安装加湿器、空调等设备来保证室内空气质量。

人文环境方面，要维持良好的上下级关系与工作氛围。企业领导应当充分尊重员工的权利，给予员工较好的工资和福利待遇，保障员工的权益，并为员工提供各种学习平台和良好的工作环境，激发员工的潜能。对于员工而言，必须树立主人翁意识，要有独立的人格，对自己负责也为企业着想，积极主动参与企业的管理决策,维持与其他成员之间健康、融洽的人际关系,从而营造和谐愉快的工作氛围。

(二)规范员工行为

企业形象的塑造需要每一位员工的共同努力,员工的一言一行、一举一动都体现着整个企业的素质,但由于每个人的行为标准不同,教育背景、性格、兴趣也不尽相同。因此,需要有一个共同的行为规范,约束和指导员工的行为。

从仪容仪表来看,企业员工整洁美观的仪容仪表和良好的风度能影响消费者对企业的印象。因此,员工必须穿戴得体整洁的服饰,因不同场合、不同季节、个人风格等展现多样性;从一举一动来看,企业员工要保持良好的姿态,端正、舒适、大方,走路时保持上身的正直,不可左右摇摆,保持良好的坐姿,不能用手托着脑袋显得无精打采,在举止稳重的同时保持谈吐幽默、宽容大度、待人热情;在打电话时要保持声音自然、口齿清楚,接电话时更要保持良好的态度,并主动询问是否需要转告,工作期间不要长时间打私人电话,以免影响工作;道德感方面,要有强烈的正义感和原则性,做事分得清主次,识大体顾大局,工作中要乐于助人、尊重他人,与同事保持良好的关系。

(三)开发新产品

新产品的开发是企业行为文化的重要体现,产品原本是企业从内到外直接与效益相连的载体。因此,要保持良好的产品形象,并且选择符合消费者心理的产品策略。

产品形象方面,首先要保持产品整体形象的良好,在产品的命名、外形、价格、质量和包装等方面给予消费者良好的印象,并且满足消费者三个层次的需求。第一层次是对产品实质内容的需求,即产品要满足消费者的实际需要;第二层次是产品要在质量、款式、品牌等内容上满足消费者的心理要求;第三层次指的是附加产品,比如免费送货、安装调试、保修包换等内容。

在产品开发方面,随着社会的发展,人们的消费方式和消费观念都在不断发生变化。比如,企业不能及时生产新的产品,在款式、性能等方面进行更新,很可能被消费者所遗忘。因此,企业应当在设计上进行创新,改革现有产品结构,使用新的技术、材料、工艺,改变造型和装饰纹样。在对产品进行设计时,需要突出新产品的优越性,并且在产品的使用方法上尽量减少修改,否则不利于消费者的接受。产品在生产和使用过程中,要尽可能减少对环境的污染和对人身体的损伤,实现绿色生产,保证使用时的舒适、安全、方便,以适应社会发展的趋势。

(四)做好广告宣传

广告是塑造和推广企业形象的重要途径,通过广告宣传,向社会传递企业优良的产品、服务和价值理念,从而在消费者心中形成良好的企业形象,获得消费者的认同和支持。

一般来说,广告媒体包括印刷媒体、展示广告、户外广告、电子媒体和其他五大类,印刷媒体又包括报纸、画册、宣传手册等;展示广告包括橱窗、陈列、活人广告等;户外广告包括海报、广告牌、车厢广告等;电子媒体包括电视、网络、电影等;其他媒体则有手提袋、包装纸等。使用何种宣传手段,需要企业根据产品的定位、消费者消费行为来进行选择。

要制作完美的企业形象广告,需要对企业形象进行科学的定位。企业形象广告是企业文化综合性的表现,要将企业最核心的文化进行集中展现,这样的广告必然带有深邃的哲学内涵,富有哲理,意境深远,能够引发消费者的思考。除此之外,企业的广告设计要具有丰富的感情色彩,这样才能实现与消费者的沟通,唤起消费者认同,赢得消费者的信赖。

(五)良好的公共关系活动

良好的公关活动,能够将企业有计划、有组织的活动通过一定的方式展现给社会,其中蕴含的企业文化也因此得以传播,从而加深社会大众对企业形象的认知,建立品牌的知名度。除此之外,企业通过公关活动还能借此分析企业所处的人事关系和社会舆论,取得公众的理解与支持,甚至是对既有矛盾和冲突的谅解。通常,企业公关活动主要包括以下内容:

首先,要进行调查研究,收集各种资料,既包括企业本身资料,也包括竞争对手以及消费市场的情况,为展开市场营销活动奠定基础,并且了解社会公众对产品的负面评价。

其次,要针对树立企业形象这一总体目标选择公关的目标与对象,其目标越明确公关活动就会越成功。

再次,要为活动设计具有高度概括性的主题,独特新颖、适应消费者心理,同时能够与公关目标相一致。随后确定活动的方式,活动要有活跃的气氛和新颖的形式,要充分发挥策划人员的创新能力。

最后,实施公关活动并进行评估。在实施过程中,公关人员要密切关注社会对营销活动的反应,以便对活动进行及时的调整。评估要建立在大量准确、可靠的信息基础上,并比较营销活动所取得成果与原目标是否一致,花费时间、费用是否与计划相符,公关对象的态度与行为是否与原定一致等。通过评估总结经验和教训,为之后的公关活动奠定基础。

四、企业视觉形象的塑造

(一)基本要素的塑造

企业视觉形象也是企业形象的重要组成部分,企业视觉形象的设计也是塑造企业形象的重要内容。企业视觉形象的基本要素主要包括企业名称、企业象征造型与图案、企业标志、企业标准色、企业标准字以及企业标语口号等,其中最为重要的是企业标准色、企业标准字以及企业标志。

1. 企业标志

企业标志,指的是用明确的造型、图案或文字等来象征某种事物,是事物抽象的精神内涵的外化表现,具有识别性(独特的表现形式与强烈的视觉冲击)、领导性(企业经营理念和活动的集中表现)、时代性(具有鲜明的时代特征)、同一性(代表着企业经营理念、企业文化、经营内容和产品特点等)、系统性(可与其他基本要素组合,对未来标志的应用进行规划)和造型性(造型的优劣影响着消费者对企业和产品的看法与认识)。因此,企业标志的设计应当要努力做到以下几点:

第一,要准确反映企业的理念,突出企业的形象特点。

第二,构思要深刻,图案要简洁优美。

第三,要具有相对稳定性,能够保持在较长时间内不会过时,能够被广大消费者接受和信任。

2. 标准字

标准字是企业视觉系统中的基础要素之一,具有可读性,能够将企业的名称、经营理念、企业精神等表现出来,能够实现视觉和听觉同步传达,具有识别性(根据企业的经营理念、文化特征而选用不同的字体)、易读性(简明扼要的传播信息,防止辨认困难)、造型性(准确地展现企业形象,同时追求创新性和亲切感)、延展性(要适应不同材料、不同传播媒介和不同的技术处理方法)和系统性(要与其他要素搭配协调)。在进行设计时,要合理搭配标准字与标志,使两者能够融为一体,鲜明的表达出企业的经营理念和文化,同时要具有美感和个性,要根据不同时代的特色和消费者的偏向,创造出具有独特意境的内容,引发消费者的联想。

3. 标准色

标准色是指企业通过某种或多种色彩组合来表现企业经营理念和产品特点的重要手段。色彩在人们的生活中占有十分重要的作用,不同的色彩能引发人的不同生理反应,不同的颜色还蕴含着不同的寓意。比如,红色象征着欢乐、幸福、火焰、热情;绿色象征着和平、平静、希望、青春和生命等。因此,企业要表现自我,展示与其他企业尤其是竞争对手的独特之处,应当合理选择颜色搭配并固定下来,使其成为消费者识别的重要因素之一。色彩可以加强标志的象征性、美观性,对市场销售有着直接的影响。因此,企业在选择标准色之前,要认真调查地区市场人群对于颜色的消费偏好,再基于企业形象、经营战略以及制作中的成本和技术进行制作,并与其他要素进行搭配使用。

(二)应用要素的塑造

企业形象的打造和推广,需要企业准确、全面、统一的企业经营理念和视觉形象,要对企业视觉形象的应用要素进行统一的部署和规划,保证企业形象的一致性。企业视觉形象的应用要素主要包括办公事务用品、企业招牌、旗帜和标识、员工制服、交通工具等若干种。

1. 办公事务用品

办公事务用品是企业视觉传播的有效手段,是对外公共交往的重要媒介,具有传播范围广、传播率高、使用时间持久、性价比高等特点,且十分稳定,时效性高。这是由于企业的各种活动都离不开办公用品,比如日常交往中的名片、买卖交易的票据、商业洽谈的合同以及办公室、会议室中的笔、笔筒、茶杯等,这些办公用品方便了企业员工的日常工作,同时也无须增加办公费用,而且还树立了企业形象,一举多得。办公用品的统一,能够帮助企业形成严谨的优良作风,有利于培养员工的自信心和归属感,具有十分积极的意义。

2. 企业招牌、旗帜和标识

企业招牌、旗帜和标识是企业对外信息传达的方式之一。企业招牌是企业的标志性符号,一般放置在企业最显眼的位置,是帮助大众辨认的重要参照物。因此,招牌应当注意造型的优美和良好的可视度,要能够在较远的距离看到。一些安放在室外的招牌还要注意其耐用性和安全性,并考虑照明效果问题。企业的旗帜是企业的象征物,一般有标志旗帜、名称旗帜和象征物旗帜三种,多放在企业的大门、厂房、办公室等场所,企业在进行大规模活动时,也往往制作面积较大的旗帜,对于展现员工的团结和企业形象具有重要作用。企业标识也是营造企业内部氛围,创造美好环境的重要工具,也是企业外部传达信息的重要手段,具有广泛的社会效益。

3. 员工制服

员工制服是企业员工在生产和服务过程中穿着的统一性的服装,对内具有明确自己工作岗位、区分责任和义务的标志性作用,还具有传达企业信息、展现工作人员精神风貌的重要作用。因此,员工制服要体现企业的基本视觉要素,并通过造型、色彩等突出企业的风格和个性,同时能够满足员工生产需要,在不同的工作岗位应当有不同的工装,以适应其不同的情感要求。但在企业的标志、标准色、专用图案等方面,要体现出企业制服的统一性。

4. 交通工具

交通工具是大多数企业都拥有的运输工具,具有流动性强、宣传面广、持续时间长等优点,包括汽车类、船舶类以及生产类(推土机、装载机等)。企业自身的交通工具在进行视觉设计时,在外部应当力求风格上的统一,突出视觉冲击力,而在内部则根据交通工具具体的形体、大小、造型和功用进行多样化设计,要使其具有大方得体、耐看舒适和适应工具的特点。

第四节　企业品牌创建艺术

一、品牌创建艺术概述

(一)品牌的内涵

品牌的概念自古有之,在中国最早的品牌是标记,出现在秦砖汉瓦等出土文物上,用以标记制造者。到了南北朝的后期,生产陶器的工匠,就在产品上使用了商业性署名的标志。在西方,品牌最早是源于游牧部落之间交换牲畜时,为了区别不同的所有者而打上的烙印(古挪威语 Brandr)。这种意义上的品牌,与当今的品牌含义相差甚远,但却是现代品牌意义的雏形。现如今,众多学者和商人对品牌有着各种各样的解释,但其原始的内涵和作用仍然保留着。

产业革命后,现代意义上的品牌概念得以出现和发展,尤其是交通运输能力的提高,使得不同地区的产品得以互相交流。为了让其他地区的消费者区分自己产品与他人产品的不同,并对自己的产品产生信赖,由此品牌的象征意义日益凸显。从此各个品牌供给者便针对品牌的主导权展开了长达一个多世纪的争夺,批发商逐渐占据了品牌的主导权。到了 20 世纪,制造商开始创建自己的品牌,并利用广告宣传和建立营销渠道等方式取得了品牌的主导权。到了 20 世纪末,人们越来越认识到品牌作为一种无形资产所起到的重要作用,品牌也由此越来越具有独立性。而好的品牌甚至可以当作资产来运作,通过贴上自己品牌的方式使别的企业为自己生产产品,从而实现了资本的进一步扩张。

由此可见,品牌的含义是多种多样的,从不同的历史时期、角度立场出发,会有不同的解释。但就其根本来说,品牌是一种特定知识产权归属意义的标记,它由品牌名称和品牌标志组成。品牌名称是一种借以区别某个销售者或某群消费者的产品或服务时的称呼或文字,而品牌标志则由商标、标识、口号三种元素构成。因此,品牌不单单是产品的载体,还是以企业为载体,是企业的品牌。

(二)品牌创建的意义

品牌的最基本功能是其标识功能,它能够帮助消费者在较短的时间内找到自己需要的产品,减少挑选产品时所花费的时间和精力。而品牌在经过国家的认证后,成为企业形象的代号,也由于其宣传作用而在许多消费者心中形成了印象,成为某一类产品的代号和标识,从而使消费者很容易将其与其他产品区分开来。

品牌是一个企业生存和发展的灵魂,是一个企业存在和延续的价值支柱。如果没有品牌,企业就没有市场存在感,更无法在企业竞争中取得优势。目前我国大部分企业仍然处于没有品牌的状态,常常处于生产链的最低端,而品牌的占有者则垄断大量的利益。因此,品牌代表着企业的竞争力,也意味着企业可以在这个过程中享有高附加值、高利润和高市场占有率。

从消费者的角度来看,选择好的品牌意味着选择了高质量、高品位的产品。因此,品牌代表着企业对消费者的一种承诺,即品牌关乎企业的荣誉和信誉,凝聚着企业的智慧,代表着一定的产品、服务质量。因此,好的品牌常常会有一批稳定的客户群,给企业带来稳定、持久的利益。这些品牌本身就带有促销的功能,一个好的品牌往往能被消费者易记易识,优美动听,很容易吸引消费者的关注。

品牌的创建,是企业花费大量的人力、物力和财力创建的,之后为了推广依旧需要大量的投入,这也就逐渐构成了品牌的经济价值。同时由于品牌代表着一定的消费者群体,这也构成了品牌的无形价值,品牌无形价值的大小也根据消费者群体的大小、口碑、购买力来决定。品牌是经过长期积淀而成的,好的品牌凝聚着企业的文化内涵和精神理念,体现着企业的战略定位。因此,品牌本身就是一种无形的资产,有着其特定的价值。

(三)品牌创建的本质

了解了品牌创建的意义,就可以理解企业为什么都渴望建立属于自己的品牌,渴望自己的品牌成为名牌,以求取得更高的市场占有率。因此,从这个角度来讲,企业在开发新产品、强化产品的质量管理、提高服务水平以及扩大宣传力度等,其根本目的在于提高品牌在市场的影响力,从而提高品牌的市场占有率。

从传播学上来讲,消费者从见到一个全新的品牌出现在市场上到购买这个品牌的产品,需要经历一个十分复杂的心理变化:首先广告使消费者知道这个品牌的存在,随后企业要让消费者了解这个品牌,从而在消费者心中产生对产品的偏好,这种偏好直接决定着消费者是否会产生购买的欲望。尽管实际生活中人的心理活动将会更加复杂,但要想影响消费者的消费行为,改变消费者的心理是十分重要的。从消费者角度来看,品牌是存在于心中的一系列联想、感知和期望的加强,不论是广告还是对实物的接触,这些经历使得消费者建立起了品牌联想和品牌感知,并且形成了品牌网络。当在受到类似内容刺激时,大脑就会产生记忆并将原有的网络进行进一步的修正和加强。

当消费者的心理变化达到一定的程度时,在客观条件具备的情况下,消费者就会产生对某个品牌的了解欲望,并建立起关于这个品牌的一系列感知,消费者也往往会对该品牌形成偏好并产生购买行为,从而促进品牌的传播和产品市场占有率的提高。因此,品牌创建的实质,就是指通过提高消费者的品牌忠诚从而提高品牌的市场占有率。

二、品牌创建的路径

(一)品牌的设计

每一个品牌都有自己的名称,选择一个好听的名字对产品的销售有着十分重要的影响。在设计品牌名称时,主要从以下几方面入手:

首先,要以消费者和目标市场的特征进行命名,通过其形象内涵向市场传递出其文化与品位特征以及隐含的适龄要求。当然,迎合消费者心理是十分困难的,有时反其道而行之也许能得到意料之外的收获。

其次,可以从产品定位的角度来看,即以产品为落脚点,让品牌名称立足于产品的功效,这样不仅显示了品牌属性,还起到了对产品进行宣传和营销的作用。

再次,有些企业选择将品牌与企业形象或标志物相配备,这样使得可视性标志物与品牌的无形性相结合,从而起到更好的宣传效果。

最后,企业应当注意市场环境,尤其在经济全球化的今天,企业在对品牌命名时要考虑其适用性,即要易于更多的人来发音、拼写和认识。因此,有时可以对品牌名称进行更加本土化的修改,在进行全球推广时,采用对其进行重新起名或翻译原有名称的策略,比如音译和意译。当然,如果能从一开始就选择一个全球通用的名称自然是最好的。

品牌标志的设置也是同样重要的,它可以通过文字、图案、色彩等视觉效果来表达产品的形象,能够达到引发消费者联想的作用,便于企业的宣传。企业在进行品牌标志设计时,要考虑到营销效果、创意与消费者心理等因素,准确地传递产品的信息,体现产品的价值和理念,传递品牌形象。同时,品牌标志需要简洁大方、一目了然,能够给消费者带来强烈的视觉冲击,从而使其富有特色和个性。

(二)打造品牌信誉

信誉是指在经济活动中,经济组织履行各种经济承诺的能力以及可信任程度。信,即信用、诚信,而誉指的是称誉、名誉。因此,信誉是由企业的诚信行为引发的社会美誉,有着十分巨大的社会经济价值,信誉的载体是品牌,良好的信誉有利于品牌的传播以及企业的长远发展,失去了信誉就等于失去了市场。

企业的信誉是企业在长期的生产经营中形成的,为全体员工所坚守的经营理念和行为准则。根据美国心理学家马斯洛的需求层次理论,品牌信用可以分为物质信用和精神信用两部分。前者指的是品牌对满足消费者客观需求所做出的承诺以及履行承诺的程度,后者指的是品牌能满足消费者的精神需求所做出的承诺和实际履行承诺的能力和行为。品牌信用是消费者购买物品时的根本参考,只有坚持诚信,才能为企业树立良好的形象,才能得到市场的赞誉,而企业品牌价值越高时,对品牌信用的要求也就越高。

要想建立良好的企业信誉,首先企业要确立以诚信为核心的战略,用诚信文化指引每一位员工的生产和服务行为,提高员工的素质和能力,使企业的产品和服务质量优异,为人们所称道。对于自身的缺点和不足要勇于承认,并尽力弥补消费者的损失。为此,应当建设完善的企业信誉管理机制,对产品的研发、生产、运输和使用进行严格管理,并建立相应的失信惩罚机制与守信激励机制,维护企业的信誉,建立有信誉的品牌。在对产品进行宣传时,企业要实事求是,不能蒙骗消费者。只有基于事实,真正为消费者着想,才能在消费者心中形成诚信品牌的形象。

(三)培育品牌文化

所谓品牌文化,指的是企业关于品牌和消费者关系的基本理念,包括品牌提供给消费者的理念、企业与消费者建立的关系的理念等,消费者对企业品牌文化的感知源于企业的生产水平、营销活动、服务内容以及公益活动等。企业品牌文化包括两方面,一方面是品牌的利益认知、情感属性、文化传统以及品牌个性等,另一方面包括品牌的名称、标志、口号、管理方式以及营销手段等内容。

就目前来看,市场上比较成功的企业往往有着自己独特而又丰富的品牌文化。比如,麦当劳代表的是美国文化,江诗丹顿等代表的是瑞士文化等。品牌与文化是密不可分的,尤其是品牌背后所隐藏的文化内涵才是品牌的核心资源。在当前经济全球化的市场环境下,拥有独特民族文化的品牌无疑能让企业在同类企业中显得独树一帜,往往成为高品位的象征,甚至成为消费者塑造自我形象的重要手段。

从品牌文化培育的角度来看,产品是企业品牌文化的载体,任何成功的品牌文化背后必然有品质精良的产品作为支撑。只有产品的质量过关,才能从根本上得到消费者的认可。企业还应当注重培育企业整体的价值观,它决定着企业的经营目标和经营方向。企业要树立适应经济要求的企业价值目标,确立为社会服务、满足消费者物质和文化需求的目标,而不是将目光仅仅放在利润最大化上。企业还应当树立诚实守信的经营理念,坚持客户至上的经营理念,百分之百保证产品质量、安全和服务,树立企业良好的品牌形象。除此之外,企业还要加强对职工队伍的培养,尊重、理解和信任员工,不断提高员工的素质,为员工创造宽松和谐的工作氛围。在鼓励员工学习的同时,将品牌文化融入其中,培养员工的责任感和主人翁意识。

三、品牌传播的方式

(一)广告传播

从品牌文化传播角度来看,企业首先需要了解消费者的价值取向,针对消费者喜好来制定品牌传播理念。广告作为视听结合的宣传手段,对宣传品牌文化十分重要,其中广告词与背景氛围体现了品牌文化的精华。

消费者消费心理不同,对广告的接触点也有所不同,这就要求企业要丰富品牌文化的传播途径与形式,满足不同消费者的消费触点。即使是同一款产品,也可以使用不同身份的代言人来进行代言,从而实现扩大消费者的目的。除此之外,要发挥意见领袖作用。所谓意见领袖,指的是信息在传播过程中,并非能全数作用于传播对象,有时只能到达部分受众,再由他们扩散到周围,这部分人就是意见领袖。通过意见领袖,可以找到有潜力的市场,通过对市场进行调查,确定意见领袖的影响力以及市场需要,从而通过触动意见领袖而达到扩大市场覆盖的目的。采用这种方式时,需要注意产品的口碑,良好的口碑是最廉价的信息传播工具和高可信度的宣传媒介,而意见领袖往往有其"下级",通过这种关系很容易形成群体性质的良好口碑,有利于品牌文化的宣传。

在进行广告传播时,要注意广告内容的更新,通过给消费者带来不同的视觉体验,从而实现保鲜的作用。比如,巧妙运用影像传播等方式,植入品牌概念、品牌内涵、品牌 LOGO 等,形成较为广泛的传播效应。除此之外,还可以依托产品的个性化外观和人性化功能设计,强化终端展示。借助看得见、摸得着、用得上的产品,传递产品的品质信息,加深客户对品牌的认知和理解,塑造品牌的第一印象,实现品牌文化自我传播。

(二)公关传播

公共关系是品牌文化传播的重要途径之一,相比广告传播,公关传播更能获得消费者的心理认同,并且往往能以较低的成本实现比广告更广的宣传范围,有的公关传播还能实现企业社会效益与经济效益的有机统一,对企业发展有着长远的好处。一般来说,公关传播有以下几种方式:

1. 赞助活动

赞助活动是目前许多公司都采用的一种公关传播方式,赞助活动本身不需要企业进行创意策划,而只是在物质上对活动如体育赛事、公益活动、科研工作等进行赞助,其本身就带有良好的宣传点,容易得到社会媒体的大量关注,对企业品牌文化的宣传是十分有好处的。通过赞助活动,企业的品牌文化往往能够得到丰富和升华。因此,选择合适的活动进行赞助也是企业家需要认真选择的。

2. 精神公关

所谓精神公关,指的是企业通过向社会展示企业文化以及企业内部的凝聚力,从而达到品牌文化外部宣传的效果。一些企业在进行相关活动时,比如召开发布会、进行员工培训等,重复出现并多次宣讲企业的格言或口号,通过员工的精神风貌来体现品牌文化的内涵,同时也能达到激励员工的良好效果。

3. 事件传播

品牌文化传播可以借助热点,这样可以在短时间内迅速吸引目光,达到事半功倍的效果。一些企业抓住某些特殊日子,比如纪念日或国家重大事件发生时,进行营销宣传或赞助,就是充分利用了事件本身的传播力。还有一些企业重视自身品牌历史的营建,通过梳理品牌创建过程中的困难,以此作为其艰难而又光荣的记忆。这样的方式往往会为企业的品牌文化蒙上一层神秘的色彩,更加吸引消费者的眼光。

(三)品牌延伸

所谓品牌延伸,就是指企业将现有成功的品牌用于新产品或修正以前产品的一种策略,这是对现有品牌资产的一种借用,现有很多企业都不止一种产品,尤其是电器行业。这种品牌延伸对企业有很大好处,消费者心中已经形成对某种品牌的偏爱,而一旦这个品牌再出新产品,消费者对其也会产生好感并进行消费;品牌延伸还能够延长产品的生命周期并规避经营风险,当产品走向成熟或衰退期时,企业就要及时地推出新产品或进入新的领域,单一的业务会使得企业在出现经营问题时遭受很大风险,而多领域则可以分担这种风险。除此之外,品牌延伸还能增加企业品牌文化的积累,强化其资产份额,这是多领域给企业带来的好处,它使得品牌文化得以在更广阔的领域流行并得到发展。

当前的品牌延伸策略主要有两种形式,一种是产业延伸,即从产业的相关性出发进行纵向延伸或平行延伸,这种延伸方式与原有相关产品的关系并不大。另外一种是产品线延伸,即增加产品线的长度,分为产品线拓展和产品线填补策略。产品线拓展又可分为向上、向下以及双向延伸三种,当企业处于低档市场时,可以增加高档次产品生产线,以增加利润;如果消费者对价格增加敏感或销售渠道扩展,企业可以利用高档名牌的声誉吸引顾客购买品牌中价格比较低廉的产品;双向延伸策略适用于原本定位中档产品市场的企业,在掌握了市场情况、具备一定的实力后,向产品线的上下两个方向进行同时延展,迎合了消费者认为高、中、低三档间产品差距不大的心理。因此,在增加利润的同时可能会模糊原有的品牌定位。

　　综上所述,企业要传播良好的品牌文化,首先就要让消费者了解品牌文化的历史渊源;其次,要通过一定的营销手段,让客户接受这种文化并形成传播力;最后,要引导客户,把握好受众目标,使传播更有针对性。这就要求企业要有一个相对稳定的品牌文化,一旦形成就不能轻易更改,潜移默化地融入消费者生活中,防止其对品牌失去兴趣。

后 记

2001 年 9 月 15 日,揣着南京邮电大学录取通知书,早上早早就从家乡沭阳县青伊湖滥洪村出发,一直到下午三四点钟才到中央门汽车站,然后转到 73 路公交车坐到南邮西门下车。

9 月 16 日上午 9:00 在学校无线楼门口排着长长的队,报到、缴费、领卧具,排队的过程也许是新生之间彼此熟悉的最佳良机。一个男生头发很长(齐耳),身高 1.6 米左右,小手指的指甲很长,善于言谈,此人就是后来的室友肖君。一个板寸帅哥高挑身材,报到后回宿舍铺床时有 6 个家人陪同,此人叫万俊,后来成了我们的室长。两位皮肤黝黑、眼睛炯炯有神,兄弟俩,一高一矮,一胖一瘦,福建口音,这位高帅一点的叫曾永和,大学期间一直睡我的上铺,在我大学创业至今,一直相伴左右。

在南京邮电学院读书四年期间,我曾多次去经济与管理学院旁听管理类课程。那时便已从南邮校园网站和校友中久闻了范鹏飞教授的大名,然而范教授在台上我远在后排台下,也没有机会和范老师有近距离的交流,于是抓住他几位研究生师兄探讨企业管理相关话题。

一晃 10 多年过去,我也由当初迷恋企业管理课程的学生成长为一名现实的创业者。先后经营移动通信营业厅、经济型连锁酒店、暖通工程公司。2015 年 5 月,由南大 EMBA 同学和民建南京会员共同众筹了"2012 茶肆",作为领筹人的我被大家委任为茶肆的执行董事,上对众筹股东负责,下对茶肆管理团队负责。

一次老同学陈权告诉我说,范鹏飞老师被邀请到我们茶肆做客,我十分欢喜,去茶肆金陵大学包间看望范老师。范老师酒量很大,喝茶不太讲究,为人很热情、豪气,通过这次在茶肆的深入交流,和范老师结下了不解之缘。接下来的一年多,有幸先后陪同他去连云港邮政分公司、南通移动、泰兴速递公司走访。不知不觉我这个通信工程专业的编外弟子竟成为范鹏飞教授贴身"范团"了。

2016 年 5 月 20 日,范老师听说我被南京大学历史学院中国近代史专业录取为博士生,十分高兴,握着我的手,语重心长地告诉我,邮电系统中南邮一些优秀校友在学术和事业双丰收励志的故事。

2016 年底,在范老师的关心和督促下,我写了这本《企业管理艺术》的书,以此怀恋南邮的四年求学生活,悉心总结了近几年经营企业的心得,也算是纪念南邮建校 75 周年吧。

一晃十五六个年头过去了,每次回想起南邮三牌楼校区的生活还历历在目。2001 年的生活还是比较清贫,每月的生活费只有 200 元,早上通常是一元钱四个包子,晚餐经常会一袋方便面代之,有时为了改善伙食就去窗口打上两块五毛钱的红烧肉,食堂阿姨经常出于关照多送一些肉卤给我,而我也感恩地连卤带饭吃个精光。那时的大学生不少通过家教补贴生活费,我一礼拜通常有两到三个晚上家教,骑着自行车穿梭在南京城的街巷,每次两小时 30 元。直到 2003 年 4 月开了长途电话超市,生活才逐渐改善,到食堂窗口打菜,喜欢吃什么打什么,以前是每天 5~6 元钱,每次只舍得打一个菜(中午荤菜晚上一定就是素菜,否则餐费就会超出预算),创业赚了钱后可以一顿打上两三个菜,自己动手丰衣足食带来的快乐也许就是我后来不断创业的动力吧。

读书时兼职,创业时读书,这种半工半读的生活一直维持到现在,也许这就是我们当下的一种生活方式。而有钱、有闲、有书读,也许是我们管理与艺术要实现的一个小目标。对民宿、茶馆、城乡休闲文化空间的研究和投资也许是我下一步投入的主要领域。当资本遇上书本,当管理学遇上历史学,也许就是一体两翼,比翼双飞。

孙绪芹于南京大学仙林校区课堂

2017 年 5 月 26 日

参考文献

[1]戴尔·卡耐基:《领导的艺术》,何书勉译,江苏文艺出版社2011年版。

[2]海因茨·韦里克、马克·坎尼斯、哈罗德·孔茨:《管理学:全球化与创业视角》,马春光译,经济科学出版社2008年版。

[3]董明《领导艺术:一门可操作的学问》,科学出版社2011年版。

[4]张智光:《决策科学与艺术》,科学出版社2006年版。

[5]罗纳德·A.海费茨:《并不容易的领导艺术》,伍满桂译,商务印书馆2016年版。

[6]席酉民、刘文瑞《领导与激励》,中国人民大学出版社2009年版。

[7]苏保忠:《领导科学与艺术》,清华大学出版社2004年版。

[8]张智光:《决策科学与艺术》,科学出版社2006年版。

[9]斯蒂芬·罗宾斯:《管理学》第13版,刘刚等译,中国人民大学出版社2016年版。

[10]赫伯特·西蒙:《人类活动中的理性》胡怀国、冯科译,广西师范大学出版社2016年版。

[11]童忆:《企业用人方略》,经济管理出版社2002年版。

[12]达人:《公司用人36计》,企业管理出版社2001年版。

[13]董福荣、刘勇:《现代企业人力资源管理创新》,中山大学出版社2007年版。

[14]秦志华:《企业管理》,东北财经大学出版社2011年版。

[15]王琪延:《企业人力资源管理》,中国物价出版社2002年版。

[16]刘延友、葛维玲:《企业用人艺术》,中国青年出版社1991年版。

[17]沈维涛:《企业管理》,科学出版社2000年版。

[18]熊楚熊、刘传兴:《公司理财学原理》,清华大学出版社2005年版。

[19]刘淑莲:《公司理财》,北京大学出版社2007年版。

[20]夏乐书、刘淑莲:《公司理财学》,中国财政经济出版社 1998 年版。

[21]王满:《公司理财学》,东北财经大学出版社 2009 年版。

[22]登齐尔·沃森、安东尼·黑德:《公司理财:理论与实务》经济管理出版社 2011 年版。

[23]杨善林:《企业管理学》,高等教育出版社 2015 年版。

[24]张向东:《管理的协调艺术》,武汉大学出版社 2014 年版。

[25]张向前:《企业管理学》,电子科技大学出版社 2014 年版。

[26]郭峰:《协调管理与制度设计》,科学出版社 2013 年版。

[27]王正斌、马晓强:《企业管理学》,高等教育出版社 2012 年版。

[28]王广伟、李春林:《世界顶级企业公关策划经典模式》,经济科学出版社 2004 年版。

[29]吴贤军:《企业公关》,北京大学出版社 2010 年版。

[30][日]井之上桥:《公关力:从避免崩溃到有效传播的战略要素》,陆一、王冕玉译,东方出版社 2010 年版。

[31]李文斐、段建军编:《企业公关与策划》,华中科技大学出版社 2011 年版。

[32]余世仁:《现代企业公关策划》,重庆大学出版社 1997 年版。

[33]邵华冬:《企业公关危机管理研究》,中国传媒大学出版社 2011 年版。

[34]骆正林:《媒体舆论与企业公关》,新华出版社 2005 年版。

[35]王方华:《市场营销学》,上海人民出版社 2007 年版。

[36]朱成钢、王超:《市场营销学》,立信会计出版社 2008 年版。

[37]吕一林、冯蛟:《现代市场营销学》,清华大学出版社 2012 年版。

[38]纪宝成:《市场营销学教程》,中国人民大学出版社 2008 年版。

[39][美]加里·阿姆斯特朗、菲利普·科特勒:《市场营销学》,赵占波、何志毅译,机械工业出版社 2011 年版。

[40][美]路易斯E·布恩、大卫L·库尔茨:《当代市场营销学》,赵银德、张璘、周祖城译,机械工业出版社 2005 年版。

[41]金开好:《现代市场营销创新》,安徽人民出版社 2006 年版。

[42]马阿米娜:《以艺术思维塑造创新型文化提升中小企业发展能力》,载《河南广播电视大学学报》,2015 年 10 月第 4 期,第 41—43 页。

[43]战丽梅:《基于知识管理提升企业技术创新能力》,载《现代情报》,2005 年 12 月第 12 期,第 182—183 页。

[44]德鲁克:《创新与企业家精神》,彭志华译,企业管理出版社 1989 年版。

[45]赵晓庆、许庆瑞:《知识网络与企业竞争能力》,载《科学学研究》,2002 年

第 6 期,第 281—285 页。

[46]付立红:《生·长:企业文化建设全景解析》,中国经济出版社 2007 年版。

[47]李海、郭必恒、李博:《中国企业文化建设:传承与创新》,企业管理出版社 2005 年版。

[48]冯晓青:《企业品牌建设及其战略运用研究》,载《湖南大学学报(社会科学版)》,2005 年 7 月第 4 期,第 142—149 页。

[49]艾亮:《企业文化建设研究》,天津大学博士学位论文,2012 年。

[50]周庆九:《对企业文化建设的理性思考——谈民企二次创业的着力点》,载《特区经济》,2006 年第 5 期,第 77—79 页。